KB014828

한반도의 신지정학

경계, 분단, 통일에 대한 새로운 상상력

서울대학교 아시아도시사회센터 **기획**   박배균·이승욱·지상현 **엮음**

박배균·백일순·신혜란·이승욱·장한별·정현주·지상현·최은영·황진태 **지음**

한울
아카데미

이 도서의 국립중앙도서관 출판예정도서목록(CIP)은 서지정보유통지원시스템 홈페이지(http://seoji.nl.go.kr)와
국가자료공동목록시스템(http://www.nl.go.kr/kolisnet)에서 이용하실 수 있습니다.
CIP제어번호: CIP2019023464(양장), CIP2019023465(무선)

차례

들어가며

변화하는 한반도와 새로운 지정학적 상상력의 필요성

지상현·이승욱·박배균

전쟁 위기가 고조되었던 2017년을 지나 2018년 우리는 한반도를 둘러싼 전통적 지정학적 질서에 균열과 파열이 발생함을 생생하게 목도했다. 남측 정상의 평양 방문과 더불어 일회성 만남이라는 남북정상회담의 기존 문법을 깨뜨리고, 판문점에서 평양 그리고 백두산에 이르기까지 다양한 공간에서 남북의 정상 간 만남이 이루어졌고, 이는 상시적 만남을 통한 남북 간 신뢰 회복 및 구축으로 이어지고 있다. 비록 2019년 2월 하노이 정상회담은 불발로 끝이 났지만, 역사상 처음으로 북미 간 정상회담이 연이어 진행되면서 한반도의 뿌리 깊은 적대질서의 청산 가능성 또한 그 어느 때보다 높아졌다. 물론 이런 낙관적인 전망과 더불어 북한에 대한 근본적인 불신, 트럼프 행정부의 불안정성 등에 기반한 회의적인 목소리 역시 적지 않은 동의를 이끌어내고 있는 것도 사실이다. 그럼에도 불구하고 우리가 2018년부터 지금까지 경험하고 있는 남북관계, 북미관계 등에서의 획기적인 사건들은 무시하기 힘든 울림과 기운으로 한반도 지정학의 구조와 질서가 변화하고 있다는 느낌을 갖게 만든다. 특히 이러한 변화의 조짐은 국가 스케일의 회담과 정책에서만 국한되어 표출되지 않고, 매우 다양한 공간과 현장에서 나타나고 있다. 이런 변화가 가장 두드러지게 나타나고 있는 곳 중 하나는 접경지역이다. 과거 2000년대 초중반 접경지역에서 있었던 남북 간의 교류와 협력(예: 개성공단 건설, 금강산 관광 등)은 국경을 넘어선 지경학적 흐름으로 상징되었다면, 최근에는 남북공동연락사무소 설치, GP 철수와 DMZ 및 판문점 공동경비구역 등의 비무장화로 상징되는 지정학적 변화를 보이고 있다.

통일은 분단과 경계를 넘어 새로운 공간적, 영역적 질서의 구축을 의미하며, 이는 무엇보다 새로운 지리적 상상력을 요구한다. 통일이라는 단어가 주는 추상성, 민족이 하나가 된다는 의미에서의 단일성은 통일 혹은 통일로 이어지는 과정에서 일어나는 변화들이 국가공간 전체에서 일어나게 될 것이라는 오해로 이어진다. 그러나 지정학적 변화들은 접경지역의 변화가 보여주듯이 공간에서 균질하게 나타나기보다는 지역에 따라 차별적으로 나타나기에 이를 이해하기 위해서는 공간적 통찰력이 매우 중요하다. 그럼에도 분단과 경계 그리고 통일의 문제를 다루는 데 있어 지리학자들의 지적 개입은 그동안 충분하지 못했다. 분단과 통일의 비용과 편익 계산 등의 경제학적 접근이나 북한체제 분석이나 한반도를 둘러싼 국제질서 분석에 초점을 둔 정치학적 접근 등이 한반도의 분단과 통일에 대한 논의를 주도했던 것과 비교해 보면, 그동안 지리학자들은 분단과 통일이 근본적으로 공간적 문제임에도 불구하고 충분한 학문적 개입을 하지 못했다. 이 책은 이러한 문제의식에 공감한 지리학자들의 작업의 결과물이다. 특히 경계와 영토에 대한 뿌리 깊은 영토주의적 관점의 한계를 극복하고, 통일, 분단, 경계, 접경지역에 대한 새로운 공간적 통찰력을 제공하고자 했다. 이를 위해 비판지정학, 신문화지리학, 지리정치경제학, 정치생태학, 도시지정학, 여성주의 지정학 등 최근 지리학에서 새롭게 주목받고 있는 이론적 성취를 바탕으로 한반도의 지정학적 현실을 비판적으로 논의했다. 이러한 논의들을 기반으로 이 편서에서는 공간적 단절로서의 분단과 공간적 통합으로서의 통일이라는 과정이 가지는 공간적 복합성과 역동성을 강조하고자 하며, 이를 위해 남과 북이 물리적으로 접하고 있는 접경지역에서부터 남과 북이 새롭게 조우하며 살아가는 해외 한인커뮤니티에 이르기까지 다양한 사례와 현장에 기반한 연구를 진행했다.

한반도의 분단과 경계 그리고 그 사이에서 생겨난 접경지대에서 일어나고 있는 다양한 지정학적 모습들을 공간적으로 해석하고 새로운 지정학적 상상력으로 한반도의 미래를 구성하기 위해 이 책은 과거와 현실을 비판적으로 이해하는 데 초점을 맞춘 제1부와 변화와 통일을 상상하기 위한 제2부로 구성되어 있다. 각 장에는 자연, 경관, 담론, 몸, 도시, 이민 등의 다양한 주제와 연구의 스케일이 포함되어 있지만, 주제의 다양성에도 불구하고 이 책의 전체 내용을 관통하는 비교적 일관적인 접근방식이 자리하고 있다. 이 책의 집필에 참여한 저자들이 한반도의 지정학에 접근하는 방식은 근대적 영토성에 대한 문제 제기에서 시작하고 있다. 영토와 주권, 영토와 민족 구성원의 결합을 강조하고, 영토의 내부와 외부를 구분하여 영토 내부의 동일성에 초점을 맞추는 근대적 영토성은 한반도 지정학의 다양하고 대안적인 상상력에 가장 큰 장애가 된다는 점이 저자들에 의해 공유되고 있다. 이를 위해 제1부의 시작에 앞서 지상현·이승욱·박배균은 포스트 영토주의에 관한 이론적 배경과 논쟁의 지점들을 제시하고 있다. 근대적 영토성이 권력과 공간의 관계를 상상하는 방식에 미친 영향을 비판적으로 서술하고, 이러한 고정된 영토성의 상상을 뛰어넘어 현실의 국경과 경계에서 나타나는 복잡한 사회-공간적 관계에 기반하여 영토와 경계에 대한 새로운 상상과 개념화가 등장하고 있음을 설명하고 있다. 또한 이러한 배경에서 한반도의 경계와 접경지역이 형성된 과정을 개략적으로 살펴보고 있으며, 각 정부의 경계와 접경 관련 정책이 보여준 가능성과 한계를 소개하고 있다. 제1부를 시작하는 제2장에서 박배균·백일순은 한반도의 접경지역이 지니고 있는 혼종성에 주목한다. 이들은 한반도의 접경지역은 남북한 대치로 인해 만들어진 지역이기도 하지만, 접경지역과 경계를 둘러싸고 살아가는 다양한 사람들과 행위자들의 복잡한 상호작용과 역동적 실천들 속에서 구성되고 항상 새롭게 만들어지는 사회적 구성물이라 바라본다. 구체적으로는 국경과 접경을 영토성과 이동성의 복합적 교차공간으로 인식할 것을 제안하면서, 한반도 접경지역이 영토성에 기반한 '안보'의 논리와 이동성을 지향하는 '경제'의 논리가 서로 경합하면서 결합되는 '안보-경제 연계'를 바탕으로 사회적으로 구성되는 과정을 살펴보고 있다. 제3장에서 지상현·장한별은 분단과 대립으로 인해 곳곳에 산재된 이른바 냉전경관을 새롭게 이해하는 방식을 제안하고 있다. 특히 한반도 안보현실을 극적으로 드러내는 비무장지대 전망대의 경관을 대상으로 냉전이라는 안보적 가치가 시각을 통해 구성되고 전달되는 과정을 비판적으로 살펴본다. 또한 이러한 이념적 경관의 이해는 시각과 함께 행위주체의 수행과 실천이라는 역동적 과정을 고려해야만 한다는 점을 강조하고 있다. 제4장에서 이승욱은 지정학적 분석의 새로운 스케일로 도시를 제시한다. 도시지정학적 접근은 안보라는 국가적 가치가 한 국가 내의 모든 공간과 장소에서 동일한 형태와 중요도를 가지고 있다는 고전적 시각을 비판하면서, 안보에 대한 인식과 이해관계가 국가와 도시 혹은 국가와 지역 사이에 차별적이고 심지어 대립적으로 형성될 수도 있다는 탈영토주의적 시각에 바탕을 둔다. 구체적으로는 접경지역인 경기도 파주시에서 나타난 대북전단 살포를 둘러싼 주체들의 대립과 갈등을 도시지정학의 시각에서 분석하고 있다. 제1부의 마지막인 제5장에서 최은영은 페미니스트 지정학의 중요한 분석 스케일인 몸을 통해 한반도의 지정학을 살펴보고 있다. 구체적으로는 탈북여성의 이주 과정에서 목도되는 생존을 위한 투쟁과 끔찍한 인권침해를 바라보며, 험난한 여정을 겪은 탈북여성을 단순한 지정학적 피해자가 아닌 지정학적 현실을 극복하고자 하는 주체로 재구성하고 있다. 이와 더불어 저자는 이러한 탈북여성의 몸이 담론화되는 과정, 즉 그들의 몸과 탈북의 과정이 어떻게 특정한 지정학적 주체의 정당성을 강화시키기 위해 재구성되는가에 대한 문제를 제기하고 있다.

제2부에서는 급격한 변화를 겪고 있는 한반도의 지정학적 현실이 평화와 통일로 이어지는 여정 속에서 직면하게 될 일들에 대한 지정학적 검토가 제시된다. 제6장에서 황진태는 국가-자연의 생산이라는 시각에서 국가의 자연, 이미지, 정체성이 정치적으로 구성되는 과정을 살펴보고 있다. 특히 저자는

자본주의 발전과정에서 기연이 포섭되는 과정뿐만 아니라 근대국가와 민족주의의 형성에서 국가화된 자연이 중요한 역할을 하고 있음을 강조한다. 따라서 자연은 정치적인 분열을 공고화하기 위해 사용되었으며, 동시에 정치적 통합, 즉 통일을 상상하고 이를 물질적으로 나타내는 상징으로 적극적으로 활용될 수도 있음을 보여주고 있다. 제7장에서 신혜란은 영국의 런던 한인타운을 사례로 동화-초국적주의 지정학의 모습을 생생하게 그려내고 있다. 런던의 한인타운은 탈북민과 한국인 이주민이 함께 살아가는 공간이면서, 동시에 북한 주민의 동화와 정체성 지키기가 진행되는 곳이다. 저자는 이곳에서 북한 이탈주민이 한국으로 동화·흡수되는 모습을 보여주기도 하지만, 동시에 동화에 대해 저항하기도 하고, 탈영토-재영토화를 거쳐 새로운 초국적주의를 구성하기도 하는 등 매우 역동적인 모습을 보여주고 있다고 설명한다. 이는 통일 논의 이면에 자리한 남한 중심의 흡수와 동화라는 지향과 욕망이 현실에서 어떤 한계에 직면할지 고민하게 해준다. 제2부의 마지막 제8장에서 정현주는 통일 논의에 대한 보다 직접적인 문제제기를 시도하고 있다. 저자는 통일담론에서 공간성·영토성의 논의가 제대로 이루어지지 않고 있음을 지적하며, 통일과정이 이념적·사회적·경제적 통합의 과정이지만 동시에 이러한 통합의 과정이 구체적인 공간 속에서 이루어지는 것임을 강조하고 있다. 특히 개성공단의 형성과 운영에서 나타난 현상들은 우연적이거나 일시적인 것이 아니라 포괄적이고 체계적인 공간적인 시각에서 해석해야 하는 것임을 주장한다. 이를 바탕으로 북한 지역을 비어 있는 공간 혹은 없어지고 새롭게 구성될 공간으로 바라보는 기존 통일정책의 공간적 시각의 문제점을 지적하면서, 이를 최근 지리학계에서 새롭게 주목받고 있는 관계적 공간론으로 대체할 필요가 있음을 강조한다. 이 책의 결론에서는 하노이 북미정상회담의 결렬에 따라 한반도 지정학에 있어 부정적인 전망이 우세한 현실에 대해 일희일비하는 대신, 분단과 경계를 넘어 한반도 안과 밖의 곳곳에서 나타나고 있는 다양한 공간적 상상력과 실험의 가능성에 주목할 필요가 있음을 주장했다. 이와 더불어 접경지역과 경계에 대한 자본과 제국의 논리를 경계하는 한편, 다양한 주체들의 지정학적 상상력과 실천을 기반으로 할 때 비로소 경계지역을 새로운 내안공간으로 전환시킬 수 있음을 강조했다.

이 책에 실린 글들은 기존 주류 사회과학 논의들이 제대로 포착하지 못한 한반도 지정학 현실의 공간적 다층성과 혼종성을 드러내고 있다. 특히 분단과 경계, 통일은 국가적 스케일에만 한정되어 벌어지는 것이 아니라, 다양한 스케일에 걸쳐 작동하는 공간적으로 복합적인 과정임을 강조한다. 이를 통해 분단질서를 해체하고 통일공간을 회복하는 과정이 선형적이고 비가역적이기보다는, 다양한 공간성이 발현되고 서로 경합하면서 펼쳐지는 매우 복잡한 과정임을 강조했다. 비록 늦은 감이 있지만, 이 책이 분단질서를 극복하고 새로운 통일의 미래를 열어나가는 데 있어 지리학자들의 보다 적극적인 지적 개입으로 이어지는 촉매가 될 수 있기를 바란다.

제1장

한반도 경계와 접경지역에 대한 포스트 영토주의 접근의 함의*

지상현·이승욱·박배균

1. 들어가며

2018년부터 미국을 뜨겁게 달구고 있는 연방정부 셧다운 사태의 핵심에는 트럼프(Donald Trump)의 국경 장벽 건설이 놓여 있다. 대통령 후보 시절부터 트럼프는 미국-멕시코 국경 문제가 미국 경제와 안보 위기와 더불어 마약, 범죄자 등 사회 혼란의 원인이라 규정하면서 이러한 문제를 해결하기 위해 '크고 아름다운 장벽(a big, beautiful wall)'을 건설하겠다고 선언했다. 그리고 대통령 취임 이후 국경 장벽 건설을 핵심 정책 어젠다로 추진하면서 이를 둘러싼 미국 사회의 논란은 더욱 뜨거워지고 있다. 예를 들어, ≪뉴욕타임스≫에서는 "Trump claims there is a crisis at the border. What's the reality"라는 기사에서 트럼프의 주장을 반박하는 근거를 제시하면서(예: **그림 1-1**) 경계를

---

* 이 장은 지상현·이승욱·박배균(2019), 「한반도 경계와 접경지역에 대한 포스트 영토주의 접근의 함의」, ≪공간과 사회≫, 29(1), 209~239쪽의 내용을 수정 보완한 것이다.

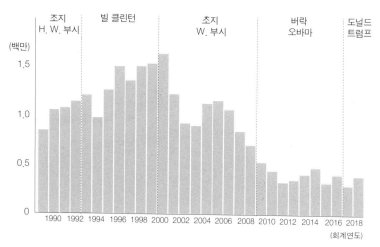

그림 1-1 멕시코 국경을 넘는 불법이민자에 대한 전체 체포 건수 통계
자료: Ward and Singhvi(2019).

둘러싼 미국 사회의 대립은 극한으로 치닫고 있다.

한때 미국의 빌 클린턴(Bill Clinton) 대통령이 세계화를 바람 또는 물과 같은 자연의 힘에 비유할 정도로 국경을 넘나드는 경제적 흐름에 따른 '국경 없는 세계'에 대한 지리적 상상력이 팽배했다면(*The Economist*, 2016), 트럼프의 등장과 함께 ≪월스트리트 저널≫에 실린 "Geopolitics trumps the markets" (Mead, 2018)가 주장하듯이 각 국가들이 국경을 넘나드는 경제활동으로부터 함께 이익을 추구하는 시대에서 국가안보의 논리가 다시금 우선시되는 지정학적 경쟁의 시대로 회귀하게 되었다는 것이다. 이와 함께 경계와 접경지역에 대한 연구 또한 새로운 전기를 맞이하고 있다.

경계와 접경지역은 정치지리학의 고전적 연구주제였다. 제1, 2차 세계대전의 전후처리 과정에서 국경선의 설정은 지리학자의 참여로 이어졌고, 정치지리학에서 경계에 대한 연구는 공간의 정치적 성격의 대표로 여겨졌다(Smith, 2003). 그동안의 접경지역 연구는 세계적 지정학의 추세에 따라 변화해 왔다. 국경이 생겨난 원인과 형태에 초점을 맞추는 발생학적 접근,[1] 열린 국경, 닫힌 국경과 같이 국경의 종류에 따른 이동성의 제한과 경계 양쪽의 발전 양상에 초점을 맞춘 기능적 접근(Martinez, 1994) 등의 고전적인 연구가 수행되었다. 또한 1980년대 이후에는 세계화의 진전에 따른 경제적 이동성과 문화적 정체성의 조우에 초점을 맞추는 연구가 고전적 접근[2]을 대체해 왔다(Kolossov, 2005). 대체적으로 최근의 국경연구는 국경의 형태와 기능보다는 경계가 만들어내는 경관과 정체성, 상호의존성과 소외성, 경계와 영토를 통제하는 방식의 다양성에 좀 더 집중하는 경향을 보이고 있다(Newman, 2003). 세계적 지정학의 변화와 세계화된 경제는 경계와 접경지역 연구에 다양한 배경의 학자들을 유인해 냈고, 최근에는 사회학, 정치학, 인류학 등 다양한 시각이 종합된 학제적인 접근으로 이루어진 접경지역 연구(Border Studies)가 활발하게 이루어지고 있다.

서구의 접경지역 연구의 성장과 비교하여, 한반도에서는 접경지역 연구가 활발하지 못했다. 지리학계에서는 2000년대 이후 접경지역의 경제적·사회적 소외성, 접경지역의 개발전략에 대한 다수의 연구가 이루어진 바 있다(정은진 외, 2004; 박삼옥 외, 2004). 이러한 접경지역 연구의 정체는 한반도를 둘러싼 지정학적 상황과 무관하지 않다. 남북한 사이의 국경은 강력한 국경통제가 이루어지는 장소였으며, 인적·물적 교류는 매우 제한적이었다. 이런 상황에서 접경지역은 군사와 안보, 통제의 논리가 지배하는 공간이었고, 그에 대한 학술적 연구도 위축될 수밖에 없었다. 물론 통일을 염두에 둔 접경지역의 관리와 개발의 방향에 대한 연구가 지속적으로 이루어져 왔으나(유진삼 외, 1998; 최용환, 2009; 안광수, 2017), 접경지역을 북한과의 협력이 이루어지는 공간, 교류와 협력이 이루어지는 공간, 상징적 공간, 환경보호의 공간 등으로 관리와 개발의 방향성을 제시하는 데 주력하고 있다. 이는 접경지역에서 교류와 협력이 이루어지기 위해서 고민해야 할 주권의 제한 혹은 완벽한 주권 행사의

---

1 Hartshorne(1935)의 선행경계(Antecedent), 후속경계(Subsequent), 전횡적 부과경계(Superimposed), 잔존경계(Relic)의 고전적 분류방식이 이를 대표한다.

2 국경과 접경지역의 연구 동향에 관해서는 Passi(2005)와 Kolossov(2005) 참고.

포기와 같은 민감한 주제에 대한 본격적인 논의가 충분히 이루어지지 못하고 있다는 것을 의미한다.

그러나 2000년대 이후 남북한의 교류와 협력이 증대되면서 한반도 접경지역에도 새로운 변화와 활력의 기운이 생겨났고, 이러한 변화를 통해 한반도 통일과 평화체제를 앞당길 수 있다는 희망이 생겨나기도 했다. 특히 남북 최초의 합작경제특구인 개성공업지구와 금강산 관광 사업은 분단 이후 지정학적 성격만을 띠었던 남북 간의 경계가 지경학적 공간으로 변화하는 결정적 계기가 되었다. 물론 이후 보수정권이 집권하면서 한반도 접경지역은 다시 2000년대 이전의 냉전적 긴장과 안보의 논리가 지배하는 상황으로 회귀하기도 했으나, 2016년 촛불항쟁과 문재인 정부의 출범, 그리고 북미 간 대화의 시작으로 인해 남북 간 경계와 접경지역에 새로운 변화의 기운이 들어서고 있다. 2018년 3차례의 남북정상회담과 사상 최초의 북미정상회담은 한반도 지정학 질서에 새로운 변화의 동력으로 작동하여 한반도 평화와 통일에 대한 기대를 다시금 높이고 있다.

특히 이러한 변화는 남북 간 접경지역을 중심으로 더욱 극적으로 나타나고 있다. 4월 판문점 정상회담에서 남북의 양 정상은 함께 군사분계선을 넘으며 남북 간 장벽을 탈경계화(de-bordering)하는 퍼포먼스를 선보였고, 뒤이은 9월 평양정상회담에서 「판문점선언 이행을 위한 군사분야 합의서」를 채택하여 2항 "남과 북은 비무장지대를 평화지대로 만들어 나가기 위한 실질적인 군사적 대책을 강구하기로 하였음"을 천명했다. 2018년 11월에서 12월까지 남북 양측은 비무장지대의 감시초소(GP) 22개소에 대한 시범철수 및 상호검증을 진행했고 판문점 공동경비구역에 대한 비무장화도 완료했다. 또한 11월 남북 공동으로 북한 철도에 대한 공동조사를 시작하여 12월에는 남북 간 철도 연결 착공식이 열렸다. 그리고 이미 2018년 9월에는 분단 이후 최초로 남북 간 상시 소통을 제도화한 남북공동연락사무소가 개성공단에서 개소되어 운영 중에 있다.

물론 UN의 북한에 대한 제재와 비핵화 논의의 지체로 인해 2000년대 초반과 같은 탈경계화된 지경학적 흐름이 나타나고 있지는 못하고 있다. 그러나 반세기 이상 유지되어 온 군사화되고 무장화된 접경지역의 지정학적 성격이 점차 약화되고 있는데, 다시 말해 세계에서 가장 무장화된 비무장지대로 불리던 남북 간 접경지역에 대한 실질적 비무장화가 시작되고 있다. 이러한 변화된 현실은 한반도의 경계, 접경지역을 기존의 냉전적 지정학의 논리가 아니라 새로운 상상력으로 바라보게 하고 있으며, 접경지역은 적극적 학술 탐구의 대상으로 변모하고 있다.

그럼에도 불구하고 한반도의 경계와 접경지역을 바라보는 지배적인 관점은 여전히 이러한 현실의 변화를 외면한 채 영토와 관련하여 고정관념에 사로잡혀 있다. 예를 들어, ≪중앙일보≫의 한 논설위원은 현 정부의 접경지역 개발에 대해 다음과 같이 비판하고 있다. "정부가 남북 교류 기반·관광 활성화를 위해 13조 원을 퍼붓겠다는 접경지역 개발도 마찬가지다. 이번 [북미]정상회담이 빈껍데기로 판명되면 이를 어찌할 건가. 여전히 긴장이 감돌 접경지역에 그 돈을 쏟아부을 건가. 북핵이라는 엄연한 리스크를 싹 무시하고 초대형 사업을 펼치는 건 섣부른 일이 아닐 수 없다"(남정호, 2019). 즉, 지정학적 안보가 담보되지 않고서는 어떠한 지경학적 교류나 협력도 무의미하다는 것이다. 하지만 이러한 안보 논리 중심의 전통적 관점은 경계를 둘러싼 다양하고 복합적인 '안보-개발 넥서스(security-development nexus)'에 대해 제대로 이해하지 못한 태도라고 볼 수 있다. 접경지역의 현실 속에서 안보와 개발의 문제는 별개의 분리된 사안이 아니라 항상 서로 복잡하게 맞물려서 나타남에도 불구하고, 아직도 여전히 안보의 논리를 앞세우면서 초국경적 경제교류와 평화의 시도를 겁박하는 태도가 강하게 남아 있다. 또한 2012년 대선에서 불거진 NLL 포기 논쟁은 한반도 경계의 문제가 언제든지 정쟁의 대상이 될 수 있음을 보여주는 동시에, 2007년 남북정상회담에서 합의된 새로운 영역적 상상력을 보여준 서해평화수역을 단순히 영토를 포기한 것으로 손쉽게 인식하고 비난할 정도로 근대적·배타적 영토관념이 여전히 지배적임을 보여준다. 이는 영토와 경계가 정치체제를 구분하는 선이기도 하지만 동시에 이를 통해 정치적 집단을 구분하고 이들의 정체성을 부여하는 과정으로서의 경계와 영토의 의미를 보여준다고 하겠다(Passi, 2003).

이에 이 장은 경계, 접경지대, 변경 관련 기존 논의들을 포스트 영토주의적 관점에서 살펴보고 이를 한반도 접경지대에 적용하여, 그동안의 접경지대를 둘러싸고 일어난 일련의 변화와 정책들을 살펴보는 데 목적이 있다. 이를 토대로 이어지는 내용에서는 경계, 접경지대에 대한 다양한 새로운 접근들을 구체적 사례와 접목했다. 이러한 시도들은 한반도의 분단과 경계에 대한 새로운 지정학적 상상력을 확장하는 데 도움이 될 것이다.

2. 접경지역, 경계, 변경 관련 연구 동향의 시사점

1) 용어의 정의와 이의 시사점

국경과 접경지역에 대한 용어는 매우 많은데, 국경, 접경, 접경지역, 변경 등의 용어가 혼재되어 사용되고 있다. 영어권에서도 boundary, border, borderland, frontier 등의 용어가 사용되고 있다. 프레스콧(J. R. V. Prescott)에 따르면 각 용어는 서로 다른 맥락에서 사용되어야 한다(Prescott, 1987). 경계(boundary)의 경우 국가 혹은 정치적 단위 사이의 선(line)을 의미한다. 기존의 연구에서 밝혀진 바와 마찬가지로 이러한 선은 때로는 자연지형을 기준으로 하기도 하지만 정치적 협의에 의해 새로이 만들어지기도 한다. 경계가 만들어내는 접경지대 혹은 접경지역은 영어로는 border, border area, border region으로 표현된다. 그러나 이와는 조금 다른 맥락으로 borderland라는 용어가 동시에 사용되고, 일반적으로 border가 주로 한 국가 내에서 다른 국가와의 국경선에 인접한 지역을 의미하는 용어라면, borderland는 국경을 넘어 두 개의 'borders'를 하나로 바라보는 시각에 기초한다. 즉, 두 국가의 접경지역이 하나의 정치적, 경제적 혹은 문화적 영역을 구성하게 되는 것을 의미한다. 이러한 borderland는 세계화 이후 국경 없는 세계(borderless world)류의 논의(Ohmae, 1990)에서 사주 능장하는 것으로, borderland가 만들어지면 해당 지역은 자국의 타 지역과는 다른 정체성을 구성하게 된다. 다시 말해 자신들의 생존과 번영이 자신들이 속해 있는 국가의 정책이 아닌 다른 국가와의 공존과 공생에 기초하게 되는 것이다(지상현 외, 2017). 유럽의 다양한 초국경적(transborder) 협력으로 구성된 많은 지역은 이러한 borderland의 예가 된다. 마지막으로 변경(frontier)은 지역의 실체라기보다는 영토적 확장 과정에서 등장하는 일종의 담론이다. 즉, 한 국가가 영토를 확장하는 시기에 확장의 대상이 되는 영토를 일종의 "비어 있는(empty)" 공간으로 재현한다는 것이다. 미국의 서부개척시대의 서부는 이러한 frontier의 사례가 된다. 사실 서부개척의 대상이 되는 영토는 비어 있는 공간이 아니라 많은 미국 원주민들의 생활공간이었다. 또한 제국주의 시대의 지정학적 전략은 확장될 영토의 정치, 문화, 역사를 고려하지 않고 단순히 획득해야 할 영토, 지배를 기다리는 비어 있는 공간 등으로 다양하게 재현했다.

2) 국경의 설치와 통제의 과정

그러나 기존의 경계의 유형 혹은 접경지역의 유형이라는 정태적인 접근의 한계는 현실세계에서 일어나는 국경을 둘러싼 역동적인 변화를 설명하기에는 매우 부족하다. 이는 국경이 물리적으로 설치되고 운영되는 것을 넘어, 사회적으로 구성되고 해체되며 재구성되는 과정을 겪기 때문이다(Popescu, 2011). 또한 국경의 물리적 설치와 운영도 최근의 미국과 멕시코 사이의 장벽 문제에서 드러나듯 어떠한 방식으로 운영할 것인가의 문제와 마주하게 된다. 즉, 국경의 설치와 운영은 지역 특수적인 성격을 가지며 동시에 지속적으로 변화하게 된다는 것이다. 세계지도를 살펴보면 지도상의 모든 지역은 국경으로 구분되어 있다. 일부 지도는 특정한 국경선이 모호하게 표현되어 있지만(예를 들어 중국과 인도의 국경, Western Sahara의 분할), 대부분의 지도는 국가라는 모자이크로 빼곡하게 차 있다. 그러나 이러한 국경이 모두 동일한 성격을 지니는 것은 아니라는 점은 널리 알려져 있다. 이러한 국경의 차이점은 국경의 탄생과 관리의 시각으로 살펴볼 수 있다. 일반적으로 국경의 탄생과 변화는 설정(establishment), 획정(demarcation), 통제(control)의 단계를 거치게 된다 (Glassner and Fahrer, 2004). 국경의 설정은 두 정치적 주체의 인정과 동의를 필요로 한다. 이러한 인정과 동의는 두 국가 간의 정치적 협상, 제3자의 조정 혹은 비극적이지만 전쟁의 결과물인 경우가 많다. 획정의 단계에서는 일반적인 원리(예를 들어 특정한 위도나 경도, 강이나 산의 지형지물)에 대한 합의가 이루어지게 된다. 그러나 이러한 설정은 일반적인 원리만 규정한 것일 뿐 실제 눈에 보이는 국경의 설치 과정이 뒤따르게 된다. 이러한 구체적인 과정을 획정이라고 할 수 있다. 장벽, 철조망, 국경통제지점의 설치는 국경을 눈에 보이게 하는 획정의 과정이며 때로는 획정의 과정에서 물리적 충돌이 일어나기도 한다. 마지막 단계는 국경 통제(control)의 단계가 된다. 국경을 누구에게 어느 정도로 개방할 것인지, 군대를 주둔시킬 것인지에 대한 질문은 모두 통제의 유형과 강도의 결정과 연관되어 있다. 한반도에도 이러한 설정-획정-통제의 원칙이 적용될 수 있고 상당한 수준의 이질성이 관찰된다. 이러한 고유성 혹은 이질성은 필연적으로 각각의 경계가 사회적으로 구성되는 과정에 대한 연구의 필요성으로 이어지게 된다(Popescu, 2011).

3) 경계에 관한 포스트 영토주의적 접근

국가의 경계와 영토에 관한 전통적 관점은 근대 정치체제의 기본적 요소라 할 수 있는 영토적 주권의 개념에 입각하여 구조화되어 왔다. 17세기 유럽을 휩쓸고 지나간 30년전쟁 이후 베스트팔렌 조약이 체결되면서 영토적 주권의 개념이 등장했고, 이를 계기로 국가는 가장 공식화된 영역적 조직체로 자리 매김하게 되었다. 특히 베스트팔렌 조약 이후 보편화된 국제관계에서 근대 국가는 명확히 구분되는 영토를 바탕으로 엄밀하게 안과 밖을 구분하고, 영토 내부의 모든 사람과 사물, 사실 등에 대해 배타적인 통치를 행사하는 영토적 주권을 가신나고 받아들이게 되었다(이종수, 2009). 이처럼 근대적인 정치체제는 ① 통치와 주권은 영토에 기반하고, ② 영토는 특정의 질서 체제와 연동되는데 이 영토에 기반한 질서의 체제는 국경이라는 장벽을 기준으로 다른 영토적 질서 체제와 나누어진다는 사고에 기반하여 성립되었다(박배균, 2017: 294). 즉, 근대국가의 영토성은 영토를 고정불변하고 완벽하게 울타리 쳐서 내외부는 완벽히 구분되고, 내부는 특정의 단일한 질서를 기반으로 완전하게 통제되고 있다는 관념과 상상에 기대고 있는 것이다(Elden, 2013).

이처럼 배타적인 영토적 주권에 기반하여 국가라는 정치적 조직체의 영역성이 제도화되면서, 국가의 경계는 가장 공식화되고 가장 견고하게 구분된 경계선으로 자리 잡았다. 하지만 이러한 영토적 관념과 상상 그리고 경계 만들기 과정은 구체적 정치 현실에서 나타나는 영토적 실재(reality)와는 많은 괴리를 지니고 있다. 특히 근대국가의 실제 작동과정에서 이상적 근대 정치론과 국제법 이론에서 당위적으로 강조되는 배타적 영토성이 어느 정도로 강고하고 안정적으로 작동하고 발휘되어 왔는지에 대해 많은 논란이 야기되고 있다(박배균, 2017: 294). 역사적으로 보았을 때, 베스트팔렌 조약의 결과로 바로 근대적 영토성이 발현되어 각 국가들이 자신의 영토 내에 하나의 동질적이고 보편적인 질서의 체제를 구현할 수 있었던 것은 아니었다(Elden, 2013). 또한 크래스너(S. D. Krasner)가 배타적 영토성에 기반을 둔 근대적 국가주권 개념이 하나의 '조직된 위선(organized hypocrisy)'에 불과하다고 주장한 것처럼(Krasner, 1999), 근대적 정치제도와 자본주의적 시스템이 보편화된 오늘날에도 국가의 영토성은 여전히 문제시되고 논쟁의 대상으로 남아 있다. 즉, 근대적 영토 개념에서 제시되는 이상형의 모습과 달리 실재의 영토는 고정불변한 것도 아니고 완벽하게 통제되는 것도 아니며, 많은 경우 지속적인 갈등과 논쟁 속에 놓여서 정치-경제적 상황과 실천에 따라 변화하고 재구성되는 것이다.

이처럼 경계와 영토에 대한 전통적 관점에 대한 도전이 점증하면서, 최근

들어 국가영토와 경계의 상대성과 구성적 성격을 강조하는 포스트 영토주의 관점의 논의가 각광받고 있다. 이 논의들은 실제 현실에서 나타나는 국가영토의 복합성과 다층성, 그리고 경계의 '다공성(porosity)'을 강조하는 인식론에 기반을 두고 있다(박배균, 2017). 특히 근대적 국민국가가 절대적 경계선으로 구획된 특정의 영토 공간을 배타적으로 지배하며 영토의 모든 공간에 대해 자신의 권력을 균질적으로 행사한다는 전통적 국가영토성에 대한 개념에 도전하면서, 국가의 주권이 실제로 행사되고 표현되는 방식은 훨씬 복합적이고 불균등하게 이질적이면서 다층적임을 강조한다(Pauly and Grande, 2005). 또한 세계화라는 상황 속에서 국가의 권한과 권력이 영토 내에서 상이한 장소와 상이한 인구집단에게 차별적으로 적용되어, 특별한 장소와 지역, 혹은 특정한 스케일의 힘과 과정들에는 더 많은 혜택을, 그렇지 않은 다른 특정한 장소와 지역에는 오히려 피해를 감수하게 하는 '공간적 선택성(spatial selectivity)'이 적극 발현되어 국가영토성의 이질성과 다층성이 강화됨이 지적되기도 한다(Jones, 1997: 849; Keating, 2001). 이러한 이론적 맥락 속에서 제솝(B. Jessop)은 국가공간에 대한 전통적인 영토중심적 논의를 거부하고, 국가가 근대적 영토주권과 관련된 영토성 이외에 다른 다양한 공간성(예를 들면 네트워크, 장소, 스케일 등)을 가지고 있음을 강조했다(Jessop, 2016). 특히 국가가 영토를 안과 밖에서 가로지르는 다양한 네트워크와 흐름을 관리하고 통제하는 데 중요한 역할을 수행할 뿐만 아니라, 글로벌, 국가, 지역, 도시, 로컬 등 다양한 공간적 스케일 사이에서 권한의 분배와 노동의 분업을 조직함에 있어서도 중요한 역할을 수행하고 있다고 지적했다.

요약하면, 새롭게 등장하고 있는 포스트 영토주의적 관점에 따르면, 국가의 영토성은 근대적 정치사상이 이상형으로 전제했던 배타적 영토주권이 효과적으로 행사되는 상황과는 거리가 먼 특성을 보이고, 오히려 복잡하고 다층적인 영토성과 다공적인 경계로 구성되어 있어 결코 안정적이지 않으며 항상 변화하는 역동성을 지닌 것으로 이해되어야 한다. 이런 관점에서 보면 국경과 접경을 안보와 장벽이라는 영토화의 논리로만 설명해서는 안 되고, 여러 영토 공간들이 만나고 교차하면서 초국경적인 이동과 연결의 힘도 적극적으로 발현되는 공간으로 이해해야 한다. 즉, 접경지역은 영토성과 이동성의 복합적 교차공간인 것이다. 국경과 접경지역에는 항상 이동과 연결을 지향하는 힘과 반대로 이러한 흐름을 저해하는 다양한 힘들이 복합적으로 상호작용하면서 만들어내는 영토화와 탈영토화의 공간정치가 작동하며, 이를 통해 국경과 접경지역의 현실적 모습과 의미가 구성된다.

3. 접경지역 관련 통일정책에 드러난 영토성에 대한 비판적 고찰

1) 다양한 경계의 존재

앞에서 논의한 포스트 영토주의 관점에서 한국의 접경지역을 이해하기 위해서는 우선 한반도를 둘러싼 경계는 단일한 종류가 아니라 여러 다양한 경계가 다층적으로 존재한다는 점에 주목할 필요가 있다. 우선 경계(boundary)를 살펴보더라도 다양한 종류의 경계가 관찰된다. 한반도를 둘러싼 경계는 남한-북한, 대한민국-일본, 북한-중국, 대한민국-중국의 경계가 있으며,[3] 이 중 남한-북한의 경계는 대한민국의 헌법에 따르면 국경이 아니라 대한민국 내부의 행정적 경계이며 동시에 실질적(de facto) 경계에 속한다.

또한 국경과 접경지역의 변화라는 측면에서도 한반도의 경계와 접경지역은 상당한 수준의 다양성을 보이고 있다. 대한민국과 북한의 경계는 한국전쟁의 결과물로 맺어진 휴전협정에 의해 설정되었다(established). 휴전선 혹은

---

3 대한민국의 헌법은 북한을 국가로 인정하고 있지 않으며, 한반도 전역을 대한민국의 영토로 하고 있기 때문에 경계에 대해 언급하는 경우 남한과 대한민국이라는 용어를 모두 사용해야 하는 경우가 발생한다. 예를 들어, 압록강과 두만강을 중심으로 하는 북한-중국 경계는 동시에 대한민국과 중국의 경계이기도 하다.

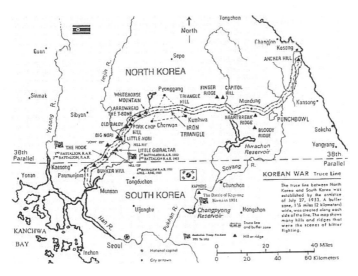

그림 1-2 정전협정 당시의 경계설정 지도
자료: 국가기록원(1953).

군사분계선(Military Demarcation Line: MDL)이라 불리는 이 선은 1953년 7월 27일 정전협정의 결과물로 생겨난 선이다. 한반도를 가로지르는 군사분계선과, 충돌을 방지하고자 남북 2km의 비무장지대(Demilitarized Zone)가 설정되었다. 그러나 육상의 경계가 비교적 명확히 설정된 것과는 다르게 해상의 경계는 모호한 측면이 있다. 휴전협정문에서는 백령도, 연평도 등 현재 대한민국의 영토인 서해5도에 대해 유엔군 관할로 명시하고 있지만 해상군사분계선에 대한 언급은 없다. 따라서 서해5도 섬을 연결하는 가상의 선(NLL: Northern Limit Line)이 유엔군사령부(United Nations Command)에 의해 선포되었으며, 오랜 기간 동안 이 가상의 선은 남북한의 실질적 해상경계로 기능했다. 즉, 북한도 오랫동안 이 가상의 선이 실질적인 남북한의 경계선임을 인정한 많은 증거들이 존재하고 있다.[4]

---

4 서해 북방한계선에 대한 논의는 장용석(2013) 참조.

그러나 2000년대 중반부터 북한은 NLL에 대한 합의가 이루어진 적이 없음을 강조하며, 이 선을 무력화하기 위한 시도를 계속하고 있다. 남북 양측은 두 차례의 해상충돌을 겪었고,[5] 2010년 연평도를 둘러싼 포격전까지 발생했다. 또한 육상 경계 역시 모두 동일한 수준의 통제가 적용되는 것은 아니었다. 김대중 정부의 출범과 함께 남북 간의 해빙무드가 이어지면서 철도와 도로의 연결이 이루어졌고, 1998년 11월 금강산 관광이 시작되었다. 그러나 금강산 관광은 2008년 남한 관광객이 북한 경비병의 총격으로 사망하면서 중단되었다. 다른 한편 개성공단이 출범하면서 남북한의 경제적 교류와 협력은 가속화되었다. 이 시기 서부 휴전선과 인근 접경지역은 큰 변화를 겪었다. 많은 개성공단 관련 인력들이 매일 출퇴근을 하기도 했고, 개성공단의 생산량과 노동자의 수가 큰 폭으로 증가했다. 이로 인해 접경지역의 국경통제는 완화되었고, 비무장지대까지 철도로 여행하는 것이 가능해졌으며, 민통선(Civilian Control Line) 내부에 새롭게 마을이 조성되기도 했다. 민통선 내부의 인구는 2000년 이후 일부 증가하기도 했고, 파주시 진동면의 경우 상주인구가 없었으나 2002년 이후 마을이 형성되면서 주민들이 입주하기 시작했다. 이러한 경향은 비무장지대 혹은 민통선과 인접한 접경지역의 지속적인 인구 감소와는 다른 현상이었다. 그러나 이러한 접경지역의 변화는 2016년 개성공단 폐쇄로 중단되었다. 김대중, 노무현 정부의 대북정책과 발맞추어 나타났던 접경지역의 다양한 변화는 2008년 보수정권 출범과 뒤이은 남북관계 악화로 인해 무력화되었다. 2017년 문재인 정부 출범 이후 남북관계가 다시 개선됨에 따라 통일경제특구 설치 등이 새롭게 발표되면서 접경지역은 다시금 변화를 겪고 있다.

---

5 1999년 제1차 연평해전, 2002년 제2차 연평해전.

표 1-1 한반도 접경지역의 주요 변화

일시	내용
1953. 7	군사분계선 획정
1953. 8	비무장지대 대성동 마을 조성
1954. 6	미8군 귀농선 설정, 이후 귀농선이 민간인 출입통제선이 됨
1958. 6	군사분계선 방어임무가 한국군으로 전환, 출입영농과 입주영농 허가
1958	민통선 내측에 자립안정촌, 재건촌, 통일촌 등 민통선마을 건설 시작(총 121개)
1976. 8	도끼만행사건. 이후 공동경비구역이 분할됨
1981. 12	민통선 1차 조정(출입제한의 완화)
1988. 12	「수복지역 내 소유자미복구토지의 복구 등록과 보존등기 등에 관한 특별조치법」 발효
1993. 12	민통선 2차 조정(민통선 북상 군사분계선 이남 20km)
1997. 1	민통선 3차 조정(민통선 북상 군사분계선 이남 15km)
1998. 11	금강산 관광 시작
2000	개성공단 착공
2003	경기도 파주시 진동면 동파리 실향민촌 해마루촌 입주
2003. 6	경의선 연결
2004. 4	동해선 연결
2005	개성공단 입주
2007	경의선, 동해선 시험운행 및 경의선 개통
2007. 12	민통선 4차 조정(민통선 북상 군사분계선 이남 10km)
2008. 11	경의선 도라산-판문역 화물열차 운행 중단
2013. 5	개성공단 입경 차단
2013. 8	개성공단 재개
2016. 2	개성공단 가동 전면 중단
2018. 11	남북 각각 비무장지대 GP 11곳 시범철수
2018. 11	남북 간 비무장지대 전술도로 연결, 남북 한강하구 공동수로조사
2018. 12	남북 철도-도로 연결과 현대화를 위한 착공식

2) 통일정책과 접경지역

남한은 한반도 통일을 위한 다양한 방법을 제시했으며, 이는 시대에 따라 다양한 통일론에서 비롯되었다.[6] 한국전쟁 이전의 이승만 정권의 북진통일로부터 시작하여 남북한의 화해협력, 공존과 공생을 추구하는 다양한 정책들이 추구되었고, 이러한 정책은 대제로 현재의 남북한의 성치석·껑세찍 치이를 인정하고 임시적인 중간단계를 거쳐 최종적인 통일로 나아가는 방식이었다. 이러한 단계적 통일방안의 한 축은 바로 정치적인 중간단계와 함께 공간적인 중간단계의 설정이었다. 즉, 남북한이 함께 공존하는 임시적인 공간을 설치하여 서로의 차이점을 알아가며 점진적인 변화와 적응의 시기를 겪는다는 것이었다. 또한 이를 통해 경제적 이익을 추구할 수 있다는 점도 중요한 고려사항이었다. 이는 초국경협력으로 인한 지역의 차별적인 정체성 형성, 국민국가와는 다른 지역의 이해관계 형성이라는 기존 서구의 이론과는 완전히 동일하지 않지만 유사한 맥락으로 이해될 수 있다. 김대중 정부(1998~2003)의 남북화해협력 정책 이후 정부마다 한반도의 접경지역을 활용한 통일정책이 발표되었고, 이러한 접경지역을 기반으로 한 정책은 북한과의 관계라는 맥락과 함께 영토를 바라보는 관점에 따라 다른 형태로 나타나고 있다.

(1) 개성공단(Gaeseong Industrial Complex)

2000년 6월 분단 이래 최초의 남북정상회담이 이루어진 이후 남북한의 협력은 급물살을 타게 된다. 이의 결과물 중 가장 중요한 것이 바로 개성공단이었다. 2000년 8월 민간기업인 현대아산과 북한 사이에 「공업지구 개발에 관한 합의서」가 채택된 이후 북한은 「개성공업지구법」을 제정하고 이어 통신·통관·검역에 관한 사항이 합의되기에 이른다. 이러한 법적인 준비과정을 거쳐 군사분계선에서 2.5km 떨어진 개성시 외곽에 약 330만 m²에 달하는 공단이 조성되었고, 2004년에는 15개 기업이 입주계약을 체결했다. 이를 위해 북한은 전방에 배치된 군부대를 이전했고, 남북한 사이의 도로와 철도가 다시 연결되었다.

---

6 통일론에 대한 체계적인 정리와 논의는 문정인·이상근(2013) 참고.

그림 1-3 개성공단 전경
자료: 국토지리정보원(2014).

　그러나 개성공단의 운영과 가동이 순탄한 것은 아니었다. 북한은 2009년 한미연합 군사훈련을 비난하며 통행을 금지시켰고, 2013년 개성공단의 북한 근로자가 철수하는 우여곡절도 겪었으나, 남북한 모두 개성공단이 만들어내는 긍정적 효과와 상징성을 무시할 수 없었다. 개성공단의 토지는 북한으로부터 50년 동안 임차하는 것으로 토지이용에 대한 비용은 상징적인 비용에 불과한 1m²당 1달러였으며, 북한 노동자의 임금은 몇 번의 인상이 있었으나 폐쇄될 때까지 한 달에 100달러 수준을 넘지 못했다. 이러한 조건으로 인해 2015년 125개 기업이 입주했으며, 북측 근로자는 약 5만 5000명에 이르게 되었다.[7] 매일 아침 약 300대의 통근버스가 개성시내 및 인근 지역 근로자의 출퇴근을 위해 사용되었고, 약 800명의 남한 인원이 북측 지역에 상주하게 되었다. 심지어는 개성공단에 입주하는 기업이 증가함에 따라 개성공단은 만성적인 인력난에 시달리게 되었다. 이러한 공단의 성장과 확대에 따라 개성을 통한 남한의 물자와 문화들이 점차적으로 북한으로 확산되는 현상이 나타나기도 했다. 일례로 개성공단의 영향을 상징적으로 보여주는 일화로 자주 언

7　2008년 실시된 센서스에 따르면 개성시의 인구는 30만 8440명으로 개성시 인구의 상당수가 개성공단에 근무하고 있었음을 알 수 있다.

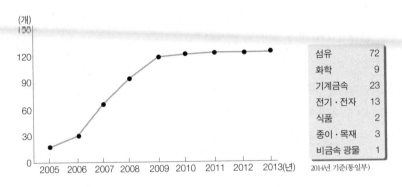

섬유	72
화학	9
기계금속	23
전기·전자	13
식품	2
종이·목재	3
비금속 광물	1

2014년 기준(통일부)

그림 1-4 개성공단 입주 기업 수와 종류
자료: 국토지리정보원(2014).

급되는 '초코파이'에 대한 논의가 있다. 김진향(2015)에 따르면 개성공단에서 근무하는 북한 노동자들에게는 직접 임금이 지불되지 않는 대신, 일부 간식거리나 생활필수품이 공급되어 왔다. 이러한 남한의 물건들은 북한 전역의 장마당으로 퍼져나갔으며, 북한 주민들로 하여금 남한의 발전상을 느낄 수 있는 중요한 수단이 되어왔다. 매달 500~600만 개씩 보급되는 초코파이가 북한에 미치는 영향을 두려워한 북한은 북한에서 자체생산한 대체물자를 남한이 구매해서 다시 전달하는 방식을 요청하게 되었다.

접경지역을 통한 통일정책으로서의 개성공단은 남북 간 협력의 새로운 시도였으며, 2016년 폐쇄되기 전까지 연평도 포격전과 같은 남북한 사이의 긴장 고조에도 불구하고 남북 모두 개성공단의 유지를 위해 노력했다. 또한 개성공단으로 인해 북한 주민들은 자본주의를 간접적으로 체험할 수 있었으며, 제한적이지만 남한 주민들과의 일상적인 접촉을 통해 남한의 문화를 이해할 수도 있었다. 물론 개성공단에 대한 평가는 정치적 견해에 따라 사뭇 다르다. 이승욱(2016)은 개성공단이 국가의 주권을 일정 부분 제한하는 일종의 예외공간일 수 있다는 점을 지적했지만 동시에 남한의 보수세력은 개성공단을 북한의 "인질"과 같다며 부정적인 평가를 하고 있음을 밝히고 있다. 즉, 아감벤(G. Agamben)의 논의(Agamben, 1998)와 마찬가지로 개성공단은 남한 정부에게는 북한을 변화시킬 수 있는 강력한 수단이었으며, 북한에게는 주권의 제한적인 양보와 외부의 힘을 개성 인근에 가두어놓으려는 정책이었다. 그러나 남북한의 서로 다른 목적에도 불구하고 개성공단의 운영은 접경지역에서 일어나는 변화, 즉 영토적 주권이 양보되거나 협상되는 정치적 과정의 중요성을 보여준다. 최용환(2009)의 연구에서 언급한 바와 같이 '개성공단관리위원회'라는 조직을 통해 남북의 시각차가 조율되었으며, 남북한이 공동으로 존재하는 공간에서 발생할 수 있는 크고 작은 문제들이 어떻게 협상되고 처리될 수 있는가에 대한 귀중한 경험을 제공했다. 이러한 이해관계가 중첩되는 개성공단은 그러나 남북한의 관계가 악화되는 과정에서 2016년 2월 폐쇄되었다. 하지만 문재인 정부 출범 이후 남북관계와 더불어 북미관계의 개선은 개성공단 재개 가능성에 대한 논의를 불러일으키고 있다.

(2) 서해평화협력지대

개성공단이 김대중 정부의 주요 성과라고 한다면, 서해평화협력지대는 노무현 정부(2003~2008)가 적극 추진한 통일정책이었으며 안보를 넘어 헌법적 가치로 자리 잡은 영토와 경계의 문제에 대한 보다 직접적인 도전으로 해석될 수 있다. 물론 결과적으로 선언에만 그치고 말았지만, 노무현 정부의 적극적 노력에 힘입어 제2차 남북정상회담에서 '서해협력특별지대'의 설치가 선언되었다. 노무현 정부는 남북정상회담을 계기로 NLL을 둘러싼 갈등을 해결하기 위해 남북한의 중간 수역에서 평화로운 경제활동을 보장하는 계획을 수립했다. 남과 북은 남북관계 발전과 평화번영을 위한 선언에 따라 해주지역과 주변 해역을 포괄하는 서해평화협력특별지대 조성사업을 추진해 나가기 위해 서해평화협력특별지대추진위원회를 운영하기로 합의했다. 세부적인 사항으로 공동어로구역 및 평화구역 설정, 경제특구 건설과 북의 해주항의 활용방안 마련, 민간 선박의 통행 보장, 한강 하구의 공동 이용 등이 제시되었다. 서해 NLL 해상에서 일어난 두 차례의 무력충돌 경험에서 비롯된 이 정책은 2007년 대통령 선거에서 보수정권이 들어서고, 북핵문제가 심화되어 남북

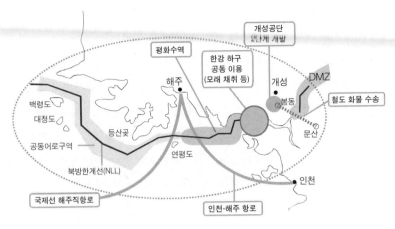

그림 1-5 북한에 제시한 서해평화협력특별지대
자료: Weekly 공감(2007).

관계가 경색되면서 추진 동력을 상실했고 이후 남한 내부의 정쟁의 소재가 되고 말았다.[8] NLL은 보수세력에게는 피 흘리며 지켜낸 영토선으로 표현되었고, 진보진영에서는 민족의 공동번영을 위해 다른 형태로 변형될 수 있는 임시적 분단선이라는 점이 논쟁에서 드러나게 되었다. 이는 영토와 경계가 국가와 국가를 나누는 것이 아닌 영토와 경계 만들기를 통해 정치적 정체성이 구성되는 과정을 보여주는 극적인 사례가 된다(Passi, 2003). 그러나 2018년 4월 27일 남북정상회담 판문점 선언 2조 2항에서 "남과 북은 서해 북방한계선 일대를 평화수역으로 만들어 우발적인 군사적 충돌을 방지하고 안전한 어로 활동을 보장하기 위한 실제적인 대책을 세워나가기로 하였다"라고 선언하면서, 서해평화지대는 현실화될 추동력을 다시금 획득했다.

---

8 2012년 대선 정국에서 새누리당이 제2차 남북정상회담 당시 노무현 대통령이 '서해평화협력특별지대'를 논의하면서 북방한계선(NLL)을 주장하지 않겠다는 취지의 발언을 했다는 주장을 제기하면서 서해 NLL의 성격을 둘러싼 논란이 발생했다. 보수세력은 NLL은 영토선이며 이에 대한 포기는 헌법의 위반이라고 주장했다. 이러한 논쟁 속에 결국 남북정상회담 회의록이 공개되었다. 이에 대해 북한은 국가 정상 간의 비공개 대화가 공개되었다며 반발했다.

(3) 나들섬 구상

햇볕정책으로 대표되는 북한에 대한 화해협력 정책은 보수정당의 이명박 대통령이 취임하면서 급격하게 변화했다. 실용주의를 전면에 내세운 이명박 정부는 10년간의 대북 포용정책에도 불구하고 북핵문제가 해결되지 않는 등 근본적인 변화가 없다는 사실을 강조했다. 이에 북한에 끌려가는 형태의 남북관계를 거부하며, '비핵개방3000'이라는 새로운 통일정책을 발표했다. 북한이 핵을 포기하고 국제사회의 책임 있는 일원으로 행동하며 체제를 개방할 경우, 북한이 1인당 GDP 3000달러에 도달할 수 있도록 남한이 지원하겠다는 것이 정책의 목표였다. 이를 위해 당근과 채찍을 적절히 사용할 것임을 천명했다(서재진, 2008).

이러한 이명박 정부의 새로운 통일정책과는 별개로 여전히 접경지역을 활용한 중간지대의 설정, 경제적 이익의 공유를 시도하는 정책의 명맥은 이어졌다. 이명박 대통령은 서울시장 재직 시절 소위 '나들섬 구상'[9]이란 것을 제안했는데, 그 계획의 핵심은 강화도 북쪽에 인공섬을 조성하여 남북경제협력특구를 조성하자는 것이었다. 때로는 해수면 밖으로 육지가 드러나는 이 지역을 매립하여 공단을 조성하고, 군사분계선에 인접한 이 섬의 특수성을 이용하여 남북 모두가 섬에 접근할 수 있도록 하자는 구상은 2008년 통일부의 주요 12대 과제로 선정되기도 했다(2008년 통일부 업무보고). 그러나 섬을 매립하는 대규모 토목공사가 필요했고, 이를 준비하기 위한 북한과의 협의도 이루어지지 못했다. 또한 습지의 파괴 등 환경파괴를 일으킬 수 있다는 전문가들의 부정적인 지적 속에 계획은 제대로 추진되지 못했다. 게다가 개성공단이 여전히 가동되고 있었고 개성공단의 확장 계획까지 마련한 상태에서 한강 하구에 새로운 공단을 조성하는 것에 대한 경제적 실효성에 대한 문제제

---

9 나들섬은 '나고 들다'라는 의미로 물자와 자본이 활발히 드나드는 교류협력의 장이 될 것이라고 당시 이명박 대통령 후보는 주장했다.

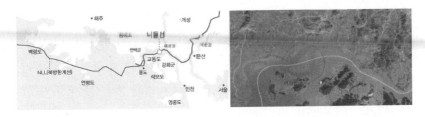

그림 1-6 나들섬의 위치
자료: 고양시(2015).

기가 이어지기도 했다. 이러한 나들섬 구상은 개성공단과 물리적인 공간의 차이가 두드러진다. 북한 영토 내에서 운영되는 개성공단과 비교하면 나들섬은 군사분계선이 공식적으로 설치되지 않은 한강 하구의 중립지대로 남북한이 모두 육로로 접근 가능한 입지를 선택했다. 개성공단이 운영되고 있음에도 불구하고 제시된 나들섬 구상은 국가의 영토성에 대한 극명한 인식의 차이를 보여주고 있다. 남한 국민과 기업이 남북한의 공동관리라는 체제 내에서 활동한다는 점, 즉 공간에서 일어나는 실질적 활동은 개성공단과 동일하지만, 이러한 활동이 이루어지는 영토는 북한이 아닌 철저하게 중립적인 지역이어야 한다는 것을 의미한다. 이러한 영토개념하에서는 소위 초국경 협력 지역으로서의 개성공단은 치명적 약점이 있으며, 진정한 초국경 협력은 어느 누구의 영토도 아닌 곳에서만 가능한 것이다. 다시 말하면 영토에서 일어나는 활동이 아닌 영토 자체의 관리와 통제가 더 중요한 것으로 여겨지는 고전적 영토개념으로의 회귀를 의미한다(Sack, 1983).

(4) DMZ 세계생태평화공원

이명박 정부로부터 시작된 남북한의 긴장 상황은 박근혜 정부 이후로도 지속되었다. 비무장지대에서 일어난 지뢰폭발사건(2015년 8월 4일), 비무장지대 포격(2015년 8월 21일) 등 접경지역에서의 충돌이 지속되었고, 연속된 핵실험 및 미사일 발사가 이어졌다. 이에 개성공단이 폐쇄되었으며, 남북한의 교류와 협력도 매우 제한적이었다. 박근혜 정부의 통일정책은 '한반도 신뢰프로세스'로 공표되었다. 정책의 목표는 한반도 평화를 위해서는 신뢰의 정착이 필수적이며, 이러한 신뢰는 약속과 파기를 반복적으로 행해온 북한의 행위를 '수정'하는 것이었다. 이를 위해 지속가능한 평화, 대북한 균형정책, 위기확산 방지의 원칙을 제시했다(박인휘, 2013). 그러나 이러한 정책 선언에도 불구하고 신뢰란 결국 북한의 태도 변화를 의미하며 태도 변화가 이루어지기 전까지는 화해정책을 펴지 않겠다는 선언으로 해석된다는 비판과 함께, 신뢰를 쌓기 위해서는 협력과 만남이 지속되어야 한다는 주장이 제기되었다(정성장, 2013). 결과적으로 박근혜 정부 시기 남북관계는 최악의 상황을 맞이했다.

이러한 상황에서 박근혜 정부의 접경지대를 이용한 통일정책 역시 매우 소극적인 양상으로 나타났다. 박근혜 정부의 접경지역 전략의 핵심은 DMZ 세계생태평화공원이라고 할 수 있는데, 세계생태평화공원은 DMZ에 남북한의 중립적인 지대를 설정하여 공원을 조성하는 정책으로, 이를 통해 한반도 평화라는 상징적인 특수 공간을 조성하는 것이다. 또한 장기적으로는 남북한 주민과 외국인의 통행을 보장함으로써 장기적인 교류를 추진하겠다는 전략이다. 당시 박근혜 정부는 미 의회 연설, 중국과의 정상회담, 정전 60주년 행사 등에서 세계생태평화공원의 추진을 천명했다. 그러나 오랫동안 지역개발 정책에서 소외된 사업 대상지역의 환영에도 불구하고 사업의 추진은 지지부진했다. 특히 남북을 관통하는 초국경적인 정치-경제적 이해관계를 기반으로 추진된 개성공단 사업이나 서해평화협력지대 사업과 달리, 이 사업은 북한의 접경지역과 공유할 수 있는 정치-경제적 맥락 없이 추진되다 보니, 오히려 북한으로부터 공개적인 비판과 반발을 불러일으키는 수준으로 전락하고 말았다. 세계생태평화공원이라는 정책을 통해 김대중 정부 이후 이어져 온 '접경지역에 임시적인 교류와 협력의 공간을 조성한다'는 기본적인 아이디어는 유지되었다. 또한 이명박 정부의 나들섬 구상과 마찬가지로 임시적인 중립공간은 남북한 어느 한쪽의 영토가 아닌 물리적인 중간지대에 설정되어야 한다는 영토적 지향을 보여준다. 그러나 이러한 중간지대에서 일어날 것으로 기대되는 활동은 매우 소극적이고 추상적이다. 일상적인 교류와 협력이 이루어지는 공간이 아닌 상징적 공간의 창출이라는 한계점을 보여준다.

4. 결론

분단 이후 남북한 긴장이 계속되고 있는 한반도의 접경지역은 경제적·사회적 소외와 함께 안보 불안이 상존하는 지역이다. 반면 접경지역을 활용한 남북한 협력과 평화 프로세스 역시 지속되어 왔다. 이러한 변화 속에서 한반도의 접경지역은 정치적 변화라는 시간적 흐름과 경계의 이질성이라는 공간적 차이가 공존하고 있는 공간이다. 2000년대 이후 남북한 화해협력이 지속되면서 접경지역을 적극적으로 활용한 개성공단이 추진되었고, 개성공단에서 남북한의 교류와 만남 그리고 협력은 일상화되어 갔다. 또한 이후 정부에서 NLL을 둘러싼 갈등을 해결하기 위한 남북한 공동수역의 지정을 통해 평화와 협력의 노력도 지속되었다. 그러나 개성공단 이외의 접경지역 정책은 선언적인 의미에 그치고 말았다. 또한 남북한 관계의 냉각과 남한 보수정부의 등장, 북한의 김정은 정권의 등장, 연속된 핵실험과 미사일 발사, 국지적 무력충돌은 접경지역의 적극적인 활용에 제약으로 다가왔다. 이명박 정부와 박근혜 정부의 접경지역 정책은 선언적인 의미에 그쳤으며 현실화되지 못했다. 그러나 최근 남북한 화해협력의 분위기가 조성되며 한반도의 경계를 둘러싼 변화가 나타나기 시작했다. 판문점 공동경비구역의 비무장화, 비무장지대의 GP 시범철수, 철도와 도로의 연결, 개성공단의 재가동을 위한 외교적 노력의 지속 등은 한반도의 접경지역에 큰 변화를 예고하고 있다.

이러한 최근의 변화들은 과거의 통일을 위한 접경지역 정책의 연장선상에 있지만, 분단체제의 영향하에 오랜 기간 형성되어 왔던 국가의 영토성과 안보 논리 사이의 강고한 결합의 고리를 끊어내는 역할을 하고 있다는 점에서 과거의 접경지역 정책과 차별성을 보인다. 기존의 접경지역 정책은 접경지역의 특수성을 활용한 남북한 교류와 협력에 초점을 맞추고 있었고, 특정 장소의 조성은 일종의 최소한의 예외공간(이승욱, 2016), 즉 영토성 혹은 영토주권의 선택적 제한이 가능한 지역을 조성하는 데 초점을 맞추고 있었다. 반면, 최근의 남북한의 경계지역에서 일어나는 일들은 보다 전면적으로 근대국가의 영토성이 부여한 한계를 극복하고자 하는 시도라고 할 수 있다. 이는 포스트 영토주의적 접근의 측면에서 두 가지 시사점과 과제를 부여하고 있다.

첫째, 접경지역에서 일어나고 있는 최근의 변화들은 영토를 내외부를 완벽하게 구별해 내는 실체로서의 경계, 혹은 영토 내부는 동일한 질서와 규칙으로 통제되고 있다는 근대국가의 영토성의 논리(Elden, 2013)를 거부하고 있다. 서해평화수역의 설정과 비무장지대 GP의 시범철수는 영토 내에서도 서로 다른 통제와 권력 수행이 일어날 수 있다는 사실을 보여준다. 안보와 영토의 결합을 절대시, 당연시하는 입장에서는 이러한 변화는 결코 인정하기 힘든 일이나, 이러한 변화의 과정은 현실의 세계에서 영토에 대한 통제와 관리가 다양한 정치사회적 요구와 맥락에 의해 여러 가지 다양한 형태로 나타날 수 있음을 보여준다. 실제로 다양한 목적과 방식에 의해 국가의 주권은 영토 내에서 다양한 방식으로 타협되어 온 것이 사실이다(박배균, 2017). 하지만 최근의 변화에 대한 반대의 목소리에서 드러나듯이, 안보와 영토를 동일시하는 시각이 여전히 존재한다는 점에서 근대국가의 고정적이고 규범적인 영토적 상상력을 극복하는 작업은 지속적으로 이루어져야 할 것이다.

둘째, 최근의 접경지역의 변화는 제솝(Jessop, 2016)이 지적한 바와 같이, 국가공간에 대한 영토 중심적인 논의에서 벗어나 다양한 공간성에 집중해야 한다는 사실을 드러내고 있다. 남북한의 도로 및 철도 연결, 개성공단의 재개 등은 모두 한반도의 공간을 단순히 남과 북이 충돌하는 영토개념으로만 볼 수 없다는 점을 극명하게 드러낸다. 철도와 도로의 연결은 본질적으로 남과 북을 넘어 인접 국가와의 연결성을 전제하고 있으며, 이는 영토를 내외부에서 가로지르는 다양한 흐름이 영토성과 충돌하는 계기를 만들어낼 것이다. 예를 들어, 서울에서 출발하는 화물열차가 북한 지역을 지나 중국 혹은 러시아로 진입하는 경우 통관과 화물안전, 보험 등의 다양한 논의가 필요하며 이는 네트워크와 영토성의 타협 없이는 불가능한 프로젝트이다. 또한 남북관계의 개선과 함께 남한의 접경지역에 대한 개발압력과 그동안의 군사적 통제 완화에 대한 목소리 역시 영토성 안에 숨죽이고 있던 로컬의 이익과 목소리가 분출되는 계기가 되기 때문에, 포스트 영토주의 관점에서 접경지역이 새롭게 구성되며 새로운 실천의 주체가 등장하는 과정에도 초점을 맞출 필요가 있다.

마지막으로 현재 진행형인 문재인 정부의 접경정책의 의의와 전망에 대해 살펴보겠다. 문재인 정부의 접경지역 정책이 이전 정부들과 비교해 특별히 새롭다고 보기는 어려울 것이다. 오히려 김대중, 노무현 정부의 접경프로젝트를 재개하거나 현실화하는 수준에 있다고 보는 것이 더 타당하다. 그리고 남과 북을 이어 한반도경제를 유라시아 대륙과 연계한다는 지경학적 상상력과 욕망 또한 정권의 정치적 색채와는 무관하게 지속적으로 작동해 온 측면이 있다. 그러나 군사당국 간 상시 연락채널 복원, 사상 최초로 남북공동연락사무소 설치, 남북 간 철도 연결 착공식 등과 같은 지정학적 탈경계화(geopolitical debordering)의 실천적 행위들이 실질적으로 이뤄지고 있을 뿐만 아니라, 남북정상회담과 북미정상회담과 같은 새로운 한반도 지정학 질서의 구축이 현실화되고 있기 때문에, 해양과 대륙을 잇는 거점으로서의 한반도에 대한 비전과 상상력이 실현될 수 있을 것이라는 기대가 그 어느 때보다 큰 것 또한 사실이다. 2018년 8월 광복절 경축사에서 문재인 대통령은 다음과 같이 선언했다.

우리의 생존과 번영을 위해 반드시 분단을 극복해야 합니다. 정치적 통일은 멀었더라도, 남북 간에 평화를 정착시키고, 자유롭게 오가며 하나의 경제공동체를 이루는 것, 그것이 우리에게 진정한 광복입니다. 완전한 비핵화와 함께 한반도에 평화가 정착되어야 본격적인 경제협력이 이뤄질 수 있습니다. 평화경제, 경제공동체의 꿈을 실현시킬 때 우리 경제는 새롭게 도약할 수 있습니다.[10]

기존에는 햇볕정책과 같이 남북경협 등 지경학적 접근을 통해 지정학적 안보와 평화를 증진할 수 있다는 접근이 지배적이었다면, 문재인 정부는 위의 연설에서 드러나듯 접경지역을 중심으로 안보-개발 간의 새로운 연계를 형성하는 데 초점을 두고 있는 것으로 보인다. 즉, 지정학적 안보가 담보될 때 경제발전이 가능하다는 인식을 바탕으로 통일정책, 접경지역 정책에 접근하고 있다 할 수 있을 것이다. 이는 위의 경축사에서 문재인 대통령이 "지금 경기도 파주 일대의 상전벽해와 같은 눈부신 발전도 남북이 평화로웠을 때 이뤄졌습니다. 평화가 경제입니다"라고 선언하면서, 군사긴장 완화와 평화 정착 이후 접경지역에 통일경제특구를 조성하겠다고 신포한 것에서도 드러난다. 이는 현재 국제사회의 대북제재로 인해 지경학적 접근이 여의치 않은 상황에서 비롯된 것이라고도 볼 수도 있겠지만, 분명한 것은 접경지역의 지정학적 긴장과 갈등을 줄이는 일련의 조치들은 지경학적 측면에 초점을 둔 기존의 접경정책들과는 분명 차별화된다고 볼 수 있다는 것이다. 물론 접경지역의 지정학적 탈경계화가 한반도의 평화 정착과 새로운 번영을 반드시 담보하지는 못할지라도(개성공단의 폐쇄가 보여주듯이), 이를 추동하는 발판 또는 첫걸음은 될 수 있을 것이다.

:: **참고문헌**

고양시. 2015. 평화통일경제특구 지정을 위한 타당성 조사 연구용역.
국가기록원. 1953. 「정전협정문」.
국토지리정보원. 2014. 「국가지도집」.
김진향. 2015. 『개성공단 사람들』. 내일을 여는 책.
남정호. 2019. "하노이 정상회담 성패 감별법." ≪중앙일보≫, 2019. 2. 19, https://news.joins.com/

---

10 광복절 제73주년 경축사(https://www1.president.go.kr/articles/4022).

article/23381171.

문성인·이상근. 2013. 「한국·성장과 통일론」. ≪본 원피 현상≫, 32, 60~76쪽.

박배균. 2017. 「동아시아에서 국가의 영토성과 예외적 공간: 동아시아 특구의 보편성과 특수성」. ≪한국지역지리학회지≫, 23권 2호, 288~310쪽.

박삼옥·이현주·구양미. 2004. 「특집논문: 접경지역 연구; 접경지역 기업의 연계 및 네트워크의 공간적 특성」. ≪한국경제지리학회지≫, 7(2), 227~244쪽.

박인휘. 2013. 「한반도 신뢰프로세스의 이론적 접근 및 국제화 방안」. ≪통일정책연구≫, 22(1), 27~52쪽.

서재진. 2008. 「남북 상생공영을 위한 비핵개방3000 정책의 이론적 체계연구」. 통일연구원.

안광수. 2017. 「국가번영을 위한 통일과 접경지역의 발전방향」. ≪접경지역통일연구≫, 1(1), 119~147쪽.

유진삼·김추윤·권원기. 1998. 「남북통일에 대비한 경기북부 접경지역의 개발방안」. ≪국토지리학회지≫, 32(3), 17~44쪽.

이승욱. 2016. 「개성공단의 지정학: 예외공간, 보편공간 또는 인질공간?」. ≪공간과 사회≫, 56, 132~163쪽.

이종수. 2009. 『행정학사전』. 대영문화사.

장용석. 2013. 「서해 북방한계선과 평화협력특별지대 재론」. ≪통일문제연구≫, 59, 181~212쪽.

정성장. 2013. 「박근혜 정부의 '한반도 신뢰프로세스'에 대한 시론적 고찰」. ≪아태연구≫, 20(3), 159~193쪽.

정은진·김상빈·이현주. 2004. 「[특집논문] 접경지역 연구: 경기도 접경지역의 실태—정치적 환경과 경제기반」. ≪한국경제지리학회지≫, 7(2), 137~156쪽.

지상현·정수열·김민호·이승철. 2017. 「접경지역 변화의 관계론적 정치지리학: 북한-중국 접경지역 단둥을 중심으로」. ≪한국경제지리학회지≫, 20(3), 287~306쪽.

최용환. 2009. 「남북한 상생을 위한 남북한 접경지역 개발 전략」. ≪통일연구≫, 13(1), 63~98쪽.

Agamben, G. 1998. *Homo Sacer: Sovereign Power and Bare Life*. Stanford, CA: Stanford University Press.

Elden, S. 2013. *The Birth of Territory*. Chicago: University of Chicago Press.

Glassner, M., and C. Fahrer. 2004. *Political Geography*, third edition. Hoboken, NJ: Wiley and Sons.

Hartshorne, R. 1935. "Suggestions on the terminology of political boundaries." *Annals of the Association of American Geographers*, 26(1), pp. 56~57.

Jessop, B. 2016. "Territory, politics, governance and multispatial metagovernance." *Territory, Politics, Governance*, 4(1), pp. 8~32.

Jones, M. R. 1997. "Spatial selectivity of the state? The regulationist enigma and local struggles over economic governance." *Environment and Planning A*, 29(5), pp. 831~864.

Keating, M. 2001. *Nations against the State: The new politics of nationalism in Quebec, Catalonia and Scotland*(2nd Ed.). Basingstoke: Palgrave.

Kolossov, V. 2005. "Border studies: changing perspectives and theoretical approaches." *Geopolitics*, 10(4), pp. 606~632.

Krasner, S. D. 1999. *Sovereignty: Organized Hypocrisy*. Princeton: Princeton University Press.

Martinez, O. J. 1994. "Border people: Life and society in the US-Mexico borderlands." *Border People: Life and society in the US-Mexico borderlands*. Tucson: University of Arizona Press.

Mead, W. R. 2018. "Geopolitics trumps the markets." *The Wall Street Journal*, 29. October, https://www.wsj.com/articles/geopolitics-trumps-the-markets-1540852514.

Newman, D. 2003. "Boundaries." J. Agnew, K. Mitchell and G. Toal(eds.). *A Companion to Political Geography*. Oxford: Blackwell, pp. 123~137.

Ohmae, K. 1990. "The borderless world." *McKinsey Quarterly*, (3), pp. 3~19.

Passi, A. 2003. "Territory." J. Agnew, K. Mitchell and G. Toal(eds.). *A Companion to Political Geography*. Oxford: Balckwell, pp. 109~120.

_____. 2005. "Generation and the 'Development' of Border Studies." *Geopolitics*, 10(4), pp. 663~671.

Pauly, L. W., and E. Grande. 2005. "Reconstituting political authority: Sovereignty, effectiveness, and legitimacy in a transnational order." L. W. Pauly and T. Grande(eds.). *Complex Sovereignty: Reconstituting political authority in the twenty-first century*. University of Toronto Press, pp. 3~21.

Popescu, G. 2011. *Bordering and Ordering the Twenty-first Century: Understanding borders*. Rowman & Littlefield Publishers.

Prescott, J. R. V. 1987. *Political Frontiers and Boundaries*. London: Unwin Hymn.

Sack, R. 1983. "Human territoriality: a theory." *Annals of the Association of American Geographers*, 73(1), pp. 55~74.

Smith, Neil. 2003. *American Empire: Roosevelt's Geographer and the Prelude to Globalization*. Berkeley: University of California Press.

The Economist. 2016. "The third wave of globalisation may be the hardest." 19 November, https://www.economist.com/books-and-arts/2016/11/19/the-third-wave-of-globalisation-may-be-the-hardest.

Ward, J., and A. Singhvi. 2019. "Trump claims there is a crisis at the border. What's the reality?" *The New York Times*, 11 January, https://www.nytimes.com/interactive/2019/01/11/us/politics/trump-border-crisis-reality.html

Weekly 공감. 2007. "2007 남북정상회담 II 공동번영", 2007.10.16, http://gonggam.korea.kr/newsView.do?newsId=148682438

제1부

· · · · · ·

분단과 경계의 신지정학

· · · · · · · · · · · · · · · · · · ·

제2장

한반도 접경지역에서 나타나는
'안보-경제 연계'와 영토화와 탈영토화의 지정-지경학*

박배균·백일순

1. 서론

한반도에서 남한과 북한이 접하고 있는 접경지역은 어떠한 공간인가? 많은 이들에게 접경지역은 향후 한반도 평화의 시대에 경제적 가치가 가장 급격하게 증가할 곳으로 여겨질 수 있다. 사실 2018년 남북정상회담 이후 남북 관계가 개선되고 평화의 분위기가 고조되면서 외부로부터 부동산 투자가 몰려 접경지역이 뜨고 땅값이 급등하고 있다는 기사들이 쏟아지기도 했다. 이와 더불어, 접경지역이 안보의 위협 때문에 저평가되었지만 남북관계가 개선되고 한반도에 평화의 시대가 오면 무한한 개발의 가능성을 가진 곳이라 투자할 가치가 있다는 인식이 광범위하게 확산되기도 했다. 하지만 접경지역이 이러한

* 이 장은 2017년도 정부재원(교육부)으로 한국연구재단 한국사회과학연구사업(SSK)의 지원을 받아 수행된 연구이다(NRF-2017S1A3A2066514). 박배균·백일순(2019), 「반도 접경지역에서 나타난 '안보-경제 연계'와 영토화와 탈영토화의 지정-지경학」, ≪대한지리학회지≫, 54(2), 199~228쪽의 내용을 수정·보완한 것이다.

새로운 경제적 기회와 희망의 공간으로만 이해되는 것은 아니다. 왜냐하면 남북 접경지역은 전 세계에서 가장 많은 병력과 무기가 집중된 중무장 지역이기도 하기 때문이다. 한국전쟁 기간 동안 가장 많은 전투와 사상자가 발생한 불운의 지역이 현재 남북 사이의 접경지역이었고, 그 이후 지금까지 접경지역은 남북 간 군사적 긴장의 장소, 안보 불안의 장소로 널리 알려져 있다.

이 장은 한반도의 접경지역이 지니고 있는 이러한 다중적이고 중첩적이며 혼종적인 성격을 드러내는 것을 목적으로 한다. 특히, 경계와 영토에 대한 포스트 영토주의적 입장을 바탕으로, 국경과 접경을 근대적 국가영토성의 단순한 표현으로 보지 않고, 국경을 둘러싸고 살아가는 다양한 사람들과 행위자들의 복잡한 상호작용과 역동적 실천들 속에서 구성되고 새롭게 만들어지는 과정 속에 있는 사회-공간적 구성물이라 바라본다. 이를 바탕으로 이 글은 한반도 국경과 접경지역의 사회-공간적 구성과정을 살펴볼 것이다. 특히 안보의 논리와 경제의 논리가 서로 경합하면서 결합하는 과정에 초점을 두어 접경지역을 이해하려 한다.

이를 위해 먼저 중앙과 지방의 언론(중앙일간지, 접경지역의 지역지)에서 접경지역이 재현되는 방식을 키워드 분석을 통해 살펴보았다. 이를 통해 접경지역에 대한 언론의 접근방식이 시기별로 어떻게 변화했는지, 그리고 중앙일간지와 지방지 사이에는 어떠한 차별성이 나타나는지 살펴보았다. 특히 안보, 경제, 환경 등의 중요 이슈들이 접경지역 관련 언론 재현의 방식에서 어떠한 시공간적 특성을 보이는지 살펴보았다. 이어서 정부의 접경지역 정책, 특히 「접경지역지원법」의 입법을 둘러싸고 다양한 세력이 어떻게 경합했으며, 이 와중에서 '안보'의 논리와 '경제'의 논리는 어떻게 서로 연결되고 접합되면서 '안보-경제 연계'의 복합체를 구성했는지 전략관계적 관점에서 탐구했다. 이러한 분석을 통해 이 글은 ① 한반도의 접경지역은 수많은 다양한 논리와 가치들이 혼재하면서 서로 경합하고 때로는 상호 결합되면서 만들어지는 사회-공간적 구성물임을 밝히고, ② 이를 바탕으로 국가적 차원에서 규정되는 안보의 논리만으로 접경지역을 규범화하여 추진되는 정책적 시도는 접경지역에 대한 관리뿐 아니라 더 나아가 국가의 안보와 한반도의 평화 질서를 구축하는 데에도 효과적이지 않을 가능성이 높음을 주장하려 한다.

2. 이론적 배경

1) 영토와 경계에 대한 포스트 영토주의적 이해

전통적으로 경계 혹은 국경은 인접한 주권적 영토를 나누는 선으로 인식된다. 이는 국가의 경계와 영토에 관한 전통적 관점이 근대 정치체제의 기본적 요소라 할 수 있는 영토적 주권의 개념에 기반하고 있기 때문이다. 모든 개별 국가는 명확히 구분되는 영토를 기반으로 엄밀하게 안과 밖을 구분하고, 영토 내부의 모든 사람과 사물에 대해 배타적 통치권을 가진다는 영토적 주권 개념은 근대적 정치체제의 기본적 원칙으로 인정된다. 즉, 근대국가의 영토성은 영토를 고정불변하고 완벽하게 울타리 처져 내부와 외부가 완벽히 구분되고, 내부는 특정의 단일한 질서를 기반으로 완전하게 통제되고 있다는 관념과 상상에 기대고 있는 것이다(Elden, 2013). 그 결과로 국가의 경계는 가장 공식화되고 가장 견고하며 명확하게 구분되도록 설정된 경계선으로 자리 잡게 되었다. 즉, 국가의 경계는 해당 국가의 주권이 가장 구체화되어 드러나는 영토적 표현이자 수단으로 인식되고, 그렇기 때문에 근대국가의 영토적 경계는 명확한 선을 중심으로 매우 확고하고 정확하게 표현되고 구체화되는 것이 당연하다고 받아들여진다(Newman and Passi, 1998: 187).

하지만 경계에 대한 이러한 전통적 인식과 달리, 국가의 경계는 그리 확실하고 명확한 의미와 물질성을 지니고 있지 않다는 주장이 최근 적극적으로 제기되고 있다. 사실 영토적 주권에 기반을 둔 영토적 관념과 상상, 그리고 경계 만들기의 실천적 과정은 구체적 정치 현실에서 나타나는 영토적 실재(reality)와 많은 괴리를 지니고 있는 경우가 많다. 다시 말해, 근대적 영토 개념에서 제시되는 이상형의 모습과 달리 실재의 영토는 고정불변한 것도 아니고 완벽하게 통제되는 것도 아니며, 많은 경우 사회적인 긴장과 논쟁 속에 놓여 정치-경제적 상황과 실천에 따라 끊임없이 변화하고 재구성되는 사회적 구성물인 것이다(박배균, 2017: 294; 지상현·이승욱·박배균, 2019: 214).

이처럼 국가영토와 경계의 상대성과 구성적 성격을 강조하는 최근의 논의들을 포스트 영토주의 관점이라 지칭한다(박배균, 2017; 지상현·이승욱·박배균, 2019). 관련하여, 제숍(B. Jessop)은 국가공간에 대한 전통적인 영토중심적 논의를 거부하고, 국가가 근대적 영토주권과 관련된 영토성 이외에 다른 다양한 공간성(예: 네트워크, 장소, 스케일 등)을 가지고 있음을 강조했다(Jessop, 2016). 특히 국가가 영토를 안과 밖에서 가로지르는 다양한 네트워크와 흐름을 관리하고 통제하는 데 중요한 역할을 수행할 뿐만 아니라, 글로벌, 국가, 지역, 도시, 로컬 등 다양한 공간적 스케일 사이에서 권한의 분배와 노동의 분업을 조직함에 있어서도 중요한 역할을 수행하고 있다고 지적했다. 또한 파울리(L. W. Pauly)와 그랜디(E. Grande)는 근대적 국민국가가 절대적 경계선으로 구획된 특정의 영토 공간을 배타적으로 지배하면서 영토의 모든 공간에 대해 자신의 권력을 균질적으로 행사한다는 전통적 국가영토성에 대한 개념에 도전하면서, 국가의 주권이 실제로 행사되고 표현되는 방식은 훨씬 복합적이고 불균등하게 이질적이면서 다층적임을 강조했다(Pauly and Grand, 2005). 이처럼 국가의 영토와 경계에 대한 최근의 논의들은 실제 현실에서 나타나는 국가영토의 복합성과 다층성, 그리고 경계의 '다공성(porosity)'을 강조하는 포스트 영토주의적 인식론에 기반을 두고 있다(박배균, 2017).

국가의 경계와 관련하여 포스트 영토주의적 관점은 경계의 구성적 성격을 강조한다. 즉, 국가의 경계는 국가 사이에 존재하는 고정되고 자연화된 범주가 아니라 사회적, 문화적, 정치적 과정의 구성물이라는 것이다(Newman and Passi, 1998: 187). 경계란 것은 국가와 같은 영토화된 정치체들 사이에서 다소 자의적으로 설정되는 것이다 보니 항상 역사적인 우발성 속에서 만들어지는 것이어서 깊이 있는 상징적, 문화적, 역사적 의미를 지니고 있으며, 게다가 그 의미들은 종종 경합적이기도 하다. 경계를 둘러싼 상징과 의미의 경합적 성격이 잘 드러나는 순간은 경계의 구성과정이 국가 정체성과 연결되면서 국가영토의 외부와 내부를 가르는 타자화의 상황과 연결될 때이다. 전통적 경계론에서 경계는 동질적인 사회-정치적 질서를 가진 영토들을 날카롭게 가르는 명확한 선으로 이해되는데, 이러한 인식론은 경계 밖의 것들을 경계 내부의 영토화된 질서를 위협하는 '외부' 혹은 '타자'라고 간주하는 경향을 지닌다. 하지만 최근의 경계이론은 경계를 중심으로 형성된 이러한 자명한 타자성에 대한 인정을 거부하며, 경계의 형성을 둘러싼 배제와 포섭, 타자화, 그리고 정체성 형성의 경합적이면서 복합적인 과정에 주목한다. 또한 경계에 인접한 접경지역에서 국가영토의 중심과 주변뿐 아니라 국가 경계의 안과 밖에서 온 다양한 차별적 요소들이 모이고 접합되면서 만들어내는 혼합과 혼종의 과정에 주목한다(딜레니, 2005).

  이런 맥락에서 보게 되면 국가의 경계가 지니는 의미는 결코 단순하고 명확할 수 없다. 전통적 경계이론과 법치주의와 안보의 논리에 입각해서 경계를 바라보는 사람들은 국가의 경계는 국가라는 영토화된 권력이 정확하게 표현되는 절대적인 상징물이라 보겠지만, 최근의 경계이론에 따르면 경계의 의미는 매우 다중적이고 경합적이며, 심지어 태생적으로 모순적이고 문제적일 수밖에 없다(딜레니, 2005). 경계는 '바깥 세계'와 연결되는 출입구이지만 동시에 장애물이기도 하고, 보호와 감금의 기능을 동시에 가지고 있으며, 기회와 위험, 접촉과 갈등, 협력과 경쟁 등의 상이한 의미와 상징이 교차하고 공존하는 공간이다(Anderson and O'Dowd, 1999: 595~596). 이러한 관점에 입각하여 경계에 대한 최근 연구들은 영토와 경계의 유동성과 복합성을 파악하기 위해 이주노동자, 난민, 관광객, 밀수업자 등과 같이 경계를 가로지르는 다양한 흐름과 이동의 주체들에 주목하여 이들의 초국경적 이동과 흐름의 과정 속에서 펼쳐지는 탈영토화와 영토화의 공간정치, 그를 둘러싼 권력 작동의 복잡한 과정을 살펴본다. 경계통과, 검문소, 세관창구, 감시, 배제, 포섭, 추방, 규제 등과 같은 국가의 영토적 실천과 이에 대응하는 초국경적 주체들의 회피, 타현, 협상, 저항 등과 같은 다양한 전략과 실천들이 주요 분석의 대상이 된다 (딜레니, 2005).

2) '안보-경제 연계(Security-Economy Nexus)'와 접경지역

포스트 영토주의적 입장에서 국가영토와 경계를 다공성, 복합성, 유동성을 강조하는 입장에서 보게 되면, 국경과 접경지역에서 이루어지는 국가의 영토 적 실천의 효력과 실효성에 대해 의심하지 않을 수 없다. 즉, 국가의 경계와 그를 둘러싼 접경지역은 국가의 영토성과 안보의 논리에 기반한 고정성, 확 실성, 안정성, 상호배타성이 작동하기보다는 다양한 의미와 상징, 권력들이 중층적이고 복합적으로 작동하면서 만들어내는 유동성, 모호함, 상호구성성 으로 특징지어지는 공간인 것이다. 따라서 국경과 접경을 안보와 장벽이라는 영토화의 논리로만 설명해서는 안 되고, 여러 영토 공간들이 만나고 교차하 면서 초국경적인 이동과 연결의 힘도 적극적으로 발현되는 공간으로 이해해 야 한다. 즉, 접경지역은 영토성과 이동성의 복합적 교차공간인 것이다. 국경 과 접경지역에는 항상 이동과 연결을 지향하는 힘과 반대로 이러한 흐름을 저해하는 다양한 힘들이 복합적으로 상호작용하면서 만들어내는 영토화와 탈영토화의 공간정치가 작동하며, 이를 통해 국경과 접경지역의 현실적 모습 과 의미가 구성된다.

접경지역에서 영토화와 탈영토화의 공간정치가 변증법적으로 접합되는 중요한 계기 중의 하나가 '안보-경제 연계(security-economy nexus)'이다. '안 보-경제 연계'는 접경지역에서 안보의 논리와 경제의 논리가 분리되어 따로 작동하기보다는 서로 깊이 결합되어 작동함을 강조하기 위한 개념이다 (Coleman, 2005). 예를 들어, 안드레아스(P. Andreas)는 미국과 멕시코 사이의 국경과 접경지역에서 미국 정부가 안보의 논리와 경제의 논리를 어떻게 동시 적으로 결합하여 충족시키는 국경 정책을 펴는지 분석했다(Andreas, 2000: 11). 그에 따르면, 미국 정부는 멕시코와의 국경 지역에서 벌어지는 초국가적 이주와 교류를 한편으로는 국가안보의 논리에 따라 통제하고 다른 한편으로는 경제의 논리에 따라 확대하고 장려하는 이중적 정책을 펴면서, 멕시코와의 국경을 닫혀 있으면서도 동시에 열려 있는 공간으로 만들고 있다. 특히 안드레아스는 국경에서의 치안활동과 법집행 방식에 주목하는데, 미국-멕시코 접경지역에서 국경을 경비하고 순찰하는 행위를 "관객에 의해 연출된 공연"이라 바라보았다. 보다 구체적으로 안드레아스는 미국-멕시코 국경에서의 치안활동은 '법 집행의 도구적 목적(instrumental goal of law enforcement)'보다는 '법을 집행하고 있음을 보여주는 표현적 역할(expressive role of law enforcement)'에 더 경도되어 있다고 주장했다. 즉, 국경에서 순찰활동을 강화하는 것이 국가안보의 논리에 따라 국경 통제를 강화하기 위해 이루어진 것처럼 보이지만, 실제로는 국경을 통제하고 있음을 대외적으로 가시화하는 정도에 그친다는 것이다. 안드레아스는 더 나아가 이러한 국경 치안의 공연적 효과는 미국 내에서 멕시코와의 국경에 대한 통제를 강화해야 한다고 주장하는 세력들을 안심시킴으로써 미국-멕시코 간 초국경적 이주와 교역에 대한 실질적 제약이 이루어지는 것을 방어하여, 궁극적으로 미국-멕시코 국경이 보다 개방적이고 다공적인 성격을 띠게 하는 데 기여한다고 주장했다. 이러한 미국-멕시코 국경의 사례에서와 같이, 국경과 접경지역에 대한 국가의 정책은 안보와 경제의 논리가 복잡하게 뒤섞여 펼쳐지는 경우가 대부분이다.

그런데 상반되고 충돌되는 이해관계에 기반을 둔 안보와 경제의 논리가 어떻게 서로 결합되고 뒤섞이게 되는 것일까? '안보-경제 연계'의 구체적 메커니즘에 대해 안드레아스는 보다 경제중심주의적인 설명을 제공한다. 안드레아스(Andreas, 2000)에 따르면 미국 정부가 멕시코 국경지역에서 행한 국경 통제 및 치안, 그리고 그와 관련된 각종 지정학적 실천들은 근본적으로는 미국이 아메리카 대륙 전체에서 신자유주의 체제를 구축하려는 보다 더 큰 지경학적 프로젝트에 봉사하는 역할을 수행하는 데 그친다. 즉, "실질적인(real)" 미국의 경제적 이익을 위해 안보의 "이미지"가 이용되는(Coleman, 2005: 187) 방식으로 '안보-경제 연계'가 이루어졌다는 것이다.

하지만 이러한 경제중심주의적 설명은 국가의 행위가 자본의 이해를 중심으로 매우 일관되게 결정되고 추진되는 것으로 선제하는 한계를 지니고 있다. 국가에 대한 전략관계적 관점에 따르면, 국가는 하나의 의지를 가지고 행동하는 통합성 높은 행위자가 아니다(Jessop, 1990). 제숍은 "국가가 정치적 전략(the state as political strategy)"이라고 인식하며, 국가의 권력은 국가 그 자체가 가지고 있는 것이 아니라 국가 안에서, 혹은 국가를 통해서 작동하는 사회세력들이 지니고 있는 권력에 기인하고, 이 사회세력들이 특정한 국면에 특정한 방식으로 서로 연관되고 상호작용함을 통해 국가의 제도화된 능력과 의무가 규정된다고 설명한다. 따라서 국가조직 간에 혹은 국가의 구성원들 간에 항상 갈등과 이견이 존재하고, 국가가 내놓는 여러 정책들 사이에도 논리적 모순이 존재할 수밖에 없다. 국가에 대한 이러한 관점을 받아서, 콜먼(M. Coleman)은 '안보-경제 연계'를 잘 조정되고 짝이 맞춰진 국가 행위의 결과라기보다는 국가 내부에 존재하는 상충되는 이해관계와 전략들의 충돌이라는 관점에서 설명한다(Coleman, 2005). 특히 미국의 국경 정책과 관련하여 콜먼(Coleman, 2005: 189)은 ① 국가안보를 강조하면서 경계의 강화와 재구성을 주장하는 영역성의 논리와 ② 개방적 시장과 교역 네트워크를 강화하기 위한 경계 해체의 지경학, 이 두 가지 힘 사이에 발생하는 구성적 긴장을 강조하며, 미국의 지정학과 지경학적 실천은 결코 다양한 안보, 경제적 의제를 조화롭게 관리할 능력이 있는 주권적 중심부에서 적절하고 일관된 방식으로 조정한 결과물이 아니라 다양한 정책적 디자인이 무질서하게 공간상에 펼쳐지고 실행되는 경합의 장이라 주장했다.

그렇다면 '안보-경제 연계'와 관련된 국가의 무질서한 실천은 구체적으로 어떻게 나타나는 것인가? 여러 다양한 메커니즘이 있겠지만, 이 장은 경계와 접경이 재현되고 의미가 부여되는 방식에 있어서의 스케일 간 불일치와 긴장이라는 측면에 초점을 두고자 한다. 경계와 접경의 사회적 구성과정은 지리적 스케일에 따라 차별적으로 벌어진다. 특히 국가의 경계가 지니는 영토적 의미와 기능은 결코 보편적 특징을 지니지 않는다. 국제적인 차원에서 형성되는 지정학적 조건, 국민국가의 영토성, 지방적 차원의 일상생활과 삶의 경험 등이 매우 구체적인 방식으로 표출되고, 동시적으로 작동하여 매우 다양하고 복잡한 방식으로 국가 경계의 의미와 기능에 영향을 준다. 특히 접경이라는 특수한 지역에서 국지적으로 이루어지는 일상적 삶은 국가의 다른 곳과는 매우 다르며, 그렇기 때문에 경계와 영토성은 맥락적으로 이해할 수밖에 없다(Newman and Passi, 1998: 198). 국가 정체성이 국가적 차원에서 일반화되고 표준화된 사회-공간적 의식이라면, 지방적 수준에서 일상의 삶을 통해 나타나는 정체성과 역사의 의미는 국가 정체성의 일반화된 의미보다는 훨씬 복잡하다. 특히 접경지역에 살고 있는 사람들에게 경계와 국경은 그들의 활동과 일상적 삶의 담론을 구성함에 있어 핵심적 요소이다. 하지만 이러한 접경에서의 삶의 경험이 국가적 차원에서 일반화된 사회-공간적 의식을 형성하기 위한 국가적 차원의 제도와 행위에 충분히 반영되지 않는 경우가 많다. 반면, 접경 이외의 지역에 살고 있는 국민들에게 경계란 국가적 차원에서 만들어서 동원되는 일반화된 사회의식 속에 전형적인 모습으로만 존재하고, 그런 재현을 통해서만 인식된다(Passi, 1996). 따라서 접경지역이라는 지방의 스케일에서 존재하는 맥락성을 이해하는 것은 경계의 실제를 파악하는 데 매우 중요하다.

'안보-경제 연계'의 문제도 경계의 사회적 구성과정에서 나타나는 스케일 간 불일치와 긴장의 관점에서 이해할 수 있다. 국가적 스케일에서 형성되는 안보와 경제의 논리와 접경지역이라는 지방적 스케일에서 구성되는 안보와 경제의 논리는 차별적일 가능성이 높다. 접경지역의 일상적 삶과 경험과는 거리가 먼 국가의 중심부에서 국가 전체의 영토성과 다른 국가와의 국제적 관계와 이를 둘러싼 지정-지경학이라는 차원을 중심으로 형성되는 안보와 경제의 논리는 접경지역의 일상적 삶과 지방적 맥락 속에 바로 뿌리를 두고 형성된 안보와 경제의 논리와는 많이 차이점을 지닐 수밖에 없다. 또한 영토적 타자화와 '공포의 지정학(geo-politics of fear)'을 기반으로 한 안보의 논리는 타자화와 공포의 대상을 누구로 규정할 것인가를 둘러싸고 국가의 중심부와 국경에 바로 인접한 접경지역 사이에 상당한 차별성을 보일 가능성이 크다. 특히 국경 너머의 타자로 규정되는 대상들이 경계선이 그어지기 전에는 일상을 공유하던 생활공동체의 일원이었을 경우나, 혹은 반대로 극단적인 영토적 긴장이 지속되면서 참혹한 전쟁의 경험을 겪은 역사가 있는 경우에 접경지역의 지방 행위자들이 지니는 안보와 타자화의 감각은 국가 전체적 스케일의 그것과는 상당한 차이를 보일 수밖에 없다. 더불어 초국경적 교류와 이동이 불러올 새로운 경제적 기회와 '희망의 지경학(geo-economics of hope)'에 대한 감각도 접경지역의 지방 행위자들과 국가 스케일의 행위자들 사이에는 상당한 차별성을 지닐 수 있다.

결국, 국경과 접경을 둘러싸고 안보의 논리와 경제의 논리는 서로 뒤엉키고 결합되어 나타날 수밖에 없지만, 그 뒤엉킴은 특정의 일관된 틀과 방향성 속에서 질서 있고 조화롭게 이루어지는 것이라기보다는, 상이한 장소와 스케일에서 구성되는 차별적 이해관계와 정체성들이 만나고 경합하는 갈등적 과정 속에서 우발적으로 만들어지는 것으로 이해할 필요가 있다. 이 글은 이러한 관점을 바탕으로 한국의 접경지역을 둘러싸고 어떻게 상이한 안보와 경제의 담론들이 구성되어 왔고 변화해 왔는지, 그리고 이러한 다양한 담론들의 경합과 충돌 속에서 국가의 접경지역 정책은 어떤 모습으로 구체화되어 왔으며, 그 과정 속에서 '안보-경제 연계'의 구체적 모습은 어떠했는지 살펴보려한다.

3. 접경지역 재현의 공간적 차이와 시간적 변화

본격적인 분석에 앞서, 이 장에서는 신문기사에서 언급된 키워드를 중심으로 남북 접경지역의 '안보-개발 연계'의 전개 양상과 특징을 간략히 살펴보고자 한다. 신문기사에서 언급되는 내용들은 언론인, 전문가, 정치인, 대중 등과 같은 행위자들에 의해 생산, 소비됨으로써 여론을 형성하고 장소와 공간의 구성과 변화에 영향을 미친다(심주영, 2017; 한승희, 2018). 이를 위해 1990년부터 한국언론진흥재단이 제공하고 있는 뉴스분석서비스 '카인즈(KINDS: Korea Integrated News Database System)'를 활용하여 접경지역과 관련된 이슈, 사건, 동향 등을 전체적으로 파악하고, 그 변화상을 확인하고자 한다.

남북 접경 이슈가 본격화되기 이전인 1993년 김영삼 정권부터 접경지역의 개발이 활발히 논의되고 있는 현재 시점까지(2018년 12월 31일 기준)의 신문기사들을 대상으로 접경지역이 어떻게 묘사되고 재현되는지 분석했다. 특히, 접경지역 재현 방식의 시간적 변화와 공간적 차별성을 탐색하기 위해 첫째, 1990년대부터 현재까지 접경지역 여론 재현 방식의 과정적인 흐름을 정리했고, 둘째, 전국을 대상으로 하는 중앙일간지와 경기, 강원의 지역지들 사이의 차이를 분석하여 지역적, 스케일적 차이가 어떻게 드러나는지 살펴보았다.

분석 대상의 신문은 전국에 발간되는 중앙일간지[1](《경향신문》, 《국민일보》, 《내일신문》, 《문화일보》, 《서울신문》, 《세계일보》, 《한국일보》, 《한겨레》)와 강원 지역지[2]인 《강원도민일보》와 경기(인천 포함) 지역지인 《경인일보》를 선택[3]했다. 기사의 수집은 빅카인즈를 통해 1차적으로 수집하고, 북한-중국 접경 이슈 등을 포함하는 국제 지역의 접경 기사를 제거하여 2차로 유사성이 높은 자료들로 다시 필터링했다. 카인즈의 기사 제공 시점인 1990년부터 2018년까지 '남북 접경', '접경지', '접경지역' 등과 관련된 보도자료의 수는 '6792건'으로 검색[4]되었으며 중앙일간지는 2688건, 《경인일보》

---

1 중앙일간지인 《조선일보》와 《동아일보》, 《중앙일보》의 경우, 2018년 1월부터 기사가 제공되고 있어 분석 대상에서 제외했다.

2 강원도 지역지인 《강원일보》와 경기도 지역지인 《경기일보》의 경우 2008년 2월부터 기사가 제공되고 있어 분석 대상에서 제외했다.

3 빅카인즈에서 제공하고 있는 신문들 중 경제지(《매일경제》, 《머니투데이》, 《서울경제》, 《아시아경제》, 《파이낸셜뉴스》, 《한국경제》, 《헤럴드경제》)와 방송사(MBC, OBS, SBS, YTN), 전문지(《디지털타임스》, 《전자신문》)는 중앙일간지와 지역지 간의 논조 및 담론 분석의 간결성과 명확성을 위해 분석에 포함시키지 않았다.

4 빅카인즈에서 제공하고 있는 주제 분류 중 관련도가 낮은 국제, 스포츠, IT 및 과학 영역은 분석에서 제외했다. 예를 들어, 중앙일간지의 경우 국제 분야 기사 건수는 305건, 스포츠 분야 기사 건수는

는 858건, ≪강원도민일보≫는 3246건으로 나타났다.

수집된 기사를 바탕으로 1993년 김영삼 정권부터 현재 문재인 정권(2018년 12월 31일)까지 정권별로 접경지역 관련 기사에서 다루어지는 키워드의 빈도와 관련 토픽들을 분석했다. 기사 출현 단어 중 유의미한 분석에 활용할 명사, 동사, 형용사를 추출하기 위해 빅카인즈에서 '접경지역'으로 검색된 기사의 메타정보[5]를 활용했다. 통계프로그램인 R 3.5.2를 이용하여 추출된 단어의 빈도 분석과 토픽 분석을 실시했으며, ArcGIS 10을 이용하여 주요 접경지역의 언급량 변화를 지도화했다.

1) 신문기사 보도량에 대한 시공간적 분석

접경지역과 관련된 기사 건수의 경향을 보면 대체적으로 일정한 패턴이 나타난다. 첫째, 기사 건수의 차이가 있지만 강원 지역지의 기사 변동량과 중앙일간지의 기사 변동량 추세가 매우 유사하다. 이는 접경지역 이슈와 관련하여 경인 지역지보다 강원 지역지가 여론 형성의 측면에서 좀 더 활발하다는 것을 확인할 수 있다. 또한 이를 통해 중앙일간지와 강원 지역지가 접경지역을 기사화하는 시점이 매우 밀접하게 연동되어 있다는 점을 간접적으로 알 수 있다. 둘째, 기사량이 증가하는 시점은 주로 남북 간에 주요 이슈가 발생했던 때와 연동된다. 예를 들어, 2000년, 2007년, 2018년의 기사량 급증은 남북정상회담이 영향을 미친 것으로 해석된다. 즉, 접경지역과 연관된 기사는 남북관계의 변동에 많은 영향을 받아왔다. 셋째, 매우 불규칙적이고 예측 불가능한 북한의 대남 도발이 접경 이슈에 상당한 영향을 미치는 것으로 나타

8건, IT 및 과학 분야는 19건으로 검색되었다.

5 빅카인즈에서 제공하는 기사의 메타정보는 뉴스 식별자를 포함하여 뉴스 일자, 언론사, 제목, 통합
분류, 사건사고, 인물, 위치, 기관, 키워드, 특성 추출, 본문, URL로 구성되어 있으며 이 글에서는 형
태소 분석 및 데이터 전처리가 완료된 '키워드'를 엑셀파일로 변환했다.

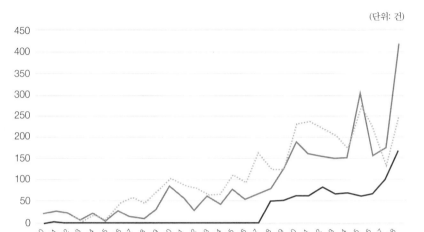

(단위: 건)

――― 종합일간지　――― 경인일보　⋯⋯⋯ 강원도민일보

그림 2-1 '접경지역'으로 검색된 중앙일간지와 경기, 강원 지역지의 기사 건수

났다. 대표적인 대남 도발 사건으로 2010년 천안함 침몰 사건과 관련하여 접경지역 주민들의 우려와 해당 지역의 안보가 강조되면서 접경지역 기사가 증가했다. '핵실험', '미사일 발사', '교전' 등의 발생은 남북관계의 악화 및 긴장 상황의 도래뿐만 아니라 접경지역 투자, 개발 논의들을 중단시키는 요인으로 작용했다. 넷째, 국가적인 이슈뿐만 아니라 지방적 이슈들도 접경 관련 기사량의 변화에 영향을 미쳤는데, 특히 지역지의 경우 해당 지역의 개발에 대한 공약이 많이 나오는 선거 시즌에 기사량이 증가하는 것으로 나타났다. 예를 들어, 2010년 ≪강원도민일보≫의 기사량 급증은 7.28 국회의원 재보선과 지방선거의 실시, 「접경지역지원법」의 특별법 격상 등과 관련되어 있다. ≪경인일보≫의 경우, 2012년 대선과 접경지역 종합발전계획 실시가 영향을 미친 것으로 나타났다.

이처럼 접경지역의 기사는 경기와 강원을 아우르는 지역적 문제일 뿐만 아니라 남북관계의 변화에 따라 민감하게 반응한다. 특히 접경지역의 불안을 야기하고 국내의 정치적 사안들을 흡수하는 북한의 대남 도발 행위는 접경지역 기사 내용을 부정적으로 바꾸는 것으로 나타났다. 신문기사에 출현하는 단어와 그 빈도를 통해 좀 더 구체적으로 살펴보자.

2) 빈도 분석을 통한 정권별 접경지역 이슈 분석

(1) 중앙일간지 상위 빈도 단어 특성

표 2-1은 1993년 김영삼 정권부터 2018년 문재인 정권까지 접경지역으로 검색된 중앙일간지의 기사에서 추출된 상위 빈도 단어들을 정리한 것이다. 여기서 나타나듯이, 상위 10위에 포함된 단어들은 '북한', '정부', '정권', '남북' 등과 같은 국가 차원의 키워드들이 주를 이루고 있다. 특히 '북한'은 김영삼 정권 시기를 제외하고 모든 정권의 시기에서 접경 관련 언론기사에 가장 많이 언급된 단어이다. 또한 이 단어는 박근혜 정권 시기에 언론에 의해 가장 높은 빈도로(1만 3712회) 언급되었다. 상위 30위 안에 포함된 단어들은 대체적으로 유사한 키워드로 구성되어 있는 것으로 나타났다. 모든 정권에서 '지원', '사업', '경제', '건설', '정책', '투자' 등과 같은 접경지역의 발전을 위한 개발계획과 관련된 이슈와 함께 대북관계에 따른 '병력', '평화', '군사', '안보' 등의 키워드 등이 접경지역의 주요 이슈임을 확인할 수 있다. 남북관계의 긴장상태를 간접적으로 보여주는 '전쟁'이라는 단어는 모든 정권에서 출현하고 있으며 박근혜 정권 시기에 가장 많이 언급된 것(1436회)으로 나타났다.

그러나 각 정권별로 언론의 사용 키워드에서 미묘한 차이를 보이고 있는데, 가장 두드러지게 확인되는 부분은 북한의 대남 도발 혹은 대내외 정세 변화로 인한 새로운 키워드의 등장이다. 이명박 정권 시기에만 등장하는 '천안함', '연평도', 박근혜 정권 시기의 '도발', '중단', 문재인 정권 시기의 '트럼프', '비핵화'가 이에 해당된다. 예를 들어, 박근혜 정권 시기에 언급된 '중단'은 2013년 개성공업지구가 중단되고 남한 근로자들이 철수한 일련의 사건들과 관련되어 있다. 이와 같은 단어들의 빈도 차이는 중앙일간지에서 다루는 접경지역 기사들이 대북정책, 남북관계의 변동 등과 같은 국가적 차원의 정책 변화에

표 2-1 정권별 접경지역 관련 상위 30개 단어 빈도(중앙일간지)

순위	김영삼		김대중		노무현		이명박		박근혜		문재인	
1	주민	556	북한	1502	북한	2405	북한	5728	북한	13712	북한	7031
2	경제	531	정부	537	정부	1036	정부	2034	정부	4287	남북	2576
3	정부	520	계획	499	평화	611	주민	1325	미국	3783	평화	2307
4	정권	339	정권	464	정권	608	후보	1320	주민	3193	정권	2138
5	계획	250	지원	434	미군	601	정권	1283	정권	2489	정부	1666
6	회의	245	남북	409	문화	574	사업	1106	남북	2183	경제	1584
7	병력	228	추진	372	경제	562	평화	1034	평화	2096	사업	1279
8	사업	224	사업	344	지원	533	경제	1025	사업	2083	대북	1157
9	지원	224	경제	331	남북	492	남북	927	대북	2059	트럼프	1063
10	상황	216	주민	331	주민	490	전쟁	811	경제	2048	제재	1006
11	의원	212	평화	331	계획	489	지원	805	후보	1902	정상회담	977
12	주장	203	관광	256	시작	475	계획	728	상황	1857	주민	940
13	관계	198	전쟁	251	수도권	472	대북	666	지원	1674	협력	916
14	사실	198	조성	249	사업	466	추진	627	강화	1460	김정은	848
15	투자	192	미군	228	추진	444	강화	614	전쟁	1436	비핵화	801
16	이용	191	지정	214	전쟁	375	미군	582	가능성	1368	방문	743
17	김정일	174	건설	212	건설	374	김정일	577	추진	1284	평양	714
18	전쟁	174	DMZ	211	발전	347	한나라당	566	계획	1268	강화	688
19	개방	172	투자	210	관계	323	관계	560	사건	1239	상황	666
20	확인	167	국경	209	시장	320	정책	503	관계	1237	후보	657
21	배치	156	관리	208	규제	315	발전	492	DMZ	1197	관광	646
22	정책	155	관계	207	정책	303	천안함	492	훈련	1057	조성	643
23	역사	152	예정	204	조성	285	DMZ	449	안보	1034	선언	636
24	거리	151	방안	201	예정	280	주장	442	군사	1026	지원	603
25	안보	146	정책	199	공동	270	조성	441	도발	1023	계획	600
26	관광	145	환경	199	투자	267	선거	434	발전	948	군사	585
27	설명	144	수도권	197	강화	266	관광	429	관광	925	공동	584
28	해결	144	한나라당	183	대북	252	안보	419	중단	810	판문점	570
29	긴장	110	정상회담	178	한나라당	226	경제	340	제재	795	DMZ	569
30	군사	105	생태	149	DMZ	197	연평도	308	사태	744	전쟁	515

민감하게 반응하기 때문인 것으로 추측된다.

(2) 지역지 상위 빈도 단어 특성

강원도와 경인 지역지[6]에서 추출된 단어들은 국제 정세나 남북관계 등에 초점이 맞춰진 중앙일간지와는 달리, 접경지역의 개발과 관련되어 있는 것들이 많다. 예를 들어, **표 2-2**에서 확인되는 바와 같이, 중앙일간지에서는 언급

표 2-2 정권별 접경지역 관련 상위 30개 단어 빈도(강원도 지역일간지)

순위	김영삼		김대중		노무현		이명박		박근혜		문재인	
1	지원	291	사업	893	사업	959	지원	2539	사업	1574	평화	842
2	의원	290	계획	860	추진	833	사업	2458	주민	1237	사업	488
3	추진	244	지원	826	지원	703	법	1695	평화	1073	남북	444
4	후보	244	후보	780	주민	668	추진	1610	지원	947	추진	336
5	법	217	추진	693	발전	590	발전	1459	추진	820	주민	284
6	계획	190	관광	542	관광	541	특별	1381	DMZ	731	DMZ	252
7	정부	184	의원	460	계획	537	주민	1356	의원	672	경제	235
8	사업	179	주민	444	철원	527	의원	1328	조성	631	정부	231
9	주민	171	정부	422	평화	513	관광	1281	발전	601	관광	216
10	개발	159	철원	419	조성	489	평화	1194	계획	511	조성	212
11	특별	151	조성	331	수도권	410	계획	1174	관광	502	지원	209
12	관광	145	남북	308	유치	388	경제	1104	규제	475	후보	205
13	건설	135	마련	308	경제	383	조성	1103	정부	454	발전	202
14	제정	134	발전	303	DMZ	320	정부	1083	문화	438	올림픽	193
15	확충	130	법	302	법	311	현안	1049	경제	421	북한	188
16	마련	126	평화	295	정책	309	DMZ	978	공원	406	특별	164
17	철원	122	연계	270	공약	288	유치	783	후보	385	규제	154
18	유치	108	확충	270	남북	287	정책	766	동서	375	협력	154
19	제시	108	수도권	254	건설	275	한나라당	719	법	367	정책	144
20	규제	103	제정	244	규제	252	공약	712	특별	367	제한	144
21	지정	102	건설	235	활성화	243	예산	687	생태	337	개선	132
22	신한국당	100	행정	231	구축	235	해결	685	북한	326	문화	125
23	조성	100	관리	224	특별	226	마련	646	시설	326	국방부	122
24	공약	98	유치	220	대책	217	지정	608	개최	319	개최	121
25	통일	96	DMZ	217	육성	213	문화	598	마련	311	공동	120
26	발전	94	개발	200	협력	209	활성화	581	올림픽	302	활성화	120
27	보전	92	북한	199	전략	204	생태	579	남북	292	산업	115
28	북한	90	한나라당	197	연계	202	방안	575	체험	287	확대	114
29	대책	85	지정	189	확대	199	수도권	546	산업	286	정권	113
30	관리	83	대책	184	공동	189	규제	513	방안	281	폐지	110

되지 않은 단어들이 등장하는데 '법', '제정', '규제' 등과 같은 단어들이 그 예이다. 이는 접경지역의 개발 근거로 활용된 각종 지원법 등과 관련되어 있는

---

6 경인 지역지의 경우, 이명박 정권(2008년) 이전까지의 검색된 기사량이 극히 제한적이어서 빈도 분석이 불가능하다는 점을 제외하고 강원도와 마찬가지로 접경지역의 개발 계획에 대한 단어가 주를 이루었다.

표 2-3 정권별 접경지역 관련 상위 30개 단어 빈도[경기도(인천 포함) 지역일간지]

순위	이명박		박근혜		문재인	
1	수도권	531	평화	467	평화	505
2	사업	529	주민	442	남북	451
3	지원	519	강화	320	사업	438
4	주민	408	지원	308	강화	314
5	법	397	DMZ	294	추진	304
6	추진	380	북한	287	북한	279
7	발전	373	추진	279	정부	277
8	정부	357	후보	237	주민	267
9	의원	344	발전	232	조성	206
10	계획	341	조성	229	대통령	184
11	규제	288	정부	227	발전	180
12	강화	266	공원	206	계획	179
13	조성	239	계획	199	후보	165
14	평화	231	남북	192	지원	161
15	특별	229	안전	164	협력	161
16	파주	225	법	160	경제	160
17	북한	189	파주	158	파주	146
18	정책	184	새누리당	152	공동	131
19	시장	179	특별	135	규제	128
20	경제	172	관계	128	정책	123
21	마련	172	관광	120	진행	115
22	방안	151	안보	117	특구	114
23	남북	150	마련	110	판문점	110
24	행정	148	정책	102	안전	102
25	협의회	134	규제	101	교류	97
26	연평도	130	시설	98	건설	96
27	시설	129	경제	94	공약	90
28	공동	124	도발	93	선언	90
29	법안	123	설치	91	방안	88
30	확대	122	예정	91	군사	85

것으로 추측된다. 또한 '경제', '산업', '유치', '예산' 등과 같은 경제적인 측면이 부각되는 단어도 높은 빈도로 나타났다. 반대로 중앙일간지에서 가장 높은 빈도를 보인 '정권', '정부', '북한' 등의 단어들은 지방지에서는 상대적으로 덜 중요하게 나타났다. 또한 군사, 안보 등과 연관되어 있는 '전쟁', '도발', '긴장' 등의 단어들은 거의 언급되지 않아 중앙일간지와 지역지가 접경지역을 서로 다른 관점에서 보고 있다는 것을 확인할 수 있다.

또 다른 특징으로는 '의원', '공약', '후보' 등과 같은 선거 관련 단어들이 상위 빈도 단어들에 포진되어 있다. 이는 지역의 접경 이슈를 만들어내고 개발 계획을 주도하는 사람이 누구인가를 암시한다. 즉, 지역 내 지방선거를 포함한 모든 선거에서 접경지역이 가지는 한계를 언급하고 낙후된 상황을 개선하기 위한 계획을 공약으로 삼는다는 기사들이 등장하는데, 이는 접경지역에서는 개발이 득표율을 높이기 위한 주요한 이슈임을 의미한다. 즉, 지역지의 경우 군사, 안보 이슈보다는 접경지역의 개발 이슈에 치중된 경향을 보이고 있다.

(3) 지역지에서 언급된 지역 빈도 분석

현재 남한의 접경지역은 휴전선을 사이에 두고 남북 양측에서 인접한 지역을 지칭하며 「접경지역지원법」 시행령 제21조에 근거한 15개 시, 군[7]을 대상으로 한다. 중앙일간지의 경우 접경지역 기사에서 나타나는 지역명은 주로 '강원도', '경기도'와 같은 광역지방자치단체 단위로 언급되는 반면, 지역지의 경우 '파주시', '철원군' 등과 같은 기초자치단체 단위로 작성되는 경우가 많다.

신문기사에서 추출된 단어 중 지역명의 빈도수를 지도화해 본 결과, 강원 지역지의 경우 평창올림픽 개최 때문에 이명박 정권과 문재인 정권 시기에 '평창'이 언급된 경우를 제외하고는 '철원'이 가장 많이 언급되었다. 즉, 철원을 중심으로 강원 지역지가 관심을 두는 접경지역 이슈가 가장 많이 발생했다는 것이다. 특히 이명박 정권 시기 철원 지역의 언급 빈도가 1655건으로 역대 정권 중 가장 높은데, 이는 정권 공약으로 내세운 「통일특구개발촉진법」에 따른 특구 대상지로 철원이 주목을 받았고, 또한 '수도권 규제 완화' 정책이 경기도 접경지역에만 혜택을 주어서 강원도 접경지역이 역차별을 받고 있다는 반발이 경기도와 가장 가까운 철원을 중심으로 터져 나온 것이 중요 배

---

7 행정안전부 기준으로 인천(2): 강화군·옹진군 / 경기(7): 동두천시·고양시·파주시·김포시·양주시·연천군·포천군 / 강원(6): 춘천시, 철원군, 화천군, 양구군, 인제군, 고성군이 접경지역에 해당된다.

그림 2-2 강원도 지역지 '접경지역' 언급 빈도

경으로 추측된다.

한편, 경인 지역지의 경우 '연평도'가 이명박 정권 시기에 많이 언급되다가 점차 감소하는 것과 '동두천'이 이명박 정권 시기에만 등장하는 것을 제외하고 인천의 '강화'와 경기도의 '파주'가 각 지역의 주요 접경지역으로 언급되었다. 경인 지역의 접경지역 빈도와 관련하여 특이점으로는 문재인 정권 시기에 파주보다 강화가 더 많은 빈도를 보인다는 점, 파주의 경우 지속적으로 언급 빈도가 감소하지만 강화는 언급 빈도가 큰 폭으로 감소하지 않았다는 점에서 경인 지역의 접경 이슈가 인천 쪽에서 꾸준히 발생하고 있는 것을 확인할 수 있다.

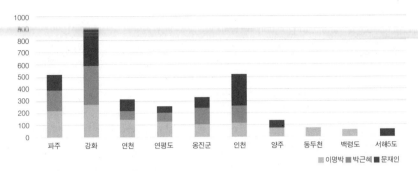

그림 2-3 경인 지역지 접경지역 관련 언급 빈도

이러한 지역별 언급 빈도를 통해서 언론의 접경지역 재현이 강원과 경인 접경지역의 어느 곳에 초점을 맞추고 있는가를 간접적으로 유추해 볼 수 있다. 강원도 지역의 경우 '철원', 인천 지역의 경우 '강화', 경기 지역은 '파주' 지역이 접경지역 기사와 관련해서 주요 지역으로 언급되고 있는데, 이는 해당 지역에 접경지역의 개발과 관련된 중요한 사업들이 집중되기 때문인 것으로 추정된다. 실제로 철원 지역의 경우 「철원군 중장기 발전계획 2020」 등을 통해 남북 교류 협력 기구 조성, DMZ 기반 관광상품 개발, 금강산선 철도 구축 등을 추진하고 있으며 2019년 2월에 중앙정부가 발표한 「접경지역 종합발전계획」에서도 경원선 남측 구간 복원과 연계된 '남북문화체험관'의 설치 및 남북 교류 거점으로 철원이 선정되었다. 이러한 사실을 바탕으로 볼 때, 향후 남북관계의 변화에 따라 '철원', '파주', '강화' 등과 같은 주요 접경지역은 개발계획 논의 속에서 매우 중요하게 다루어질 것으로 예상된다.

3) 토픽 분석을 통한 정권별 토픽 변화

정권별 접경지역 토픽 변화를 파악하기 위해 토픽 분석을 실시했다. 토픽 분석은 문서에 추출한 단어들의 행렬을 기반으로 잠재되어 있다고 가정된 토픽을 추정하는 통계 기법이다(백영민, 2017; 박승정 외, 2017). 이 분석에서 활용한 기법은 LDA 모형으로 이는 비정형 텍스트로부터 토픽을 추출하기 용

표 2-4 접경지역 토픽 분류

토픽1 지역	토픽2 개발	도픽3 안보	토픽4 생태	토픽5 제도정책
강원도	낙후	남북정상회담	생태계	특별법
경기도	지역경제	휴전선	환경부	행정안전부
DMZ	지역발전	통일	유네스코	정비계획법
철원	군수협의회	국방부	자연환경	정비발전지구
파주	투기과열지구	군부대	보전지역	군사시설보호법
수도권	활성화	평화누리길	자연보전권역	시행령
연천	땅값	대피소	지속가능	각종 규제
고성	숙원사업	포격도발	백두대간	입법
인천	통일경제특구	관문점	세계평화공원	개발촉진지구
연평도	기대감	대북전단	생물다양성	지원법

이할 뿐만 아니라 결과 해석이 용이하다(Blei, 2012). 토픽 분석은 토픽의 수를 먼저 지정하여 분석을 수행하는데, 보다 명확한 해석과 적합성을 고려하여 ① '지역', ② '개발', ③ '안보', ④ '생태', ⑤ '제도 및 정책'을 주요 토픽으로 선정한 다음, 키워드들을 분류하고 분석했다.

수도권, DMZ 등을 포함한 강원도와 경인 지역의 접경지역과 관련된 '지역'명을 제외한 4개의 토픽들의 경우 단어의 의미를 최대한 살릴 수 있는 개념으로 토픽의 이름을 설정했다. 예를 들어, '개발'의 경우 접경지역의 사회경제적 상황을 보여주는 '낙후', '지역발전', '지역경제', '활성화' 등의 단어 등이 포함되며, '지원법', '특별법', '시행령', '각종 규제' 등의 단어는 접경지역에 적용되는 '제도 및 정책'으로 분류되었다.

이와 같은 기준으로 중앙일간지와 강원도 및 경인 지역지의 토픽을 분류해 본 결과, 다음과 같은 사실이 도출되었다. 첫째, 중앙일간지와 지역지를 비교해 보면 중앙일간지의 경우 '안보' 토픽의 비중이 높게 나타나는 반면에, 지역지는 '개발' 토픽이 더 중요한 것으로 분석되었다. 이는 앞서 상위 빈도 단어에서 확인된 결과와 마찬가지로 지역지가 접경지역의 개발 이슈를 조금 더 강조하고 있기 때문이다. '개발'과 관련된 토픽의 경우 '낙후'라는 키워드가 모든 정권에서 중요하게 나타났는데, 이는 1980년대부터 추진되어 온 낙후지역 발전 정책에 접경지역이 포함(변필성 외, 2013)되어 있을 뿐만 아니라 현재에 이르러서도 여전히 '낙후' 문제가 주요한 지역 이슈라는 사실과 관련된다.

둘째, '안보' 토픽의 경우 지역지보다는 중앙일간지에서 두드러지게 나타나는데, 특히 박근혜 정권에서 큰 비중을 보이고 있다. 이 시기 남북관계의 긴장 고조와 각종 남북협력사업의 중단 등과 관련하여 접경지역 내에서 발생하는 안보 이슈가 다른 토픽들보다 중요하게 다루어졌다는 것을 보여주는 결과라고 할 수 있다. 재미있는 것은 문재인 정권 시기에도 접경지역 관련 기사에서 안보 이슈가 박근혜 정권과 유사한 수준으로 많이 언급되는데, 하지만 안보 이슈를 구성하는 구체적인 키워드에서는 많은 차이를 보인다는 사실이다. 박근혜 정권 시기에는 '불안감', '대피소', '추가 도발', '포격 도발', '긴장감' 등과 같은 위험과 공포심을 조장하는 키워드들이 안보 이슈 관련 기사들을 주로 구성한 반면, 문재인 정권 시기에는 '판문점 선언', '한반도 평화', '남북 정상회담' 등이 안보 이슈 관련 기사들의 주요 키워드로 추출되었다. 이는 박근혜 정권 시기에 북핵과 관련한 남북 간 긴장이 극도로 고조되었던 반면, 문재인 정권 시기에는 북한의 핵실험이 중단되고 남북, 북미 간 대화가 진행되면서 남북 간 긴장이 완화된 데 따른 것으로 보인다.

셋째, '생태'와 관련된 '보전', '지속가능성'의 이슈들은 중앙일간지의 경우 이명박 정권부터 나타나지 않으며 강원 지역지는 박근혜 정권부터 언급되지 않는 것으로 분석되었다. 경인 지역지의 경우에는 아예 나타나지 않았다. 2000년대 초반부터 추진되었던 '비무장지대 유네스코 접경생물권보전지역 지정 추진계획'을 시작으로 생태관광, 생태 박물관 등과 같은 개발 논의들과 맞물려 노무현 정부 시기까지 접경지역의 생태와 환경보전과 관련된 활발한 논의가 이어져 왔다. 그러나 이명박 정권부터 남북관계가 악화되고, 접경지역의 안보 이슈가 강조되면서, 생태 관련 논의들의 비중이 줄어든 것으로 추측할 수 있다. 한편, 생태 이슈가 강원 지역지에서는 중요하게 다루어지지만 경기 지역지에서는 그렇지 않다는 점에서 두 지역 사이에 접경지역의 생태계

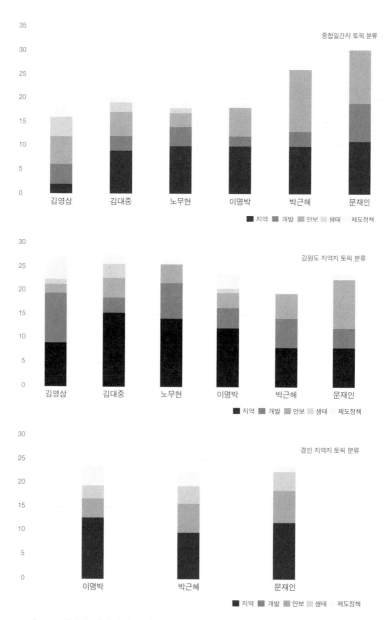

그림 2-4 정권별 접경지역 토픽 분석 결과

보전과 관련된 사업에 대한 관심도가 매우 차별적임을 알 수 있다.

이상의 분석을 요약하면, 한국에서 접경지역이 언론에서 재현되는 방식의 중요한 특성은 다음과 같다. 첫째, 접경지역이 언론에서 거론되는 빈도는 시기에 따라 차이를 보이는데, 특히 남북 교류가 진전되거나 남북 긴장이 강화되는 특별한 사건이 있는 경우에 접경지역 관련 기사의 숫자가 급증했다. 이러한 패턴은 중앙일간지, 지방지에서 비슷하게 나타났다. 하지만 지방지의 경우는 선거 시기에 접경지역의 개발 이슈가 중요한 선거 쟁점이 되면서 선거와 맞물려 접경지역 기사의 빈도가 증가하는 패턴을 보인다. 둘째, 접경지역에 대한 기사의 이슈와 내용에서 전국을 대상으로 한 중앙일간지와 지방지 사이에 차별성을 보인다. 중앙일간지의 경우, 대북정책 및 북한의 대남 도발 등과 같은 '안보' 이슈가 접경지역과 관련한 기사의 중요 주제로 취급된 반면, 지역지의 경우 「접경지역지원법」 제정을 포함한 각종 규제 완화, '개발' 이슈가 접경지역 관련 기사의 중요 관심사였다. 셋째, 접경지역과 관련하여 '안보' 이슈가 언론에서 언급되는 정도, 그리고 안보 이슈가 중요하게 다루어지는 방식은 시기별로 차별성을 보였는데, 남북관계가 경색되고 긴장될 때는 안보 이슈가 언론에 많이 노출된 반면, 남북 간 긴장이 완화되던 시기에는 안보 이슈보다는 개발 이슈가 언론에서 더 많이 다루어졌다.

언론기사에 대한 분석을 통해 알 수 있듯이, 접경을 재현하고 묘사함에 있어서 안보와 경제라는 두 가치는 중요한 위치를 차지하고 있으며, 이들은 항상 복합적으로 결합되고 경합적으로 공존한다. 두 개 이상의 영토화된 정치조직이 만나고 접하는 경계와 접경에서 ① 영토 외부의 타자로부터 영토화된 내부를 지켜야 함을 강조하는 안보의 가치와, ② 영토화를 위해 이동과 흐름을 가로막는 장벽으로 인한 기회비용의 상실, 그리고 이 장벽을 뛰어넘는 이동과 흐름으로 인해 발생하는 새로운 경제적 기회의 창출을 강조하는 경제(개발)의 가치는 항상 긴장 속에서 공존하면서, 충돌하기도 하고 서로를 견인하면서 강화하기도 한다. 이러한 안보-경제의 긴장 속 공존 관계는 영토화된 정치체들 간의 관계에 영향을 주는 여러 가지 지정-지경학적 상황과 맥락 속에서 구체화되어, 시간적으로 변화하고 공간적으로 차별화되어 구성된다.

4. 접경지역 지원제도의 변화 과정 속에서 나타나는 '안보-경제 연계'

이 장에서는 한국의 접경지역에서 '안보-경제 연계'가 구체화되는 방식을 좀 더 자세히 알아보기 위해, 1990년대 이후 접경지역 지원제도와 법률의 변화 과정에 초점을 두어 안보의 가치와 경제의 가치가 어떻게 구체적으로 경합하고 결합하는지 분석하고자 한다. 이를 위해 2000년과 2010년에 각각 제정된 「접경지역지원법」과 「접경지역지원특별법」에 초점을 두어, 그 입법 과정과 이 과정에서 나타나는 국가와 사회세력들 간의 전략관계적 특성을 분석하고자 한다. 그리고 2000년 「접경지역지원법」의 제정 이후, 여러 가지로 변화된 국내, 국제적 상황 속에서 '안보-경제 연계'의 구성 특징은 어떻게 변화했는지 간략히 살펴보았다.

1) 한국전쟁 이후 1990년대까지 접경지역 정책의 변화

한국에서 접경지역에 대해 국가가 직접 정책적 개입을 하기 시작한 것은 북방정책과 남북대화를 모색하기 시작한 1990년대 이후로, 그 이전의 시기에는 접경지역은 순전히 군사와 안보적 목적과 기능의 관점에서만 고려되었다. 1980년대 들어 남북 간의 긴장관계가 조금 완화되면서 접경지역 관리에 대한 국가적 관심이 처음으로 싹트기 시작했다. 1982년 내무부는 민통선 종합개발계획을 발표했는데, 이는 민통선 지역 내 생활환경의 편의를 도모하고, 주민의 반공정책의욕을 제고하며, 소득 증대와 문화복지시설의 확충을 목적으로 한 것이었다(김영봉, 1997: 59). 특히 민통선 지역에 위민실을 설치, 운영하여 주민불편을 해소하고, 민통선 지역에 대한 출입절차를 간소화하며, 소득기반을 조성(경지정리, 농업용수 확대, 영농장비 지원, 기계화 영농단지 운영)하는 등의 사업이 구체적으로 추진되었다. 하지만 주택개발사업, 상수도 보급 등의 문화복지시설 확충과 주민의 반공의식 제고가 이 사업의 공식적 목적 중의 하나로 언급된 것처럼, 이 시기 정부가 취한 민통선 지역에 대한 지원책은 해당 지역의 발전과 경제적 성장이 실제 목적이라기보다는 북한에 대한 보여주기식의 전시효과에 더 많은 강조점이 두어졌다(김영봉, 1997: 59). 즉, 여전히 안보적 가치를 우선으로 한 개발정책이었던 것이다.

정부의 접경지역 정책이 본격화되기 시작한 것은 1992년의 제3차 국토종합개발계획에서부터였다. 1980년대의 민주화 운동을 기반으로 시민사회가 성장하고 권위주의적 국가운영에 대한 도전이 거세진 상태에서 등장한 노태우 정권은 갖가지 민주화 조치를 시행함과 동시에 대북정책에서도 일부 변화된 모습을 보여주었다. 특히 소위 북방정책을 통해 대공산권 적대정책의 기조를 획기적으로 바꾸었고, 남북 간의 교류를 확대하기 위한 다양한 조치가 취해졌다. 이러한 변화된 상황 속에서 남북 간의 대화도 본격화되어, 1990년에는 남북고위급회담이 처음 열렸고, 1991년 12월에는 「남북 사이의 화해와 불가침 및 교류협력에 관한 합의서」가 채택되었다.[8]

이러한 변화된 지정학적 조건하에서 접경지역에 대한 정부의 태도도 변화하기 시작했다. 더 이상 대북한 안보의 최전선이라는 개념으로만 접경지역을 대하지 않고, 남북 교류의 통로이자 통일 대비의 공간으로 인식하기 시작한 것이다. 사실 '접경지역'이라는 용어를 정부정책에서 공식적으로 사용한 것은 제3차 국토종합개발계획(1992~2001)에서부터이며, 그 이전에는 '휴전선 인접

---

8 이 문서에서 남북한은 자주·평화·민족 대단결이라는 7.4 남북공동성명의 '조국 통일 3대 원칙'을 다시 확인했다. 또한 남북한은 상대방을 인정하고, 군사적 침략을 하지 않으며, 상호 교류를 통해 민족의 공동 발전과 단계적 통일을 실현하자고 약속했다. 그러나 이후 북한의 핵개발이 국제적 이슈가 되고 남북관계가 경색되면서 이 합의서는 제대로 이행되지 못한 채 사실상 무효화되었다. 이후 1998년에 김대중 정부가 출범한 뒤 남북관계가 복원되고, 2000년에 김대중 대통령이 평양을 방문해 6.15 남북공동선언을 채택하면서 이 합의서의 이행이 다시 추진되었다(네이버 지식백과, 남북 기본합의서).

지역', '민통선 인접지역', '비무장 접경지역' 등의 이름이 사용되었다(김영봉, 1997; 정영태, 2001: 41). 제3차 국토종합개발계획에서는 ① 통일에 대비한 국토기반구축, ② 접경지역의 개발관리, ③ 남북 교류망의 확충, 정비, ④ 남북한 공동협력사업의 추진 등이 제안되었다(대한민국정부, 1992: 12). 특히 접경지역의 개발관리와 관련하여 '접경지역의 개발, 관리에 관한 특별법' 제정을 검토할 필요가 있음이 언급되어 이후에 이루어질 「접경지역지원법」의 제정을 위한 초기 토대를 제공했다.

제3차 국토종합개발계획의 영향하에 국가의 여타 지역개발계획에서도 접경지역 개발과 관리에 대한 내용이 포함되기 시작했다. 강원도의 제2차 강원도 건설종합계획(1992~2010)에서는 접경지역에 남북교류공간을 조성하고, 남북교통망을 단계적으로 복원 및 확충하며, 접경지역 내 안보 및 역사적 유적 등 관광자원을 개발한다는 계획이 포함되었다. 그리고 국토부의 제2차 수도권 정비계획(1997~2011)에서도 세계화, 지방화 및 통일에 대비한 미래지향적 공간구조의 기틀을 마련하기 위한 한 방편으로 수도권 북부지역에 북방교류 기능을 배치하고 남북통일에 대비하는 평화의 공간을 조성하며, 접경지역의 자연환경 보존, 관광자원 활용, 간선도로망 구축을 위해 노력해야 함이 언급되었다(김영봉, 1997: 59). 이처럼 1990년대부터 접경지역은 안보의 논리에 의해서 지배되는 공간을 넘어서, 남북 교류와 접촉의 통로라는 새로운 지정-지경학적 역할을 부여받은 공간으로 재구성되었다. 그러다 보니 자연스럽게 접경지역 거주 주민들의 생활과 정주환경의 개선도 중요한 이슈가 되면서, 접경지역의 개발과 관리, 그리고 발전을 위한 제도적 지원과 정비가 필요하다는 공감대가 확산되었다.

2) 「접경지역지원법」 입법 과정 속에 나타난 '안보-경제 연계'

1992년 제3차 국토종합개발계획에서 '접경지역 개발, 관리에 관한 법'의 제정이 제안된 이래로 접경지역의 개발을 관리하고 발전을 촉진하기 위한 법제화의 노력이 다양하게 시도되었다. 이러한 노력의 결실이 2000년에 제정된 「접경지역지원법」이었다. 「접경지역지원법」은 여러 행위자들의 상충된 이해와 가치들이 충돌하는 과정에서 입법되었기 때문에, 굉장히 많은 우여곡절을 겪으면서 오랜 기간에 걸쳐 형성되었다. 특히, '안보 vs. 경제(혹은 개발)', '환경보전 vs. 개발' 등과 같은 상충되는 가치들과 이해관계들이 경합하고 결합되면서 형성된 법이다 보니, 「접경지역지원법」의 입법 과정을 살펴보는 것은 한국의 접경지역에서 나타나는 '안보-경제 연계'의 구체적 모습을 이해하고 분석하는 데 필수적인 작업이라 할 수 있다.

(1) 접경지역지원법 입법과정 개요

표 2-5는 「접경지역지원법」의 입법이 이루어지는 중요 과정을 간단히 정리한 것이다. 1992년 12월, 대통령 선거에서 김영삼 후보는 접경지역의 개발과 관리를 위한 「접경지역지원법」을 제정하겠다는 공약을 제시했고, 1993년 11월부터 정부는 법률안의 마련에 착수했다. 1996년에는 통일부 주관으로 추진된 법안이 국회 입법에서 좌절되었고, 1997년 9월에는 188명 국회의원들의 발의로 입법 상정되었다. 하지만 통일부를 제외한 정부 내 다른 부처의 반발과 접경지역의 개발로 인한 환경파괴를 우려하는 환경단체들의 저항으로 인해 이 법안은 국회에서 계류되었다. 더 이상 추진이 불가능할 것처럼 보이던 이 법안의 입법은 정권이 바뀌어 김대중 대통령이 취임하면서 새로운 분위기하에서 다시 추진되었다. 이전 김영삼 정권 시절에는 통일부가 주관부서로 입법을 추진했으나, 김대중 정권이 들어서고 나서는 행정안전부로 주관부서가 변경되어 입법이 추진되었고, 동시에 접경지역이 위치해 있는 경기, 강원, 인천의 3개 광역시도가 적극적으로 입법 활동에 참여했다. 정부 내 부처들과 환경단체들의 반발을 반영한 수정입법안이 마침내 1999년 12월 국회의 행정안전위를 통과하고, 2000년 1월 제정 공포되었다(경기개발연구원, 1999; 정영태, 2001).

「접경지역지원법」의 입법이 시작된 것은 통일원이 김영삼 대통령의 대선

표 2-5 「접경지역지원법」 입법의 주요 과정

- 김영삼 신한국당 후보 공약(1992년 12월)
- 김영삼 대통령 취임(1993년 3월)
- 정부, 법률안 마련 착수(1993년 11월)
- 통일부, 법률시안 발표(1996년 10월)
- 법안의 국회상정 좌절(1996년 11월)
- 국회의원 188명 발의로 국회 상정(1997년 9월)
- 국회 통일외교통상위원회 계류(1997년 10월)
- 환경단체들, 입법반대 청원(1997년 12월)
- 김대중 대통령 취임(1998년 3월)
- 경기도, 강원도, 인천시, '3개 시도 접경지역 특별대책팀' 구성(1998년 11월)
- '접경지역지원법' 입법 발의, 이전에 계류되었던 법안 철회 후 대체 입법(1999년 10월)
- '접경지역지원법' 행정자치위 통과(1999년 12월)
- '접경지역지원법' 공포(2000년 1월)

자료: 경기개발연구원(1999); 정영태(2001).

공약인 '비무장지대의 평화적 이용계획'과 1991년 체결된 남북 기본합의서에 의거하여 '비무장지대의 평화적 이용 종합계획(안)'을 마련하고 이의 법제화를 추진하면서 비롯되었다(정영태, 2001: 60). 비슷한 시기에 경기도도 1995년 4월의 도지사 선거과정에서 이인제 후보가 제기한 「접경지역지원법」 제정 공약이 기폭제가 되어 법안의 입법에 관심을 가지게 되면서 적극적으로 움직이기 시작했다. 이런 분위기 속에서 경기, 강원, 인천 등 접경지역에 지역구를 둔 국회의원들도 이 법안의 입법을 위해 나섰고, 1996년 10월 통일원과 접경지역 지역구 국회의원들이 하나의 공동 입법안을 만들어 국회에 상정을 시도했다(정영태, 2001: 71). 하지만 이 입법안은 보전 위주의 접경지역 관리 방침을 수립한 청와대 산하의 세계화추진위원회와 접경지역의 개발로 인한 생태계 파괴를 우려하는 환경단체들, 그리고 국방부, 재경부, 건교부, 행자부, 환경부 등 주요 중앙부처의 강한 반발에 부딪히게 된다. 더불어 동해안의 북한 잠수정 사건으로 남북관계가 경색되면서 이 입법안은 국회 상정마저도 유보되는 운명을 맞이하게 된다(정영태, 2001: 63).

국회에서의 장기간 계류로 인해 사실상 폐기될 위기에 빠졌던 「접경지역지원법」은 1998년 말부터 접경지역 지방자치단체들이 입법을 위해 적극 나서기 시작하고, 더불어 남북관계가 개선되면서 입법이 재추진된다. 「접경지역지원법」의 국회 통과가능성이 미약해지자 경기, 강원, 인천의 3개 광역자치단체들이 전면에 나서 1998년 11월 공동으로 '접경지역 특별대책팀'을 구성하여, 계류되고 있는 법안에 대해 자체 수정법안을 마련했다(정영태, 2001: 64). 이와 함께 새로 집권한 김대중 정부는 주관부처를 통일원에서 행정자치부로 변경하고, 행정자치부로 하여금 입법을 추진하도록 했다(정영태, 2001: 90). 또한 그 이전과 마찬가지로 접경지역 지역구 국회의원들도 2000년 4월의 총선을 앞두고 주민들의 지지를 획득하고자, 수정법안의 국회 상정과 상임위 통과에서 적극적인 역할을 수행했다(정영태, 2001: 91). 1997년의 경우와 비슷하게 국방부, 재경부, 환경부, 건교부 등 관계 중앙부처는 접경지역 정책과 관련된 각 부처의 기존 권한을 유지하기 위해 반대 입장을 피력했고, 전국단위의 환경단체들도 반대했다. 하지만 법안 내용 수정에 있어서 행자부는 이 반대 세력들의 의견들을 적극 수용하여 반대를 완화시키는 데 성공했고, 1999년 말 「접경지역지원법」이 국회의 주관 상임위인 행정자치위원회를 통과하고 2000년 초 제정될 수 있었다(정영태, 2001: 90).

「접경지역지원법」의 입법과정에 몇 가지 쟁점이 있었는데, 가장 표면적으로 드러난 이슈는 「접경지역지원법」이 접경지역의 개발을 촉진시켜 생태계의 파괴를 초래할 것이라는 환경단체의 반발이었다. '보전 vs. 개발'이라는 전통적 논쟁 이슈가 드러난 것이었다. 하지만 1998년 이후 법안의 수정 과정에서 환경단체와 환경부의 요구사항(예: 종합계획 수립 시 환경부를 비롯한 중앙부처와의 협의 의무화, 환경과 생태계에 대한 시도별 기초조사 실시, 자연환경 보전 대책의 수립과 시행의 명문화, 개발사업의 인허가 의제 조항 축소 등)이 상당 정도 관철되면서 반대의 수위도 낮아졌다. 또한 전국적인 환경단체와 달리 접경지역에 위치한 지방의 환경단체들은 낙후된 지역의 생활환경의 개선과 발전에 대한 필요를 무시할 수 없어 「접경지역지원법」의 입법을 지지했고, 이로 인해 환경을 이유로 한 반대 세력의 연대가 약화되었다(정영태, 2001: 103~105).

이 외에 주요 쟁점이 된 이슈들은 ① 접경지역의 범위 문제, ② 재원확보

문제, ③다른 법 및 계획과의 관계 문제 등이 있었다(경기개발연구원, 1999). 첫째, 접경지역의 범위 문제는「접경지역지원법」의 대상이 되는 접경지역을 어느 정도로 넓게 잡을 것인가와 관련된 문제였다. 접경지역 관련 정책에서 기존의 권한을 유지하고 싶어 하는 중앙 부처들은 접경지역의 범위를 최대한 좁게 정의하여 자신들의 권한 약화를 최소화하려 했고, 반면에「접경지역지 원법」의 입법 주체들은 접경지역의 범위를 최대한 크게 하여 입법의 효과성 을 높이려 했다(경기개발연구원, 1999: 281). 둘째, 재원확보 문제는「접경지역 지원법」의 실행을 위해 필요한 재원을 일반회계로 할 것인지, 특별회계로 할 것인지와 관련된 문제였다.「접경지역지원법」의 입법 추진세력은 특별회계 로 해야 지원법의 실행을 위한 예산 확보에 용이하다고 보았고, 입법 반대세 력, 특히 예산을 담당하는 부처인 재정경제부는 특정한 수입이 확보되지 않 는 상황에서 특정 사업에의 지출을 위해 특별회계를 설치하는 것은「예산회 계법」의 원칙에 위배된다며 강한 반대 입장을 피력했다(하혜수, 1999: 78; 경기 개발연구원, 1999: 284). 셋째,「접경지역지원법」을 다른 법률 및 제도와의 관 계 속에서 어떻게 위치 지을 것인가도 중요한 쟁점이었다. 이는 수도권 규제, 군사시설보호구역, 개발제한구역 등 다른 법과 제도에 의해 규정된 규제들과 「접경지역지원법」중 어느 것이 더 우위에 있어야 하는가에 관한 문제인데, 「접경지역지원법」의 찬성 세력은「접경지역지원법」이 더 우위에 있어야 함 을 주장했고, 반면「접경지역지원법」반대 세력은 다른 법률과 규제가 더 우 위에 있어야 함을 주장했다(경기개발연구원, 1999: 285).

이런 첨예한 쟁점에도 불구하고 2000년에「접경지역지원법」입법이 성공 할 수 있었던 이유는 1997년에 계류된 법안을 새로이 수정하면서 입법에 반 대하는 중앙 부처의 요구사항을 상당 정도 수용했기 때문이었다. 그러다 보 니「접경지역지원법」의 입법에는 성공했지만, 그 이후 이 법이 접경지역의 발전에 미치는 실질적 영향력과 효력이 약하다는 불만들이 접경지역 지자체 와 주민들로부터 줄기차게 제기되었고, 이는 이후 2010년「접경지역지원특 별법」이 만들어지는 중요한 바탕이 된다.

(2) '안보-경제'의 경합적 공존

「섭경지역지원법」의 입법과정에서 여러 가지 이해관계와 가치가 충돌하고 경합했지만, 「접경지역지원법」의 제정에서 가장 근본적 수준에서 중요하게 고려되었던 이슈는 안보의 가치와 경제(혹은 개발)의 가치 사이에서 균형을 찾는 일이었다. 여기서는 '안보-경제 연계'의 관점에서 「접경지역지원법」 입법의 중요 쟁점을 정리하고자 한다.

앞서 논했듯이, 한국전쟁 이후 1980년대까지 접경지역은 기본적으로 안보의 논리에 기대어 정의되고 재현되었다. 하지만 민주화를 통해 국민의 기본권에 대한 인식이 제고되고 남북관계가 진전되면서, 접경지역에 대한 국민들의 태도와 인식에도 변화가 생기기 시작했다. 「접경지역지원법」의 입법은 이러한 시대적 변화를 반영하는 것이었다. 특히 접경지역의 지방 행위자들은 더 이상 안보의 가치를 절대시하기를 거부하고, 안보와 군사적 이유로 강요된 규제에 의해 경제활동의 기회를 박탈당했다는 피해의식을 본격적으로 표출하기 시작했고, 이것이 「접경지역지원법」의 입법행위를 추동하는 매우 중요한 동력이었다. 예를 들어, 1999년 5월 4일(화), 의정부 청소년회관에서 경기도가 후원하고 경기개발연구원이 주최하여 열린 "경기북부, 접경지역 발전전략 수립을 위한 공청회"에서 경기개발연구원의 이상대 연구원은 "경기북부, 접경지역의 개발 및 보전전략"이라는 발표에서 "남북대치에 따른 군사정책 및 군사시설 배치에 따라 경기북부·접경지역에 개발 규제지역"이 설정되어 "정주환경 및 기업 경영환경"이 열악하여 지역발전이 부진하다고 진단했다 (이상대, 1999: 7). 이러한 진단을 바탕으로 이상대(1999: 12)는 접경지역 문제에 대한 접근의 원칙으로 "접경지역의 생활조건, 경제구조 및 사회구조가 수도권 전체 내지 최소한 국토 전체지역과 최소한 동등하게 만들어져야 한다"는 것을 제시하고, 이를 위해 중앙정부 및 지자체가 불필요한 규제를 완화하고, 인프라와 공공시설의 확충을 통해 정주환경을 개선해야 함을 강조했다.[9]

국가의 접경지역 정책에 영향을 주는 경제적 가치는 분단으로 인한 군사적, 안보적 이유로 경제적 기회를 놓친 피해에 대한 보상이라는 수동적 차원의 문제뿐 아니라, 분단된 국토를 가로질러 새로운 기회를 창출한다는 차원의 보다 능동적이고 미래지향적인 의미의 문제이기도 하다. 이와 관련하여, 「접경지역지원법」을 입법하려는 접경지역의 지방 행위자들은 아주 적극적으로 탈분단과 초국경적 연결과 관련된 접경지역의 긍정적 잠재력과 발전가능성을 강조하며 접경지역에 대한 지원이 필요함을 역설했다. 예를 들어, 앞에서 언급된 경기개발연구원의 공청회에서 노춘희 당시 경기개발연구원장은 개회사에서 "21세기는 대도시권의 경쟁력이 국가 경쟁력을 좌우하는 시대"라면서, 경기북부·접경지역 개발도 국가 경쟁력의 강화 차원에서 다루어져야 함을 강조했다. 특히 "경기북부·접경지역을 지식산업, 첨단산업, 생태관광산업 등 국가 및 수도권의 새로운 수요를 수용하는 공급기지로 개발하고 21세기 통일시대 남북협력의 거점으로 육성"하자고 주장했다. 같은 공청회에서 경기도의 임창열 지사도 "최근 활발해진 남북교류협력과 금강산 관광 등으로 남북통일에 대한 전 국민의 관심이 고조되고 있"다면서, "경기북부 지역이 통일시대에 대비하여 남북 전진기지와 남북교류협력의 관문 역할을 담당할 중요한 지역으로 통일기반 조성을 위해 체계적으로 발전되어야 한다"고 주장했다. 이처럼 남북 접경지역의 지방 행위자들은 접경지역이 남북 교류와 협력의 거점으로서의 잠재적 경제가치가 매우 높다고 지적하면서, 그 잠재력을 더욱 현실화하기 위해서는 국가의 지원과 노력이 필요하며, 그 일환으로 「접경지역지원법」이 제정되어야 한다고 강조했다.[10]

하지만 여전히 강고하게 작동하고 있는 한반도의 분단체제와 냉전 지정-지경학의 조건 속에서 안보의 논리와 가치는 여전히 강한 영향력을 행사하여 이러한 경제적 가치에 기반한 접경지역 지원의 논리들의 영향력을 약화시켰다. 특히 접경지역에 대한 지원책과 개발을 위한 여러 조치들이 접경지역 공

---

9 "경기북부, 접경지역 발전전략 수립을 위한 공청회 자료집", 1999년 5월 4일(경기개발연구원 주최).
10 "경기북부, 접경지역 발전전략 수립을 위한 공청회 자료집", 1999년 5월 4일(경기개발연구원 주최).

간의 군사-안보적 기능과 역할을 약화시키는 것에 우려하고 저항했다. 예를 들어, 1997년 「접경지역지원법」이 국회에 상정된 후 계류되었을 때 국방부는 이 법에 대한 반대 입장을 명확히 했는데, 그 핵심 논리는 우리의 안보현실을 감안했을 때 접경지역의 개발은 군작전에 막대한 지장을 초래할 우려가 있다는 것이었다(경기개발연구원, 1999: 280).

이 정도의 강경한 입장은 아니라 하더라도 안보의 논리를 상당히 중요하게 고려한 다른 주장들도 많이 제기되었다. 예를 들어, 국토개발연구원에서 1999년에 나온 「접경지역의 효율적 관리방안」이라는 보고서는 접경지역의 발전을 위해서 국가적 지원과 규제 완화의 필요성을 지적하면서도, 동시에 군사작전 수행과 지역개발이 어떻게 상충하지 않고 조화를 이루어나가야 할지를 고민하는 것이 필요함을 강조했다(김영봉, 1997). 보다 구체적으로 보면, 이 보고서는 먼저 한국의 접경지역이 휴전협정, 민간인 통제선, 「군사시설보호법」 등 안보와 군사적 필요에 의해 규정된 규제와 통제에 의해 민간인의 경제활동에 직접적인 제한이 가해지는 지역임을 인정한다(김영봉, 1997: 20). 또한 접경지역의 효율적 관리와 지역주민들의 생활환경 개선과 지역경제의 활성화를 위해 과도한 규제에 대한 합리적 개선이 필요함을 지적한다(김영봉, 1997: 4). 하지만 「접경지역지원법」의 입법에 적극적 역할을 수행했던 경기, 강원, 인천 등 광역지방자치단체 산하 연구원의 보고서와 달리, 안보 논리를 더 이상 중요하지 않은 양 가볍게 무시하고 넘어가지는 않는다. 군사작전의 수행과 지역개발의 조화가 필요하다고 하면서, 북한과의 적대적인 대치 상황에 있는 접경지역의 특수성을 지적한다. 이와 함께 접경지역의 정책이 고려해야 할 사항으로 ① 군사작전과 훈련에 지장을 초래하는 행위의 금지, ② 지역관리와 안보의 연계를 지적한다(김영봉, 1999: 85). 다음의 인용문들은 안보적 가치에 입각한 논리들이 중앙정부의 접경지역 정책에서 어느 정도로 중요하게 고려되는지 잘 드러내준다.

접경지역 개발은 작전, 훈련, 보안에서의 저해 억제가 전제되어야 한다. 이는 국방이라는 국가 최고의 목표에 대한 민간인 통제선의 효과성이 절대적 가치를 가지고 있기 때문이다. 이러한 국방상의 중요성은 이 지역 관리에 있어서 자연환경의 보전이나 지역개발의 차원을 뛰어넘는 특수한 상황인 것이다(김영봉, 1997: 85).

현재 민통선 북방 지역에는 72개의 정착마을과 75개의 출입영농이 적의 가시권 내에 있다. 이들 정착 마을들은 북한의 대남 방송과 각종 선전물의 영향권 내에 있는 지역으로 안보상에 있어서 매우 중요한 위치에 있다. 이 지역에 대한 관리는 일차적으로 안보에 최우선을 두고 보전과 개발방안이 강구되어야 할 것이다(김영봉, 1997: 85).

이처럼 「접경지역지원법」의 입법 과정에서 안보의 논리와 경제의 논리는 첨예한 대립의 위치에 놓여 있었다. 그런데 실제 진행된 「접경지역지원법」의 입법 과정에서 이 두 상반된 가치와 논리는 ① 군사시설보호구역의 규제를 어느 정도로 완화할 것인가, ② 「접경지역지원법」의 위상을 어떻게 할 것인가의 이슈를 둘러싸고 주로 충돌하면서 타협과 협상이 이루어졌다.

먼저, 경제와 개발의 가치를 바탕으로 「접경지역지원법」의 입법을 추진한 쪽에서는 개발의 기회를 제약하는 군사시설보호구역의 규제를 상당한 정도로 완화할 것을 주장했다. 예를 들어, 1999년의 경기개발연구원의 보고서는 군사시설보호구역과 같은 각종 규제가 접경지역의 경제활동과 개발행위를 심각하게 제약하여 지역의 낙후를 초래한다고 보면서, 도시화가 상당히 진행된 지역이나 취락이 위치한 지역에서는 안보와 군사작전 상의 이유로 반드시 필요한 구역이 아니고는 군사시설보호구역을 해제해야 한다고 주장했다(경기개발연구원, 1999: 125). 또한 군사시설보호구역 내에서는 민간에 의한 개발행위는 사전에 군과 협의를 통해서만 진행될 수 있는데, 군부대마다 협의 기준이 달라 형평성에 문제가 있고, 민원 처리 기간이 오래 걸려 지역주민의 생활에 많은 지장을 초래하고 있다며 이에 대한 합리적 개선이 필요함을 지적했다(경기개발연구원, 1999: 125). 반면, 국방부는 「접경지역지원법」에 대한 원론적 반대 입장을 피력하면서 동시에 부득이 이 법률이 추진된다 하더라도 군의 작전상 검토가 우선되어야 하며 군사 관련 법률의 효력에 영향을 미치지 않아야 함을 강조했다(정영태, 2001: 76). 특히 군사시설보호구역은 이 법의 적용대상에서 배제되어야 한다고 주장했다(경기개발연구원, 1999: 280).

둘째, 「접경지역지원법」이 안보의 논리에 입각한 「군사시설보호법」 등과 어떤 관계가 있는가도 중요한 쟁점이 되었다. 애초 「접경지역지원법」의 입법 추진세력은 이 법을 특별법화하여 다른 법률보다 상위의 지위를 부여하여 접경지역에 대한 규제 완화와 지원이 보다 실효성을 가지도록 만들기를 원했으나, 국방부와 같이 안보의 관점에서 「접경지역지원법」에 우려를 가지고 있던 세력들은 「접경지역지원법」의 위상을 낮추어 안보의 가치에 기반을 둔 다른 법률과 제도들의 효력이 약화되지 않도록 하기를 원했다(정영태, 2001).

「접경지역지원법」의 최종 입법은 이러한 쟁점에서 경합되는 논리들의 타협과 협상을 통해 이루어졌다. 하지만 앞서 논했듯이 '접경지역지원' 법률안은 1997년 이후 장기간 국회에서 계류되었다가 1998년부터 행정자치부가 주무부처로 나서면서 새로이 입법 추진되었기 때문에, 행정자치부는 입법을 원활히 완료하기 위해 이 법의 입법을 반대하는 세력들의 요구사항들을 적극 수용하는 태도를 취했다. 따라서 안보 논리와 경제 논리가 충돌하는 부분에서도 안보의 가치를 중시하는 세력들의 주장을 상당 정도 수용하여 입법안이 수정되었다. 그 결과 「접경지역지원법」은 안보의 논리에 기댄 「군사시설보호법」, '군사시설보호구역' 등과 같은 규제와 법률에 비해 상위의 지위를 확보하지 못한 채 입법이 되었다. 더불어 「접경지역지원법」에 의해 접경지역에서의 안보적 고려가 약화되지 않도록 접경지역에 대한 종합계획 수립 시 국방부의 관련 부처장과의 협의가 의무사항으로 규정되었다. 하지만 애초에 국방부가 요구했던 ① 접경지역 지원을 위한 사업을 시행할 때 해당 지역의 관할 부대장과 협의할 것과 ② 민통선 이북 지역과 군사시설보호구역을 「접경지역지원법」의 적용 대상에서 제외해 달라는 사항은 최종 입법에서 반영되지 않았다(정영태, 2001: 94).

　이처럼 「접경지역지원법」의 제정은 많은 우여곡절 끝에 안보의 논리와 경제의 논리라는 경합적 가치가 타협을 통해 공존하는 방식으로 이루어졌다. 하지만 이 두 논리의 미시적 경합과 타협의 과정만으로 「접경지역지원법」의 입법 과정을 완전히 설명할 수는 없다. 「접경지역지원법」의 입법 과정에서 나타난 구체적 방식의 '안보-경제 연계'가 형성되는 과정을 규정하는 보다 거시적인 정치-경제적 변화와 조건에 대해 언급할 필요가 있다. 강고한 안보 세력의 반발이 존재했음에도 불구하고 「접경지역지원법」의 제정이 가능했던 것은 접경지역의 경제적 가치를 중시하는 경제-개발 세력의 성장을 촉발한 거시적 변화가 있었기 때문이다.

　첫째는 1990년대 중반 이후로 지방자치제도가 정착되면서 지방 차원에서 조직된 개발주의 세력의 영향력이 증가했다. 「접경지역지원법」의 입법 과정에서 경기, 강원, 인천 광역자치단체의 주체적 노력이 상당한 영향력을 발휘했다. 이는 지방자치제의 정착과 함께 접경지역의 지방자치단체들이 적극적으로 자발적인 개발정책을 추진했음에 따른 것이었다(정영태, 2001: 116). 둘째는 1998년에 김대중 정권이 들어서면서 남북관계의 개선이 이루어진 것도 접경지역에서 개발을 지향하는 경제적 가치가 더 중요해진 조건이 되었다. 남북관계가 개선되어 화해와 협력의 분위기가 조성되면 접경지역 개발이 적극적으로 고려되어 「접경지역지원법」 제정에도 유리해지지만, 반면 남북관계가 경색되어 강경한 대북정책으로 선회하면 접경지역 개발과 지원법 제정도 불리하게 될 가능성이 크다. 예로 1996년에 통일원과 접경지역 지역구 국회의원들이 '통일기반 조성을 위한 접경지역 지원법'안을 상정하려 했지만, 1996년 9월에 강릉 잠수함 사건이 발생하면서 남북관계가 크게 경색되어 법안의 상정이 유보된 바 있다. 반면, 1999년에 「접경지역지원법」이 입법된 데에는 김대중 정부의 대북 화해협력 정책으로 인해 남북 간의 대화와 교류의 분위기가 고양된 것이 긍정적으로 기여했다고 볼 수 있다(정영태, 2001: 117).

3) 2000년 이후, 포스트 지원법 시기의 '안보-경제 연계'

2000년의 「접경지역지원법」 제정을 둘러싸고 형성된 '안보-경제 연계'의 특징은 국가적 스케일에서 규정되는 안보의 논리와 지방적 스케일에서 형성된 개발 논리 사이의 갈등과 경합, 그리고 협상과 타협으로 요약할 수 있다. 그런데 「접경지역지원법」이 제정된 2000년 이후 '안보-경제 연계'의 특징은 남북관계를 둘러싼 국제적인 지정-지경학적 조건의 변화, 지방적 차원에서 개발주의 정치의 활성화, 신자유주의의 확산에 따른 시장주의 주체성의 강화 등과 같은 거시적 사회-경제적 상황의 변화에 따라 변화하게 된다. 2000년 이후 포스트 지원법 시기의 '안보-경제 연계' 구조의 변화는 ① 전통적인 '국가안보 vs. 지역개발'이라는 스케일 간 경합관계의 지속, ② 국가적 스케일에서 '안보-경제 연계'의 새로운 시도 등장, ③ 지방적 차원에서 규정되는 안보 논리의 등장('안보-경제 연계'의 지방화)이라는 세 가지 특징으로 요약할 수 있다.

(1) '국가안보 vs. 지역개발' 간의 경합관계의 지속

앞에서 살펴보았듯이, 「접경지역지원법」이 2000년에 제정된 것은 여러 상이한 이해관계와 가치들의 경합과 충돌, 그리고 협상과 타협의 결과였다. 그러다 보니 「접경지역지원법」이 입법은 되었지만, 접경지역의 개발과 발전에 필요한 중요한 제도적 장치들을 충분히 갖추지 못하여 법 제정 취지에 부합되는 실질적 효과를 발휘하지 못하고 있다는 불만들이 지속적으로 제기되었고, 법안의 개정이 지속적으로 이루어졌다. 「접경지역지원법」은 2000년 1월 21일 제정된 이후 총 2011년까지 19번의 개정을 거쳤고, 마침내 2011년 4월 29일에는 「접경지역지원특별법」으로 격상되는 법안이 국회 본회의에서 통과되었다.

「접경지역지원법」을 특별법으로 격상시키는 데 있어서 '접경지역 시장, 군수 협의회'와 같은 개발이익을 지향하는 지방 행위자들의 역할이 중요했다. 2008년부터 '접경지역 시장, 군수 협의회' 등과 같은 접경지역의 지방 행위자들은 「접경지역지원법」을 특별법으로 격상할 것을 요구했는데, 그 핵심적 논리는 기존의 「접경지역지원법」이 군사시설 보호, 수도권 규제 등과 같은 다른 규제들과 충돌하여 실질적으로 적용하기 힘들기 때문에 특별법으로 격상시켜 타 법이 규정한 규제로부터의 제약을 덜 받도록 해야 한다는 것이었다. 예를 들어, 2010년 9월 3일 '접경지역 시장, 군수 협의회'가 후원하고 철원을 지역구로 둔 새누리당의 한기호 의원이 주최한 '제대로 된 접경지역지원특별법 어떻게 만들 것인가?'라는 정책토론회에서 김범수 강원발전연구원 책임연구원은 「접경지역지원특별법」 제정의 방향으로 ① 접경지역 지원사업을 위한 사업비를 확보하기 위한 재원 규정이 마련되어야 하고, ② 현재 「접경지역지원법」이 「국토기본법」, 「군사시설보호법」의 하위법으로 규정되어 타 법률과 상충되는 경우 실효성을 발휘하기 힘드니 이 문제를 해결하기 위한 법 개정이 필요하며, ③ 현 법률하에서는 접경지역에 대한 지원이 일반적인 낙후지역 지원과 비슷하게 취급되고 있는데, 이를 통일 대비 차원의 것으로 변경할 필요가 있다는 점 등을 지적했다(김범수, 2010: 30~31).

안보와 개발 가치가 경합하는 상황에서 「접경지역지원법」의 입법을 위해 일부 포기할 수밖에 없었던 개발의 욕망들이 2000년대 중반 이후 다시 한번 강하게 불거져 나오기 시작한 것이었다. 1990년대 중반 이후 지방자치제가 실시되면서 지방 차원의 개발주의 정치가 보편화되기 시작했고, 이에 더하여 1997년 IMF 경제위기 이후 신자유주의가 확산되면서, 국가, 지방자치단체, 토지소유자, 토건자본, 지역구 국회의원, 지방 언론 등의 토건적 개발연합이 강화되고 개발주의적 지방정치가 극도로 활성화되었다(박배균, 2009). 이런 상황은 접경지역에서도 나타나 개발주의적 경제 논리가 국가주의적 안보 논리를 압도하기 시작했다. 특히 서울 인근의 수도권 접경지역에서는 부동산 개발을 지향하는 개발주의 욕망이 폭발적으로 표출되면서, 안보적 규제를 포함한 모든 종류의 개발행위 규제에 대한 공격이 본격화되었다.

이런 상황은 「접경지역지원법」을 특별법으로 격상하는 것을 국회에서 입법하는 데 유리한 조건으로 작용했다. 특별법으로 격상되면서 이루어진 법제적 변화의 핵심은 ① 개발행위를 좀 더 원활히 하기 위해 접경지역의 범위를 민간인 통제선 이남의 읍·면·동 단위에서 민간인 통제선 이북을 포함한 시·군 단위로 확대하고, ② 접경지역 발전종합계획 수립 시 지역주민의 의견 수렴절차를 거치도록 함으로써 계획수립과정의 민주성을 강화하며, ③ 연도별 사업계획에 자연환경 보전대책과 산림관리대책을 반영하도록 하여 접경지역의 개발과 자연환경 보전을 조화롭게 추진하고, ④ 국무총리를 위원장으로 하는 접경지역정책심의위원회를 설치하여 접경지역의 발전과 개발사업에 대해 범정부 차원의 지원체계를 수립하며, ⑤ 접경지역에 대하여 관광진흥개발기금, 문화예술진흥기금, 농산물가격안정기금, 축산발전기금, 수산발전기금 및 국민주택기금 등의 지원 규정을 두어 접경지역 지원사업에 대한 재정지원의 근거를 확보한 것 등이었다(유현아·이상준, 2016: 19~21).

이처럼 「접경지역지원법」의 특별법으로의 격상은 '안보-경제 연계'의 구조가 좀 더 경제와 개발을 우선시하는 방향으로 변화한 것을 의미하는 것이다. 하지만 경제의 논리가 안보의 논리를 완전히 압도한 것은 아니었다. 특별법의 초안에서는 특별법을 「국토기본법」과 「군사시설보호법」보다 우선 적용한다는 사항들이 포함되어 있었으나, 관계 부처들의 강한 반대로 인해 특별법을 「군사시설보호법」, 「수도권정비계획법」, 「국토기본법」 등보다 상위의 지위에 두는 것이 실제 입법에서는 허용되지 않았다. 그러다 보니 특별법이 제정된 이후에도 접경지역의 개발주의 세력들의 경제 논리에 입각한 규제 해제에 대한 요구는 지속되었다. 이는 「접경지역지원특별법」의 개정에 대한 요구로 구체화되어 나타났다. 예를 들어, 2016년 8월 26일 '접경지역사랑 국회의원 협의회'와 '접경지역 시장, 군수 협의회'가 주최한 '접경지역 발전을 위한 토론회'에서 김범수 강원발전연구원 연구위원은 접경지역의 토지이용규제가 대부분 산지규제(행정구역 면적 대비 79%)와 군사규제(행정구역 면적 대비 62.8%)로 구성되어 있어, 접경지역 전체를 대상으로 광범위하게 분포되어 있는 산지와 농지 및 군사 관련 토지이용규제의 합리화가 필요하며, 더불어 접경지역의 토지에 대해 여러 유형의 규제가 중복으로 지정되어 있다—경기도 접경지역의 경우 행정구역의 58.9%의 면적이 2개 이상의 용도지역지구로 지정—고 하면서 과도한 중복규제의 완화와 규제 저감 조치가 필요하다고 주장했다(김범수, 2016: 28). 이러한 요구가 지속되면서 「접경지역지원특별법」도 2011년 제정 이후 현재까지 총 12번의 개정을 겪게 되었다.

「접경지역지원법」과 「접경지역지원특별법」의 제정과 개정 과정을 보면서 접경지역에서 개발주의에 입각한 경제의 논리가 안보의 논리를 완전히 압도하게 되었다고 쉽게 결론 내려서는 곤란하다. 한반도의 분단체제와 남북 간의 긴장이 지속되는 한 안보의 논리는 쉽게 약화되지 않는다. 특히 2000년대 후반 이후 천안함 사건, 북핵 문제 등이 겹쳐 남북관계가 경색되면서 안보의 논리가 다시 중요해졌다. 게다가 2008년 정권 교체가 되면서 보수정권이 들어서고 나서 안보의 논리가 극도로 강화되었다. 특히 보수세력은 안보의 논리를 강화하여 정치적 지지를 확보하려 했고, 그 와중에 남북 간의 영토적 관계에서 애매한 상태로 남아 있던 NLL이 정치적 이슈화되어, NLL에 영토적 지위가 부여되는 일이 발생하기도 했다. 이러한 과정을 통해 접경지역의 안보 논리는 다시 강화되었고, 노무현 정권이 서해안 접경지역의 긴장 완화와 평화의 진작을 위해 추진하고 남북정상회담을 통해 합의되었던 '서해평화협력특별지대' 사업이 좌초되는 일이 발생했다. 이처럼 '국가안보'와 '지역개발'이라는 두 가지 가치는 1990년대 이후 정부의 접경지역 정책의 형성에 영향을 주는 가장 중요한 두 요소였고, 이 둘은 여전히 갈등하고 경합하면서 협상과 타협을 통해 공존하는 모습을 보여주고 있다.

(2) 국가적 스케일에서 '안보-경제 연계'의 새로운 시도 등장

한국전쟁 이후 분단체제와 남북 간의 적대적 관계가 구조화되면서 남한 사회에서 국가안보의 문제는 기본적으로 북한으로부터의 위협에 대해 국토와 국민을 보호하는 문제로 인식되어 왔다. 상존하는 북한의 위협으로부터 조국을 지켜야 한다는 안보의 논리가 지배적인 상황에서 남북문제는 기본적으로 국가안보 문제의 연장선으로 이해되었다. 통일은 북한 정권의 붕괴를 전제로

한 통일이었고, 남북관계 개선이란 것도 안보를 해치지 않는 선에서 북한과
의 교류와 관계 개선을 시도하고 이를 통해 궁극적으로 잠재적 안보위협요인
을 무력화시키자는 안보전략의 일종으로 이해되었다. 김대중 정부가 그 이전
의 보수정부와 달리 북한과의 화해와 협력을 우선시하는 통일정책을 펴면서
이를 "햇볕정책"이라 이름 붙인 것도 '강한 바람(강경정책)'보다는 '따뜻한 햇
볕(유화정책)'이 겨울 나그네와 같은 북한의 마음을 녹여 남북관계 개선과 북
한의 개혁, 개방을 이끌어내고, 궁극적으로 잠재적인 안보위협요인을 없애겠
다는 안보전략적 측면이 강조된 것이었다. 따라서 남북 간의 경제적 협력과
관계의 개선 등은 경제적 논리에 따른 지경학적 전략이었다기보다는 국가안
보의 논리를 우선시한 지정학적 전략이었던 것이다. 즉, 남한 사회에서 전통
적으로 국가 차원에서 형성된 '안보-경제 연계'는 안보의 논리를 우선시하면
서, 그 안보를 위한 수단으로 경제의 논리가 이용되는 방식으로 연결되는 구
조로 형성되었던 것이다.

하지만 2000년대가 지나고 나면 국가 스케일에서 안보의 논리와 경제의
논리를 새롭게 연결시키는 방식이 등장한다. 통일 혹은 대북관계를 접근함에
있어서 경제의 논리를 보다 앞에 세우고 '안보-경제 연계'를 구성하는 방식이
등장한 것이다. 이전에도 통일이 미치는 경제적 효과에 대한 논의와 주장이
없었던 것은 아니지만, 이러한 방식의 '안보-경제 연계'가 본격화되어 국가의
통일 담론으로까지 격상된 것은 박근혜 정권 시절의 '통일대박'론을 통해서
비롯되었다.[11] 통일대박론은 2014년 1월 박근혜 대통령의 신년기자회견에서

---

11 노무현 정부 시절에도 남북관계에 있어 경제적 교류의 중요성이 크게 강조되었고 실제로 남북 경
협이 폭발적으로 증가하여, 이를 김대중 정권의 햇볕정책의 연장선으로 평가하는 것이 맞는지, 아
니면 이후 나타나는 경제 논리를 앞세운 새로운 통일정책의 시작으로 평가하는 것이 맞는지 논쟁
이 있을 수 있다. 하지만 이 글에서 박근혜 정권의 통일정책을 경제 논리를 앞세운 새로운 '안보-경
제 연계'의 시작으로 본 것은 담론의 차원에서 경제의 논리를 전면에 내세우면서 통일과 남북관계
를 규정하는 논리가 전면화되고 본격화된 것이 박근혜 정권의 소위 '통일대박론'에 의해 비롯되었
기 때문이다. 게다가 노무현 정권은 남북 경제교류를 강조했지만, 보수세력으로부터 지속적으로

처음으로 언급되었는데, 통일이 되면 남북 모두 큰 경제적 편익을 얻을 것이라는 주장이다(안문석, 2015: 196). 즉, '통일대박'이라는 자극적인 표현을 통해 통일을 더 이상 경제적 부담이나 비용의 문제가 아니라 새로운 경제적 기회를 가져다줄 추진력으로 인식하고 적극 준비에 나서자는 메시지를 던진 것이었다(변종헌, 2014). 특히 성장 동력이 약화되어 위기에 빠진 우리의 경제에 새로운 활력을 불어넣을 수 있는 '신성장 동력'으로 한반도의 통일을 바라보자는 인식이 '통일대박'론의 바탕에 깔려 있다. 이처럼 통일을 경제적 기회로 연결시킴으로써 통일은 더 이상 국가안보의 이슈가 아니라, 위기에 빠진 국가 경제를 새로이 도약시킬 수 있는 경제 전략으로 자리 잡게 되었다. 이를 통해 경제의 논리와 안보의 논리가 새롭게 연결된 것이다.

하지만 박근혜 정권이 '통일대박'론을 통해 새롭게 제기한 '안보-경제 연계'는 정권 내부의 안보 논리 중심의 전통적이고 현실주의적인 통일관과 충돌하면서 제대로 실현되지 못했다. 박근혜 정부는 대북정책의 핵심으로 강조한 한반도 신뢰프로세스에서 '남북한이 신뢰를 바탕으로 통일기반을 구축하자'고 주장했으나, 정작 북한에 대하여는 불신에 가득한 압박과 강경책 위주의 정책으로 일관했다. 게다가 박근혜 정권 내의 강경한 안보주의자들은 북한붕괴론에 기반한 흡수통일론을 드러내는 데 주저함이 없었다. 이는 북한 핵실험에 대해서도 강경책 위주의 대응과 첨단 공격무기의 적극 개발 등과 같은 공격적 현실주의 대북정책으로 표출되었다(안문석, 2015). 이처럼 박근혜 정권은 한편에서는 통일이 경제적 기회이니 적극 준비하자고 주장하면서, 다른 한편으로 북한에 대하여는 적대적 안보관에 기반한 정책으로 일관했다. 그 결과 통일이 주는 경제적 편익에 대한 막연한 기대감만 높였을 뿐 실제로 통

제기된 통일비용 문제에 대해 대항 담론을 명확히 제시하지 못했다. 이는 노무현 정권이 아직 새로운 '안보-경제 연계'의 담론적 틀을 완성하지 못했기 때문으로 보인다. 이 새로운 '안보-경제 연계'의 담론적 틀이 대북 강경책을 주도했고 보수적 성격이 강했던 박근혜 정권에 의해 본격적으로 제기된 것은 참으로 역설적이다.

일을 어떻게 구현할 것인가에 대한 논의와 전략이 부족했다. 관련하여 안문석(2015: 196)은 "정작 필요한 것은 경제협력을 어떻게 재개하고, 이산가족 상봉은 어떻게 정례화시키고, 금강산 관광은 어떻게 다시 시작하느냐 하는 것인데" 이런 부분에 대한 전략은 전혀 제시되지 않아 통일대박론에 대한 시민들의 호응도 쉽게 식어갔다고 평가한다.

물론 박근혜 정권에 의해 본격화된 이 새로운 '안보-경제 연계'의 구상이 아무런 효과가 없었던 것은 아니다. '통일대박'론을 계기로 통일부, 국토교통부 등을 중심으로 통일에 대비한 구체적 국토개발계획 마스터플랜 등이 만들어졌고(안문석, 2015: 196), 이런 영향으로 당시 천안함 사건, 연평도 포격, 북핵 문제 등과 같은 안보적 긴장으로 인해 남북관계는 엄청나게 경색되었음에도 불구하고, 접경지역의 개발과 발전을 지원하는 각종 법률과 제도가 마련될 수 있었다. 특히 「접경지역지원특별법」과 관련해서, 접경지역의 개발행위를 제약하는 각종 규제를 줄이는 개정안이 국회에서 지속적으로 통과될 수 있었던 것도 이런 분위기 때문에 가능했다.

더구나 지경학적(geo-economic) 접근에 기반한 새로운 '안보-경제 연계'의 구상은 문재인 정권 들어 더 적극적으로 받아들여져서 대북정책의 핵심적 논리 기반을 제공하고 있다. 특히 문재인 정권이 새로운 대북정책의 기조로 제시한 '한반도 신경제지도' 구상은 남북관계 개선에 기반한 '지정학적(geo-political) 안보'를 통해 한반도의 경제적 발전 및 번영을 이룩할 수 있다는 '지경학적(geo-economic) 계산'을 바탕에 두고 있다(지상현·이승욱·박배균, 2019). 2018년 8월 15일, 73주년 광복절 행사에서 문재인 대통령은 국가의 생존과 경제적 번영을 위해 분단의 극복이 필요하다고 역설하면서, 정치적 통일은 당장 이루지 못하더라도 "남북 간에 평화를 정착시키고, 자유롭게 오가며 하나의 경제공동체를 이루는 것"이 "진정한 광복"이라고 강조했다. 또한 "평화경제, 경제공동체의 꿈을 실현시킬 때 우리 경제는 새롭게 도약할 수 있"다고 주장하면서,[12] 남북관계의 개선이 경제발전의 새로운 동력이라는 지경학적 비전을 명확히 제시했다. 그리고 이러한 관점은 접경지역을 바라보는 국가의 관점에도 뚜렷한 영향을 미쳐, 앞에서 언급한 광복절 경축사에서 문재인 대통령은 "지금 경기도 파주 일대의 상전벽해와 같은 눈부신 발전도 남북이 평화로웠을 때 이루어졌습니다. 평화가 경제입니다"라고 강조하며 '한반도 신경제지도' 구상의 구체적 사업으로 접경지역에 통일경제특구의 설치를 제안하기도 했다(지상현·이승욱·박배균, 2019).

남북관계를 지경학적 시선을 중심으로 바라보는 이 새로운 방식의 '안보-경제 연계'는 평화로운 한반도가 제공할 수 있는 희망의 가능성을 강조하는 담론이지만, 여전히 '지정학적 안보'와 '현실주의 국제관계'의 틀 속에서 규정되는 '안보-경제 연계'의 담론이 강고한 상황에서 불안정한 지위에 놓여 있다. 더구나 북한 비핵화와 제재를 둘러싼 북미 협상에 실질적 진전이 이루어지지 않은 채 냉전의 지정학이 강고한 상황에서 희망의 지경학에 기댄 '안보-경제 연계'는 여전히 미완의 상황이다. 이와 더불어 남북관계의 개선과 한반도 평화의 진전을 단순히 경제적 이익이라는 차원으로만 축소 해석하여, 탈냉전 이후의 한반도와 동북아의 미래에 대한 비전이 지나치게 경제와 이윤 중심적이라는 비난이 제기될 수도 있다. 즉, 새로운 '안보-경제 연계'는 여전히 경합 속에서 구성되는 과정에 있으며, 언제든지 새로운 도전에 직면할 운명에 놓여 있다.

(3) 지방적 차원에서 규정되는 안보 논리의 등장: '안보-경제 연계'의 지방화

2000년대에 나타나는 접경지역 '안보-경제 연계' 구조의 변형된 모습 중의 하나는 안보와 경제의 새로운 연결 방식이 지방적 스케일에서 등장하고 있다는 것이다. 그 이전까지 접경지역의 '안보-경제 연계'는 '국가적 차원에서 규정되는 안보 vs. 지방적 차원에서 규정되는 개발'이라는 경합적 구도를 중심으로 형성되어 왔다. 하지만 2010년대 들어오면서 접경지역의 지방적 이해를

---

12 제73주년 광복절 경축사(https://www1.president.go.kr/articles/4022).

'개발'의 차원에서만 규정하지 않고 '안보'라는 틀로 재규정하면서, '지방의 안보'와 '지방의 경제'를 연결시켜 설명하려는 시도가 등장하고 있다.

이러한 새로운 과정은 대북전단 살포를 둘러싸고 접경지역인 파주의 지방 행위자(예: 시민사회단체, 지역상인, 농민)들과 대북전단 살포를 주도한 탈북자 단체 사이의 갈등에 대한 이승욱(2018)의 연구가 잘 보여준다. 접경지역의 안보-경제 연계를 둘러싸고 나타난 전통적인 지정학적 갈등과 충돌은 '국가안보'의 논리를 강조하는 정부와 '지역개발'의 논리를 앞세운 지역주민 간의 대결 양상을 보였다면, 대북전단 살포를 둘러싸고 파주 지역에서 나타난 갈등은 민-민 대립의 양상을 띠었다. 이승욱(2018: 634)에 따르면, 분단 체제하에서의 한반도 접경지역은 전쟁의 기억, 군사 문화 등이 주민들의 일상생활 속에 깊이 침투하여 국가안보의 논리가 지배적인 지정학적 공간이었다. 이는 정치적으로 보수화되고 경직된 주체성을 형성하여, 선거에서 보수정당에게 거의 항상 몰표를 몰아주는 소위 '안보 벨트'로 나타났다. 하지만 북한인권을 주장하는 보수단체들의 대북전단 살포행위는 역설적이게도 이러한 안보 벨트인 접경지역의 지역 정치에 중요한 변화를 초래했다.

파주와 같은 한반도 접경지역의 주민들은 북으로부터의 안보 위협에 항상 노출되어 있다. 하지만 역설적으로 이러한 장기간의 안보 위협은 너무나 일상적인 것이 되어, 접경의 주민들은 이러한 안보 위협에 대해 오히려 둔감해지는 경향을 보인다. 즉, 접경의 주민들은 한국전쟁 이후 장기간의 분단과 대립의 경험 속에서 북으로부터의 위협에 오히려 둔감해지고 익숙해지게 된 것이다. 이런 상황에서 보수단체들이 파주와 같은 접경지역에서 행한 대북전단 살포행위는 그동안 익숙해져서 둔감해졌던 지정학적 공포와 위협을 다시금 각성시켜 준 계기로 작동하게 되었다(이승욱, 2018: 635~636). 재미있는 것은 이러한 상황에서 파주의 지방 행위자들이 보수단체들의 대북전단 살포행위에 대해 반발하여 취한 대응 과정에서 그간 국가안보를 강조하던 보수적 정치세력들이 사용하던 담론과 전술을 전용했다는 것이다(이승욱, 2018: 636). 파주의 지역주민들과 상인들은 보수단체의 전단 살포행위가 지역 차원의 생명과 생존권에 대한 위협이라고 강조하면서, 지정학적 안보와 경제안보의 담론을 적극적으로 동원했다. 특히 이 지역 행위자들은 국민의 생명과 안전, 그리고 재산을 보호하는 것이 국가의 역할임을 강조하면서, 전단 살포가 '표현의 자유'의 문제이기 때문에 제재할 수 없다는 정부와 군의 입장을 강하게 비난했다(이승욱, 2018: 637). 이러한 과정을 통해 그동안 국가적 스케일에서 주로 규정되고 강화되어 왔던 '안보'의 논리가 그보다 작은 '지방'적 스케일에서, 혹은 그보다 더 미시적인 '신체'의 스케일에서 다시 정의되면서, '안보-경제 연계'가 더 작은 공간적 스케일에서 새롭게 구성될 계기가 형성되었다.

접경의 주민들은 대북전단 살포로 인한 지방적 차원의 안보 위기가 지역경제의 위기로 연결된다는 주장을 펴면서 '안보-경제 연계'를 지방적 차원에서 구성하기도 했다. 예를 들어, 대북전단 살포 반대 시위의 주축 중 하나였던 임진각과 오두산 통일전망대 인근 상인들과 식당 주인들, 그리고 민통선 지역의 농민들은 보수단체의 전단 살포로 인한 접경지역의 안보 위기가 지역경제에 미치는 악영향을 지역의 "경제안보에 대한 위협"이라 규정하면서 전단 살포에 대해 반대했다(이승욱, 2018: 637). 즉, 접경지역에서 경험되고 인지되는 안보는 다른 곳과 달리 그 지역주민들의 구체적 삶과 생계에 직결되는 의미를 지니며, 따라서 이 지방적 수준의 구체적 안보는 국가적 차원에서 일반적이거나 추상적으로 규정되는 안보와 달리 지역주민들의 경제적 삶과 일상적 생계와 밀접히 연결된다. 이러한 지방적 차원의 '안보-경제 연계'의 구조 속에서 국가적 차원의 추상적 안보 논리에 바탕을 둔 보수단체들의 대북전단 살포행위는 접경지역 주민들의 경제적 삶과 일상적 생계를 위협하는 지정학적 폭력으로 인식되어, 주민들의 저항과 반발을 초래한 것이다(이승욱, 2018: 638). 이처럼 국가적 차원에서 규정되는 일반적이고 추상화된 안보의 논리는 지방적 차원에서 규정되는 다양한 안보 논리(예: 지역주민들의 삶과 생명의 안전, 지역의 경제안보, 생계 안전 등)와 충돌하는 경우가 많으며, 그에 대한 반작용으로 접경지역의 주민들은 새로운 보다 미시적 차원의 '안보-경제 연계'를 구성하여 국가안보의 논리에 대응하고 있다.

5. 결론

최근 들어 경기도와 강원도 북부의 접경지역에 대한 사회적 관심이 증가하고 있다. 특히 평창올림픽과 남북정상회담 이후 남북 간의 대화가 재개되면서 접경지역의 경제적 중요성이 증가하고 있다. 하지만 아직까지 우리나라 학계에서 접경과 경계를 어떻게 이해할지에 대한 폭넓은 연구와 논쟁은 부족한 형편이다. 여전히 많은 연구들은 근대적 영토 개념이 제시하는 이상형에 따라 영토와 경계를 고정불변하고 완벽하게 통제된 절대적 실체로 바라보는 관점을 기반으로 한반도 접경지역을 바라보는 경향이 있다. 하지만 이 글은 이러한 전통적 관점과 거리를 두고, 한반도 접경지역이 지니는 다중적이고 경합적이며 복합적인 성격을 조명하려는 취지하에 작성되었다.

특히, 이 글은 국가영토의 복합성과 다층성, 그리고 경계의 다공성을 강조하는 포스트 영토주의적 인식론을 바탕으로, 한반도의 접경지역을 국경을 둘러싸고 살아가는 다양한 사람들과 행위자들의 복잡한 상호작용과 역동적 실천들 속에서 구성되고 항상 새롭게 만들어지는 사회적 구성물이라 바라본다. 보다 구체적으로는 국경과 접경을 영토성과 이동성의 복합적 교차공간으로 인식할 것을 제안하면서, 한반도 접경지역이 영토성에 기반을 둔 '안보'의 논리와 이동성을 지향하는 '경제'의 논리가 서로 경합하면서 결합되는 '안보-경제 연계'를 바탕으로 하여 사회적으로 구성되는 과정을 살펴보았다.

이를 위해 이 글은 크게 2단계의 실증연구를 수행했다. 먼저, 중앙과 지방의 언론(중앙일간지, 접경지역의 지역지)에서 접경지역이 재현되는 방식을 신문기사의 키워드 분석을 통해 살펴보았다.[13] 이를 통해 접경지역에 대한 언론의 접근방식이 시기별로 어떻게 변화했는지, 그리고 중앙일간지와 지방지 사

---

13 언론기사에 대한 이 글의 실증연구에서 대표적인 보수지인 《조선일보》, 《중앙일보》, 《동아일보》와 같은 중앙일간지가 분석 대상에서 제외된 것은 이 연구의 큰 한계이다. 이 한계는 추후 연구에서 진보지와 보수지 사이의 차이를 분석함을 통해 보완하고자 한다.

이에는 어떠한 차별성이 나타나는지 살펴보았다. 언론의 접경지역 재현 방식의 중요한 특성을 요약하면 다음과 같다. 첫째, 접경지역이 언론에서 거론되는 빈도는 시기에 따라 차별성을 보이는데, 남북 교류가 진전되거나 거꾸로 남북 긴장이 강화되는 때에 접경지역 관련 기사의 숫자가 급증했다. 다만 접경지역에서 발행되는 지방지의 경우는 중요 선거 시기에 접경지역의 개발 이슈가 중요한 선거 이슈가 되기 때문에 접경 관련 기사의 빈도가 증가하는 경향을 보였다. 둘째, 접경지역에 대한 기사의 내용에서 전국지와 지방지 사이에 차이가 있었다. 전국지에서는 '안보' 관련 이슈가, 지방지에서는 '개발' 관련 이슈가 접경지역 관련 기사에서 보다 중요하게 취급되는 경향을 보였다. 셋째, 안보 이슈와 개발 이슈가 접경 관련 언론 기사에서 언급되는 방식에서 시기별 차이가 나타났는데, 남북관계가 경색되고 긴장될 때는 안보 이슈가 언론에 많이 노출된 반면, 남북 간 긴장이 완화되던 시기에는 안보 이슈보다는 개발 이슈가 언론에서 더 많이 다루어지는 경향을 보였다.

다음으로 국가의 접경지역 정책을 둘러싼 사회 세력들의 경합관계를 '안보-경제 연계'의 틀 속에서 살펴보았다. 특히 국회 자료, 정부 기관의 보고서 등에 대한 문헌 조사를 통해, 「접경지역지원법」과 「접경지역지원특별법」과 같은 정부의 접경지역 정책을 둘러싸고 다양한 세력들이 어떻게 경합했으며, 이 와중에서 '안보'의 논리와 '경제'의 논리는 어떻게 서로 연결되고 접합되면서 '안보-경제 연계'의 복합체를 구성했는지 탐구했다. 1980년대까지 남북 간의 대결국면이 지속되던 시기에는 '접경지역'이라는 개념도 존재하지 않았지만, 1990년대 초반부터 남북 간의 대화가 시작되면서 접경지역에 대한 정책적 관심이 나타나기 시작했다. 또한, 1980년대의 민주화로 인한 시민사회의 성장과 1990년대 중반 이후 지방자치제의 본격화로 인한 개발주의 정치의 활성화는 접경지역에서 개발에 대한 요구가 터져 나오는 계기가 되었다. 이러한 변화들 속에서 접경지역의 발전과 개발을 지원하는 「접경지역지원법」이 2000년에 제정되었는데, 그 제정과 개정의 과정에서 안보와 개발의 논리는 지속적으로 경합하면서도 타협을 통해 공존하고 결합되는 모습을 보여주었다.

이처럼 「접경지역지원법」과 「접경지역지원특별법」의 제정과 개정 과정은 '국가적 스케일에서 규정된 안보'의 논리와 '지방적 스케일의 경제적 이해관계에 기반한 개발'의 논리 사이의 갈등과 경합, 그리고 협상과 타협을 바탕으로 형성된 '안보-경제 연계'의 틀 속에서 이루어졌다. 하지만 2010년 이후가 되면 새로운 방식의 '안보-경제 연계'가 출현한다. 하나는 분단이나 통일과 같이 전통적으로 안보의 논리에 의해 규정되던 이슈들을 경제의 문제로 바라보게 하는 '통일대박'론이나 '한반도 신경제지도'와 같은 대북정책들이 박근혜 정권과 문재인 정권에 의해 추진된 것이다. 이러한 시도를 통해, 남북관계의 개선을 더 이상 지정학적 문제만이 아니라 '통일경제' 혹은 '한반도 경제공동체'와 같은 새로운 성장동력을 만드는 기회로 보는 지경학적 상상이 등장하면서 '안보-경제 연계'의 구체적 양상이 달라지기 시작했다. 또 다른 변화는 보수단체의 대북전단 살포행위에 대한 파주 지방 행위자들의 반대 운동에서 잘 보이듯이, 국가적 차원에서만 정의되던 안보를 지방적 차원에서 규정하는 시도들이 접경지역에서 이루어지면서, '안보-경제 연계'가 보다 지방적인 스케일에서 재구성되는 모습이 나타나기 시작했다는 것이다.

결국, 국경과 접경을 둘러싸고 안보의 논리와 경제의 논리가 서로 뒤엉키고 결합되는 과정은 특정의 일관된 규칙과 방향성 속에서 질서 있고 조화롭게 이루어지는 것이 아니라, 상이한 장소와 스케일에서 구성되는 차별적 이해관계와 정체성들이 만나고 경합하는 갈등적 과정 속에서 우발적으로 만들어지며, 동시에 복잡한 사회-공간적 과정 속에서 끊임없이 재생산되고 변형되는 것이다. 이러한 '안보-경제 연계'는 한반도 접경지역에서 다양한 사회적 가치들이 만나서 복합적으로 상호작용하는 과정의 핵심적 요소이며, 이를 중심으로 접경지역을 둘러싼 영토화와 탈영토화의 복합적 공간정치가 펼쳐진다. 접경지역이 지니는 이러한 다중성과 복합성, 그리고 사회구성적 성격을 이해한다면, 국가안보의 논리에만 기댄 특정한 규범적 논리를 바탕으로 접경지역을 재단하고 이해하는 정책적 시도는 접경지역에 대한 관리뿐 아니라 더 나아가 국가의 안보와 한반도의 평화 질서를 구축하는 데에도 도움이 되지 않음을 인식할 필요가 있다.

:: 참고문헌

경기개발연구원. 1999. 「경기북부 접경지역의 발전전략」. 경기도.

김범수. 2010. 「접경지역 지원사업 추진 실태와 특별법의 수정 방향」. 국회의원 한기호 정책토
   론회(자료집), 2010년 9월 3일.

_____. 2016. 「접경지역 규제해소를 통한 발전방안 제시」. 접경지역 발전을 위한 토론회(자료
   집), 2016년 8월 26일(접경지역사랑국회의원협의회, 접경지역시장군수협의회 공동주최).

김영봉. 1997. 「접경지역의 효율적 관리방안」. 국토개발연구원.

대한민국정부. 1992. 제3차 국토종합개발계획.

딜레니, 데이비드(David Delaney). 2013. 『영역』. 박배균·황성원 옮김. 시그마프레스.

박배균. 2017. 「동아시아에서 국가의 영토성과 예외적 공간 : 동아시아 특구의 보편성과 특수성」.
   ≪한국지역지리학회지≫, 23(2), 288~310쪽.

박승정·전진오·김선우·김성태. 2017. 「국내 주요 일간지의 대통령 이슈소유권에 대한 빅데이
   터 분석: LDA(latent Dirichlet allocation) 토픽 모델링(Topic Modeling)을 중심으로」. ≪정
   치·정보연구≫, 20(3), 25~56쪽.

백영민. 2017. 『R을 이용한 텍스트마이닝』. 한울아카데미.

변종헌. 2014. 「통일대박론의 비판적 논의」. ≪윤리연구≫, 99(0), 123~150쪽.

변필성·이윤석·임상연·김진범·김광익. 2013. 「낙후지역 개발사업의 추진실태 및 실효성 제고
   방안」. 국토연구원 간행물.

심주영. 2017. 「용산미군기지 공원화 과정의 도시담론 분석: 텍스트 마이닝을 활용한 신문기사
   분석을 중심으로」. ≪도시설계≫, 18(5), 37~52쪽.

안문석. 2015. 「박근혜 정부 통일정책에 대한 비판적 평가」. ≪동향과 전망≫, 통권 95호, 190~
   222쪽.

유현아·이상준. 2016. 「접경지역 지원제도 개선방안 연구」. 국토연구원.

이상대. 1999. 「경기북부·접경지역의 개발 및 보전전략」. 경기북부, 접경지역 발전전략 수립을
   위한 공청회(자료집), 1999년 5월 4일(경기개발연구원 주최).

이승욱. 2018. 「접경지역의 도시지정학: 경기도 파주시 대북전단 살포 갈등을 사례로」. ≪대한
   지리학회지≫, 53(5), 625~647쪽.

정영태. 2001. 「휴전선 접경지역 정책네트워크에 관한 연구: '접경지역지원법' 입법과정을 중심
   으로」. 서울대 환경대학원 석사학위논문.

지상현·이승욱·박배균. 2019. 「한반도 경계와 접경지역에 대한 포스트 영토주의 접근의 함의」.
   ≪공간과 사회≫, 29(1), 206~234.

하혜수. 1999. 「접경지역 지원법률 제정 방안」. 경기북부, 접경지역 발전전략 수립을 위한 공청
회(자료집), 1999년 5월 4일(경기개발연구원 주최)

한승희. 2018. 「뉴스 빅데이터를 이용한 우리나라 언론의 기록관리 분야 보도 특성 분석: 1999~
2018 뉴스를 중심으로」. ≪정보관리학회지≫, 35(3), 41~75쪽.

Anderson, J., and L. O'Dowd. 1999. "Borders, Border Regions and Territoriality: Contradictory
Meanings, Changing Significance." *Regional Studies*, 33, pp. 593~604.

Andreas, P. 2000. *Border Games*. Ithaca: Cornell University Press.

Blei, D. M. 2012. "Probabilistic topic models." *Communications of the ACM*, 55(4), pp. 77~84.

Coleman, M. 2005. "U.S. statecraft and the U.S.-Mexico border as security/economy nexus."
Political Geography, 24, pp. 185~209.

Elden, S. 2013. *The Birth of Territory*. Chicago: University of Chicago Press.

Grande, E., and L. W. Pauly. 2005. "Complex sovereignty and the emergence of transnational
authority." *Complex Sovereignty: Reconstituting political authority in the twenty-first century*.
Toronto: University of Toronto Press, pp. 285~299.

Jessop, B. 2016. "Territory, politics, governance and multispatial metagovernance." *Territory,
Politics, Governance*, 4(1), pp. 8~32.

Newman, D., and A. Passi. 1998. "Fences and neighbours in the postmodern World: boundary
narratives in political geography." *Political Geography*, 22(2), pp. 186~207.

Passi, A. 1996. *Territories, Boundaries and Consciousness: The changing geographies of the
Finnish-Russian border*. Chichester: Wiley.

제3장

냉전의 신열과 쇼핑*
DMZ 전망대를 통해 바라본 한반도의 냉전경관

지상현·장한별

1. 서론

한 개의 기념비에 초점을 맞추든, 풍경 전체를 담아내든 간에 경관이란 시각
적인 형태를 제공한다. 또한 어떤 전설과 경관, 아니 누구의 전설 혹은 경관이
국가를 대표하는 것인지에 대한 확실하고 변하지 않는 합의점이 존재할 리 없지
만, 경관은 국가를 그려낸다(Daniels, 1993: 5).

위의 인용문은 코스그로브(D. E. Cosgrove) 등과 함께 신문화지리학의 경
관론을 구축했다고 평가받는 대니얼스(S. Daniels)의 저서에서 인용한 것이다.
이 문장에서 경관은 시각적인 구성물이지만 동시에 그러한 구성 이면에는 다

* 이 장은 2017년도 정부재원(교육부)으로 한국연구재단 한국사회과학연구사업(SSK)의 지원을 받아
수행된 연구이다(NRF-2017S1A3A2066514). 지상현·이진수·조현진·류제원·장한별(2018), 「냉전의
진열과 쇼핑: DMZ 전망대를 통해 살펴본 냉전경관의 구성」, ≪대한지리학회지≫, 53(5), 605~623쪽
의 내용을 수정 보완한 것이다.

른 시각과 입장, 혹은 국가, 권력, 국가정체성의 관계가 자리하고 있음을 드러내고 있다. 그에 따르면 국가 혹은 국가정체성에 대한 합의는 매우 어려운 것이지만, 경관은 특정한 집단의 정치적 상상력이 표현된 실체이다. 즉, 당연한 말이지만 경관의 생성과 재현에서 국가와 정치는 중요한 영역을 차지하고 있다는 것이다. 이러한 경관에 대한 이해는 새로운 것이 아니며 신문화지리학, 더 나아가 지리학에서 경관의 형성과 재현에 있어 정치적 배경과 의도를 탐색하는 것에 대한 강조는 지속적으로 이루어져 왔다(Mitchell, 2003; Rose-Redwood et al., 2008; Mitchell, 2012; 미첼, 2011). 이러한 시각에서 보자면, 군사분계선 일대에 설치된 비무장지대(이하 DMZ) 역시 경관연구의 대상이 되며, 특히 지정학적 현실이 극적으로 물질화된 경관으로서 경관의 형성과 변화, 경관의 정치적인 이용에 대한 많은 질문이 가능하다.

1953년 7월 27일 판문점에서 정전협정이 체결된 이래, 70여 년의 분단의 시간 동안 DMZ는 사람의 발길이 거의 닿지 않은 공간이기도 하지만 동시에 이념적 대립을 상징하는 경관들이 지속적으로 자리 잡아왔다. 비록 DMZ가 고도로 통제된 공간이지만, 출입이 제한된 이 공간을 방문하여 조망하기 위해 설치된 특수한 시설이 존재하는데 DMZ를 따라 설치된 전망대가 대표적이다. 군사분계선을 따라 위치한 전망대는 1984년 설치된 고성 통일전망대를 필두로, 내륙산악지역인 양구군, 화천군, 철원군, 연천군을 거쳐 한강 하구와 도서지역에까지 설치되어 있다. 전망대는 DMZ 및 북한 지역을 조망하고, 분단의 현실을 체험함으로써 안보의식을 고취시키고자 하는 목적으로 설치되었지만, 설치 주체, 운영 방식, 출입통제 방식 등의 미세한 차이를 보여주기도 한다. 다시 말하면 전망대는 DMZ와 북한을 바라보는 관광지라는 일반성과 함께 입지와 기능, 상징성, 공간통제의 방식을 포함한 특수성을 보여주고 있다. 이러한 일반성과 특수성의 결합은 두 종류의 경관을 만들어낸다. 하나의 경관은 전망대의 북쪽, 즉 전망대를 통해 바라보는 DMZ와 북한이며, 다른 하나의 경관은 전망대 및 전망대의 남쪽 경관이다. DMZ 전망대의 북쪽 경관은 시각적 기획에 의해 탄생했으며, 남쪽 경관은 전망대와 군사보호시설의 관리를 위해 조성되었다. 이는 서로 다른 목적으로 구성된 두 경관이 존재한다는 것을 의미하며, 남쪽과 북쪽의 서로 다른 두 종류의 경관을 통합적으로 이해하기 위해 재현지리학(representational geography)과 비재현지리학(non-representational geography)의 시각이 동시에 필요하다(Lorimer, 2005; Lorimer, 2007; Keiller, 2009; 진종헌, 2013; 오정준, 2015; 송원섭, 2015). 즉, DMZ 전망대 경관의 이해는 냉전과 안보가 '진열'되는 방식으로서의 경관과 그 접근에 대한 통제방식, 그리고 이렇게 진열된 냉전을 '쇼핑'하기 위해 이루어지는 (방문객을 포함하는) 여러 주체들의 수행과 실천에 대한 포괄적 고려가 전제되어야 한다.

2. 냉전경관의 이해

1) 경관 이해의 진화: 시각

사우어(Carl O. Sauer)에 의해 경관에 대한 개념이 문화경관으로 집대성된 이후, 문화경관론에 대한 많은 논쟁이 진행되어 왔으며, 이 중 문화경관론을 비판하고 극복하기 위한 흐름으로서의 신문화지리학에 대한 다양한 논의가 이루어져 왔다(이무용, 2005; 류제헌, 2009; 박규택 외, 2010; 진종헌, 2013; 한지은, 2013; 오정준, 2015; 송원섭, 2015). 구체적으로는 경관이론은 사우어의 문화경관론에 대한 반론과 재반론을 거듭하는 변증법적인 과정을 거치며, 마르크스주의, 페미니즘, 비재현이론의 논의들을 받아들이며 거듭 변화되어 왔다. 이로써 경관은 기존의 물리적, 형태론적인 경관을 넘어 경관 이면에 내재되어 있는 경관 구성의 사회적 관계와 정치적 의도(Tyner et al., 2014; Alderman, 2016), 자본주의 생산양식과 헤게모니(Harner, 2001; Mitchell, 2008; 미첼, 2011), 젠더관계(Nash, 1996; 로즈, 2011), 그리고 다시 물질성과 수행성의 상호 강화 과정(Schein, 1997; 박규택 외, 2010) 등이 나타나는 대상으로 이해되고 있다. 진종헌(2013)은 이러한 관점에서 기존 문화경관론에 대한 비판으로서의 신문화지리학이 지나치게 단일한 사상적 흐름으로 이해되고 있다는 점, 즉 신문화지리학을 문화경관론에 대한 반작용으로 탄생한 단일한 학문적 조류로 보는 시각을 지적하고, '보는 방식(a way of seeing)'으로서의 문화지리학과 '텍스트 해석'의 관점의 문화지리학 역시 기존의 문화경관론을 비판하고 있다는 공통점에도 불구하고 상당한 차이점이 존재하며, 신문화지리학 내부의 사상적 경쟁과 새로운 도전들이 존재함을 설명하고 있다.

최근의 지리학 경관이론의 논의 중 주목할 부분은 바로 시각과 수행(성)이다. 잘 알려진 바와 같이 코스그로브(Cosgrove, 1984) 이후 보는 방식으로서의 경관 개념은 지리학계에서 널리 받아들여지는 경관연구 방법론이 되었다. 경관의 형성의 요인을 넘어, 외부세계를 바라보는 방식으로서의 경관은, 경관 자체보다는 우리가 경관을 시각적으로 인지하는 방식, 혹은 특정한 방식으로 경관을 이해하도록 만드는 시각적인 프레임에 초점을 맞춘다. 즉, 경관은 시각적인 요소가 주를 이루지만, 시각적인 정보가 해석되는 방식은 이미 특정한 방식으로 구조화되고 있다는 점이다. 지리학의 경관이론이 지역의 특성, 지역 간 차이점이라는 고전적 연구주제에서 시작된 것에 비해, 어리(J. Urry)는 일련의 저작(Urry, 1990, 1992, 2001, 2002)을 통해 관광객이 관광지를 소비하는 특정한 과정을 분석함으로써 (관광지) 경관에 대한 미시적인 이해를 시도했다. 어리에 따르면 관광에서 일어나는 행위가 특별한 것은 바로 행위의 배경이 되는 장소 혹은 경관 때문이다. 쇼핑, 걷기, 음료나 술을 마시는 행위, 운동하기 등은 일상적인 활동이지만 특정한 장소에서 이루어질 때 중요한 관광의 의미를 지니는 것이다(Urry, 1992). 관광객이 어떠한 경관을 찾게 되는가, 즉 무엇을 보고자(gaze) 하는가에 대해 어리가 제시한 논점 중 전망대 관광에 나타나는 경관인식에 적용할 수 있는 점은 첫째, '관광객의 시선(tourist gaze)'이 이미 전문가들에 의해 조직되어 있다는 것이다(Urry, 1990). 여행 책자, 여행사, 호텔에 비치된 지도, 사진가, TV의 여행프로그램 등이 이에 해당한다. 관광객은 어디를 방문할지, 무엇을 먹을지, 심지어 어디서 사진을 찍어야 할지를 결정하기 위해 기존의 조직된 지리적 정보에 의존하게 된다. 둘째,

각각의 시선은 담론에 의해 정당화된다. 교육적 효과가 있는 관광, 쉼과 회복이 있는 관광 등의 슬로건은 특정 (경관)장소에서 보아야 할 것을 선별하는 역할을 한다. 즉, 관광객의 시선은 일상생활의 삶 속에서 여러 감각을 통해 이미 체득된 이전의 경험에 의해 영향을 받음과 동시에 전문가나 다양한 이해당사자들이 만들어놓은 기존의 정보와 담론체계의 영향 아래 놓이게 된다. 이러한 관광객의 시선이 극적으로 드러나는 것은 관광객들의 사진으로, 사진을 촬영하는 것 역시 무엇이 중요하며 무엇을 보아야 하는지에 대해 이미 여러 미디어(TV, SNS, 도서 등)를 통해 인식된 파편화된 관광지의 모습을 취사선택하는 수동적인 행동으로 이해된다(오정준, 2015).

　이러한 관광객의 시선에 관한 어리의 저작들에 대해 여러 비판적 연구들이 수행되어 왔다. 마오즈(D. Maoz)는 관광을 수행하는 관광객들은 시각뿐만 아니라 다른 여러 감각들을 사용하여 관광경험을 하게 되는데 어리는 그런 감각 중에 시각에만 천착하고 있다고 비판했다(Maoz, 2006). 또한 어리는 사회적으로 습득된 지식과 사고를 바탕으로 관광에 참여하는 관광객을 수동적인 대상으로 놓았는데, 퍼킨스(H. C. Perkins) 등은 그러한 관광객의 수동적인 측면뿐만 아니라 관광지라는 무대에서의 즉흥적인 연출과 대본이 없는 현장에서의 조우, 우연성, 행위주체성 등을 강조하면서 관광객을 능동적인 주체로 인식해야 함을 강조했다(Perkins et al., 2001). 어리와 라슨(J. Larsen)이 2011년에 출간한 "The Tourist Gaze 3.0"에서는 기존의 주장에 대한 학자들의 비판을 수용하고 있는데, 시각이 다른 감각들에 대해 독립적으로 존재하는 것이 아니라 이들과 영향을 주고받으며 형성된다고 보았다. 또한 수행적 전환(performance turn)을 강조하면서, 관광지와 관광지의 경관이 관광을 구성하는 여러 행위자들에 의해 계속해서 생성·변화하는 과정(process)임을 강조했다.

2) 경관 이해의 진화: 수행성과 실천

경관에 대한 이해가 시각을 중심으로 진행되었고 이 과정에서 '보는 방식'

으로서의 경관, '텍스트로 경관 읽어내기' 등을 포함하는 신문화지리적 경관 이론이 자리 잡았다. 즉, 경관을 이해하는 특정한 구도와 방식, 경관을 통해 재현되는 사회적·경제적 역학관계와 헤게모니 담론의 해체 등이 지리학의 경관연구를 풍성하게 했다. 이러한 소위 재현적 경관론은 경관에 대한 새로운 이해와 함께 경관연구, 나아가서는 지리학의 연구주제를 장소 및 경관의 상징성과 의미의 영역으로 확장시켰다. 그러나 물질적 공간과 주체의 의도와 의의의 상호관계로서의 경관은 그 실제 연구에서는 두 영역의 복잡한 변증법적 관계를 논의하는 데 한계를 보인다는 점이 지적되기도 했다(홍금수, 2009b). 즉, 경관의 존재와 인식을 선험적으로 구분하고, 추상적으로 범주화 혹은 개념화 하는 경향이 나타났다는 것이다(박규택 외, 2010). 이러한 비판의 연장선 상에서 최근 경관론의 주요 이론적 논쟁은 '재현적(representational)' 경관론에 대한 도전으로 요약된다(진종헌, 2013).[1]

전술한 바와 같이 최근의 경관론에 대한 논의는 신문화지리학의 시각 위주의 경관론, 경관을 이미 만들어진 객체로 가정하고 해석하고 재현할 때 발생하는 객체와 주체의 분리 문제에 초점을 맞추고 있다. 경관은 객체로서 읽혀지고 이해되기 위한 것이 아니라 인간들이 특정한 맥락 속에서 특정한 목적을 이루기 위해 주체적으로 생산하는 것이다(Mitchell, 2011). 신문화지리학의 접근방식에 대해 스리프트(N. Thrift)는 "문화지리학이 길을 잃었다"라고 신랄하게 비판하는데, 완고한 형이상학, 동일한 방법론의 적용이라는 문제점을 지적하며, 이로 인해 문화지리학이 급진성을 잃어버렸다고 주장했다(Thrift, 2004). 즉, 이미 만들어진 경관에 대한 반복된 해석 위주의 연구방법이 신문화지리학의 발전을 저해하고 있다고 지적한 것으로, 이러한 시각은 다양한 영역에서 분출되고 있다. 대표적으로는 페미니즘, 탈구조주의, 과학기술연구, 수행

---

1 신문화지리학의 경관 개념과 이에 대한 비재현지리학의 도전에 대해서는 진종헌(2013)을, 경관을 이해하기 위해 권력, 주체성, 수행성의 개념이 어떻게 적용되어야 하는가에 대한 상세한 논의는 박규택 외(2010)를 참고.

연구, 현상학 등의 시각에서 신문화지리학의 경관론은 실제 연구에서 경관을 일종의 결과물, 즉 해석의 대상으로 전락시키고 있음을 비판하고 있다(Nash, 2000; 진종헌, 2013). 신문화지리학의 경관론을 정태적인 것 혹은 문화주의라고 비판하는 시각에서 공통적으로 강조하는 것은 경관이 끊임없는 실천으로 구성되는 과정이라는 점이다. 특히 경관을 이루는 물질적 실체에 대한 재조명은 본질적으로 구체적인 장소, 장소의 기능과 연결, 장소를 구성하는 다양한 제도와 인간의 실천을 경관 구성의 주요한 측면으로 재설정하게 된다. 특히 스리프트(Thrift, 2008)는 '비재현(non-representational)지리학'이라는 개념을 통해 포스트모더니즘 지리학의 한계를 넘어, 구체적인 장소와 경관, 그리고 공간이 구성되는 미시적 과정에 대한 연구의 필요성을 강조했다.

이러한 비재현지리학에서는 과거 신문화지리학에서 시각이 차지했던 주요 위치를 실천(practice)과 수행(performance)이 함께 차지하게 된다. 실천과 수행은 경관의 의미를 찾아내는 작업을 넘어, 그것들을 통해 어떻게 경관이 느껴지고 이해되는지, 어떻게 지배적인 담론을 공고화하거나 반대로 지배담론에 저항하는지에 관심을 갖게 된다. 시각에서 수행으로의 이론적 전환은 이후 수행성 논의로 본격적으로 이어지게 된다. 수행성 논의를 선구적으로 이끌어낸 버틀러(J. Butler)의 경우 수행성을 본질주의적 정체성을 반박하는 사례로 제시하고 있다(Butler, 1993, 2002). 예를 들어, 성적 정체성은 온전히 남녀 간의 차이, 이성애와 동성애의 차이에서 비롯되는 것이 아니라 수행을 통해 "특정 정체성은 어떠해야 한다"라는 규범과 행동을 체화하고 이를 익숙한 것으로 받아들이는 과정에서 나타난다는 것이다. 즉, 남성과 여성, 동성애와 이성애는 반복적인 수행으로 만들어진다는 것이다.

이러한 수행성은 비단 성적 정체성에만 국한되는 것은 아니며, 인종, 민족성과 같은 집단적 정체성 역시 수행을 통해 확립되고 강화된다. 이는 정치적 경관을 이해하는 데 매우 중요한 시사점을 제시해 준다. 정치적으로 의도되고 조성된 특정 시설이나 장소에 방문하는 것은 수행이며, 이러한 수행을 통해 정체성이 만들어지기 때문이다. 예를 들어, 아산의 현충사 경관을 이해하기 위해 현충사의 조형적 배치와 건물 곳곳에 새겨진 '박정희 각하'의 흔적들을 시각적으로 인식·분석함으로써 경관 이면에 담긴 정치적 의도를 파악할 수 있다. 그러나 이러한 연구방식은 경관을 객체화한다는 비판에 노출된다(Nash, 2000; 진종헌, 2013). 수행의 시각에서 보자면 수학여행의 필수 여행지로 의도적으로 선택되어 온 현충사와 현충사에서 느끼고 재확인해야 하는 국가 수호의 의미, 자기희생, 군사적 대비의 중요성은 어떤 사람들이 어떤 과정으로 현충사를 방문하게 되었는지, 현충사 방문의 시대적 차이점은 무엇인지, 즉 수행에 대한 질문으로 자연스럽게 이어진다. 다시 말해 시각적 분석대상이었던 경관 개념은 주체의 수행과 실천을 통해 특정 이데올로기를 강화하기 위한 동적 개념으로 확장된다.

이러한 수행성에 대한 분석은 이론적 논의를 넘어 구체적인 연구로 이어져 왔다. 내쉬(C. Nash)는 초기 수행성 연구에서 비유로 이용되었던 춤, 안무 등이 민족정체성, 젠더관계, 계급, 제국주의 시대의 지배자와 피지배자의 관계가 반영된 수행을 구체적으로 반영하고 있는 다양한 연구들을 정리해 내고 있다(Nash, 2000). 구체적으로는 사비글리아노(M. E. Savigliano)는 부에노스아이레스에서 시작된 탱고가 파리, 런던, 뉴욕, 일본을 거쳐 확산되고 다시 아르헨티나에서 어떠한 형태로 수행되었는지 검토하고 있으며, 선정적인 움직임 속에 가려진 정치·경제적 권력관계를 파헤치고 있다(Savigliano, 1995). 탱고의 경우 부에노스아이레스에서는 식민지배자와 식민지 민중 사이의 갈등을 표현했고, 파리에서는 상업화된 댄스 교습소 환경에 맞게 변화했으며, 이후 아르헨티나에서는 파리, 런던, 뉴욕의 탱고를 거부하고 "원조" 탱고를 추는 것이 아르헨티나의 정체성을 드러내는 것으로 받아들여졌음을 보여주고 있다(Savigliano, 1995).

관광에서도 이러한 수행성은 관광장소와 관광객의 상호관계를 포괄적으로 이해하기 위한 개념으로 사용되고 있다. 이희상(2013)은 걷기라는 수행을 통해 대구의 골목길이 박물관화되고 있음을 보여주고 있다. 도시의 골목길을 코스화하고 각 코스와 지점에 대한 스토리텔링이 이루어지며, 관광객은 이

길을 걸음으로써 경관을 구성한 주체의 의도를 수행하고 경관을 완성하게 된다. 이는 도시공간에 대한 시사를 관광객들이 수행하는 것이며, '물질화된 담론'을 소비하는 과정이다. 즉, 담론을 걷기라는 수행으로 소비함으로써 관광객은 골목길이 박물관이 되는 과정의 일부가 된다. 스리프트(Thrift, 2004)가 지적했듯이, 이 과정에서 수행은 기존의 담론과 서사, 문화적 코드를 강화하는 방향으로 나아간다. 물론 수행은 기존의 문법을 거부하고 다른 수행이 이루어지는 경우 기존의 법칙을 전복하는 급진성을 보일 수도 있다. 일례로 오정준(2015)의 연구는 수행성이 기존의 문법을 따라하는 수동성과 수행을 통해 새로운 경관을 만들어내는 복합적인 과정을 보여주고 있다. 그의 연구에서 서울 석촌호수의 러버덕 프로젝트에 참가한 관광객들은 사진 찍기라는 수행을 통해 이벤트에 참여하는데, 그들의 사진 찍기는 비슷한 구도와 각도에 국한된다. 즉, 어떻게 사진을 촬영해야 하고 어떤 배경이 드러나야 하는지 기존의 행위를 복제하고 있다. 이는 행사참여 이전에 관광객의 시선이 이미 조직되어 있다고 보는 어리(Urry, 2002)의 주장을 구체적으로 보여준다. 그러나 러버덕 프로젝트에 참여하는 사람들이 모두 동일하게 '코드화된 수행(coded performance)'을 따라하는 것은 아니며, 이벤트의 지루함에 대응하는 새로운 사진의 구도와 같은 다양한 수행을 고안해 내기도 한다(Larsen & Urry, 2011). 또한 기존의 구도와 각도에 국한된 사진 찍기 역시 가족이 원하는 이미지를 얻어내기 위해 일종의 반복적인 연출과 기획이 시도된다. 경관은 무대가 되며, 관광객은 무대 위에서 일종의 배우가 된다. 즉, 관광지의 경관은 관광객들이 어떤 실천과 수행을 보여주는가에 의해 기존의 의미가 강화되거나 또 다른 의미를 만들며 새롭게 구성된다.

3) 안보관광지로서의 DMZ 냉전경관

최근 남북정상회담과 실무 회담, 그리고 이산가족상봉이 연이어 이루어지면서 북한과의 관계 개선 및 남북 간 긴장완화에 대한 기대가 증가하고 있다.

또한 DMZ 내부의 GP(경계초소) 폐쇄와 공동경비구역의 비무장화도 속도를 내고 있다. 이에 따라 북한 지역을 가까이서 볼 수 있는 DMZ를 방문하는 관광객들이 큰 폭으로 증가하고 있다. 학계에서도 대립과 갈등에서 평화로의 전환을 준비하는 DMZ 관련 연구들이 시도되고 있다. 이 중 관광분야에 초점을 맞추어 보면, 무엇보다 DMZ를 비롯한 냉전과 대립의 경관 및 이와 관련된 관광에 대한 다양한 정의가 혼재되어 있음을 발견할 수 있다. DMZ의 경관을 어떻게 바라볼 것인가에 대해 한반도의 특수한 상황을 감안한 용어 정의가 다양한 연구자들에 의해 시도되고 있다. 전원근(2014)은 백령도를 비롯한 서해5도의 안보상황으로 인해 발생하는 경관을 냉전경관으로 지칭했으며, 정근식(2016)은 DMZ를 육상 산악형 냉전경관이라고 세부적으로 구분지어 정의했다. 타이완의 최전방에 위치한 섬으로 냉전 시기 중국과의 군사적 충돌이 발생했던 진먼(金門)섬의 역사에 주목한 정근식·오준방(2016)은 이 섬의 냉전경관에 대해 분석하고 있다. 한편, 홍금수(2009b)의 연구에서는 양구군 해안면을 사례로 전쟁과 관련된 과거의 기억을 재현시키는 수단으로서 안보경관(전적비, 제4땅굴, 지뢰표지 등)을 설명하고 있지만, 논의의 목적이 경관의 정의를 논의하기 위한 것은 아니었다. 군사적 대치로 인해 형성된 DMZ의 경관을 지칭하는 특정한 학술적인 용어의 정립은 아직 이루어지지 않은 것으로 보인다. 그러나 DMZ 형성과 유지라는 긴 시간적 맥락을 고려하면, 기존 연구에서 등장한 용어 중 '냉전경관'이 DMZ 형성의 역사적·정치적 맥락을 보다 더 잘 반영하고 있는 것으로 보인다. 이는 DMZ의 경관이 한국전쟁과 이후의 남북한 적대관계로 인해 형성된 것이며, 남북한 긴장관계를 강조하기 위한 목적으로 관광지화되었다는 장소의 구성적 의미를 보다 잘 반영한 포괄적인 용어이기 때문이다.

냉전경관을 다루는 기존의 연구를 검토하는 작업은 냉전경관을 체험하는 DMZ 관광을 어떠한 관광의 유형에 포함시킬 것인가의 문제와도 관련되어 있다. DMZ 관광은 일반적으로 연구자들에 의해 크게 '안보관광'과 '다크투어리즘'의 범주에서 논의가 되고 있다. 먼저, 정부의 관광과 관련된 공식 통계에서 자주 등장하는 용어는 '안보관광'이다.[2] 문화체육관광부에서 매년 발간하는 관광동향에 관한 연차보고서에는 안보관광지 개발의 중요성을 강조하고 있다(문화체육관광부, 2016). 또한 접경지역에 위치한 지자체들(파주시, 화천군, 양구군)은 '안보관광'의 명칭을 언급한 조례를 제정하기도 했다(전효재, 2016). 개인 연구자들에 의해서는 안보관광지를 방문하는 방문객들에 대한 분석(심성우 외, 2009; 신진욱 외, 2014; 박병직 외, 2015), 안보관광자원의 가치(이충기, 2005), 안보관광을 통한 지역활성화(박숙진·김태헌, 2014) 등의 연구들이 진행되었다.

안보관광이라는 용어가 기존의 관광관리를 위한 기술적인 분류에 기반하고 있다면, DMZ의 냉전경관을 접근하는 또 다른 이론적 틀은 다크투어리즘(Dark Tourism)이다. 다크투어리즘은 과거의 부정적인 사건, 사고가 발생한 장소의 경관을 기억하고 추모하는 목적을 지닌다. 안보관광이 정부기관에 의해 비교적 많이 사용되는 데 비해, 다크투어리즘은 학계, 언론 등에서 주로 선호되고 있다. 다크투어리즘은 '안보'를 포함하는 포괄적 범주로 구성되며, 구체적인 사례를 바탕으로 한 세부적 분류[3]가 계속해서 시도되어 왔다(Seaton, 1996; Lennon & Foley, 2000; Ryan & Kohli, 2006). 이와 관련된 국내의 연구는 다크투어리즘의 개념화, 유형화를 시도하거나(류주현, 2008; 최영환·이혁진, 2010), 연구자가 선정한 사례지역의 역사적·장소적 맥락을 고려하여 다크투어리즘의 적용가능성을 검토하는 연구들(조아라, 2013; 이정훈, 2016; 정은혜, 2016; 오일

---

2 정부기관에서 발간하는 정책보고서, 추진계획서 등에 '안보관광'의 정의를 규정하고 있다. 1990년 교통부에서 발간한 안보관광개발기본계획에 따르면 "안보 영역 내의 관광을 통하여 불가피한 안보 상황에 대한 이해 및 정신 결속의 기회를 가짐과 동시에 통제된 상황하의 특수자원에 대한 탐방을 통하여 관광의 즐거움을 충족시키고자 하는 일련의 과정 및 결과"로 안보관광을 정의하고 있다(교통부, 1990; 이봉희, 2006에서 재인용).

3 예를 들어, Lennon & Foley(2000)는 다크투어리즘을 세부적으로 Battlefield Tourism, Cemetery Tourism, Colonization of History, Holocaust Tourism, Disaster Tourism, Ghost Tourism, Parison Tourism과 같이 분류하고 있다.

환 외, 2017)이 많다. 이러한 연구들은 지역의 특수한 시대적·장소적 맥락하에
서의 다크투어리즘을 강조하며, 해당 지역과 상소의 경관틀에 이네올로기적
측면들(권력, 냉전, 전쟁 등)이 내포되어 있음에 주목했다. 의미의 교집합을 갖
는 안보관광과 다크투어리즘이라는 두 가지 용어들이 특별한 기준 없이 작성
자에 의해 선택적으로 사용되고 있는 상황은 경관에 대한 접근방식의 차이가
용어사용의 차이로 이어지고 있음을 보여준다(심성우 외, 2009; 전효재, 2016).
이 장에서 주목한 DMZ 냉전경관은 분단으로 인해 발생할 수 있는 북한의 안
보적 위협을 강조하고 있다는 점, 군부대로 대표되는 국가기관이 주도한다는
의미에서 안보관광으로 이해할 수 있고, 한편으로는 과거 한국전쟁으로 인해
많은 이들이 목숨을 잃은 사건들을 추모한다는 점에서 다크투어리즘적 맥락
도 함께 지니고 있다고 할 수 있다.

3. DMZ와 전망대

이 장의 기술 대상은 9개의 전망대에 국한된다.[4] 각 전망대를 서쪽에서 동
쪽 방향으로 번호순으로 나열하면 **그림 3-1**과 같다. 전망대와 전망대의 경관
을 조사하기 위해 문헌 조사와 함께 답사를 병행했다. 오두산 통일전망대와
도라전망대는 2016년 10월에, 고성 통일전망대, 양구 을지전망대는 2017년
10월에, 화천 칠성전망대와 철원 승리전망대는 2018년 6월에 방문했다. 철원
평화전망대, 연천 태풍 및 열쇠전망대는 2016년 이전에 답사했기 때문에 군

---

4 이 글에서는 DMZ를 조망하는 전망대(경관)를 연구대상으로 설정했으며, 따라서 정전협정 시 DMZ
가 설치된 육지부(강원도 고성~경기도 파주), 즉 한강 하구의 동쪽에 위치한 9곳의 전망대로 한정한
다. 이 중 오두산 통일전망대만 민통선 외측에 위치하고 있으며, 나머지 8개소는 모두 민통선 내측
에 위치하여 군부대의 출입 통제를 받아야 한다. 제외된 전망대들은 백령국토끝섬전망대(2003년 개
관), 강화 평화전망대(2008년 개관), 애기봉전망대(1979년 개관) 등이 있다.

그림 3-1 DMZ 전망대의 지리적 위치

청 연락과 관련 신문기사를 통해 최근 정보를 보완했다. 답사에서는 관광지로서 전망대의 구성과 운영(통제)방식, 관광객들에게 포착되는 시야, 경관을 설명하는 방식, 방문자의 동선 및 이동 방법 등을 중심으로 살펴보았으며, 개인 블로그 등에 나타난 관광객의 체험후기를 보완적으로 검토했다.

이 연구의 대상이 되는 9개의 전망대 중 오두산 통일전망대를 제외한 전망대들은 모두 DMZ 남방한계선에 접하여 위치하고 있다. 정전협정으로 설치된 DMZ는 군사분계선을 기준으로 남북 2km로 규정되어 있지만 실제로는 방어를 위해 시계(視界)가 확보되는 지형(고지, 능선)을 선점하거나, 북측이 북방한계선을 남하시키면 그에 대한 조치로서 남방한계선을 북상시켰기 때문에 2km가 유지되지 않는 지역이 많다. DMZ 남방한계선 주위에는 일반전초(General Outpost, GOP)가 위치하며, DMZ 내부에도 경계초소(Guard Post, GP)가 설치되어 있다. 또한 남방한계선 남측에 민간인 통제선(민통선)이 설치되어 민간인의 출입은 제한되어 있다. 민통선은 일반적으로 강원도 지역에서는 넓고 경기도 지역에서는 좁은데, 강원도 지역의 경우 철원을 제외하고는 민통선 안쪽에 산지지형이 우세하고 농경지가 드물게 나타나기 때문이다. 반면, 경기도 지역에서는 민통선 내부에 평야가 발달해 있어 농업을 위해서 주민들이 민통선 내부로 출입하는 경우가 많다는 것이 구별되는 특징이다.

군사 작전지역에 위치한 대부분의 전망대들의 특성상 일반적으로 군부대

표 3-1 DMZ 전망대의 일반 현황

구분	개관연도	운영주체(변화)	소유	출입관리	입장료
오두산 통일전망대	1992년	위탁운영: ㈜동화진흥 → ㈜BTM써비스	통일부	없음	○
도라전망대	1986년	파주시청 + 제1사단	국방부	제1사단	○
연천 태풍전망대	1991년	연천군청 + 제28사단	국방부	제28사단	×
연천 열쇠전망대	1998년	연천군청 + 제5사단	국방부	제5사단	×
철원 평화전망대	2007년	철원군청 + 제6사단	철원군	제6사단	○
철원 승리전망대	2002년	철원군청 + 제15사단	철원군	제15사단	○
화천 칠성전망대	1991년	화천군청 + 제7사단	국방부	제7사단	×
양구 을지전망대	1988년	양구군청 + 제21사단	국방부	제21사단	○
고성 통일전망대	1984년	위탁운영: ㈜통일전망대 + 제22사단	국방부	제22사단	○

에서 모든 권한을 가지고 운영, 관리 전반을 담당하는 것으로 알려져 있지만, 지방자치단체와의 협력은 중요한 요소가 된다. 보통 군부대와 지방자치단체에서 함께 운영을 담당하는데 전망대별로 이를 관할하고 있는 사단이 다르고 이에 따라 전망대별로 조금씩 다른 양상을 보인다. 표 3-1에는 각 전망대의 운영과 출입관리의 주체를 정리해 놓았는데, 민통선 이남에 위치한 오두산 통일전망대를 제외한 나머지 전망대들은 모두 그 지역을 관할하는 사단 부대가 운영과 출입에 관여하고 있다. 전망대 출입을 위해 먼저 민통선 남측에 위치한 매표소에서 입장권을 구입하게 되는데, 이 매표소들은 해당 지역 지자체들이 운영하거나 지자체가 대행업체에 위탁한다. 그러나 기상상황이 악화되거나 남북관계의 경색, 국지적 무력충돌과 같은 급박한 상황이 발생하게 되면, 해당 부대의 판단하에 사전 예고 없이 전망대 관람이 중단될 수 있다.

그림 3-2의 전망대의 연간 방문객 통계를 비교했을 때 수도권에 인접한 오두산 통일전망대, 도라전망대 그리고 역사가 가장 오래된 고성 통일전망대의 입장객 수가 상위권을 차지하고 있다. 또한 사단 명칭을 그대로 사용하는 태풍, 열쇠, 승리, 칠성, 을지 전망대 등은 관광객 수가 적은 양상을 보인다. 전망대의 접근성에 따라 전망대의 성격이 달라지며 이는 명명법에 반영되는데

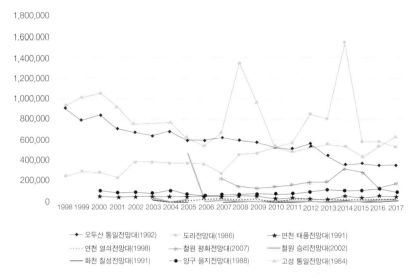

1,800,000
1,600,000
1,400,000
1,200,000
1,000,000
800,000
600,000
400,000
200,000
0

1998 1999 2000 2001 2002 2003 2004 2005 2006 2007 2008 2009 2010 2011 2012 2013 2014 2015 2016 2017

◆ 오두산 통일전망대(1992)　　■ 도라전망대(1986)　　★ 연천 태풍전망대(1991)
⋯⋯ 연천 열쇠전망대(1998)　　✳ 철원 평화전망대(2007)　　― 철원 승리전망대(2002)
― 화천 칠성전망대(1991)　　● 양구 을지전망대(1988)　　△ 고성 통일전망대(1984)

그림 3-2 DMZ 전망대별 연간 방문객 수

주: 범례의 괄호 안 수치는 전망대의 개관연도를 의미함.

자료: 문화체육관광부(관광개발지원시스템), 문화체육관광부 관광동향에 관한 연차보고서(2015, 2016, 2017), 문화관광연구원(관광지식정보시스템 Tourgo 주요관광지입장통계), 국방부/통일부 정보 공개청구 답변자료 등의 내용을 재정리함.[5]

접근성이 좋지 않고 관광객 수가 적은 전망대는 대체적으로 사단 명칭을 그 대로 사용하고 있다. 한편, '안보관광'이 주된 테마인 접경지역에서 전망대 운 영은 지역의 관광 포트폴리오를 구성하는 중요한 요소라고 할 수 있으며 지 방자치단체는 적극적으로 DMZ 전망대 운영에 뛰어들고 있다. 연천군(태풍,

---

5 운영을 담당하고 있는 지자체에 따라 아래와 같이 전망대 단독이 아닌 다른 관광지들을 포함한 통 합입장을 시행하고 있는 경우가 있다. 다음 전망대들은 괄호 안의 시기에 통합입장권 계수를 통해 연간 방문객 수가 산정되었으며, 이는 **그림 3-2**의 방문객 수 통계에 반영되었다.

　- 도라전망대: 전망대+제3땅굴(2003년~2005년), 전망대+제3땅굴+허준 묘역+해마루촌(2008년~ 2017년)

　- 철원 평화전망대: 전망대+제2땅굴(2007년~2015년), 전망대+제2땅굴+철원근대문화유적센터+ 철원DMZ평화문화광장(2016년~2017년)

　- 양구 을지전망대: 전망대+제4땅굴(2005년~2017년)

표 3-2 각 지자체별 안보관광(전망대 포함) 패키지 상품 현황

구분	파주시 (오두산)	파주시 (도라)	연천군 (태풍)	연천군 (열쇠)	철원군 (평화)	철원군 (승리)	화천군 (칠성)	양구군 (을지)	고성군 (통일)
개수	0	4	2	3	3	1	1	2	1

자료: 지자체, 디엠지기(DMZIGI), DMZ관광주식회사의 홈페이지 내용을 정리.

열쇠전망대)과 화천군(칠성전망대)을 제외한 나머지 지자체(파주시, 철원군, 양구군)에서는 모두 전망대 입장료를 받고 있다(표 3-1 참고). 이 지자체들에서는 담당 부서를 조직하여 전망대 시설 관리, 수입금 징수, 관할 군부대와의 협력과 같은 사업들을 담당하고 있다.[6] 또한 표 3-2와 같이 전망대를 포함하는 패키지 관광 코스를 개발하여 지자체 단독 또는 민간사업자와 함께 운영 중이다. 연천군과 화천군[7]의 경우는 전망대 입장료를 받고 있지 않지만, 출입경 관리를 위한 직원을 파견하여 군부대와 협조하고 있다.

전망대의 운영은 지방자치단체, 군부대, 민간기업이 관련되며, 이 과정에서 문서화되지 않은 매우 미묘한 역할분담이 "협조"라는 형태로 이루어지고 있다. 지방자치단체로서는 관광 활성화를 위한 목적이 있으며, 군부대의 경우 대민접촉이 이루어지는 장소인 동시에 정치인 등이 방문하는 장소로 민원이 발생하거나 정치권의 비판이 발생하지 않도록 신경을 써야 하는 장소가된다. 한편, 민간 사업자에게 위탁운영되거나 민간 사업자와 지방자치단체가함께 운영하는 경우, 재향군인회, 이북도민회 등 안보 관련 단체들이 개입되는 경우가 많고, 때로는 이러한 사업과 관련한 잡음이 발생하기도 한다.[8] 또

---

6 파주시: 관광진흥센터 DMZ관광팀(DMZ 관광지 시설 관리 및 운영)
  철원군: 시설물관리사업소(안보관광시설 관리), 철원군: 관광과(DMZ 관광지 시설 관리 및 운영)
  양구군: 경제관광과(펀치볼안보관광지 시설 관리 및 운영)

7 다만 화천군은 운영 중인 칠성전망대와는 별도로 인접한 백암산에 케이블카와 전망대를 조성하는 '백암산 평화생태특구' 사업을 진행하고 있다(2018년 완공 예정, ≪강원도민일보≫, 2018. 7. 3).

8 오두산 통일전망대와 고성군에 있는 통일전망대의 운영주체의 변화를 눈여겨보아야 할 필요가 있다. 과거(1992년~2014년) 오두산 통일전망대를 위탁운영했던 '㈜동화진흥'은 이산가족 1, 2세대를

표 3-3 전망대별로 강조되는 지리적 특징

전망대	지리적 강조점
오두산	남북 간 거리가 가장 짧은 곳(460m)
도라	서부전선 군사분계선의 최북단
연천 태풍	북한과 가장 가까운 전망대
연천 열쇠	남방한계선 바로 앞
철원 평화	중부전선 최북단
철원 승리	휴전선 155마일 중 정중앙에 위치
화천 칠성	남북 간 거리가 3번째로 가까운 곳
양구 을지	해발 1049m의 최전방 안보관광지
고성 통일	우리나라 가장 북쪽에 위치

자료: 디엠지기(DMZIGI), 대한민국 구석구석, ㈜통일전망대, 각 지자체 홈페이지의 내용을 정리.

한 DMZ 전망대들은 **표 3-3**과 같이 다른 전망대와 차별되는 장소적 특수성, 입지적 이점을 홍보하며 지역의 관광 활성화를 위한 중요한 수단으로 활용되고 있다. 이러한 장소적 특수성은 각 전망대의 브리핑에서 드러나며, 북한이 얼마나 가까운가를 강조하고 있다. DMZ 지역의 특성상 방문객들의 실질적인 입출입 관리와 현장운영은 군부대에서 담당하며 전망대의 유지보수와 입장료 징수 등은 관할 지자체에서 맡고 있다(고성 통일전망대, 오두산 통일전망대는 제외). 그러나 이 부분 또한 개별 전망대의 지리적 위치(산악/평야지대 여부, 군사분계선까지의 거리)에 따라 구체적인 통제방식의 절차에서 차이를 보이고 있으며, 이 또한 현지상황에 따라 유동적으로 조정되고 있다.

마지막으로 살펴볼 부분은 전망대 관람의 전체적인 절차―공간의 통제와 이

중심으로 구성된 이북도민회와 일천만이산가족위원회가 공동으로 출자한 회사이다. 2013년 통일부가 위탁운영 경쟁입찰을 도입하려 하자 ㈜동화진흥을 소유한 이북도민회는 통일부의 정책을 공개적으로 비판하는 성명서를 발표하는 등 거센 비판으로 대응했다(≪경향신문≫, 2013. 11. 30). 입찰 결과 전망대는 현재 다른 업체에서 위탁운영 중이다. 고성 통일전망대는 재향군인회 산하 ㈜통일전망대가 운영하고 있으며, 타 전망대들에 비해 많은 방문객들이 찾고 있어 이로 인한 상당한 수입을 올리고 있을 것으로 판단된다(**그림 3-2** 참고).

를 통한 관광객들의 신체적 실천—에 관한 사항이다. DMZ 전망대 관람 절차는 일반적으로 "매표(신분 확인, 임시출입증 교부) → 검문소 통과(출입증 제시) → 전망대 관람 → 검문소 통과(출입증 제시) → 종료"로 마무리된다. 차량으로 이동하는 것만이 허용되며, 전망대에 도착해서는 먼저 전면 유리창이 설치되어 있는 브리핑 룸으로 이동하여 문화관광해설사나 군부대 장병으로부터 전망대의 경관에 대한 설명을 듣는다. 경관해설이 종료되면 내부에 설치된 망원경이나 육안을 통해 경관을 관람하게 되며, 해설에서 설명한 특정 지형지물들을 직접 확인하게 된다. 남은 시간 동안 전망대 내부에 전시된 해당 군부대에 대한 설명, 한국전쟁과 관련된 전시품, 그리고 지정된 포토존에서 사진 촬영을 하는 것으로 전체적인 전망대 관람은 마무리된다.

4. DMZ 전망대의 경관 진열과 쇼핑

1) 냉전을 진열하고 쇼핑하기: 물질화된 담론으로서의 경관

모든 전망대는 공통적으로 거대한 유리창을 통해 DMZ와 북한을 조망하도록 설계되어 있으며, 관람용 망원경이 설치되어 있다. 그러나 **그림 3-3, 그림 3-4**와 같이 전방에 펼쳐진 넓은 지역의 구체적인 지형지물을 이해하고 그 의미를 알기란 거의 불가능하다. 남쪽에 비해 북측 지역에 나무가 별로 없다는 점 정도와 멀리 보이는 도로와 일부 초소들만 식별이 가능할 뿐이다. 이 때문에 전망대를 관람할 때 경관을 브리핑하는 사람의 역할은 매우 중요하다. 다시 말해보는 방식(way of seeing)은 청각의 도움, 즉 해당 경관에 대한 구체적이고 조직된 지식전달 없이는 큰 역할을 발휘하지 못한다. 이 지점에서 방문자는 경관의 이해를 상당 부분 브리핑하는 해설자에게 의지하게 되는 수동적인 존재가 된다.

전망대에서 경관의 브리핑은 시·군청 소속 문화관광해설사나 현역 군부대

그림 3-3 철원 승리전망대에서 본 북쪽 경관(촬영일자: 2018. 6. 2)

그림 3-4 고성 통일전망대에서 본 북쪽 경관(촬영일자: 2017. 10. 19)

장병이 담당한다. 이들은 관광객의 조망과 앞에 설치된 모형도를 비교하며 설명한다(**그림 3-5, 그림 3-6** 참고). GOP와 GP, 멀리 보이는 봉우리와 능선과 같은 자연지형의 명칭과 역사적 의미, 한국전쟁 전투기록, 과거에는 이용되었지만 현재는 흔적만 남은 교량이나 철로 혹은 문화재, 북한의 건물과 사람

그림 3-5 고성 통일전망대 내부 경관(촬영일자: 2018. 8. 29)

그림 3-6 오두산 통일전망대 내부의 지형모형도(촬영일자: 2016. 10. 28)

들의 생활양식에 대한 설명이 이루어진다. 특히 자욱한 안개와 같은 기상변화로 인해 경관을 관찰할 수 없는 경우 더욱더 해설자의 설명을 신뢰할 수밖에 없으며, 전망대 내부에 있는 경관의 전경사진을 통해서 북한의 경관을 이해할 수밖에 없다.

DMZ와 북쪽 경관에 대한 해설에서 나타나는 공통점은 '이곳에서 북한까지의 거리가 얼마나 *가까운지*', '북한이 어떻게 정전협정을 위반했는지', 그리고 '참혹한 전투가 벌어진 현장'과 '북한의 곤궁함'을 드러낸다는 점이다. 구체적으로 눈앞의 DMZ 모습이 어떻게 만들어져 왔는지, 즉 북한이 어떻게 '먼저 비합법적인 방식으로' 북방한계선을 '밀고 내려왔는지' 그리고 우리는 어떻게 대응했는지, 또는 국지적 총격전이나 일반인들은 믿기 어려운 일화들[9]에 대해 설명한다. 이러한 설명을 통하여 한반도의 군사적 위협과 긴장은 계속해서 이어지고 있으며, 북한의 군사적 위협과 도발이 언제든 일어날 수 있다는 '안보의 위중함'을 담론화하여 방문객들에게 전달하고 있는 것이다. 해설의 내용들은 앞서 이야기한 것처럼 일정한 틀에 맞춘 몇 가지 전달 포인트들로 구성되므로, DMZ 전망대의 경관은 안보의 중요성이라는 국가적 이데올로기를 자연스럽게 방문객들에게 주입하고 있으며, 이는 관광객 스스로는 볼 수 없지만 해설사의 도움을 통해 시각적으로 확인되는 경관, 즉 물질화된 담론을 통해 전달된다. 해설사의 설명과 경관의 선택은 담론이 시각화되는 과정이다. 즉, 전망대 경관 해설은 우리가 '보고 싶은 것'이 아닌 우리가 '보아야 할 것'을 보이게 해주며, 이것은 '들어야 할 것'을 전달해 주는 해설자에 의해 많은 부분 이루어진다고 할 수 있다. 이런 측면에서 볼 때 방문객들은 경관의 의미를 스스로 체득할 수 있는 권한을 일정 부분 박탈당하게 되며, 정해진 방식에 따라 진열된 경관을 수동적으로 소비하는 역할에 머무르게 되는 것이다.

이렇게 물질화된 담론은 해설자의 브리핑에서뿐만 아니라 전망대 내부의 경관, 차량을 타고 전망대로 이동 중에 경험하게 되는 경관을 통해서도 습득하게 된다. 관광경험은 단순히 관광목적지에서의 경험만을 의미하는 것이 아

---

9 예를 들어, 북한은 양구 을지전망대 전면에 보이는 선녀폭포에서 여군을 목욕하게 했으며 이에 대한 대응으로 남한은 1992년 미스코리아 수영복 심사를 을지전망대 인근 야외수영장에서 진행했다는 이야기가 있다.

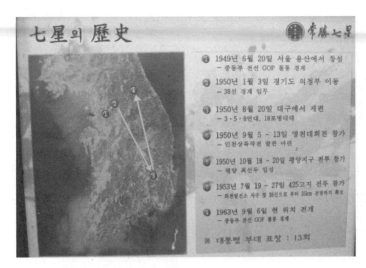

七星의 歷史　　　必勝七星

❶ 1949년 6월 20일 서울 용산에서 창설
　－ 중동부 전선 GOP 철통 경계

❷ 1950년 1월 3일 경기도 의정부 이동
　－ 38선 경계 임무

❸ 1950년 8월 20일 대구에서 재편
　－ 3·5·8연대, 18포병대대

❹ 1950년 9월 5 ~ 13일 영천대회전 참가
　－ 인천상륙작전 발판 마련

❺ 1950년 10월 18 ~ 20일 평양지구 전투 참가
　－ 평양 최선두 입성

❻ 1953년 7월 19 ~ 27일 425고지 전투 참가
　－ 화천발전소 사수 및 38선으로 부터 35km 전방까지 확보

❼ 1963년 9월 6일 현 위치 전개
　－ 중동부 전선 GOP 철통 경계

※ 대통령 부대 표창 : 13회

그림 3-7 화천 칠성전망대 전시물(촬영일자: 2018. 6. 2)

니라, 그 해당 목적지에 가기 전에 거치는 여러 준비 과정들과, 이동하게 되는 시공간적인 맥락이 모두 고려되어야 한다(Williams & Lew, 2014). 따라서 전망대의 경관은 단순히 전망대의 유리창을 통해 바깥을 내려다보는 것에 그치는 것이 아니라 전망대의 관람을 위하여 매표소에서 허가를 받는 것부터 전망대를 관람하고 다시 민통선 밖으로 복귀할 때까지 마주하게 되는 경관을 포함한다. 방문객들은 해설자의 브리핑에서뿐만 아니라 전망대 내부에 설치된 전시물 위주의 경관과 전망대 관람 전후 차량을 타고 이동하는 과정 속에서 경험하게 되는 경관을 통해 물질화된 담론을 습득한다.

　전망대의 전시물은 주로 노획하거나 수집한 북한의 무기나 장구류가 많은데, 이를 통해서 북한과 남한을 비교하지 않기란 어렵다. 또한 각 전망대는 공통적으로 한국전쟁에서 부대의 전적(戰績), 부대 약사(略史)를 설명하고 무기를 전시하는 공간을 마련해 두고 있다(그림 3-7 참고). 이러한 전망대 내부의 경관 역시 안보 담론의 형성에 기여하고 있으며 때로는 노골적이기도 하다. 예를 들어, 칠성전망대는 사단장이었던 '박정희 장군'의 업적을 비중 있게 소개하고 있다.

그림 3-8 철원 승리전망대 주변의 지뢰지대 표시(촬영일자: 2018. 6. 2)

전망대 관람 전후의 경관 역시 물질화된 담론을 방문객들에게 전달하는 데 기여한다. 어리(Urry, 2001)는 자동차 이동성(mobility)의 발달로 인해 인간은 자신 앞에 펼쳐진 경관에 대해 세밀히 관찰하기보다 흘끔 바라보며(glance) 지나가는 경험을 하게 된다고 주장했다. 그러나 자동차를 통해서만 이동이 가능한 전망대의 특수한 상황을 고려할 때 이동수단으로서 자동차가 관광객들의 시선에 미치는 영향이 미미하지만은 않다고 볼 수 있다. 차량에 탑승한 방문객들은 매표와 신원확인 절차에서 나타나는 긴장감, 군인이나 지자체 직원이 동승하는 선탑행위, 차량 블랙박스를 가리거나 전원을 차단하는 행위, 폭발물 탐지기로 차량을 검사하는 행위 등을 통해 분단의 현실을 직접 체험하게 된다. 또한 이동 중에 군인들이 상주하는 검문소를 통과하거나 지뢰지대임을 알리는 표시와 철조망들을 조우하면서 방문객들에게 분단의 상황은 과거가 아닌 현실로 다가오게 된다(**그림 3-8** 참고). 다시 말해, 이동과정 중 접하는 주변의 낯설고 긴장되는 상황들[10] 역시 냉전경관의 일부를 구성하며, 이러한 경관은 해설자의 도움 없이 그 의미를 찾을 수 있다.

앞서 살펴본 전망대의 경관, 그리고 전망대로의 이동 과정 중에 마주하게

표 3-4 DMZ 전망대의 공간통제방식

구분	오두산	도라	태풍	열쇠	평화	승리	칠성	을지	통일
출입신고서 작성(신분증 제시)	×	○	○	○	○	○	○	○	○
임시출입증 교부	×	○	○	○	○	○	○	○	○
안보교육	×	×	×	×	×	×	×	×	△
검문소 통과(출입증 제시)	×	○	○	○	○	○	○	○	○
사진촬영	○	△	△	△	△	△	△	△	△
직원 차량 동승	×	×	×	×	×	○	○	×	×
블랙박스 차단	×	○	○	○	○	○	○	○	○

○: 시행, △: 부분적 시행, ×: 시행하지 않음
자료: 현지답사 및 방문객 블로그 체험후기를 바탕으로 재정리.

되는 이질적인 공간들에는 특별한 공간통제방식이 작용하고 있는데 이 통제
방식은 전망대 방문객들의 담론화된 경관을 받아들이는 데 중요한 역할을 하
고 있다. 각 전망대별 출입통제방식은 **표 3-4, 표 3-5**에 제시되어 있다. 요약
하면, 전망대들은 여러 단계의 출입절차를 거치며, 하루 입장할 수 있는 시간
과 횟수가 정해져 있다. 또한 도보로는 이동할 수 없으며 반드시 차량을 이용
해야 한다. 그러나 앞서 언급한 바와 같이 해당 전망대를 관할하는 사단(부대)
의 운영방침, 남북 간 정치적·군사적 정세의 변화, 군부대와 지자체의 관계
등의 변수 등이 서로 다르기 때문에 전망대별로 구별되는 점들이 드러난다.
눈에 띄는 특성들을 몇 가지 살펴보면 다음과 같다. 철원 승리전망대·화천
칠성전망대에서는 맨 앞 방문객 차량에 직원이 동승하며 전 차량들이 동시출
발을 해야 한다. 이러한 이유는 이동 중에 발생할 수 있는 개별차량의 무단정
차나 경로이탈을 사전에 쉽게 통제하기 위함이다.[11] 또한 이곳에서는 입장할

---

10 예를 들어, 전망대 출입 전에 직원으로부터 듣게 되는 차량이동 간 지켜야 할 수칙(무단정차, 차로
   이탈금지), 차량 내부 검문, 바리케이드, 지뢰 출입금지 표지, 주변에 보이는 군부대 막사, 철책선,
   경계근무를 서기 위해 도보로 이동하는 군인들, 초소에서 경계근무 중인 군인들, 각종 경고문들을
   들 수 있다.

표 3-5 DMZ 전망대의 입출입 통제방식

구분	출입관리	1일 출입제한 횟수 / 시간	이동수단
오두산	통일부	수시 / 09:00~(16:30~18:00)	개별차량/단체버스
도라	제1사단	9회(평일), 15회(주말) / 09:00~15:00	단체버스
연천 태풍	제28사단	수시 / 09:00~16:00	개별차량/단체버스
연천 열쇠	제5사단	수시 / 09:00~16:00	개별차량/단체버스
철원 평화	제6사단	2~4회 / 일	개별차량(주중)/단체버스(주말)
철원 승리	제5사단	6~7회 / 일	개별차량/단체버스
화천 칠성	제7사단	4회 / 일	개별차량/단체버스
양구 을지	제21사단	수시 / 09:00~(17~18):00	개별차량/단체버스
고성 통일	제22사단	수시 / 09:00~(16~18):00	개별차량/단체버스

자료: 전효재(2016), 디엠지기(DMZIGI), 지자체 관광 홈페이지의 내용을 정리.

수 있는 시간이 하루 몇 회로 제한되어 있다. 고성 통일전망대에서는 출입신고소에서 안보교육을 이수해야만 전망대 이동이 가능한데, 이는 여름철 성수기에만 의무적으로 시행되고 있다. 파주 도라전망대처럼 관광객이 많은 경우 개별차량으로의 입장이 전혀 허용되지 않는 전망대도 있으며, 도라전망대는 임진각에서 외주업체가 운영하는 관광버스에 승차해야만 방문이 가능하다. 이러한 공간통제방식은 전망대의 위치, 관광객의 수, 관리 통제 외주화의 여부와 관련되어 있다.

2) 냉전을 쇼핑하기: 제한된 형태의 능동성

일반적으로 전망대 방문객들은 국가가 전달하고자 하는 정치적 메시지에 노출되며, 낯선 공간통제방식에 순응하게 된다. 또한 DMZ 경관에 대한 충분

---

11 그러나 승리전망대의 경우 전망대 관광을 마치고 돌아오는 길은 동승자 없이 자유로이 이동할 수 있다. 즉, 샛길로 들어서도 한동안은 파악이 불가능하다.

한 지식을 갖추지 못한 방문객들은 진열된 경관을 해설자에 의존하며 이해하는 수동적인 모습을 보여준다. 적이 공격을 감행할지도 모르는 긴박한 분단의 현장을 방문한 관광객들이 느끼는 긴장감은 전망대의 경관 그리고 그곳이 추구하는 담론의 기존 문법을 완성해 주는 것으로 평가할 수 있다. 그러나 관광객들이 단순히 냉전경관을 피동적으로 이해하고 경관을 통해 전달되는 담론을 수용하는 데 머무르지는 않는다. 또한 전망대의 경관은 그것을 소비하는 관광객뿐만 아니라 그곳에 관여하는 여러 행위자들의 수행과 실천에 의해 새롭게 재구성되고 계속해서 변화하게 된다. 즉, 필요에 따라 능동적으로 경관을 쇼핑하는 적극적인 주체들도 등장한다는 점에 주목할 필요가 있다.

전망대의 경관을 구성하는 행위주체들은 고정되어 있지 않고 수시로 변화한다(홍금수, 2009a; 성춘자, 2013). 전망대 경관에 대한 행위자들의 수행과 실천은 적극적인 경관구성이라는 범주로 일반화할 수 없는데, 제한된 형태의 능동성을 보이는 것으로 이해할 수 있다. 행위자들의 행위는 주로 공간통제방식을 수용하는 소극적인 방식과 반론, 저항, 비아냥, 해체와 같은 적극적인 방식으로 구분되며, 이는 전망대의 경관을 구성하는 다른 주체들(방문객, 군부대, 지자체, 해설자 등)의 자발적 혹은 비자발적 변화를 이끌어낸다. 다시 말해 수행과 실천은 전망대가 지닌 물질성에 대한 기존의 문법을 변화시키며, 이를 통해 (변화된) 물질성은 수행성에 영향을 미쳐, 궁극적으로는 방문객들을 포함한 행위주체들의 경관 수행에 변화를 가져오는 피드백의 과정을 거치게 된다.

전술한 바와 같이 방문객들은 냉전경관에 담긴 이데올로기적 담론을 수용하고 그곳의 공간통제방식에 따르는 소극적인 수행의 모습을 보여주기도 한다. 이것은 경관에 대한 지식이 부족하고 경관에 대한 (시각적) 권력이 방문객보다는 그것을 운영 관리하고 있는 다른 행위주체들(군부대, 지자체, 해설자)에게 집중되어 있기 때문이다. 또한 비무장지대와 인접한 전망대라는 장소성은 방문객의 자율성을 제한한다. 그러나 이러한 상황에서도 방문객들의 다양한 특성들은 전망대의 경관에 영향을 미치고 있다. 예를 들어, 전망대가 위치한 사단 부대에서 복무했던 방문객, 혹은 GOP나 GP 근무 경험이 있는 방문객은 다른 방문객들에 비해 경관과 관련된 더 많은 지식을 숙지하고 있다. 이들은 전망대의 북쪽이 아닌 남쪽의 경관에 집중하는 모습을 보인다. 또한 군복무 경험이 있는 방문객들의 시선은 근무하는 병사들에게 향하는 경우가 많다. 이러한 이들의 반응은 과거의 경험(전방부대 복무)을 이야기하거나, 해설자의 설명(특히 현역군인)의 설명을 반박하거나, 때로는 이에 대한 비아냥거림, 자신의 경험에 비추어 현재의 근무환경이 좋아졌다는 식의 언급을 계속하는 방식으로 나타난다. 따라서 해설자가 언급하지 않는 전망대 운영 및 근무의 실상, 그곳에서 내려다보이는 경관에 대한 새로운 해석을 시도하는 적극적인 형태의 수행과 실천을 보여주며, 이는 동행한 다른 방문객들의 경관 이해에도 영향을 주게 된다.

경관 수행의 다양성은 방문객의 방문 목적과 특성에 따라 변화하기도 한다. 방문객의 다양성은 쉽게 파악이 가능한데, ○○안보협의회, ○○향군회 등의 행위는 북쪽 경관을 볼 때와 관람 이후로 극명하게 구분된다. 안보현실의 엄중함을 느낀 후 이들은 현수막을 펼치고 소위 "증빙"사진을 찍기 위해 부산하게 움직인다. 또한 신병교육, 장교임관 훈련과정의 일부로 참석한 군인들의 행위는 일반 관광객과는 다른 비장함을 보여주고 있다. 반면, 중고등학교 단체 관람객의 등장은 통제와 긴장의 공간을 일순간 일반적인 관광지의 유쾌함과 산만함으로 바꾸어놓기도 한다. 즉, 어떤 유형의 방문객들이 참여하는가에 따라 기존의 경관에 대한 (시각적) 권력은 다른 행위주체에서 방문객들로 전위될 수 있으며, 이들은 심지어 해설자들의 설명에 의존하지 않고 경관의 고정된 정체성, 기존 담론들에 대해 자신들의 목소리를 내는 적극적인 수행과 실천의 자세를 보여준다. 동시간대에 이들과 함께 전망대를 방문한 다른 개별 관광객들에게 다가오는 전망대의 경관은 주위 관광객들의 수행과 실천에 의해 영향을 받는다. 예를 들어, 일반적으로 전망대는 안보적 위중함을 전달하는 기능을 수행하지만, 도라산 전망대의 대규모 단체 관광객의 존재는 전망대의 본연의 기능이 수행되는 과정의 방해 요인이 된다. 종합하면 전망대의 경관은 고정된 정체성과 메시지를 제공해 주는 것뿐만 아니라 참여하는 방문객들의 특징에 따라 의미를 달리할 수 있는 즉흥성, 현장성, 우연성을 함께 담지하고 있다고 할 수 있다.

전망대 방문객들에게서 사진과 관련된 통제와 저항도 심심치 않게 나타나고 있다. 군사지역으로서 철저한 보안이 요구되는 DMZ 전망대의 특성상 시설물에 대한 촬영이 제한된 경우가 많다. 대부분의 전망대에서는 일부 경관 및 방향에 한해서만 사진 촬영을 허용하고 있으며 차량이동 시 동영상 촬영 기능이 있는 블랙박스 전원을 제거하거나 주머니 등으로 씌워야만 한다. 전망대에 따라 촬영할 수 있는 경관의 범위가 다른데, 예를 들어 남측 경관만 촬영이 가능한 양구 을지전망대, 북측과 남측 촬영이 모두 허용되는 고성 통일전망대 등이 있다. 제약이 심한 전망대에서는 사진에 군사시설물(철책선, 경계초소 등)이 포함되어서는 안 되며, 전망대 외부에서는 정해진 포토존에서만 사진촬영이 가능하다(화천 칠성전망대). 사진촬영 제한에 대한 사항은 경관해설 중 여러 번 강조되지만 전망대에서 요구하는 이러한 공간통제방식을 따르지 않고 사진촬영을 감행하고 촬영된 사진들을 온라인에 업로드하고 있는 경우가 발생하고 있다. 각 전망대의 방문후기를 작성한 블로그를 방문하면 이러한 사실들을 확인할 수 있다.

전망대 방문객들은 전망대 경관에 관여하는 다른 행위주체들과 밀접하게 연계되며 이들의 수행과 실천에 영향을 주고받는다. 개발과 이동이 제한된 접경지역 지자체들은 지역 관광 진흥의 일환으로 전망대 사업에 역점을 두고 있다. 더 많은 방문객들을 전망대(를 포함한 지역의 주요 관광지)로 유도하기 위해 지자체들은 안보관광 부서를 조직하고 이를 전문적으로 관리하고 있다. 안정적인 전망대 사업 운영을 위해서는 지자체-군부대 간 협력은 필수적이다. 따라서 지자체들은 전망대를 관할하는 사단과 협약을 맺고 있으며, 군부대의 경우 지휘관의 인사고과에 '원만한 대민관계'가 포함되어 있기 때문에 일반적으로 지자체에 협조적이다. 전술한 바와 같이 정치인들의 잦은 방문 역시 군부대가 전망대에 각별한 관심을 기울이는 원인이 되기도 한다. 또한 지자체에서도 군부대의 외박·외출 정책이 민감한 사안이므로 상호간의 협력과 이해는 필수적이다. 지자체에서는 전망대를 비롯한 안보관광지들에 대한 패키지 상품을 운영하고 있으며(표 3-2 참고), 이러한 정책적 흐름은 전망대의 출입신고방식, 출입시간 제한 등 기존의 군부대가 유지해 왔던 전망대의 공간통제방식을 보다 유연한 방향으로 변화시키기도 한다.

앞서 설명한 전망대 운영주체에 등장했던 전망대 위탁운영사(의 변화)의 경우도 전망대 장소의 변화, 즉 경관의 변화로 이어지고 있다. 재향군인회, 이북도민회 등의 민간단체들은 전망대의 물리적 담론을 유지·증폭시키며 관광객들의 경관경험에 관여한다. 또한 고성 통일전망대의 운영에서는 방문객, 지자체, 위탁기업, 군부대, 국정원 등이 복잡하게 관여되어 있다. 출입방식 변경(버스 이용만을 허용)을 요구한 군부대와 그로 인한 지역경제 침체를 우려하는 고성군 간의 갈등(≪한겨레≫, 2013. 2. 25), 그리고 전망대 출입 전 반공교육(국정원 제작) 영상시청을 의무화한 ㈜통일전망대와 이에 대한 방문객들의 불만 표출(≪한겨레≫, 2013. 6. 2) 등 여러 행위주체들에 의해 전망대 경관의 수행과 실천에 조정이 이루어지고 있음을 알 수 있다. 따라서 DMZ 전망대는 방문객들을 포함하는 여러 주체들의 수행과 실천이 드러나며, 이를 통해 전망대의 경관이 시공간적으로 다양한 스펙트럼을 지니고 우연적이고 즉흥적으로 발현되는 현장성을 지닌다고 할 수 있다. 또한 관광객들은 전망대 경관에 대해 코드화된 수행(coded performance)이 아닌 새로운 구도의 다양한 수행을 시도하며(Larsen & Urry, 2011), 이로써 DMZ 전망대의 경관은 전망대 자체로서 구성되지 않으며 외부적인 요소들과 상호작용하면서 매순간 새롭게 생산/재생산되는 현재진행형의 경관이 된다.

5. 결론

문화지리학의 경관이론은 DMZ 내부와 그 인접지역에 설치된 전망대의 경관의 이해와 그 경관의 형성에 관여된 여러 행위자들의 수행과 실천에 대한 논의에 중요한 시사점을 제시하고 있다. DMZ의 9개 전망대 모두에서 안보, 통일에 관한 국가적 지배이데올로기가 경관을 통해 드러나며 이는 구체적으로 건물 내부의 구도, 방문 절차, 관람 방식 등의 "보는 방식"에 투영되고 있다. 이러한 특징들을 통해 방문객들이 인식하는 전망대의 경관은 물질화된 냉전을 그려내고 있으며, 그 메시지를 다시 방문객들에게 전달하고 담론을 형성하는 데 기여하고 있다. 일반적인 관광지의 특성과는 다르게 이곳 DMZ 전망대는 경관의 이해를 위해 해설자의 브리핑에 의존할 수밖에 없는 상황, 그리고 이러한 상황 가운데 관람객들에게 부여되는 공간통제방식 등이 복합적으로 작용하고 있다.

　DMZ 전망대의 경관은 크게 DMZ 지역을 포함하는 북측 경관, 남측 경관, 그리고 전망대 내부의 경관으로 구분된다. 전망대의 특성상 주로 시각에 의존한 관람을 하게 되는데, 특히 북측 경관은 육안으로 확인할 수 있는 특이점들을 발견하기 어렵기 때문에 주로 해설자의 브리핑을 들은 후 망원경을 통해 경관을 재확인하게 된다. 전망대별로 조금씩 다르기는 하지만 남측 경관에는 자연지형(산/평야)과 우리 측 군사시설물(철책, 부대막사, 초소 등)이 자리하고 있다. 전망대 내부는 관할 군부대의 역사, 전망대의 설립 배경들을 소개하며 이와 관련된 전시물들(무기류, 의복류, 기념비 등)이 경관을 구성하고 있다. 이에 덧붙여 차량을 통해 전망대로 이동하는 과정에서 마주하게 되는 냉전경관(무장군인, 철책선, 지뢰지대표지, 검문소 등) 역시 전망대 경관의 연장선으로 보아야 하며, 이렇게 진열된 경관들을 바탕으로 방문객들은 북한·통일·안보와 관련된 지배담론을 수동적으로 받아들이게 된다.

　그러나 전망대의 경관은 정태적이며 단일한 정체성으로 유지되지 않는다. 바꾸어 말하면, 전망대에 관여하는 여러 행위주체들의 수행과 실천에 의해 전망대의 경관은 계속해서 그 다중적인 의미를 (재)생산하는 과정을 맞이한다. 전망대의 경관에 관여하는 행위주체들은 방문객들을 비롯하여 지자체, 군부대, 민간기업, 그리고 전망대에서 일하는 현역군인, 직원(해설자 등) 등을 포함한다. 구체적으로 방문객의 유형과 그 특성에 맞춰 브리핑의 내용전개가 변화되기도 하며, 경관에 대한 지식이 있는 참가자들(참전용사, 복무군인)이 보다 적극적으로 해설자의 브리핑에 개입하는 경우도 발생한다. 또한 접경지역 관광에서 전망대의 중요성이 강조되면서 지자체와 군부대 간의 긴밀한 협조를 통해 공간통제방식이 간소화되기도 한다. 이러한 행위주체들의 변화의 움직임은 담론의 기존 문법을 완성하기보다는 새로운 형태와 의미로 방문객들에게 다가오며, 궁극적으로는 방문객들의 수행과 실천에 다시 영향을 주는 순환의 피드백 과정이 지속된다. 따라서 전망대에서 경험하게 되는 경관은 고정된 것이 아닌 시공간적으로 유동적, 즉흥적, 상황구속적인 특성을 띠게 되는 것이다.

문재인 정부 출범 이후 남북한의 관계가 개선되며 정치, 경제, 문화, 관광 등의 다양한 방면에 걸쳐 교류협력사업이 진행 혹은 추진되고 있다. 특히 군사적 긴장 완화를 위해 비무장지대에 설치된 GP의 일부가 철수했으며, 공동경비구역(JSA)의 비무장화도 협의되었다. 이러한 남북관계의 변화는 DMZ 전망대의 냉전경관에도 변화를 가져올 것으로 보인다. 현재 냉전과 안보위협을 강조한 전망대에서 협력과 변화를 위주로 한 변화는 기존의 전망대 경관의 구성과 마찬가지로 경관 자체의 변화보다는 경관을 보여주는 방식과 공간과 사람을 통제하는 방식에서 나타날 가능성이 높다. 즉, 전망대 경관에서 나타난 물질화된 담론으로서의 경관이 새롭게 구성되는 과정과 방문객의 경험과 실천이 상호작용하게 될 것이다. 방문했던 전망대의 문화관광해설사의 발언은 이를 상징적으로 보여준다.

여러분은 지금 비무장지대를 보고 계십니다. 아, 요새는 상황이 바뀌었으니 평화지대로 해야 할까요? 적당한 이름을 잘 모르겠지만 새로운 이름을 찾긴 찾아야 할 것 같아요.

:: 참고문헌

국방부 정보공개청구 답변자료(DMZ 전망대 방문객 인원 통계).

로즈, 질리언(Gillian Rose). 2011. 『페미니즘과 지리학: 지리학적 지식의 한계』. 정현주 옮김. 한길사.

류제헌. 2009. 「한국의 문화 경관에 대한 통합적 관점」. ≪문화역사지리≫, 21, 105~116쪽.

류주현. 2008. 「부정적 장소자산을 활용한 관광 개발의 필요성」. ≪한국도시지리학회지≫, 11(3), 67~79쪽.

문화체육관광부. 각 연도. 「관광동향에 관한 연차보고서」.

미첼, 돈(Don Mitchell). 2011. 『문화정치 문화전쟁』. 류제헌·진종헌·정현주·김순배 옮김. 살림.

박규택·하용삼·배윤기. 2010. 「(탈)중심화 경관의 해석을 위한 틀: 권력, 주체성, 수행성」. ≪한국지역지리학회지≫, 16(4), 355~368쪽.

박병직·김성혁·김용일. 2015. 「관광목적지로서 DMZ 브랜드 자산에 따른 장소애착이 관광객의 지각된 위험에 미치는 영향: DMZ 방문 외국인 관광객들을 대상으로」. ≪관광학연구≫, 39(5), 101~116쪽.

박숙진·김태헌. 2014. 「접경지역 경제활성화를 위한 병영체험 및 안보관광개발-관광정책-안보인식 경합모델」. ≪동북아관광연구≫, 10(3), 23~42쪽.

성춘자. 2013. 「경관에 투영된 장소정체성의 사회적 재구성과 의미: 일본 하코다테를 사례로」. ≪한국사진지리학회≫, 23(4), 253~269쪽.

송원섭. 2015. 「경관지리학에서 경치지리학(景致地理學)으로」. ≪대한지리학회지≫, 50(3), 305~323쪽.

신진옥·강주현·정란수·정철. 2014. 「접경지역 관광지 이미지와 관광제약이 만족에 미치는 영향」. ≪관광레저연구≫, 26(5), 41~61쪽.

심성우·송학준·이충기. 2009. 「비무장지대 외래관광객의 시장세분화와 가치 연구」. ≪호텔경영학연구≫, 18(3), 191~210쪽.

오일환·윤병국·이준태. 2017. 「베트남 다크투어리즘 유산의 현황과 활용에 관한 연구」. ≪한국사진지리학회지≫, 27(2), 31~45쪽.

오정준. 2015. 「재현과 수행으로서의 관광객 사진: '러버덕 프로젝트 서울'을 중심으로」. ≪대한지리학회지≫, 50(2), 217~237쪽.

이무용. 2005. 「비판적 공간문화연구의 동향과 과제」. ≪지리학논총≫, 45, 433~470쪽.

이봉희. 2006. 「강원도 DMZ 관광 활성화 방안 연구」. 강원발전연구원.

이정훈. 2016. 「여순사건 사적지에 대한 다크투어리즘 적용 방안」. ≪한국지역지리학회지≫, 22(4), 826~842쪽.

이충기. 2005. 「CVM을 이용한 DMZ 생태관광자원의 가치평가」. ≪관광레저연구≫, 17(4), 65~81쪽.

이희상. 2013. 「도시 속 걷기와 도시 공간의 박물관화: 수행적 공간으로서 대구 근대골목투어」. ≪대한지리학회지≫, 48(5), 728~749쪽.

전원근. 2014. 「동아시아 최전방 낙도에서의 냉전경관 형성: 1970년대 서해 5도의 요새화와 개발을 중심으로」. ≪사회와 역사≫(구 한국사회사학회논문집), 104, 77~106쪽.

전효재. 2016.「안보관광지역의 관광경쟁력 강화 빙안」. 한국문화관광연구원.

정근식. 2016.「동아시아 '냉전의 섬'에서의 평화 사상과 연대」. ≪아시아리뷰≫, 5(2), 211~232쪽.

정근식·오준방. 2016.「동아시아에서의 탈냉전과 전장 관광의 지속가능성」. ≪아시아리뷰≫, 6(1), 251~292쪽.

정은혜. 2016.「식민권력이 반영된 경관의 보존 가치에 대한 연구: 일제하 형성된 전남 소록도와 인천 삼릉(三菱) 마을을 사례로」. ≪한국도시지리학회지≫, 19(1), 85~103쪽.

조아라. 2013.「다크투어리즘과 관광경험의 진정성」. ≪한국지역지리학회지≫, 19(1), 130~146쪽.

진종헌. 2013.「재현 혹은 실천으로서의 경관: '보는 방식'으로서의 경관 이론과 그에 대한 판을 중심으로」. ≪대한지리학회지≫, 48(4), 557~574쪽.

최영환·이혁진. 2010.「다크투어리즘을 활용한 역사교훈 관광지의 이해」. ≪한국사진지리학회지≫, 20(3), 101~113쪽.

통일부 정보공개청구 답변자료(오두산 통일전망대 방문객 인원 통계).

한지은. 2013.「문화지리학의 경관 연구와 경관의 텍스트성」. ≪안과밖≫, 34, 126~146쪽.

홍금수. 2009a.「경관과 기억에 투영된 지역의 심층적 이해와 해석」. ≪문화역사지리≫, 21, 46~94쪽.

_____. 2009b.「역사지리의 파국적 단절과 미완의 회복」. ≪문화역사지리≫, 21, 104~138쪽.

Alderman, D. H. 2016. "Place, naming and the interpretation of cultural landscapes." in Brian Graham and Peter Howard(eds.). *The Ashgate Research Companion to Heritage and Identity*. London: Routledge.

Butler, J. 1993. "Critically queer." *GLQ: A journal of Lesbian and Gay Studies*, 1(1), pp. 17~32.

_____. 2002. *Gender Trouble*. Routledge, London.

Cosgrove, D. E. 1984. *Social Formation and Symbolic Landscape*. Totowa, N. J.: Barns & Noble Books,

Daniels, S. 1993. *Fields of Vision: landscape imagery and national identity in England and the United States*. Cambridge: Polity Press.

Harner, J. 2001. "Place identity and copper mining in Sonora, Mexico." *Annals of the Association of American Geographers*, 91(4), pp. 660~680.

Keiller, P. 2009. "Landscape and cinematography." *Cultural Geographies*, 16(3), pp. 409~414.

Larsen, J., and J. Urry. 2011. "Gazing and performing." *Environment and Planning D: Society and Space*, 29(6), pp. 1110~1125.

Lennon, J., and M. Foley. 2000. *Dark Tourism*. Cengage Learning EMEA, United Kingdom.

Lorimer, H. 2005. "Cultural geography: the busyness of being 'more-than-representational'." *Progress in Human Geography*, 29(1), pp. 83~94.

_____. 2007. "Cultural geography: worldly shapes, differently arranged." *Progress in Human Geography*, 31(1), pp. 89~100.

Maoz, D. 2006. "The mutual gaze." *Annals of Tourism Research*, 33(1), pp. 221~239.

Mitchell, D. 2003. "Dead labor and the political economy of landscape: California living, California dying." *Handbook of Cultural Geography*, pp. 233~248.

_____. 2008. "New axioms for reading the landscape: Paying attention to political economy and social justice." James et al.(ed.) *Political Economies of Landscape Change*. Dordrecht: Springer.

_____. 2011. "Labor's geography: capital, violence, guest workers and the post-World War II landscape." *Antipode*, 43(2), pp. 563~595.

_____. 2012. *They Saved the Crops: Labor, landscape, and the struggle over industrial farming in Bracero-era California* (Vol. 10). Athens: University of Georgia Press.

Nash, C. 1996. "Reclaiming vision: looking at landscape and the body." *Gender, Place and Culture: A Journal of Feminist Geography*, 3(2), pp. 149~170.

_____. 2000. "Performativity in practice: some recent work in cultural geography." *Progress in Human Geography*, 24(4), pp. 653~664.

Perkins, H. C., and D. C. Thorns. 2001. "Gazing or performing? Reflections on Urry's tourist gaze in the context of contemporary experience in the antipodes." *International Sociology*, 16(2), pp. 185~204.

Rose-Redwood, R., D. Alderman and M. Azaryahu. 2008. "Collective memory and the politics of urban space: an introduction." *GeoJournal*, 73(3), pp. 161~164.

Ryan, C., and R. Kohli. 2006. "The Buried village, New Zealand: An example of dark tourism?" *Asia Pacific Journal of Tourism Research*, 11(3), pp. 211~226.

Savigliano, M. E. 1995. "Whiny Ruffians and rebellious broads: tango as a spectacle of eroticized social tension." *Theatre Journal*, 47(1), pp. 83~104.

Schein, R. H. 1997. "The place of landscape: A conceptual framework for interpreting an American scene." *Annals of the Association of American Geographers*, 87(4), pp. 660~680.

Seaton, A. V. 1996. "Guided by the dark: From thanatopsis to thanatourism." *International Journal of Heritage Studies*, 2(4), pp. 234~244.

Thrift, N. 2004. "Performance and performativity: A geography of unknown lands." J. Duncan, N. C. Johnson and R. H. Schein(ed.). *A Companion to Cultural Geography*. Hoboken: John Wiley & Sons.

_____. 2008. *Non-representational Theory: Space, politics, affect*. London: Routledge.

Tyner, J. A., J. F. Inwood and D. H. Alderman. 2014. "Theorizing violence and the dialectics of landscape memorialization: A case study of Greensboro, North Carolina." *Environment and Planning D: Society and Space*, 32(5), pp. 902~914.

Urry, J. 1990. "The Tourist Gaze. Leisure and Travel in Contemporary Societies." *Collection Theory, Culture & Society*. Sage Publications, London.

_____. 1992. "The tourist gaze 'revisited'." *American Behavioral Scientist*, 36(2), pp. 172~186.

_____. 2001. "Globalising the tourist gaze." Sutheeshna et al.(ed.) *Tourism Development*

Revisited: Concepts, issues and paradigms. London: Sage Publication.
_____. 2002. *The Tourist Gaze* (second edition). London: Sage Publications.
Urry, J., and J. Larsen. 2011. *The Tourist Gaze 3.0*. London: Sage Publication.
Williams, S., & A. A. Lew. 2014. *Tourism Geography: Critical understandings of place, space and experience*. London: Routledge.

DMZ관광주식회사, http://www.dmztourkorea.com/
대한민국 구석구석. 도라전망대, http://100.daum.net/encyclopedia/view/52XXXX252560
대한민국 구석구석. 을지전망대, http://100.daum.net/encyclopedia/view/52XXXX125809
디엠지기(DMZIGI) 안보견학, 열쇠전망대, https://www.dmz.go.kr/korean/wantgo/tour_security/view/749/?orderby=subject&searchFLD=ALL&searchKEY=
디엠지기(DMZIGI) 안보견학, 오두산통일전망대, https://www.dmz.go.kr/korean/wantgo/tour_security/view/256/?orderby=subject&searchFLD=ALL&searchKEY=
문화관광연구원. 관광지식정보시스템 Tourgo 주요관광지입장통계, https://know.tour.go.kr/stat/tourStatSearchDis.do;jsessionid=DF483131071FECC6D1F8AB756A34034A
문화체육관광부. 관광개발지원시스템 통계서비스(안보관광지), https://tdss.kr/stat/viewStatServSecurity.do
연천군. 문화관광, 태풍전망대, https://tour.yeoncheon.go.kr:8443/web/cms/?MENUMST_ID=10060
㈜통일전망대·고성 통일전망대, http://www.tongiltour.co.kr/
철원군 시설물관리사업소·승리전망대, http://hantan.cwg.go.kr/site/hantan/sub.do?key=1847
≪강원도민일보≫, 2018. 7. 3. "화천 백암산 평화생태특구 조성 '탄력'."
≪경향신문≫, 2013. 11. 30. "통일전망대 운영권 노터치?"
≪한겨레≫, 2013. 2. 25. "고성통일전망대 '버스만 허용' 논란."
≪한겨레≫, 2013. 6. 2. "정권홍보·70년대식 반공 영상물 … '관광 왔는데 이게 뭐야'."

제4장

한반도의 도시지정학*
대북전단 살포와 접경·안보의 스케일 정치

이승욱

1. 들어가며: 한반도의 도시지정학?

전통적으로 지정학은 국가 스케일에 천착한 접근이 지배적이었으나, 최근에는 다양한 스케일에서 지정학적 실천과 담론의 재구성에 대한 관심이 높아지고 있다(Coleman, 2007, 2009; Hyndman, 2004). 특히 9.11 테러 이후 각종 테러에 대한 위협의 증대와 이에 대응한 반테러 정책의 확산으로 도시지정학(Urban Geopolitics)이 새로운 연구 흐름으로 주목을 받고 있다(Graham, 2004a, 2004b, 2004c, 2009, 2010; Sassen, 2012). 역사적으로 도시는 각종 전쟁의 주요한 현장이었으며, 최근에는 테러의 주요 타깃이 되면서 이를 방지한다는 명분으로 다양한 감시가 작동하며 갈등이 표출하는 공간이 되고 있다. 특히 서구의 최근 사례들은 이와 같이 테러와 반테러의 주요한 현장으로 도시를 접근하는 경향을 보이고 있으나, 여전히 냉전의 구조에서 자유롭지 않은 우리

---

* 이 장은 이승욱(2018), 「접경지역의 도시지정학: 경기도 파주시 대북전단살포 갈등을 사례로」. ≪대한지리학회지≫, 53(5), 625~647쪽의 내용을 수정 보완한 것이다.

의 도시현실에서는 서구와는 상이한 지정학적 양상을 확인할 수 있다. 즉, 남북 간의 대치기 종식되지 않은 휴전 중이라는 현실은 여전히 냉전이(또는 한국전쟁이) 현재 진행 중인 구조화된 현실임을 의미한다. 이러한 냉전구조는 남북 간의 갈등뿐만 아니라 최근 사드 배치를 둘러싼 논란에서부터 빨갱이, 종북 논쟁 등 우리 사회 안에서 남남갈등의 형태로 끊임없이 재생산되고 있다.

그러나 우리 현실에서 냉전의 지정학은 남북 갈등과 대치, 세계적 냉전 구도 등 주로 국가(national)나 글로벌(global) 스케일에서 경험되고 인식되어 온 반면에, 도시 스케일과 같이 보다 미시적 차원에서 냉전의 구체적이고 복합적인 양상은 제대로 연구되지 않았다. 한반도의 지정학은 남북 간 군사 충돌, 북핵을 둘러싼 협상 등 국가중심적 관점이 팽배했으며, 분단구조와 냉전정치가 국가 스케일에서 구조화되어 지방이나 도시 스케일에서도 그대로 작동하는 것으로 인식되어 왔다. 특히 기존의 냉전 지정학에서 도시 스케일에서의 접근은 국가 대 지역주민의 갈등에 주목했고, 이 가운데 비판적인 연구들은 국가의 폭력이 지역공동체나 주민들에게 일방적으로 가해지는 양상에 주로 초점을 두었다(신양식, 2006; 정영신, 2012, 2017). 해군기지 설치를 둘러싸고 갈등이 고조되었던 제주 강정마을이나 사드 배치로 논란이 된 성주, 주한 미군 기지 이전으로 주민들이 강제 이주되었던 평택 대추리, 미 공군 사격 훈련장이었던 매향리 등은 냉전체제의 지정학적 갈등이 국가 대 지역주민의 갈등 구도로 표면화되었던 대표적인 지역들이었다.

그러나 지난 2010년대 초반 이래로 남북 간 접경지역에서, 특히 파주시를 중심으로 빈번하게 나타난 대북전단 살포를 둘러싼 갈등은 기존의 냉전 지정학과는 차별화된 양상을 보이고 있다. 냉전이 국가 스케일에서뿐만 아니라 도시 및 로컬 스케일에서 어떻게 구체화되고 있으며, 여기서 안보를 둘러싼 담론들과 실천들이 어떻게 경합하고 있는지가 이 장의 핵심 질문이라고 할 수 있다. 구체적으로 지정학적 안보에 대한 인식이 다양한 스케일에 따라 충돌하는 양상을 보이고 있으며, 이는 국가 대 지역주민이라는 전통적인 갈등 구조가 아니라, 살포를 주도하는 국내외 북한인권단체들과 이를 반대하는 지넥두빈과 지역시민 사회단체 간의 갈등이라는 새로운 양상으로 전개되었으며, 이에 대하여 중앙정부와 지방정부 또한 상이한 입장과 대응을 보였다. 즉, 공간 스케일에 따라 지정학적 안보에 대한 인식이 차별적으로 나타나면서, 안보, 인권/기본권 그리고 표현의 자유 등을 둘러싼 경쟁과 갈등이 고조되는 형국을 보였다. 이 장의 사례는 국가 중심의 기존의 지정학적 분석을 넘어 다양한 이해와 가치를 가진 행위자들이 지정학적 이슈와 갈등에 구체적으로 관여하고 있으며, 냉전과 탈냉전이 복합적으로 교차하면서 기존 한반도 냉전구도에서도 찾아보기 어려운 독특한 지정학적 갈등의 공간이 생성되고 있음을 보여준다. 특히 이와 같은 대북전단 살포를 둘러싼 갈등이 가지는 지정학적 함의에도 불구하고, 구체적인 연구가 전무하다는 점에서 이 연구의 또 다른 의의를 찾을 수 있다.

이를 위해 이 장에서는 두 가지 연구방법을 이용했는데, 첫째, 대북전단과 관련한 아카이브 연구를 진행했다. 각종 언론매체 기사, 공공 및 민간단체들의 성명서, 시·도 의회 및 국회 청문회 회의록 등에 대한 분석을 통해 대북전단을 둘러싼 다양한 행위자들이 구축하는 담론들을 포착하고 분석했다. 둘째, 대북전단 살포와 관련된 핵심 관계자들에 대한 반구조화된 인터뷰를 진행했다. 지역 사정에 밝은 지역언론 관계자들과 사회단체 관계자들과 더불어, 반대시위에 적극적으로 참여한 시의회 의원, 종교단체 대표, 지역주민 대표, 상인 대표, 요식업체 대표 등에 대한 인터뷰를 통해 아카이브 분석에서 포착되지 않는 지역 행위자들 간의 권력관계와 지방정부, 중앙정부의 대응에 대한 인식 등을 확인했다. 대북전단 살포를 주도하고 있는 단체 관계자들에 대한 인터뷰는 성사되지 못했는데, 이들의 주장은 언론매체 인터뷰와 살포 현장에서의 연설 등을 참고했다.

2. 지정학의 새로운 지평, 도시지정학

1) 도시지정학의 등장과 발전

사스키아 사센(Saskia Sassen)은 지정학 공간이 점점 복잡해지고 있다고 주장하면서(Sassen, 2012), 국제사법재판소나 WTO(세계무역기구) 등과 같은 새로운 행위자가 지정학적으로 중요한 영향을 미치고 있음을 주목했다. 그러나 국가 스케일을 초월하는 글로벌 행위자들뿐만 아니라, 로컬과 도시 차원에서도 다양한 행위자들이 지정학 질서에 새롭게 개입하며 재구성하고 있는데, 도시지정학은 특히 도시와 지정학을 연계하려는 이론적 노력으로(Rokem et al., 2017), 21세기 들어 본격적으로 등장한 새로운 인식론적 접근이라 할 수 있다. 사실 역사적으로─전근대와 근대에 걸쳐─도시는 전쟁에서 주요한 약탈 또는 폭격의 현장이자 대상이 되었기 때문에 도시와 지정학은 분리될 수 없는 관계로 여겨졌다(Graham, 2004c).[1] 그러나 최근 들어 도시지정학이 새로운 이론적 흐름으로 등장하게 된 데에는 다음의 두 가지 배경이 있다고 할 수 있다. 첫째, 21세기 들어 '도시의 세기(Urban Century)' 또는 '도시의 시대(Urban Age)' 등과 같은 표현들이 등장할 정도로 전 세계적으로 도시화가 확산되었을 뿐만 아니라, 도시가 세계 경제·정치·문화 등의 핵심적인 장소로 부각되었다. 둘째, 1990년대 초반 냉전이 종식되고 탈냉전 세계화가 전면화되면서 '지정학의 종언(The end of geopolitics)'과 같은 담론이 등장하기도 했으나(Ó Tuathail, 1997), 2001년 9.11 테러 이후 새로운 형태의 지정학적 갈등이 서구 도시들을 중심으로 나타나기 시작했다. 이후 미국 주도로 테러와의 전쟁을 선포하면서 반테러의 명목으로 새로운 안보, 감시체계가 서구의 도시공간에 확산되었고,

---

[1] 냉전 시기에도 미국의 경우 핵전쟁 등을 대비해 교외화, 주간 고속도로(interstate highway) 등과 같은 새로운 도시계획이 본격적으로 시행되는 등, 지정학 측면에서 각종 도시공간 재편정책들이 추진되었다(Graham, 2010: 14).

다른 한편으로 반테러전쟁의 결과로 발생한 리비아, 이라크 등의 정권 전복과 경제 혼란은 이민·난민의 확대, 인종주의와 종교적 근본주의의 만연화와 이에 따른 도시 내 갈등의 격화로 이어졌다. 그 결과 도시에서 더 이상 숨을 곳, 즉 감시와 안보화(securitization) 밖의 공간은 존재하지 않게 되었고(Rokem et al., 2017: 259), 현대 정치와 안보에서 도시는 핵심적인 공간으로 인식되기 시작했다(Abrahamsen et al., 2009: 366). 이러한 도시와 연관된 새로운 지정학적 현실을 이해하려는 접근은 기존 국가 중심의 지정학 연구로부터 "도시지정학적 전환(urban geopolitical turn)"이라고 호명되기도 했다(Rokem et al., 2017: 253). 즉, 기존의 연구에서는 세계화의 진전으로 도시가 세계경제의 중요한 결절지(node)로 등장한 것에 대해서만 주목한 데 반해, 지정학적 안보에서도 도시가 핵심적인 현장이자 공간으로 새롭게 부상했으며, 따라서 '도시의 세기'를 둘러싼 논의 또한 단지 경제적인 측면에서뿐만 아니라 지정학적 안보와 관련된 문제들이 세계 주요 도시를 중심으로 현대 정치의 전면에 등장하고 있음에 주목할 필요가 있다는 것이다(Abrahamsen et al., 2009: 370).

도시지정학 연구를 선도적으로 주창한 것은 뉴캐슬대학교의 스티븐 그레이엄(Stephen Graham)으로, 그는 2004년 편서 "Cities, War, and Terrorism: Towards an Urban Geopolitics"에서 처음으로 도시지정학 접근의 중요성을 제기했다.[2] 그레이엄은 국제관계와 정치학에서 공간과 정치의 문제에 국가 하위(subnational) 스케일보다는 국가(national) 스케일 중심의 시각이 지나치게 지배적임을 비판했다.[3] 그는 도시지정학 접근에서는 영토의 유지와 확장을

---

2 Fregonese(2012)는 논문 "Urban geopolitics 8 years on: Hybrid sovereignties, the everyday, and geographies of peace"에서, 그레이엄의 책 출간 이후 8년간 도시지정학의 주요 경향과 논쟁에 대해 소개했다.

3 전통적인 지정학에서뿐만 아니라 비판지정학에서도 주로 정책 결정에 참여하거나 여론 형성에 영향력을 미치는 정치인, 지식인 등에만 초점을 둔다는 점에서 엘리트주의로 비판을 받은 반면에 (Coleman, 2013: 493), 도시지정학은 구체적인 현장에서 보다 다양한 행위자들의 권력관계를 드러낸다는 점에서 의의가 있다.

둘러싼 제국주의적 갈등 또는 지정학적 이해에 따른 전통적인 국가 대 국가의 대립은 점점 찾아보기 힘들다는 점을 지적하면서, 비전통적·불균형적·비공식적 또는 새로운 형태의 전쟁이 확산되고 있으며 그 주요한 현장으로 도시를 주목했다(Graham, 2004a: 3). 다시 말해 전쟁이 더 이상 국가의 이익에 따라서만 진행되는 것이 아니라 전투의 경우 오히려 도시화되고 있다는 것이며, 이런 의미에서 닐 스미스(Neil Smith)는 우리가 "도시파괴 또는 학살(urbicide)"[4]의 시대를 살고 있다고 주장하기도 했다(Smith, 2006: 469). 이에 대해 그레이엄은 이러한 새로운 현실이─즉 안보의 문제가 더 이상 국가 스케일이 아니라 도시를 중심으로 사고해야 되는 현실이─국제관계 연구자들로 하여금 안보의 도시화에 대해서 주목하도록 했고, 그 결과 처음으로 도시와 국가 스케일 하위의(subnational) 공간들을 유의미한 지정학적 현장으로 고려하게끔 했다고 주장했다(Graham, 2004b: 52; Graham, 2010). 특히 신자유주의 세계화의 초국가적 연계, 기술, 디아스포라 등 각종 인적, 물적 그리고 지식의 흐름들이 냉전시대 블록과 국민국가체제를 초월하면서, 글로벌 차원의 지정학적 갈등들이 점차 로컬 스케일과 도시들에 집중되어 나타났으며 도시의 일상생활 공간으로 스며들게 되었다는 것이다(Graham, 2004a: 5~6). 그 결과로 국내와 국외의 경계, 로컬과 글로벌 스케일의 경계, 군사와 비군사(civil)의 경계, 치안 유지, 군사력(군대) 그리고 국가첩보 간의 경계가 흐릿해졌다는 것이다(Graham, 2009: 278~279). 또한 도시지정학 접근에서는 도시를 전쟁과 테러에 있어 단지 배경만이 아니라 도시의 건물, 자산, 제도, 산업, 인프라, 문화, 상징 등과 밀접하게 연관된 것으로 본다(Graham, 2004c: 167). 구체적으로 9.11 이후 '국가안보'라는 담론이 건물 디자인, 교통 통제, 도시의 물리적 계획 등에 밀접하게 영향을 미치게 되면서, 도시를 물리적으로 그리고 제도적으로 새롭게 구성하기

---

4 도시파괴(urbicide)는 도시 건조환경을 의도적으로 파괴하고, 도시의 사회문화적 관계를 절멸(annihilation)시킨다는 것을 의미한다(Rossi and Vanolo, 2012: 103).

시작했다는 것이다(Graham, 2004a: 11).

그레이엄은 테러가 도시에 가하는 영향과 같이 단선적인 접근을 넘어서, 도시지정학은 전쟁, 테러리즘, 그리고 도시 간의 상호관계에 초점을 두는 것임을 강조했다(Graham, 2004a: 24). 즉, 비공식적 폭력(예: 테러리즘)과 국가의 공식적 폭력(예: 다양한 감시, 통제 체제의 작동)은 함께 작동하고 서로를 증폭시키며, 이러한 폭력들이 도시공간에 집중적으로 작동하는 양상이 탈냉전, 9.11 이후의 시대를 규정짓는다고 주장했다(Graham, 2004a: 24).[5] 그는 이러한 도시에서의 폭력과 갈등의 구조적인 원인에 대해 글로벌 노스(Global North) 도시들을 중심으로 주도되었던 신자유주의 세계화 또는 워싱턴 컨센서스—금융화, 사유화, 구조조정프로그램(SAPs)—등으로 인해 글로벌 사우스(Global South)에 빈곤과 불평등, 양극화 등이 더욱 심화되었음을 주목했다(Graham, 2010: 4~5). 이러한 비판적 시선에도 불구하고 그레이엄은 도시지정학을 보편적 이론으로 정착시키기보다는 특정 시기의 도시공간과 지정학적 폭력과 갈등 간의 관계에만 천착하고 있음을 확인할 수 있다.[6]

---

5 냉전의 종식은 정치폭력이 국가 중심에서 도시 중심으로 스케일이 축소되는, 새로운 형태의 전쟁이 나타나게 된 분수령이 되었으며, 그 결과 도시공간의 광범위한 군사화가 진행되었다(Fregonese, 2012: 292).

6 Smith(2006: 470)가 지적했듯이, 그레이엄의 도시지정학 논의는 도시가 항상 주요한 타깃이었다는 주장과 다른 한편으로 도시에 대한 파괴(urbicide)는 완전히 새로운 것이라는 주장 간의 긴장을 내포하고 있다. 그럼에도 그는 지속적으로 최근의 도시에서 나타나는 폭력, 갈등, 전쟁 등에서 기존과는 차별화된 경향, 흐름이 나타나고 있음을 주장했다. 즉, 과거에는 외부의 적으로부터 도시의 방어를 위한 요새화 등의 도시지정학적 양상이 있었다면, 최근에는 다양한 초국경적 흐름이 수렴되는 도시공간을 중심으로 새로운 유형의 안보 문제가 등장하고 있다는 것이다. 이러한 통찰력이 서구의 현실에서는 어느 정도 적실성을 가질지 모르나, 비서구의 현실에도 그대로 적용할 수 있을지에 대해서는 생각해 볼 필요가 있다. Sassen(2012)은 도시가 국가와 같은 기존의 지정학적 행위자들을 대체하는 것은 아니며, 글로벌 도시 등 주요 도시들이 환경문제에서부터 테러리즘에 이르기까지 세계가 직면한 도전들에 대해 중요한 역할을 하는 행위자이자 주요 현장과 전선이 되고 있다고 주장했다. 그녀의 논의는 전쟁과 테러리즘이라는 측면을 강조한 그레이엄의 논의보다는 도시지정학의 지평을 확장시켰다는 의의가 있으나, 구체적인 연구보다는 시론 수준의 제안에 그치고 있다.

그레이엄의 논의 이후에 도시지정학에 대한 논의가 활발하게 이어졌는데, 로켐(J. Rokem)을 비롯한 일군의 학사들은 ≪폴리티컬 시오그래피(Political Geography)≫의 "Interventions in urban geopolitics"에서 도시지정학의 최신 연구동향, 한계 및 발전방향에 대해서 풍성한 논의를 제공했다(Rokem et al., 2017). 여기서 로켐과 프레거니즈(S. Fregonese)는 도시공간이 보다 광범위한 지정학적 과정과 로컬 차원의 폭력에 대한 경험 간의 연결고리로 작동하고 있음을 주목하면서, 도시지정학이 도시공간의 군사화(militarization)와 종족민족주의적으로 복잡한 도시에서의 갈등과 충돌에 초점을 둔 연구경향을 보이고 있다고 설명했다. 그레이엄과 마찬가지로 이들 또한 도시가 역사적으로 정치폭력의 주요한 매개이자 목표였음을 인정했지만, 도시화된 세계에서 새로운 유형의 폭력, 재난, 갈등이 폭발적으로 나타나면서 이를 이해하기 위한 새로운 이론적 렌즈로서 도시지정학의 필요성을 강조했다. 이들은 도시지정학의 새로운 지평을 열어나갈 5가지 주제들을 제안했다. ① 평범한 도시지정학[도시 내 분리(segregation)와 이동성(mobility)의 문제에 대한 초점], ② 가정(domestic) 도시지정학, ③ 난민의 도시지정학, ④ 도시수직성(urban verticality)의 지정학, ⑤ 이론과 실천으로서의 도시지정학. 처음 네 주제는 기존의 기술 중심, 군사주의적, 종족민족주의적 접근들을 넘어서,[7] 다양한 지정학적 이슈와 사건들의 일상적 도시생활에 대한 영향에 주목한 것으로, 이는 시더웨이(J. D. Sidaway)가 지적했듯이(Sidaway, 2009: 1091) 지정학이 도시의 일상생활에 어떻게 영향을 미쳤는지에 대한 보다 미시적이고 구체적인 관찰이라고 할 수 있다. 즉, 이들은 도시지정학적 접근이 전장(battlefield)으로서의 도시를 넘

---

[7] 첫째, 기술주의적 접근이란 정보통신기술의 발달이 테러리즘의 확산에 끼친 영향뿐만 아니라, 테러를 방지한다는 명분으로 이루어지는 도시공간과 생활에 대한 각종 감시체계의 구축 그리고 드론 등 새로운 전투기술의 발달 등에 대해 초점을 두는 것을 의미하며, 둘째, 군사주의적 접근은 도시지정학을 도시와 전쟁 간의 관계(Smith, 2006: 469)로 해석하는 것처럼 도시에서의 지정학에서 주로 군사적인 측면을 강조하는 경향을, 마지막으로 종족민족주의적 접근이란 도시에서의 정치폭력을 주로 민족 간 또는 인종 간 갈등과 충돌을 통해 해석하는 경향을 말한다.

어 포스트 식민주의, 평범한(ordinary), 가정 내(domestic), 체현된(embodied) 차원, 그리고 수직적 차원 등을 고려하여 발전할 필요가 있음을 주장했다. 이는 도시지정학이 기존의 국가 중심의 지정학 논의를 확장시켰다는 점에서 의의를 찾을 수 있고 여전히 진화 중인 이론적 접근이지만, 그럼에도 불구하고 몇몇 중요한 한계를 노정하고 있음을 보여준다.

2) 도시지정학의 한계와 새로운 전망

세라 프레거니즈(Sara Fregonese)는 기존 도시지정학의 문제들을 날카롭게 비판했는데(Fregonese, 2017), 이는 서구 중심의 도시지정학 논의가 가진 한계를 넘어서 도시지정학의 이론적 지평을 넓히는 데 유의미한 논점을 제공해 준다. 그녀에 따르면 도시지정학은 두 가지 지점에서 비판을 받는데, 첫째, 도시지정학이 도시·폭력·세계정치의 관계에 대해 초점을 두면서, 현대 정치의 새로운 기준 스케일을 단순히 국가에서 도시로 대체하는 데 그치고 있다는 것이다. 즉, 도시갈등을 둘러싼 다양한 지정학적 담론과 실천에 대한 보다 섬세한 분석을 발전시키지 못하고, 단지 분석의 스케일을 낮췄을 뿐이라는 것이다. 두 번째 비판은 기존의 도시지정학 연구가 이스라엘/팔레스타인 등과 같은 일부 사례들에 대해서만 과도하게 의존하고 있다는 것이다. 즉, 각종 안보 관련 장치들을 통한 보호가 필요한 "우리의" 도시들과 테러와의 전쟁에서 오리엔탈리즘에 따라 목표화된 아랍의 도시들만을 주요한 분석대상으로 한정하고 있다는 것이다(Fregonese, 2017: 2). 여기서는 이러한 비판을 발전시켜, 현재 도시지정학의 한계를 서구중심성, 새로운 지정학적 현실에 대한 과도한 강조, 도시 스케일에 대한 천착 등 세 가지 지점을 중심으로 논의하겠다.

첫째, 도시지정학의 주요 연구대상이 서구 도시이거나 또는 서구에서 군사적으로, 지정학적으로 개입하고 있는 비서구 도시들로 한정되어 있다는 점에서 서구중심성의 문제가 드러난다. 또한 도시지정학의 주요 연구주제들이 도시공간에서의 안보, 감시 문제 또는 소수민족, 인종, 이민자 등을 둘러싼 갈등에 한정되고 있을 뿐만 아니라, 9.11 테러 이후 "전쟁은 더 이상 본토에서의 평화를 보장하지 않게 되었다"(Graham, 2004a: 27)와 같은 주장에서 나타나듯 변화하는 지정학적 현실에 대한 새로운 인식론적 접근으로 도시지정학을 주장했다는 점에서, 도시지정학은 태생적으로 서구의 경험적 현실을 충실히 반영했다. 즉, 서구의 도시들은 냉전 시기에 상대적 평화를 누린 반면에 비서구 지역들은 탈식민주의 투쟁에서부터 냉전시대의 열전지역으로 오히려 지정학적 갈등이 상시적으로 작동하면서 폭력과 전쟁으로부터 자유롭지 않았다. 따라서 도시지정학의 기본적인 전제, 즉 도시가 새로운 지정학적 갈등의 공간이 되었다는 인식은 철저히 서구의 경험만을 바탕으로 한 것이라고 할 수 있다. 이런 맥락에서 프레거니즈(Fregonese, 2012: 291)는 도시와 전쟁에 관한 지리적 연구가 압도적으로 영어권에 집중되어 있으며, 도시지정학의 언어적, 경험적 범위가 확장될 필요가 있음을 주장했다.

특히 기존의 도시지정학 이론이 여전히 식민주의, 제국주의 그리고 냉전의 질서에서 자유롭지 않은 지역과 도시들을 설명하는 데 적실성을 가질 수 있는지에 대해 생각해 볼 필요가 있다. 이와 관련하여 로켐과 보아노(C. Boano)는 기존 도시지정학의 서구 도시들에 대한 편향성을 비판하면서—그들의 경험적 연구사례들이 주로 북미와 유럽도시들을 대상으로 하고 있는 반면에, 세계의 다른 지역에서는 제한적인 사례만을 연구—포스트 식민주의 시각에서의 도시지정학 연구의 중요성을 강조했다(Rokem and Boano, 2018). 또한 전 세계에 산재한 미군 기지의 작동과 이들이 도시공간과 정치에 미치는 영향은 기존 도시지정학으로는 설명할 수 없다. 특히 이러한 미군 기지의 경우 여전히 제국주의 질서가 작동하고 있으며, 그 결과 왜곡된 형태의 주권질서가 도시공간과 정치에 미치는 영향에 대해서도 기존 도시지정학 이론을 넘어 새로운 접근이 필요하다. 더구나 동아시아 지역의 경우 현재 진행 중인 도시지정학 논의에서 사실상 배제되어 있는 형편이다. 문제는 기존 서구 중심의 도시지정학 이론으로 냉전 구조가 완전히 청산되지 않았고 탈냉전과 신냉전이 복합적으로 얽힌 동아시아의 지정학적 현실을 설명하기는 어렵다는 점이다. 월러스타인(I. Wallerstein)

은 유럽과 아시아에서 냉전의 차별적 작동에 주목하여, 냉전은 유럽에서는 날 그대로 차가웠나면 아시아에서는 충분히 뜨거웠다고 주장했다. 따라서 미국과 소련이 유럽에서 취한 정책과 그들의 관계는 아시아에서의 정책이나 관계들과는 상이할 수밖에 없었다는 것이다(Wallestein, 2010: 19, 24). 문제는 유럽과 아시아에서 냉전의 작동방식이 달랐을 뿐만 아니라, 아시아에서는 여전히 냉전체제가 지정학적 질서에 상당한 영향을 미친다는 것이다. 따라서 기존의 서구중심적 도시지정학 접근을 넘어서 식민주의, 제국주의 그리고 냉전 프로젝트와 긴밀히 연결된 비서구 지역의 구조적 조건에 대한 충분한 고려를 기반으로 도시지정학의 새로운 이론화를 시도할 필요가 있다.

둘째, 도시지정학의 서구중심성과 연관된 문제로, 도시지정학은 차별화된 인식론적 접근임을 강조하기 위해 새로운 지정학적 현실을 지나치게 강조하는 경향이 있다. 9.11 테러 이후의 도시들이 처한 새로운 현실을 설명하기 위한 틀로 이용되기 때문에, "테러 시대 도시정치지리학"과 동의어로 사용되기도 한다(Rokem and Boano, 2018: 5).[8] 즉, 도시지정학은 도시와 전쟁의 관계가 탈냉전시대, 특히 9.11 이후 새롭게 형성되었음을 강조하고 있으나, 그 결과 냉전 이전과 이후의 지역적 갈등의 맥락적 연속성을 간과해 버리게 된다는 것이다(Fregonese, 2012: 293). 냉전 시기에도 도시는 결코 지정학의 진공 공간이 아니었다. 앞서 언급했듯이, 그레이엄도 역사적으로 도시가 지정학적 갈등, 충돌의 핵심적 공간이었음을 명확히 인식했다. 냉전 시기 글로벌 사우스에는 도시 게릴라, 독립전쟁, 대리전(proxy war) 등이 혼재해 나타났고, 글로벌 노스에도 '도시에 대한 권리'를 둘러싼 민권운동, 반인종주의·반전운동 등과 같은 도시사회운동이 활발했음을 지적했다(Graham, 2010: 15). 그럼에도 불구하고 9.11 이후의 변화한 현실을 설명하기 위한 이론적 틀임을 지속적으

---

8 도시지정학 관련 논의가 실제로 9.11 이후 크게 늘어났는데(Sidaway, 2018: 254), 여기서 고려할 지점은 도시지정학이라는 용어가 9.11 이후에 학계에 등장하여 사용되기 시작했다고 해서, 그 이전에는 도시지정학 관련 현실이 부재했음을 의미하지는 않는다는 것이다.

로 내세우는 과정에서 서구편향성을 드러낼 뿐만 아니라, 테러리즘과 감시·통제 등의 문제에만 천착하여 도시지정학의 이론적 가능성마저 스스로 협소화시키는 문제를 낳고 있다. 콜린 프린트(Colin Flint)는 "Cities, War, and Terrorism: Towards an Urban Geopolitics"에 대한 리뷰에서 도시지정학을 왜 지향하고 있는지, 어떤 이론적 지평을 열 수 있는지, 그리고 기존의 지정학 접근과 어떻게 차별화되는지에 대해 명확한 설명을 제공하지 않는다는 점을 비판하면서, 도시지정학은 이론화에 실패했다고 주장했다(Flint, 2006).

마지막으로, 앞에서 프레거니즈(Fregonese, 2012)가 지적했듯이, 도시지정학은 단지 지정학 분석의 초점을 국가에서 도시로 이동시키는 데 그쳤고, 주로 글로벌 스케일의 지정학적 이벤트가 도시공간에 미치는 영향과 같이 단선적으로 접근하는 경향을 보였다. "글로벌과 국가 정치의 도시세계로의 내파(implosion)"라는 아파두라이(Appadurai, 1996: 152)의 표현을 많은 도시지정학자들이 인용하는데, 도시지정학을 이런 일방향적인 힘의 작용으로만 해석하는 것은 결국 도시를 단지 대상이자 무대로 한정하여 바라보게 되는 것이다. 냉전시대 국가 대 국가의 군사적 충돌이 급격하게 퇴조하면서, 도시지정학은 새로운 탈냉전시대의 도시와 전쟁에 대한 이론적 접근이라는 점이 강조되는데(Graham, 2009: 278), 이는 국가 간 갈등에서 국가 내 갈등으로 스케일을 내린다는 단순화된 관점으로, 현대 도시 갈등에서 나타나는 다중스케일의 담론과 실천의 작동에 대한 비판적 접근을 결여했다는 비판을 받는다(Smith, 2006). 또한 도시지정학이 도시 스케일에 초점을 두고 있음에도 불구하고, 지나치게 기술 중심(techno-centric), 추상적(비체화, disembodied) 차원의 분석에 그치고 있고, 도시에서 살아가는 다양한 사람들의 일상적 경험이나 감정을 간과했다는 점도 지적된다(Fregonese, 2017: 1). 따라서 도시지정학이 보다 보편적인 이론틀로 발전하기 위해서는 다양한 스케일에서의 힘, 이해와 욕망들이 도시공간을 중심으로 어떻게 매개되고 충돌하는지를 분석하고, 이를 통해 기존 지정학의 엘리트주의를 넘어서 다양한 주체들의 경험과 감정을 담아낼 필요가 있다.

특히 위에서 논의한 기존 도시지정학 접근의 한계를 극복하기 위해 프레거니즈(Fregonese, 2012)는 (9.11 이후) 새로운 전쟁과 지정학석 스케일 소성(rescaling)이라는 담론을 넘어서 도시의 지정학적 충돌과 갈등에서 냉전 이전과 이후의 연속성에 대해 충분히 고려할 필요가 있음을 강조했고, 특히 국가와 비국가행위자들 간의 복합적인 권력관계를 반영한 하이브리드 주권(hybrid sovereignties)체제가 형성되고 있음을 주장했다. 기존의 도시지정학에서는 테러집단 등 비국가행위자들의 등장에 주목하여 국가 대 비국가의 갈등국면이 도시공간에서 나타난다고 강조했는데, 이러한 대립적 관계만이 아니라 오히려 두 집단을 포함한 다양한 행위자들이 도시공간을 매개로 그들의 정치적 관계가 어떻게 변화했는지 주목할 필요가 있다는 것이다. 이 장에서 주목하고 있는 사례 또한, 국경 관리와 통제가 국가권력의 독점적 정치영역이었다면, 비국가 집단의 대북전단 살포라는 탈경계화(de-bordering)를 둘러싸고 중앙정부, 지방정부, 군대 그리고 지역주민, 상인, 시민단체가 복잡하게 얽히면서 접경지역에서 하이브리드 주권체제가 어떻게 구축되고 불안정해지는지를 구체적으로 보여준다.

정리하면, 도시와 지정학은 역사적으로 항상 밀접한 관계를 맺어왔으나, 이러한 관계가 특히 주목을 받은 것은 9.11 테러 이후였으며 이를 계기로 도시지정학이라는 새로운 연구흐름이 발전했다. 도시와 지정학의 관계에 대한 새로운 인식론적 접근은 서구의 경험적 현실에서 출발했지만 이미 적지 않은 서구 학자들이 비판하듯이 테러, 반테러 또는 이민자를 둘러싼 갈등이라는 서구의 경험에만 기대는 한계를 보이고 있다. 특히 이와 같은 접근에서는 테러와의 전쟁 이후 위험과 공포가 세계화된 현상이 되었다고 주장하며 공포 담론이 시민권과 자유의 제약을 정당화하는 데 광범위하게 사용됨을 비판하는 것에 초점을 두고 있는 데 반해(Pain and Smith, 2016: 1), 이 장에서는 한국 전쟁 이후 냉전과 분단질서 하에서 국가권력에 의해 독점적으로 생산되어 온 지정학적 공포와 불안의 생산주체, 작동방식 그리고 이를 둘러싼 갈등 양상이 빠르게 변화하고 있음을 보여준다. 이런 변화의 구체적 양상과 그 의의에 대한 고찰을 통해 냉전과 탈냉전이 교차하고 있는 동아시아 현실에서 도시지정학의 새로운 이론적 가능성을 탐색하고자 한다.

3. 접경도시의 지리정치경제학

2017년 11월, 대한민국 국회연설에서 미국의 트럼프 대통령은 군사분계선(MDL)에 대해 다음과 같은 지정학적 상상력을 과시했다.

> 우리는 이 멋진 한반도에 가느다란 문명의 선을 긋는 것을 선택하지 않았습니다. 이 선은 여기에 그어졌고 여전히 남아 있습니다. 선은 평화와 전쟁, 품위와 악행, 법과 폭정, 희망과 절망 사이에 그어진 선입니다. 이 선은 많은 장소에서 수차례에 걸쳐 그어졌습니다. 이 선을 지키는 것이 자유국가가 늘 해야 하는 선택입니다. 우리는 유약함의 대가와 이것을 지키는 데 따르는 위험을 같이 배웠습니다(연합뉴스, 2017).

이 발언에서 트럼프는 한반도 분단에 있어 미국의 책임에 대한 무시 또는 무지를 보여주고 있는 한편, 군사분계선에 대해 단지 양측의 군대가 대치하고 있는 국경선을 넘어서 문명과 야만, 빛과 어둠, 자유와 억압, 희망과 절망 등 전통적인 냉전적 지정학적 세계관을 함축 및 상징하고 있는 선으로 인식하고 있음을 보여주었다. 트럼프가 주장했듯이 이 선은 북한의 남침 야욕을 방어하는 선으로, 즉 자유를 수호하는 선의 의미도 있지만, 이 장의 사례인 대북전단 살포와 같이 이 선을 넘어 자유를 확장하려는 지정학적 흡수와 확장의 전초기지라는 의미 또한 다시금 나타나고 있다.[9] 그러나 한반도에서 이

---

9 "다시금" 나타나고 있다고 표현한 것은, 접경 또는 변경지역이 과거에는 북진통일을 위한 최전선

그림 4-1 파주시 장파리 '북진'상회와 '북진'교[10]
자료: 이승욱 촬영.

러한 탈경계화(de-bordering)는 일반적으로 초국경 경제교류를 통한 경제공간
의 확장 및 통일로 이어지는 지경학적 상상력과 긴밀하게 연관된 것으로 이해
되었다. 예를 들어, 매튜 스파크(Matthew Sparke)는 지정학적 공포(geopolitical
fears)와 대비되는 지경학적 희망(geoeconomic hopes)에 대해 토머스 프리드먼
(Thomas Friedman)의 "세계는 평평하다(The world is flat)"(Friedman, 2005)라는
주장으로 압축되는 초국경 경제협력의 확대, 즉 탈경계화로 설명했다(Sparke,
2007). 그러나 이 장에서 초점을 두는 대북전단 살포와 같은 탈경계화 시도들
은 오히려 새로운 주체에 의한 지정학적 욕망의 표출이라는 측면에서 살펴볼
수 있다.

전통적으로 접경도시들은 변경으로 상징되는 주변적 지위와 함께 외부의
위협으로부터 국가를 보호하는 안보적 기능이 지배적인 지정학적 공간으로
표상되었다. 그러나 냉전체제의 몰락과 더불어 앞서 언급한 프리드먼의 "세
계는 평평하다"라는 구호로 상징되는 경제의 세계화로 접경지역은 주변적 지

(frontline)으로 인식되었던 때도 있었기 때문이다. **그림 4-1**은 북진통일에 대한 욕망의 흔적이 파
주의 접경지역 경관에 여전히 남아 있음을 보여준다.
10 최근 북진교에서 리비교(한국전쟁 다시 죽은 미 군인을 기려 이 이름으로도 함께 불렸음)로 명칭
을 전환했는데, 이는 이 일대를 안보관광지대로 바꾸려는 움직임에서 비롯되었다.

위를 벗어나 이질적인 인구, 문화, 사회의 교류를 통한 새로운 지경학적 가능성의 공간으로 부상했다. 냉전구조가 분단이라는 공간적 질서로 고착화된 한반도에서 또한 2000년대 초반 남북관계의 진전에 따라 새로운 초국경 경제협력이 발달했다. 특히 개성공단과 금강산 관광특구는 이러한 남북 간의 새로운 지경학적 흐름을 물질적으로 그리고 상징적으로 담보하는 공간이 되었고, 변경이라는 지리적 주변부이자 군사시설보호구역 등 각종 규제에 의해 경제적으로 낙후되었던 접경지역 또한 남북 간의 경제를 연계하는 새로운 발전공간으로 주목받았다. 예를 들어, 파주시의 경우 "통일 한국 핵심도시", "세계화 시대를 맞은 통일한국의 심장" 등의 새로운 발전비전을 적극적으로 내세웠다. 그러나 2000년대 후반 남북관계의 급속한 악화로 개성공단과 금강산 특구는 모두 중단되었고, 한반도의 접경지역은 그 지경학적 가능성을 거세당한 채 지정학적 갈등과 대립이 지배적인 공간으로 회귀했다. 그럼에도 불구하고 군사분계선에 인접한 접경도시들은 기존의 지정학적 구속에서 벗어나 안보관광, 남북경제 교류, 통일시대의 중심도시 등 분단을 넘어선 새로운 지경학적 비전을 지속적으로 그리고 적극적으로 지역의 발전과 연계시키고 있다. 즉, 국가 스케일에서는 북핵위기 등 남북 간의 냉전적 대결구도로 지정학적 갈등이 다시 고조되었으나, 로컬 스케일에서는 분단과 전쟁 이후 오랜 기간 구조화된 군사주의와 안보문화에서 벗어나 다양한 지경학적 상상력과 욕망이 분출하기 시작한 것이다. 그러나 이를 단지 국가-지정학 vs 로컬-지경학의 구도로만 볼 수는 없다. 오히려 지역 차원에서의 안보 문제와 개발 문제의 긴밀한 연계인 안보-개발 넥서스(security-development nexus)가 변화하기 시작한 것으로 이해할 수 있다. 기존의 접경지역은 군사적으로 최전선이라는 지정학적 공간인 동시에 군대에 의존한 기지경제가 발달했다. 이 때문에 파주시의 한 시의원은 과거에는 "군대/국가안보와 관련해서 반대 목소리를 낸다는 것은 내가 먹고사는 문제와 직결되기에 어려운 일이었다"[11]라고 설명했다. 다시 말해 기지의 주둔은 안보를 담보하는 동시에 지역의 경제에도 상당한 영향을 미쳤다. 그러나 주한미군 재배치 계획에 따라 접경지역의 미군 기지들이 폐쇄 및 반환되었고 평택으로 이전했을 뿐만 아니라, 2000년대 남북 관계 개선에 따라 파주 LCD 단지 등 접경지역에 새로운 산업단지들이 입주하고 접경지역이 남북을 연계하는 공간으로 변모하게 되면서, 군대에 의존한 지역경제와 북한 위협에 대항한 군사안보 중심에서 남북관계의 안정화에 따른 안보와 접경지역 개발이 선순환을 이루는 새로운 안보-개발 넥서스가 접경지역에 새롭게 발달하기 시작했다. 파주시를 통해 개성공단 물류가 통과했고 도로 등 인프라 개발에서도 국가지원을 많이 받는 등 물리적 변화뿐만 아니라, "남북 교류가 잘돼야 지역경제가 산다는 식으로 전환이 일어나고 있다. 여기 들어오면 돈 벌 수 있다. 남북경제를 통해서 돈을 벌자"는 인식들이 확산되면서,[12] 파주시에서도 여야 국회의원을 막론하고 통일경제특구를 제안하는 변화가 나타났다.

그러나 이러한 지역으로부터의 지경학적 비전과 가능성을 뒤흔든 것은 비단 남측 보수정권의 대북강경책이나 북측의 핵과 미사일 실험 등 국가 스케일에서의 지정학적 긴장의 고조만이 아니었다. 2000년대 중반부터 일부 탈북자 단체, 극우집단 그리고 미국의 인권단체 등에 의한 대북전단 살포는 접경지역에 새로운 긴장을 초래했다. 기존의 국가안보와 지정학에서는 국가가 담론 생산과 실천을 독점적으로 통제했으나, 대북전단 살포를 둘러싼 갈등은 다양한 비국가(non-state) 또는 반국가(quasi-state) 행위자들이 어떻게 국가의 안보에 담론적으로 그리고 실천적으로 개입하는지를 구체적으로 드러내는 의미 있는 사례라고 할 수 있다.[13]

---

11 안소희 파주시 시의원 인터뷰(2018년 4월 20일).

12 안소희 파주시 시의원 인터뷰(2018년 4월 20일).

13 Peoples and Vaughan-Williams(2014)는 안보에 대한 전통적 접근의 경우 국가중심적 시각을 견지하며 군사안보에만 매몰되는 반면에, 최근 비판안보연구(critical security studies)에서는 이런 국가 중심의 군사주의에서 벗어난 다양한 흐름들을 보여주고 있다고 설명했다. 이런 흐름들은 안보 어젠다의 '확장(broadening)'과 '심화(deepening)'라는 두 가지 경향을 보이는데, 여기서 확장이란 군사 영역에 대한 협소한 초점을 넘어서 환경, 경제, 정치, 사회 영역 등 다양한 영역에서의 안보

서구에서는 9.11 테러 이후 전쟁과 평화의 구분이 흐릿해지면서 "모든 곳에서의 전쟁(everywhere war)"이라는 새로운 현실에 직면하고 있지만(Fregonese, 2012: 292), 동아시아 특히 한반도에서는 한국전쟁 이후 전쟁과 평화의 경계가 명확했던 시기는 존재하지 않았다. 이러한 현실은 국가안보 우선이라는 담론체제하에서 영구적인 예외상태가 지속되면서 국가폭력의 구조적 조건으로 작동했다(Lee et al., 2014). 이러한 냉전-권위주의 통치체제는 1990년대 이후 민주화와 탈냉전의 영향을 받으면서 해체되기 시작했고, 이렇게 열려진 공간으로 비국가행위자들의 등장과 확산은 국가 주도의 안보, 주권과 전쟁의 논리를 더욱 복잡하게 하고 있다. 대표적인 예로 한국 사회 내에서 대북정책, 북한에 대한 입장을 둘러싼 이데올로기 대립인 남남갈등을 들 수 있다(Lee, 2015). 그러나 한반도 경기북부 접경지역을 중심으로 나타난 대북전단 살포를 둘러싼 갈등은 남남갈등만으로는 해석될 수 없는 보다 복합적인 양상의 지정학적 충돌이다. 이는 단지 로컬 스케일에 고착된 형태가 아니라 초국경적 연계를 포함한 다양한 스케일의 이해와 힘들이 복잡하게 얽혀 나타나고 있으며, 이러한 새로운 지정학적 현실은 도시지정학이라는 새로운 이론적 접근의 필요성을 보여준다.

접경지역에서 안보위협은 항상 국경 너머, 북으로부터 오는 것으로 인식되었다. 여기에는 실제적인 위협과 정권의 필요에 의해 가공된 위협이 혼재했고, 이는 접경지역에 강력한 반공보수주의를 배태하여 오랫동안 지역정치를 규정짓는 힘으로 작동했다. 그러나 민주화와 남북관계 변화는 이러한 구조적 현실에 대한 새로운 변화를 가져와, 기존의 국가 독점의 반북·반공 정치에

이슈에 대한 분석을 의미하며, 심화란 안보를 국가의 생존으로만 한정하는 것이 아니라 기관, 개인과 집단 등 다양한 행위자를 포괄하는 것을 의미한다(Peoples and Vaughan-Williams, 2014: 5). 이 연구는 전단 살포를 둘러싼 상이한 이해를 가진 다양한 행위자들의 상호작용뿐만 아니라, 전통적인 군사안보 논리에 경제안보 등 새로운 안보 논리가 복합적으로 작동하고 있음에 주목했다는 점에서 도시공간에서의 안보 어젠다의 확장과 심화 모두를 논의하고 있다.

새로운 주체들이 등장을 가져왔을 뿐만 아니라, 친북·종북·빨갱이 등 적/아가 명확한 기존의 지정학 문법으로는 해석될 수 없는 새로운 변화를 지역정치구도에 가져왔다. 여기서는 이러한 변화가 가장 두드러지게 표출된 파주시를 구체적 사례로 분석했다.

대북전단 살포는 남북관계에 긴장을 초래했을 뿐만 아니라 우리 사회의 남남갈등을 증폭하는 데 있어서도 상당한 영향을 미쳤다. 그럼에도 불구하고 대북전단 살포에 대한 학문적 분석은 제대로 이루어지지 않았다. 전통적 지정학에 따르면 파주 지역은 북한과 마주하고 있는 군사적인 의미의 최전방이나, 최근 대북전단 살포를 둘러싼 갈등으로 새로운 지정학 전선들이 중첩되어 나타나고 있으며 중앙정부, 지방정부, 지역시민사회단체, 국내외의 북한 인권단체 등 다양한 지정학적 행위자들이 새로운 지정학 동학을 형성했다. 이 장에서는 대북전단 살포라는 지정학적 실천이 접경지역의 지정학을 어떻게 새롭게 재구성하는지 드러내고자 한다.

4. 한반도 접경지역의 도시지정학: 파주시 대북전단 살포를 둘러싼 갈등

1) 한반도 접경지역과 대북전단

2018년 초 개봉한 이창동 감독의 영화 〈버닝〉의 주요한 배경 중 한 곳으로 파주가 등장한다. 영화에서는 주인공 종수(유아인 분)가 파주의 시골집에 머무는 동안 간간히 대남방송을 들려주는데, 이는 일반 대중에게 헤이리나 아울렛으로만 알려진 파주의 고유한 지정학적 특성을 의도적으로 드러낸다. 이에 대해 이창동 감독은 "젊은 세대들은 대남방송이 없는 도시에서 살아가지만 실제로 어딘가에서는 들리고 있는, 그것이 우리의 일상을 지배하는 현실이다"라고 설명했다(강보라, 2018). 이 영화를 통해 이창동 감독은 남북 갈등과 대결은 한반도를 여전히 지배하고 있는 구조적 현실임을 상기시키고자 하

나, 영화를 통해 우리가 또한 확인할 수 있는 것은 이런 지정학적 갈등 구조
기 국토공간에 균일하게 삭농하는 것은 아니라는 것이다. 예를 들어, 영화의
또 다른 주요 배경인 강남 서래마을과의 대조를 통해 지역 간 경제적 격차만
이 아니라 지정학적 격차 또한 극명하게 보여준다. 즉, 분단·냉전·군사주의
등 지정학적 폭력과 갈등 구조가 더욱 두드러지게 드러나는 곳은 영화가 조
명한 파주와 같은 접경지역이며, 이는 국가 중심의 지정학적 접근이 아닌 도
시지정학적 접근을 통해 그 복잡성을 이해할 수 있다.

경계는 정치적 주체성의 생산과 조직화에 있어 주요한 역할을 담당하는데
(Mezzadra et al., 2013: xi), 분단과 냉전구조 하의 한반도 접경지역은 군사기지
들이 주민들의 일상생활공간에 깊숙하게 침투하면서 군사문화가 팽배했고,
적이자 위협으로서의 북을 끊임없이 세뇌하는 국가안보논리가 주민들의 의
식과 실천을 지배한 지정학적 공간이었다. 접경지역 원주민들은 한국전쟁의
가장 치열한 전장을 경험했고, 휴전 이후에도 대남방송, 포 소리 등을 통한
청각적 경험과 대남전단(삐라) 등의 시각적 경험을 통해, 그리고 그들을 지켜
준다는 명목으로 삶 속에 깊숙이 자리했던 군인들과 군사문화 등을 통해 정
치적으로 보수화되고 경직된 주체성을 형성할 수밖에 없었다. 그 결과 경기
도와 강원도 접경지역은 그간 각종 선거에서 안보벨트라고 불리면서 보수정
당에 압도적인 표를 몰아주었다. 그러나 고착화된 지역정치에 변화를 가져온
것은 역설적이게도 북한인권을 표방하는 보수단체들의 대북전단 살포행위였
다. 전단 또는 삐라는 "들리지 않던 총성", "종이폭탄"(이윤규, 2006)이라 호명
될 정도로 한국전쟁 시기 심리전에서 핵심적인 역할을 했고, 전쟁 이후 지속
된 체제경쟁, 냉전의 상징적 장치였다. 그리고 이런 장치를 주도적으로 그리
고 독점적으로 작동시킨 것은 국가권력이었다. 해방 이후 분단체제하에서 남
북 간의 체제선전전은 지속적으로 작동했으며, 이는 한반도가 여전히 냉전구
도에 있음을 확인시켜 주는 구체적 대상이었다.[14]

전단 살포를 포함한 대북심리전과 관련하여 1992년 9월 체결한 남북기본
합의서의 남북화해 관련 부속합의서 제3장 제8조에서는 "남과 북은 언론·삐

라 및 7 바의 다른 수단·방법을 통하여 상대방을 비방·중상하지 아니한다"라고 규정했으나 실제로 이행되지는 않았다. 그러나 2000년대 초반 남북 간의 화해 그리고 교류, 협력이 활발해지면서 2004년 6월 남북장성급군사회담에 따른 「서해 해상에서 우발적 충돌 방지와 군사분계선 지역에서의 선전활동 중지 및 선전수단 제거에 관한 합의문」을 통해 "방송과 게시물, 전광판, 전단 등을 통한 모든 선전활동과 풍선, 기구를 이용한 각종 물품 살포를 중지한다"라고 합의함으로써 정부 차원의 대북전단 살포는 실질적으로 중지되었다. 2016년 북한의 4차 핵실험 직후 국방부에서는 "북한 주민들에게 바깥세상의 소식을 알릴 수 있는 수단(전단)을 준비 중"(정용수, 2016)이라면서 정부 차원의 대북전단 살포 재개를 결정했으나(언론에서는 12년만의 대북전단 살포라고 설명), 실제로는 이미 2010년 연평도 포격 사건 이후 군에서는 대북 심리전 재개를 결정하고 전단 40여만 장을 살포했다(권혁철, 2010). 그러나 군 차원에서의 전단 살포는 북의 도발에 대한 대응의 측면에서 일시적이고 간헐적이었다. 반면에 정부 차원의 대북심리전 중단이 결정된 2004년 이후 대북전단 살포를 주도한 것은 탈북자들을 중심으로 한 보수단체, 종교단체 등 민간단체들이었다.[15] 이 단체들에 의한 전단 살포는 2000년대 중반부터 시작되어 특히

---

14 Jason Dittmer(2014)는 지정학에 대한 논의를 아상블라주(assemblage) 논의와 연결시키면서, 아상블라주 내에서의 상호작용은 구성요소의 특성(properties)이 아닌 역량(capacities) 간의 관계에 있으며 그 결과 아상블라주의 역동성이 만들어지는데, 이는 수많은 우발적인 미래들을 항상 가능케 하는 힘이라고 설명했다. 또한 그는 포스트휴먼 지정학(posthuman geopolitics)에 대해 주목하면서, 지정학을 이해하는 데 있어 동물, 자연 그리고 사물 등을 통합적으로 이해할 필요가 있음을 강조했다. 지정학에서의 이와 같은 새로운 인식 전환은 이 장의 연구에서도 유의미하게 연결되는데, 결국 대북전단이라는 물체(object)가 가지는 역량들(capacities), 즉 북한인권을 증진시키고 나아가 북한체제를 변화시킬 수 있는, 또는 남북관계를 악화시키고 국가안보를 위협하거나 지역경제에 악영향을 줄 수 있는 전단의 잠재성을 둘러싼 담론의 충돌은 파주 지역의 지정학적 아상블라주를 새롭게 구성하고 있다고 볼 수 있을 것이다.

15 대북전단 살포를 주도한 자유북한운동연합 박상학 대표는 한 언론과의 인터뷰에서 전단 살포를 시작한 동기에 대해 다음과 같이 밝혔다. "급기야 2004년 정부가 대북심리전은 물론 비무장지대(DMZ) 내 전광판과 스피커 방송까지 중단한다고 발표했다. 그래서 '도저히 안 되겠다. 말로만 하

2010년대 중반부터 본격화되었다. 경기북부 지역에서의 연도별 대북전단 살포 횟수는 2012년 48건, 2014년 50건, 2016년 42건, 2017년 8월까지 28건에 이르렀으며(최재훈, 2017), 가장 최근에는 2018년 5월 5일 오두산 통일전망대에서 대북전단 살포 퍼포먼스를 펼쳤다. 이러한 활동들은 기존의 국가에만 초점을 둔 냉전지정학과는 차별화된 현실이 한반도 접경지역에서 진행되고 있음을 단적으로 보여준다고 할 수 있다.

2) 대북전단 살포를 둘러싼 세 가지 층위의 지정학적 동학

여기서는 대북전단 살포를 둘러싼 갈등과 대응을 통해 파주라는 접경도시에서 새롭게 나타나고 있는 지정학적 동학(dynamics)에 대해 분석하고자 한다.[16] 이를 위해 대북전단 살포를 둘러싼 세 가지 다른 층위의 정치에 대해 살펴보겠다. 첫째, 대북전단 살포를 둘러싸고 직접적인 충돌을 빚은 전단살포집단과 반대집단 간의 정치, 둘째, 중앙정부의 입장 표명과 대응, 셋째, 지방정부의 대응이다. 이상 세 가지 상이한 그러나 서로 긴밀하게 맞물린 정치적 과정들에 대한 분석을 통해 행위자들의 실천과 담론에 대한 분석을 중심으로 대북전단 살포를 둘러싼 지정학적 이해와 욕망의 충돌과 대립을 이해하고자 하며, 이와 더불어 스케일의 정치라는 차원에서 또한 이러한 정치적 충돌에 대해 살펴보겠다. 앞서 논의했듯이 도시지정학은 단지 스케일을 낮춰 로컬 또는 도시 스케일에 대해서만 집중하는 것이 아니라, 여러 스케일에 걸쳐 다양한 행위자들의 지정학적 실천과 담론이 어떻게 복합적으로 얽히고 경

지 말고 북한 절대악에 물리적으로 항거해야겠다'고 마음먹고 시작했다. 대북전단은 최고의 심리전 도구다. 총 한번 안 쏘고 적을 무력화시킬 수 있는데 왜 그걸 못하게 하나"(정상원 외, 2015).

16 대북전단 살포는 주로 경기도 접경지역에서 이루어지는데, 특히 파주시에 위치한 오두산 통일전망대와 임진각은 그 상징성으로 인해 대북전단을 살포하는 단체에서 선호하는 것으로 알려져 있다. 해당 지역의 상인들과 주민들의 반발로 인해 이 두 곳은 대북전단 살포를 둘러싼 갈등이 가장 첨예하게 나타났다.

그림 4-2 지역상인들의 대북전단 살포 반대 관련 현수막
자료: 이승욱 촬영.

쟁하는 동시에 이들이 도시 현장을 중심으로 나타나고 있음을 주목한다. 이 장 또한 국가 중심의 지정학을 넘어서 아래로부터 구체적인 현장과 사건에 주목하는 '일상생활의 지정학(everyday geopolitics)'을 지향하고자 한다.[17]

첫째, 대추리, 매향리부터 최근 성주 사례에 이르기까지 기존의 지정학적 갈등과 충돌이 주로 정부 대 지역주민의 대결 양상을 보였던 것에 반해, 대북 전단 살포를 둘러싼 갈등은 대북전단 살포를 주도한 탈북자 단체들과 이에 반대하는 파주 지역의 시민사회단체, 지역상인들, 농민들 간의 충돌을 통해 가장 선명하게 드러났는데, 이는 위에서 살펴본 기존 접경지역에서의 정치뿐 만 아니라 남남갈등과도 상이한 새로운 양상을 나타냈다. 분단 이후 오랜 세

---

17 이런 의미에서 프레거니즈는 도시지정학 연구에서는 국가 중심에서 스케일이 조정된 주권(rescaled sovereignty)이라는 개념보다, 국가와 비국가행위자들이 조우하는 정치영역으로서의 하이브리드 주권(hybrid sovereignties)이라는 의미로 이해할 필요가 있다고 주장했으며, 즉 도시공간이 단순 히 배경인 것이 아니라 주권을 구성하는 데 있어서 그것의 역할에 주목할 필요가 있음을 강조했다 (Fregonese, 2012: 291, 294).

월 파주 지역의 주민들에게 안보에 대한 위협은 항상 휴전선을 넘어, 즉 경계를 넘어 북에서부터 오는 것으로 경험되었고, 장기간의 위협은 일상생활의 일부가 되면서 오히려 이런 위협으로부터 둔감해지는 결과를 낳았다. 서구 도시지정학에서는 주로 글로벌 차원에서의 위협이 도시공간과 삶에 영향을 주는 측면에 주목하면서 특히 9.11 이후 로컬 차원에서 공포가 어떻게 지속적으로 일상화되는지에 초점을 두었는데(Pain and Smith, 2016), 이에 대해 그레이엄은 신디 카츠(Cindy Katz)가 주장한 '존재론적 불안(ontological insecurity)'―일상적 도시생활에서 안전과 관련한 만연한 위기의식을 의미하는 사회학적 개념―과 연관 지어 서구 도시의 지정학적 현실에 대해 접근했다(Graham, 2004a: 17). 그러나 한반도 접경도시의 경우 여전히 냉전 체제하의 대립이 공간적으로 더욱 극명하게 작동한 결과 글로벌 차원의 지정학적 이슈나 이벤트보다는 국가 차원의 지정학 안보 논리가 강력하게 지배하는 한편, 로컬 차원의 일상생활에서는 '존재론적 불안'이 오히려 희석되는 양상을 보였다.[18] 즉, 한반도 접경지역의 주민들은 한국전쟁 이후 오랜 세월의 분단과 대립의 세월을 지내면서 북이라는 위협에 오히려 둔감해지고 익숙해졌는데, 대북전단 살포는 지정학적 공포와 위협을 다시금 되살리는 계기로 작동했다. 다시 말해, 오랜 기간 북이라는 존재로부터 오는 지정학적 공포는 항상 존재하는 것으로 당연시되었고 그 결과 시간이 흐르면서 여기에서 오는 위협에 대해 익숙해졌는데, 대북전단 살포사건은 이런 공포가 얼마든지 새롭게 생산될 수 있음을 극적으로 드러내었다.

대북전단 살포를 둘러싸고 벌어진 대립은 물리적 충돌뿐만 아니라 안보와 인권 등 다양한 담론들이 치열하게 경합했고, 이는 로컬 스케일을 넘어 남북

---

18 예를 들면, 지역에서 오래 거주한 주민들은 한국전쟁을 한복판에서 겪었고 휴전 이후에도 지역에서 간첩이 곧잘 출몰했다면서, 이에 비교할 때 현재의 북핵, 미사일 위기는 별것 아니라는 인식을 보였고, 북한에서 미사일을 발사해도 파주를 넘어 서울을 겨냥하기 때문에 파주는 전혀 위험할 것이 없다는 반응도 쉽게 접할 수 있었다(2018년 5~8월 지역주민들과의 인터뷰).

관계 악화, 남남갈등 등 국가적인 차원의 갈등 고조뿐만 아니라 초국가적 행위자들의 개입과 일부 집단의 스케일 점핑 등 초국가적 스케일로 확장되는 양상을 보였다. 그러나 이러한 갈등이 남남갈등 등과 같은 기존의 정치적·이데올로기적 대립과 차별화된 것은 대립하는 진영이 전통적으로 동원하던 담론들 대신에 오히려 서로의 담론들을 주요한 대항담론으로 적극적으로 전유했다는 것이다. 지역주민, 상인들은 지역 차원의 생명과 생존권에 대한 위협을 강조하면서 지정학적 안보 담론과 경제안보 담론을 적극적으로 동원했고, 시민사회단체들은 남북관계 악화라는 측면에서 국가적 스케일의 지정학적 안보의 위기를 강조했다. 따라서 이들은 정부에 국민의 생명과 안전, 그리고 재산을 보호해야 하는 국가의 역할을 지속적으로 환기하며 압박했다. 반면에 전단 살포집단의 경우 북한 주민들의 알 권리와 인권 증진을 역설하면서, 대북전단은 북한 주민에게 북한체제의 실상을 알리는 중요한 장치임을 강조했다. 전통적으로 보수진영은 군사독재시절부터 국가안보를 위해 국민의 자유와 기본권은 제한될 수 있다는 입장을 천명한 데 반하여 진보진영은 인권 탄압 등을 국제사회에 호소하면서 보수정권을 비판한 것을 고려한다면, 대북전단 살포를 둘러싸고 파주 지역에서는 정반대의 양상이 나타난 것이다. 예를 들어, 대북전단 살포를 주도한 자유북한운동연합 박상학 대표는 한 언론과의 인터뷰에서 전단을 처음 살포했을 때 '세계인권선언문'을 보냈다고 주장하면서 대북전단 살포를 "북한 주민을 위한 인권 활동"이라 규정했고(정상원 외, 2015), "암흑세계에 갇힌 북한 주민을 깨우치는 의미 있는 사업"(박상학, 2008)임을 강조했다. 이들은 철저히 선악구도에 기반한 규범적 사고를 기반으로 전단 살포를 통해 악을 응징한다는 당위성을 내세웠다.

한편, 북측에서는 대북전단 살포에 대해 "사실상의 선전포고"라고 강력하게 비판하면서 남북관계 개선을 위해 살포 중단을 지속적으로 요구했다(최봉진, 2018). 특히 2011년 당시 남북장성급군사회담 북측 단장은 남측에 "이러한(심리전) 행위가 계속된다면 임진각을 비롯한 반(反)공화국 심리모략행위의 발원지에 대한 우리 군대의 직접조준격파사격이 자위권수호의 원칙에서 단행될 것"이라면서 임진각 등 대북전단이 살포되는 곳에 대한 조준사격 방침을 통보했고, 2014년 10월에는 경기도 연천에서 살포된 대북전단 풍선을 향해 고사총을 발포하여 우리 군에서 대응사격을 하는 사태가 벌어지면서 한반도 긴장이 한층 더 고조되었다(곽재훈, 2011; 김귀근 외, 2014). 여기서 주목해야 할 것은 로컬 차원에서의 충돌과 갈등이 국가 스케일의 남북관계에도 악영향을 미치고 나아가 동아시아 지정학 질서에도 불안정을 가중시켰다는 것이다. 즉, 전쟁, 테러리즘 등과 같은 거대한 지정학적 변동이 로컬의 일상생활에 어떻게 영향을 미치는지에 초점을 두는 것이 서구 도시지정학의 주요한 경향이라면, 이 사례는 반대로 로컬 차원의 지정학적 실천이 어떻게 보다 광범위한 지정학적 갈등과 연계될 수 있는지를 보여주었다.

이러한 남북 간의 군사적 충돌은 대북전단 살포가 국가안보를 위협하고 지역주민의 생명과 안전을 위협한다는 전단 살포 반대진영의 담론을 더욱 강화하는 효과를 낳았다. 특히 아래에서 상세히 논의하겠지만, 전단 살포가 '표현의 자유'의 문제이기 때문에 제재할 수 없다는 정부와 군의 입장에 대해 "삐라 살포가 표현의 자유라는 문제 이전에 국민의 안전에 위협이 되는 지경에 이르렀다. 국가의 1차적인 존재의 목적은 국민의 생명과 재산을 지키는 것이다"[19] 또는 "대북전단 등 살포를 표현의 자유의 영역이라고 보아 내버려 두는 것은 국가안보에 지나친 위해를 끼치고, 국익에 치명적인 위험을 가져온다"(조민행, 2014)는 등의 비판이 지역사회와 시민사회단체들을 중심으로 제기되었다. 이와 같이 지역주민들은 생명과 안전의 위협이라는 측면에서 지역의 지정학적 안보불안을 강조했지만, 반대 시위에서 주축이 되었던 임진각과 오두산 통일전망대 인근 상인들과 식당 주인들 그리고 민통선 지역에서 농사를 짓는 농민들은 전단 살포에 따른 접경지역의 안보위기가 가져오는 경제적 영향, 즉 경제적 안보에 대한 위협이 전단 반대의 실질적인 동기로 작동했다.

---

19 고양시민사회연대회의 성명서(2014년 10월 22일).

인터뷰에 따르면 전단 살포에 뒤이은 남북 간 충격전으로 헤이리를 비롯하여 임진각 등 접경지역의 관광지를 찾는 관광객의 수가 급감했다. 특히 임신각의 경우 매출에서 큰 비중을 차지하는 중국인 관광객의 수가 급감했고 통일동산에 위치한 식당들은 서울 등 수도권 등지에서 오는 주말 관광객의 수가 현저히 줄어들었다. 농민들의 경우 접경지역의 군사적 긴장이 고조되면 민통선 출입이 제한되기 때문에 영농활동에 타격을 받았는데, "안보를 이유로 희생하면서 사는 주민들이 불안해서 농번기에 농사일도 제대로 편안히 못 하는 상황"으로 "우리가 편안하게 농사를 지을 수 있도록 국가에서 환경을 만들어 줘야 한다"라고 주장하면서 직접 트랙터를 몰고 나와 반대 시위에 참석했다 (우영식·권숙희, 2014).[20] 그런데 여기서 주목해야 할 것은 테러와의 전쟁에서 백인 교외 거주자들의 공포가 특히 강조되었듯이(Pain and Smith, 2016), 대북전단 살포 반대와 관련해서도 지역주민의 생존과 안전에 대한 위협이라는 담론이 적극적으로 강조되었다는 것이다.[21] 그러나 앞서 언급했듯이, 지역주민들은 군사적 긴장 격화에 따른 안보 위협에 대해 특별히 새롭게 인식한 것은 아니었다. 가장 앞장서서 대북전단 살포를 반대했던 이들도 인터뷰에서 이미 오랜 세월 북측의 군사도발에 대해 무뎌졌기 때문에 이로부터 생명과 안전의 위협을 실감했다기보다는, 오히려 이러한 군사적 충돌이 지역 외부의 사람들에게 접경지역의 안보불안에 대한 공포를 증폭시켜 경제적 타격을 입었음을 강조했다. 이는 결국 변경도시의 일상공간에서 경험하고 인지하는 안보는 다

---

20 농민들의 시위참여에 대해 한 지역신문 기자는 직접적으로 대북전단 살포에 반대 입장을 표명하기 어려웠던 파주시 정부가 은밀하게 움직인 결과라고 주장했는데(저자 인터뷰), 다른 인터뷰들을 통해 확인한 결과 농민들이 단지 지방정부에 이끌려 참여했다라고 볼 수 없을 정도로 상당히 적극적으로 반대 시위에 참여했고 이는 대북전단 살포가 그들의 영농활동에 직접적인 영향을 미쳤기 때문이었다.

21 2014년 12월에 경기도의회에서 통과된 「대북전단 살포 중단 촉구 결의안」은 "최근 대북전단 살포로 인한 남북 간의 군사적 충돌이 발생하고, 그로 인하여 접경지역 주민들의 생존권이 심각하게 위협받고 있다"라고 시작하고 있다.

른 지역과 상이할 뿐만 아니라, 특히 지역에서 경제활동을 통해 생계를 유지하는 이들에게 안보의 의미는 일반적, 추상적 수준에서의 안보와 차별화됨을 보여준다. 즉, 대북전단 살포는 지역에서 경제활동을 영위하고 살아가는 주민들의 일상생활을 위협하는 지정학적 폭력으로 인식되어 이에 대한 저항과 갈등이 촉발된 형국이라 볼 수 있다.

대북전단 살포를 둘러싼 갈등을 더욱 복합적으로 만든 것은 각 집단이 로컬 스케일에만 머물러 대립한 것이 아니라, 적극적으로 다양한 스케일에 걸쳐 정치적 실천을 확장시킨 것과 연관되었다. 북한민주화네트워크 등 전단 살포 참여단체들은 2013년과 2014년에 걸쳐 총리실로부터 민간경상보조사업 명목으로 총 2억 원의 재정적 지원을 받았고(김연정, 2014), 자유북한운동연합 등의 단체들은 미국인권재단(Human Rights Foundation, HRF)의 재정적 후원을 받았을 뿐만 아니라 살포 또한 함께 진행했다. 2018년 5월 5일 파주 오두산 통일전망대 대북전단 살포 퍼포먼스에도 북한자유연합 수잰 숄티(Suzanne Scholte) 대표가 함께 참여하여 "만약 북한 사람들이 진실을 알게 되면 북한 전체가 변화하게 될 것이다. …… 평화통일과 김정은 정권의 독재를 끝낼 수 있는 가장 좋은 방법이다. …… 자유의 땅[미국]으로부터 북한인권을 위해 싸우는 용감한 이들에게 후원을 전달한다. …… 진리가 그들을[북한 사람들을] 자유롭게 할 것이다"[22]라고 주장하면서 대북전단 살포의 중요성과 더불어 대북

---

[22] 이 발언에서는 서구 특유의 계몽주의적 태도를 쉽게 엿볼 수 있다. 북한 주민들을 아직까지 진실을 알지 못하는 상태로 만드는 동시에 자신들의 지위를 이들을 깨우쳐주는 이로서 재생산하고 있으며, 이런 태도는 전단 살포단체들과 이를 옹호하는 보수집단에서도 쉽게 확인할 수 있다. 인권대사를 지낸 제성호 중앙대 법대 교수는 국회 통일부 장관 인사청문회 참고인으로 출석하여 "북한 주민들이 외부 세계의 소식을 알고 자기 체제의 문제점도 알고 그럼으로써 북한 주민들에게 인권의식도 싹트게 할 수 있고, 북한이 지금 얼마나 …… 노예처럼 살고 있지 않습니까? 북한 사회의 진정한 주인은 김정은 체제, 그 부자들이 아니고 북한 주민이라는 것을 깨닫게 할 필요가 있는 거지요."라고 증언했다(2015년 3월 11일 제331회 제4차 외교통일위원회회의록 참조). 이명박 정부에서 외교안보수석을 지낸 천영우 또한 "북이 대북 심리전 중단에 이렇듯 혈안이 된 것은 외부정보 유입을 북한 체제의 근간을 흔드는 가장 심각한 위험으로 보기 때문"(천영우, 2015)이라고 주장했다. 그러

그림 4-3 대북전단 살포 집단의 스케일 점핑 사례
자료: 이승욱 촬영.

전단 살포단체들과의 연대를 강조했다(**그림 4-3** 참조).[23] HRF와 더불어 미국
민주주의진흥재단(National Endowment for Democracy, NED) 또한 1999년부터
2010년까지 미 의회 기금 670만~1190만 달러를 북한인권 관련 단체들에게
지원했다(Song and Hong, 2014: 43). 즉, 대북전단 살포는 국내뿐만 아니라 초
국경적 자본의 흐름과도 긴밀히 연계되었고, 이에 대항하여 대북전단 반대진
영 또한 국경을 넘나드는 지정학적 실천을 실행했다. 대북전단 살포에 반대

나 이러한 시각들은 북한 주민들을 외부정보로부터 철저히 차단되어 세계에 대해 무지한 상태로
치부하는 것인데, 이미 많은 보도를 통해 북에서도 한류열풍 등과 같이 외부정보에 대한 접근성이
높아지고 있다는 사실이 알려지고 있음에도 불구하고 북한 사회를 외부세계와 유리된 상태로 보는
것이야말로 오히려 현실과 괴리된 왜곡된 시선이라고 할 수 있다.

23 지역신문기자와 전단 살포 반대 대책위 관계자 등은 공통적으로 전단 살포의 실제 목적은 북한인
권을 위한 것이 아니라 돈벌이를 위한 것으로, 즉 정부와 미국인권단체로부터 돈을 받기 위한 목적
임을 지적했는데, 자유북한운동연합 박상학 대표 또한 이를 사실상 인정하면서 "삼성 현대는 단 한
푼도 안 줬다. 정부도 마찬가지다. 김대중 노무현 정부는 그렇다 치고 이명박 박근혜 정권에선 좀
지원해 줘야 하는데 만원 한 장 도와준 게 없다. 그래서 공개적으로 하는 거다"(정상원 외, 2015)라
고 주장했다. 2017년 정권 교체 이후 대북전단 살포가 눈에 띄게 줄어든 것도(최재훈, 2017) 전단
살포의 진정한 목적이 무엇인지에 대한 의구심을 더해준다.

하는 시민사회단체들은 '대한청년평화사절단'이라는 조직을 결성하고 2015년 3월 미국으로 건너가 NED와 HRF 앞에서 규탄기자회견을 진행했고, 백악관 앞에서는 평화의 풍선 날리기 퍼포먼스를 하면서 24시간 노숙농성을 했다(이재진, 2015).

대북전단 살포를 둘러싸고 직접적인 갈등을 빚은 두 집단은 서로의 담론들을 경쟁적으로 쟁취하는 한편, 공통적으로 다양한 스케일을 넘나들며 운동의 동력을 확보하고 의제를 확장하는 양상을 보였다. 그러나 이러한 물리적 대립의 기저에는 안보에 대한 상이한 시공간적 이해가 작동했는데, 전단 살포 집단의 경우 살포를 통해 북한 주민을 일깨워 장기적으로 북한의 체제를 바꾸는 것이 궁극적으로 안보를 확보하는 길이라는 인식을 깔고 있는 반면에,[24] 반대 집단의 경우 남북관계뿐만 아니라 해당 지역에 즉각적인 안보위협이 됨을 강조하면서 살포 중단을 요구했다.

둘째, 국가주권의 행사를 통해 국민의 생명과 안전을 보호해야 하는 중앙정부의 대응은 어떠했을까? 기본적인 입장은 '표현의 자유' 영역에 속하는 문제이기 때문에 개입할 수 없다는 것이었다. 일반적으로 주권은 "영토 내에서 폭력의 합법적 사용에 대한 독점을 통해 내부의 질서를 수호하고 외부의 위협으로부터 방어하는 국민국가의 배타적 권한"(Fregonese, 2012: 294)으로 이해되는데, 이러한 주권의 개념에 따르면 전단 살포에 의해 야기된 안보불안이라는 현실을 고려할 때—비록 로컬 차원에서는 무감하게 수용되었을지라도 국가 스케일에서는 군사적 긴장의 고조, 남북관계 악화 등으로 나타남—[25] 중앙정부

---

24 ≪뉴욕타임스≫ 칼럼니스트인 니컬러스 크리스토프(Nicholas Kristof)는 북한에 USB드라이브를 보내는 조직을 지원해야 할 것을 주장하면서 이것이야말로 값싸고 장기간에 걸쳐 북한의 변화에 기여할 수 있는 방법임을 강조했고(Kristof, 2017), 바른미래당 이종철 대변인은 "대북전단은 북한의 독재체제에 가장 치명적인 영향을 줄 수 있는 도구로 대포보다 강력한 무기"라고 주장하면서 문재인 정부의 대북전단 살포금지 조치 철회를 요구했다(고상민, 2017).

25 대북전단 살포 시 남북 양측 군에서는 즉각 대응태세를 갖추었는데, 우리 측에서는 1군단, 5군단, 6군단이 대응태세에 돌입했고 공군에서는 F-15K 전투기가 출격 대기하는 한편, 북한에서는 장사

가 "표현의 자유"라는 명분 뒤에 수권의 행사를 사실상 방기한 것이었다. 경기도의회에서 의결한 「대북전단 살포 중단 촉구 결의안」에서는 이러한 정부의 소극적 자세를 비판하면서 "대북전단 살포가 '명백·현존 위험의 원칙'에 의거, 표현의 자유를 제한할 수 있는 사안에 해당되며 「형법」, 「집회 및 시위에 관한 법률」, 「항공법」, 「남북교류협력에 관한 법률」 등의 실정법에 의해서도 그 행위가 제한될 수 있는 사안"임을 강조했다.[26] 여기서 흥미로운 것은 그동안 정치적 이해를 위해 안보위협을 강조하고 국가안보를 이유로 '표현의 자유'를 억압해 온 것이 군사독재시절부터 이어져 온 보수정권의 주요한 행태였다면, 대북전단 살포에 대해서는 오히려 상반된 입장을 취했다는 것이다.

대북전단 살포에 대한 중앙정부의 방관적 입장과는 달리 대북전단 살포를 둘러싼 갈등이 본격화된 박근혜 정부 시기에 이르러 국내 사회에서의 '표현의 자유'에 대한 억압은 오히려 광범위하게 진행되었다. 정부 비판 여론 통제를 목적으로 당사자가 아닌 제3자도 인터넷 명예훼손 심의를 신청할 수 있도록 '통신임의규정'을 개정했고, 포털 등에서 게시글을 임의로 차단하는 '임시조치'도 급증했다. 또한 박근혜 대통령 비판 전단 배포에 대해서도 구속수사를 했으며, 영화 〈천안함 프로젝트〉는 이틀 만에 상영 중단되었고, YTN, KBS 등에 대한 보도 개입과 함께 온라인에서 표현의 자유를 억압하는 제도적 장치가 새롭게 구축되었을 뿐만 아니라 오프라인에서도 법적 제재 등을 통해 표현의 자유를 침해하는 시도들이 만연했다. 이에 대응해 당시 야당인 새정치민주연합에서는 '표현의 자유 특별위원회'를, 그리고 정치권, 학계, 시민사회단체 차원에서는 '표현의 자유와 언론탄압 공동대책위원회'를 조직했고, 국

정포가 사격대기에 들어가는 등 남북 간 군사적 긴장이 고조되었다(박병수, 2014). 또한 북측에서는 2014년 10월 4일 인천아시안게임 참석을 계기로 합의한 제2차 남북고위급회담을 앞두고 벌어진 대북전단 살포에 대해 "삐라 살포 망동을 중단하지 않는 한 그 어떤 북남대화도, 북남관계 개선도 있을 수 없다"며 강력하게 항의했고 결국 회담은 무산되었다(김현우, 2014).

26 경기도의회 웹사이트 참조(http://kms.ggc.go.kr/minutes/xcom/appendixDownLoad.jsp?mUid=52553&mDaesu=9).

제앰네스티에서 또한 국가보안법의 자의적 적용에 따른 표현의 자유 및 집히·시위의 자유가 침해되고 있음을 비판할 정도로 '표현의 자유'는 심각하게 침해되었다(윤보람, 2015).

반면에 대북전단 살포에 대해 류길재 당시 통일부 장관은 국회 외교통일위원회 국정감사에서 "대북전단은 허용을 하고 막고 하는 그런 문제가 아니라고 봅니다. 우리 국민들이 헌법에 보장되어 있는 권리를 행사하는 것이기 때문에 그런 입장을 저희는 갖고 있습니다"[27]라고 주장했고, 뒤를 이은 홍용표 당시 통일부 장관후보자 또한 국회 인사청문회에서 "기본적으로 대북전단 살포 자체를 우리가 아무런 법적 근거 없이 막을 수는 없습니다. 그것은 표현의 자유에 해당하는 것이고, 거기에 대해서는 지금 국제적으로 우려가 큰 부분이고 우리 헌법의 가치에 관련된 문제"임을 강조했다.[28] 대통령 비판 전단에 대해서는 강경한 입장을 취하며 법적 제재를 가하는 반면, 대북전단에 대해서는 표현의 자유이기 때문에 허용할 수밖에 없다는 것은 이중 잣대라는 문제를 넘어 대북전단이 사실상 정부의 정치적 이해와 긴밀히 연결되어 있음을 보여준다.

즉, 대북전단 살포행위가 국가의 고유한 영역성을 침범하고 그 결과 안보불안을 가져오고 있음에도 정부는 별다른 조치를 취하지 않았는데, 이는 비국가행위자들에 의한 영역성의 도전과 이에 따른 국가주권의 약화를 의미한다기보다는 오히려 이런 영역성의 침해가 당시 정부에서 추진했던 '통일준비위원회'와 같이 북한 정권 붕괴에 따른 흡수통일이라는 목표에 부합하기 때문에 용인되었다고 볼 수 있다(김연철, 2016). 이와 관련해 당시 정부와 여당은 야당이 '대북전단 살포를 지원하기 위한 법안'으로 규정한 「북한인권법」을 통과시켰는데,[29] 해당 법 10조에는 북한인권재단을 통해 북한인권을 증진

---

27 2014년 10월 24일 2014년도 국정감사 외교통일위원회회의록 참조.

28 2015년 3월 11일 제331회 제4차 외교통일위원회회의록 참조.

29 인터뷰에서 한 파주시의회 의원은 「북한인권법」을 대북전단법이라고 칭했는데(저자 인터뷰, 2018년

하기 위한 시민사회단체 지원임을 명시했다(이재호, 2016). 결국 이는 주권이란 국가가 단순히 독점하는 것이라기보다는 특정한 맥락과 이해관계에 따라 지속적으로 협상되는 것임을 드러낸다(Fregonese, 2012: 294).[30] 즉, 비국가행위자들[또는 국가로부터 재정적 지원을 받는 등 국가와 연계된 반(半)국가행위자들]의 탈영역적(de-territorializing) 실천에는 미국민주주의진흥재단과 같은 초국가적 연계를 통한 지원과 더불어 이러한 탈영역적 실천을 방기 또는 비호하는 국가의 역할이 함께 작동하고 있다고 볼 수 있다.

셋째, 대북전단 살포에 대해 방관 그리고 간접적 지원의 입장을 취한 중앙정부와는 달리, 지방정부의 대응은 일면적이기보다는 보다 복합적인 양상을 보였다. 이는 전단 살포를 둘러싼 갈등이 고조되었던 2014년 중반 이후 당시 파주시장 이재홍이 여당이었던 새누리당 출신이었기 때문에 전단 살포에 대한 중앙정부의 입장을 고려하지 않을 수 없었던 반면에, 전단 살포에 대한 지역주민들의 반대여론 또한 무시할 수 없었던 정치적 입장에서 기인했다. 이러한 정치적 복합성은 지방의회에서도 드러났다. 당시 야당이었던 새정치민주연합이 과반수 이상을 차지했던 경기도 의회에서는 「대북전단 살포 중단 촉구 결의안」이 통과될 수 있었으나, 오히려 대북전단 살포의 핵심 현장으로 이를 둘러싼 갈등이 가장 첨예했던 파주시 의회에서는 새누리당이 다수당이었기

4월 20일), 이러한 견해는 중앙정치권에서도 확인할 수 있다. 보도에 따르면 전단 살포에 따른 갈등이 고도되던 2014년 11월 새누리당 김무성 대표가 새정치연합 문희상 비상대책위원장에게 「북한인권법」과 「대북전단 살포 금지법」을 함께 처리할 것을 제안했으나 이에 대해 문 위원장은 "대북단체나 기획탈북자를 지원해 (북한에) '삐라'를 보내는 법인데 어떻게 통과시키느냐"라고 대답했다(구교형·정환보, 2014).

30 탈북자 이민복은 경찰관과 군인들의 대북전단 살포 방해에 따른 정신적 피해에 대해 국가 배상을 요구하는 소송을 제기했는데, 의정부지법 민사에서는 "북한의 인권 탄압 실상을 알리고 북한 정권에 대한 비판을 위해 대북전단을 실은 풍선을 북한으로 날리는 것은 표현의 자유에 속한 것이어서 적법하다"고 인정하면서도 "표현의 자유가 무제한적인 것이 아니며 모든 자유와 권리는 국가안전보장, 질서유지 또는 공공복리를 위해 필요한 경우에 한해 법률에 근거해 제한할 수 있다"라면서 소송을 기각했고, 2016년 3월 대법원에서 원심을 확정했다(연합뉴스, 2015).

때문에 「대북전단 살포 중단 촉구 결의안」이 부결되었다.[31] 지역주민의 안전을 외면한다는 여론이 제기되자 새누리당 측에서는 대북전단 살포 중단이 아닌 자제로 표현을 대신하고 이를 촉구하는 성명서를 발표했다(박상돈, 2014). 전단 살포 반대운동에 참여했던 이들은 파주시의 대응에 아쉬움을 표하면서 파주시장 역시도 중앙정부의 입장으로부터 자유로울 수 없었기 때문에 전단 반대운동에 대해 적극적으로 호응하지 않았다고 주장했다.[32] 이런 시의 입장을 상징적으로 보여준 사건은 대북전단 살포단체에서 살포계획을 발표하자 반대단체를 주축으로 임진각에서 밤샘 농성을 했던 2014년 10월 말 이재홍 파주시장과 주민여론 담당국장 등이 일본 자매도시 축제를 방문하여 전단 살포 대응에 회피적인 입장을 취한 것이었다. 이에 대해 "이 시장은 귀국하면 대북전단 살포행위에 대한 입장을 분명히 밝히고 향후 대책을 시민들에게 소상히 알려야 한다. 그렇지 않으면 이번 일본 방문은 책임 회피 의혹 등 순수성에 의심을 받을 수밖에 없다"는 등 지역주민들의 불만이 강력하게 제기되었다(경향신문 디지털뉴스팀, 2014).

그러나 지방정부에서 중앙정부의 눈치를 보고 전단 살포에 대해 일관되게 외면했다고 보기는 어렵다. 오히려 중앙정부의 입장을 고려해 적극적으로 대북전단을 반대하지 못했지만 뒤에서는 은밀하게 전단 반대운동을 지원했다. 한 지역신문사 기자는 농민들이 주도한 트랙터 시위는 자발적인 움직임이 아니라 농업기술센터를 통해 지방정부가 뒤에서 지원한 것이라고 주장했다. 농민들의 자발적 참여 여부에 대해서 반대시위 참여자들에 따라 의견이 엇갈렸는데, 일부 인사는 보수적 정서가 강하고 기존에 시위에 참여한 적이 전혀 없는 농민들이 지역 시민사회단체와의 연계도 취약한 상황에서 자발적인 의지

---

31 이에 대해 한 시의원은 당시 지역의 국회의원이었던 새누리당 황진하 의원이 「북한인권법」을 추진 중이었기 때문에 같은 당 시의원들이 눈치를 볼 수밖에 없었다고 설명했다(저자 인터뷰, 2018년 4월 20일).

32 반대운동에 참여한 종교단체 인사와 지역언론사 기자에 대한 저자 인터뷰(2017년 10월 14일).

로만 참여했다고 보기는 어렵다고 지적했다. 또한 임진각과 통일동산에서 각각 전단 살포 반대시위에서 주도적이었던 인사들과의 인터뷰에 따르면, 전단 살포 단체들의 움직임을 지역경찰이 미리 알려주었고 심지어 반대 시위 조직화를 독려하기까지 했다. 이러한 지방정부 차원의 대응은 대북전단 살포에 따른 접경지역 긴장 고조와 안보불안이 안보관광과 영농활동 등 지역의 경제 활동에 피해를 끼쳤기 때문에 중앙정부의 입장만을 고려할 수 없었던 것으로 보인다.

이와 같이 파주지역을 중심으로 나타난 대북전단 살포를 둘러싼 다양한 층위의 지정학적 갈등은 이를 둘러싼 다양한 정치적·경제적 이해가 복잡하게 맞물렸을 뿐만 아니라, 이러한 이해들을 대변하기 위해 '안보', '표현의 자유', '인권' 담론의 동원과 함께 스케일을 넘나드는 관계 구축과 실천이 동반되었다. 특히 기존 서구의 도시지정학에서는 글로벌 차원의 지정학적 갈등이 로컬의 일상생활에 영향을 미치는 하향식(top-down) 접근이 지배적이었다면, 이 사례는 지역 차원의 갈등이 지역을 넘어 국가적인 정치적 갈등과 초국가적 실천으로 이어지는 독특한 양상을 드러내었다.

5. 결론

2018년 9월 말 평양에서 개최된 남북정상회담에서는 역사상 처음으로 공동선언의 부속합의서로 군사 분야 이행을 위한 합의서를 채택했다. 그 주요 내용은 다음과 같다.

1조　남과 북은 지상과 해상, 공중을 비롯한 모든 공간에서 군사적 긴장과 충돌의 근원으로 되는 상대방에 대한 일체의 적대행위를 전면 중지하기로 하였다.

2조　남과 북은 비무장지대를 평화지대로 만들어 나가기 위한 실질적인 군사적 대책을 강구하기로 하였다.

4조 남과 북은 교류협력 및 접촉 왕래 활성화에 필요한 군사적 보장대책을
강구하기로 하였다.

물론 북핵과 관련한 북미관계의 변화가 뒤따라야 하지만, 남북 군사 분야 합의는 냉전과 분단체제 하의 갈등과 대립의 지정학에 새로운 변화를 가져올 것이고, 이는 특히 접경지역을 중심으로 더욱 극적으로 나타날 것이다. 합의서에서 제시되었듯이, 세계에서 가장 중무장된 비무장지대라고 불렸던 남북 간 접경지역은 교류와 협력을 통해 새로운 평화가 정착될 것이고, 이는 다시금 지경학적 가능성의 부상을 동반할 것이다. 이미 제73주년 광복절 경축사에서 문재인 대통령은 "지금 파주 일대의 상전벽해와 같은 눈부신 발전도 남북이 평화로웠을 때 이뤄졌습니다"라고 주장하면서, 한반도 평화 정착 이후 경기도와 강원도의 접경지역에 통일경제특구를 설치하겠다는 계획을 발표했다. 2018년 7월 취임한 파주시장 또한 이러한 대통령의 계획에 호응하여 새로운 안보-개발 넥서스 비전을 선언했다.

> 문재인 대통령의 대선 공약이기도 한 '통일경제특구'는 파주시 일대에 국제평
> 화 협력단지를 조성하자는 것 …… 미국, 중국, 일본, 러시아 등 여러 나라가 참
> 여하는 동북아 최대의 국제협력단지로 발전시키면 동북아 및 유라시아 상생경
> 제권의 중요한 축이 될 것이며 남북의 정세를 뛰어넘는 평화·안보의 안전판으
> 로도 함께 자리 잡게 될 것……[33]

이러한 변화가 2000년대 초중반과 같이 지경학적 희망으로 잠시 대두되었다 다시 수그러들지 아니면 항구적 변화로 이어질지에 대해서는 좀 더 지켜

---

33 파주시 보도자료 "파주시, 통일경제특구 청사진 제시"(2018년 7월 9일).

봐야 할 것이다. 그러나 이는 단지 국가 간 합의나 정부의 정책으로만 담보되는 것은 아니다.

대북전단 살포를 둘러싼 갈등은 파주와 같은 접경지역과 군사기지도시에 팽배했던 보수적 정치문화를 넘어서 이제까지 없었던 새로운 반대운동을 이 끌어내었고, 이는 기존의 지역정치 구도에서는 상상조차 하지 못했던 것이었다. 물론 이러한 반대운동을 지역주민의식의 근본적인 변화로 해석하기에는 아직 이르지만, 이들의 의식과 삶을 강력하게 규정했던 국가안보담론이 약화되고 있는 것은 분명한 사실이다. 그러나 지역의 고착화된 지정학적 비전이 흔들리면서 새롭게 부상할 지경학적 가능성이 과연 누구를 위한 것인가에 대한 질문 또한 멈춰서는 안 될 것이다. 이는 오랜 세월 온갖 지정학적 질곡으로부터 억눌려 왔고 개발로부터 소외된 접경지역의 주민들에게 단지 개발을 시혜하는 것의 문제가 아니라, 기존의 안보담론정치로부터 새로운 정치적 주체성을 어떻게 구축할 것인지에 대한 문제와 더욱 긴밀히 연계될 것이다.

:: 참고문헌

강보라. 2018. "[인터뷰] 〈버닝〉 이창동 감독, 관습에 저항하는 영화 … 낯설게 하기." ≪싱글리스트≫, 5월 26일, http://www.slist.kr/news/articleView.html?idxno=34836#09Pr(최종접속: 2018.9.15)

경태영. 2014. "파주·고양 시민사회단체 대북전단 살포 중단 및 제제 촉구." ≪경향신문≫, 10월 23일, http://news.khan.co.kr/kh_news/khan_art_view.html?artid=201410231344171&code=620109#csidxcbda3df94d01e8ba0cc5d63f8032ddf(최종접속: 2018.9.3)

경향신문 디지털뉴스팀. 2014. "대북전단으로 주민 불안 파주시 … 시장은?" ≪경향신문≫, 10월 26일, http://news.khan.co.kr/kh_news/khan_art_view.html?art_id=201410262032141#csidxeea64e81d31d2599022f345a2589ae6(최종접속: 2018.9.3)

고상민. 2017. "보수야당 '대북전단 살포금지 지시는 북한 눈치보기'." 연합뉴스, 8월 5일, http://www.yonhapnews.co.kr/bulletin/2017/08/05/0200000000AKR20170805052900001.HTML (최종접속: 2018.9.15)

곽재훈. 2011. "北 임진각 등 심리전 발원지에 직접 조준 격파 사격." ≪프레시안≫, 2월 27일,

http://www.pressian.com/news/article.html?no=61800(최종접속: 2018.9.5)

구교형·정환보. 2014. "북한인권법 '대북'전'단' 지원'이 최대 쟁점." ≪경향신문≫, 11월 24일, http://news.khan.co.kr/kh_news/khan_art_view.html?artid=201411242201025&code=910402#csidx45d476e65ddad95bc9d422a611f47b3(최종접속: 2018.9.15)

권혁철. 2010. "대북전단지 40만 장 살포 … 심리전 재개." ≪한겨레≫, 11월 26일, http://www.hani.co.kr/arti/politics/defense/450984.html(최종접속: 2018.9.14)

김경수. 2015. "북한 인권 vs. 남한 인권: 대북전단 살포와 정부 대응자세 변화의 함의." ≪프레시안≫, 1월 16일, http://www.pressian.com/news/article.html?no=123263(최종접속: 2018.9.3)

김귀근·홍지인·최재훈. 2014. "北, 대북전단 향해 고사총 발사 … 軍, 기관총 대응사격." 연합뉴스, 10월 10일, http://www.yonhapnews.co.kr/bulletin/2014/10/10/0200000000AKR20141010189854043.HTML(최종접속: 2018.9.15)

김연정. 2014. "대북전단 살포 참여단체 총리실서 2억 지원받아." 연합뉴스, 10월 24일, http://www.yonhapnews.co.kr/politics/2014/10/24/0505000000AKR20141024079951001.HTML(최종접속: 2018.9.14)

김연철. 2016. "박근혜 정권 '본색' 드러낸 북한 붕괴론 동북아 외교서 한국 역할만 붕괴할 수도." ≪경향신문≫, 2월 18일, http://news.khan.co.kr/kh_news/khan_art_view.html?art_id=201602182227325#csidx4f9f35280465907b266de12ee2d59b4(최종접속: 2018.9.5)

김영석. 2015. "탈북·보수 시민단체, 26일 대북전단 살포 강행 예고." ≪세계일보≫, 3월 23일, http://www.segye.com/newsView/20150322003025(최종접속: 2018.9.14)

김원식. 2015. "평화단체 뉴욕서 '대북전단 살포 규탄' 집회 개최." ≪민중의 소리≫, 3월 22일, http://www.vop.co.kr/A00000862913.html(최종접속: 2018.9.15)

김현우. 2014. "남북 '삐라 충돌' 격화 … 고위급 회담 문 닫는 소리." ≪한국일보≫, 11월 2일, http://www.hankookilbo.com/News/Read/201411021778020640(최종접속: 2018.9.11)

박병수. 2014. "북 장사정포 갱도서 나오고, 남 F-15K 미사일 장착했었다." ≪한겨레≫, 10월 20일, http://www.hani.co.kr/arti/politics/defense/660505.html#csidxcf9460cc4fdb63a81b73f697c1b965b(최종접속: 2018.9.5)

박상돈. 2014. "파주시의회, '대북전단 살포 중단 결의안' 놓고 남남갈등?" ≪중부일보≫, 11월 6일, http://www.joongboo.com/news/articleView.html?idxno=954610(최종접속: 2018.9.5)

박상학. 2008. "암흑세계 북한주민들 일깨워 … 계속 해야." ≪통일한국≫, 11월, 34~35쪽.

신양식. 2006. "대추리와 국가." ≪정세와 노동≫, 14, 112~120쪽.

연합뉴스. 2015. "[연합시론] '대북전단 살포' 3府 견해차에 국민만 혼란스럽다." 1월 7일, http://www.yonhapnews.co.kr/northkorea/2015/01/07/1801000000AKR20150107085100022.HTML(최종접속: 2018.9.5)

연합뉴스. 2017. [전문] 트럼프 대통령 국회연설, 11월 8일, http://www.yonhapnews.co.kr/bulletin/2017/11/08/0200000000AKR20171108128400001.HTML(최종접속: 2018.9.5)

우영식·권숙희. 2014. "'대북전단 막겠다' 파주 주민·상인·시민단체 강경 대응." 연합뉴스, 10월 21일, http://www.yonhapnews.co.kr/bulletin/2014/10/21/0200000000AKR2014102111515 1060. HTML(최종접속: 2018.9.5)

윤보림. 2015. "'박근혜정부 2년, 한국 인권상황 후퇴', 국제앰네스티." 연합뉴스, 2월 25일, http://www.yonhapnews.co.kr/bulletin/2015/02/25/0200000000AKR20150225096800004. HTML(최종접속: 2018.9.11)

이윤규. 2006. 『들리지 않던 총성 종이폭탄: 6.25 전쟁과 심리전』. 지식더미.

이재진. 2015. "백악관 앞에서, 풍선을 날려보자?" ≪미디어오늘≫, 3월 24일, http://www.mediatoday.co.kr/?mod=news&act=articleView&idxno=122365(최종접속: 2018.9.9)

이재호. 2015. "김정은 몰락, 北 체제 몰락과 별개 문제다." ≪프레시안≫, 6월 18일, http://www.pressian.com/news/article.html?no=127374(최종접속: 2018.9.5)

_____. 2016. "정부 예산으로 대북전단 살포 지원?" ≪프레시안≫, 8월 30일, http://www.pressian.com/news/article.html?no=140749#09T0(최종접속: 2018.9.3)

정상원·김광수·강윤주·송은미. 2015. "사기꾼이라 불러도 개의치 않아 … 대북전단 살포는 인권활동." ≪한국일보≫, 3월 23일, http://www.hankookilbo.com/v/56dff3acfbe748a4a0341805b5463f92(최종접속: 2018.9.5)

정영신. 2012. 「동아시아의 안보분업구조와 반기지운동에 관한 연구」. 서울대학교 대학원 사회학과 박사학위논문.

_____. 2017. 「국가와 군사기지에 대항하는 공동체의 투쟁」. ≪창작과 비평≫, 45(2), 316~335쪽.

정용수. 2016. "군 12년 만에 대북전단 살포하기로", 2월 26일, https://news.joins.com/article/19634474(최종접속: 2018.9.8)

조민행. 2014. "대북전단 살포, '일반이적죄'로도 처벌 가능." ≪오마이뉴스≫, 10월 28일, http://www.ohmynews.com/NWS_Web/View/at_pg.aspx?CNTN_CD=A0002047443(최종접속: 2018.9.7)

≪중앙일보≫. 2015. "북한 변화시키는 대북전단, 금지해선 안 된다", 8월 7일, https://news.joins.com/article/21821034(최종접속: 2018.9.7)

천영우. 2015. "北의 전단 공포와 '살포 쇼.'" ≪동아일보≫, 2월 6일, http://news.donga.com/3/all/20150206/69506816/1(최종접속: 2018.9.5)

최봉진. 2018. "대북전단 살포 실효성 인정해도 … 지금은 안 된다." ≪오마이뉴스≫, 5월 4일, http://www.ohmynews.com/NWS_Web/View/at_pg.aspx?CNTN_CD=A0002431054(최종접속: 2018.9.15)

최재훈. 2017. "'떠들썩' 풍선날리기에서 쌀병 띄우기로 … 달라진 대북전단." 연합뉴스, 12월 3일, http://www.yonhapnews.co.kr/bulletin/2017/12/01/0200000000AKR20171201165700060. HTML?input=1179m(최종접속: 2018.9.3)

Abrahamsen, R., D. Hubert and M. C. Williams. 2009. "Guest editors' introduction: Special issue on urban insecurities." *Security Dialogue*, 40(4-5), pp. 363~372.

Appadurai, A. 1996, *Modernity at Large: Cultural Dimensions of Globalization.* Minneapolis: University of Minnesota Press.

Auslin, M. R. 2017. *The End of the Asian Century.* New Haven and London: Yale University Press.

Coleman, M. 2007. "A Geopolitics of engagement: Neoliberalism, the war on terrorism, and the reconfiguration of US immigration enforcement." *Geopolitics*, 12(4), pp. 607~634.

_____. 2009. "What counts as the politics and practice of Security, and where? Devolution and immigrant insecurity after 9/11." *Annals of the Association of American Geographers*, 99, pp. 904~913.

_____. 2013. "Intellectuals of statecraft." M. Kuus, K. Dodds & J. Sharp(eds.). *The Routledge Research Companion to Critical Geopolitics*. London and New York: Routledge, pp. 493~508.

Dittmer, J. 2014. "Geopolitical assemblages and complexity." *Progress in Human Geography*, 38(3), pp. 385~401.

Flint, C. 2006. "Book Reviews: Cities, War, and Terrorism: Towards an Urban Geopolitics." *Annals of the Association of American Geographers*, 96(1), pp. 216~218.

Fregonese, S. 2012. "Urban geopolitics 8 years on. Hybrid sovereignties, the everyday, and geographies of peace." *Geography Compass*, 6(5), pp. 290~303.

_____. 2017. "Affective atmospheres, urban geopolitics and conflict (de)escalation in Beirut." *Political Geography*, 61, pp. 1~10.

Friedman, T. L. 2005. *The World is Flat: A Brief History of the Twenty-First Century*. New York: Farrar, Strauss, and Giroux.

Graham, S. 2004a. "Introduction." S. Graham(ed.). *Cities, War, and Terrorism: Towards an Urban Geopolitics.* , Malden, MA: Blackwell Publishing, pp. 1~25.

_____. 2004b. "Cities as strategic sites: Place annihilation and urban geopolitics." S. Graham(ed.). *Cities, War, and Terrorism: Towards an Urban Geopolitics*. Malden, MA: Blackwell Publishing, pp. 31~53.

_____. 2004c. "Postmortem city: Towards an urban geopolitics 1." *City*, 8(2), pp. 165~196.

_____. 2009. "The urban 'battlespace'." *Theory, Culture & Society*, 26(7-8), pp. 278~288.

_____. 2010. *Cities under Siege: The New Military Urbanism*. London and New York: Verso.

Harris, A. 2015. "Vertical urbanisms: Opening up geographies of the three-dimensional city." *Progress in Human Geography*, 39(5), pp. 601~620.

Hyndman, J. 2004. "Mind the gap: bridging feminist and political geography through geopolitics." *Political Geography*, 23(3), pp. 307~322.

Kristof, N. 2017. "Inside North Korea, and feeling the drums of war." *The New York Times*, 5 October, https://www.nytimes.com/2017/10/05/opinion/sunday/nuclear-north-korea.html (Accessed 5 October 2018)

Lee, S-O. 2015. "A geo-economic object or an object of geo-political absorption? Competing visions of North Korea in South Korean politics." *Journal of Contemporary Asia*, 45(4), pp. 693~714.

Lee, S-O., N. Jan and J. Wainwright. 2014. "Agamben, postcoloniality, and sovereignty in South Korea." *Antipode*, 46(3), pp. 650~668.

Mezzadra, S., and B. Neilson. 2013. *Border as Method, or the Multiplication of Labor*. Durham and London: Duke University Press.

Ó Tuathail, G. 1997. "At the end of geopolitics? Reflections on a plural problematic at the century's end." *Alternatives*, 22(1), pp. 35~55.

Pain, R., and S. J. Smith. 2016. "Fear: Critical geopolitics and everyday life." R. Pain and S. J. Smith(eds.). *Fear: Critical Geopolitics and Everyday Life*. London and New York: Routledge, pp. 1~24.

Peoples, C., and N. Vaughan-Williams. 2014. *Critical Security Studies: An Introduction, 2nd Edition*. London and New York: Routledge.

Rokem, J., et al., 2017. "Interventions in urban geopolitics." *Political Geography*, 61, pp. 253~262.

Rokem, J., and C. Boano. 2018. "Introduction: towards contested urban geopolitics on a global scale." J. Rokem and C. Boano(eds.). *Urban Geopolitics: Rethinking Planning in Contested Cities*. London and New York: Routledge, pp. 1~13.

Rossi, U., and A. Vanolo. 2012. *Urban Political Geographies: A Global Perspective*. Sage. London and New York.

Sassen, S. 2012. "An emergent urban geopolitics." http://www.saskiasassen.com/pdfs/london/an-emergent-urban-geopolitics.pdf(최종접속: 2018.9.15)

Sidaway, J. D. 2009. "Shadows on the Path: Negotiating geopolitics on an urban section of Britain's south west coast path." *Environment and Planning D*, 27(6), pp. 1091~1116.

_____. 2018. "Afterword: lineages of urban geopolitics." J. Rokem and C. Boano(eds.). *Urban Geopolitics: Rethinking Planning in Contested Cities*. London and New York: Routledge, pp. 234~235.

Smith, N. 2006. "Book Reviews: Stephen Graham(ed.) 2004. 'Cities, War, and Terrorism: Towards an Urban Geopolitics'. Malden, MA: Blackwell Publishing." *International Journal of Urban and Regional Research*, 30(2), pp. 469~470.

Song, D-H., and C. Hong. 2014. "Toward 'The Day After'." *Critical Asian Studies*, 46(1), pp. 39~64.

Sparke, M. 2007. "Geopolitical fears, geoeconomic hopes, and the responsibilities of geography." *Annals of the Association of American Geographers*, 97(2), pp. 338~349.

Wallerstein, I. 2010. "What Cold War in Asia? An interpretative essay." Z. Yangwen, H. Liu and M. Szonyi(eds.). *The Cold War in Asia: The Battle for Hearts and Minds*. Leiden and Boston: Brill, pp. 15~24.

제5장

여성주의 지정학과 북한인권[*]

탈북여성의 인신매매에 대한 담론 비판

최은영

내가 인신매매를 당하고 매일 밤 두드려 맞은 기억도 있기에 인신매매가 얼마나 참혹한지 알고 있습니다. 그럼에도 불구하고 나는 더 많은 북한여성들이 인신매매를 당해서라도 중국을 거쳐 안전한 제3국으로 나오기를 바랍니다. 우리가 성적으로 부도덕하고 문란하다고 비판하지 마세요. 만약 당신이 인생에서 3일을 꼬박 굶은 경험이 없다면, 그리고 당신 눈앞에서 굶주려서 당신 가족이 죽어가는 것을 본 적이 없다면, 당신은 우리를 비난할 자격이 없습니다.

_ 최진이, 여, 2006년, 서울

1. 서론

북한인권은 남북관계뿐 아니라 국제정치의 중요한 이슈이다. 미국 트럼프

---

* 이 장은 Eunyoung Choi(2014), "North Korean Women's Narratives of Migration: Challenging Hegemonic Discourses of Trafficking and Geopolitics", *Annals of the Association of American Geographers*, 104(2), pp. 271~279를 번역, 수정, 보완한 것임.

대통령이 2018년 1월 30일 취임 후 첫 연두교서에서 북한인권 사안을 주요하게 다룰 만큼, 북미관계에서 미국은 북한에 압력을 가하고 미국이 주도권을 확보하는 데 북한인권 문제를 전략적으로 활용한다(한동호, 2018: 1~2). 이 장은 북한인권 중 범위를 좁혀 북한여성의 인신매매에 대한 국제적 논의를 집중적으로 다루고자 한다. 북한여성의 인신매매에 대한 담론 및 실천은 지정학적 긴장을 그대로 드러낸다. 북한여성의 인신매매가 가장 활발했던 때는 1990년대 후반부터 2000년대 중반까지였고 그 후로 감소세였으나(북한인권정보센터, 2010: 298),[1] 국제사회는 2000년대 중반부터 탈북여성이 겪는 인신매매에 지대한 관심을 보였다(Human Rights Watch, 2002; 강차연, 2004; Muico, 2005; Amnesty International, 2009; Committee for Human Rights in North Korea, 2009; U.S. State Department, 2003~2018). 대부분의 언론과 인권단체, 관심 국가들은 국제사회에 북한여성이 겪는 인권 실태를 알리기 위해 노력했다. 이들은 인신매매가 발생하는 북한과 중국에 압력을 가하여, 인신매매로 고통받는 북한여성을 보호하고 구출해 내는 데 국제사회가 공조할 필요성을 강조했다.

특히 미국은 이 논의에서 핵심적 역할을 한다. 미국 국무부 인신매매 모니터링 및 근절 부서의 책임자였던 밀러(J. Miller)는 2005년 7월에 프리덤하우스 주최로 열렸던 북한인권 국제대회에서 중국에 있는 탈북여성의 80~90퍼센트가 인신매매를 당한 경험이 있으며 이들 중 대다수가 "성적 노예(sexual slavery)"로 지낸다고 발표했다(Bullock, 2005). "모든 북한사람들에게 자유를(Freedom for All North Koreans)"이라는 제목으로 열렸던 이 대회는 미국의 「북한인권법」[2] 발효 이후 미국 정부의 재정적 지원으로 개최된 것으로, 밀러의

---

1 2010년도에 북한인권정보센터가 발행한 『북한인권백서』에 따르면 조사한 288건의 인신매매 중 42.7%가 1990년대에 발생했고, 2000년부터 2005년에 37.5%, 2006년부터 2009년에 9.4% 발생했다. 중국 연변지역의 인권활동가들도 1990년대 후반에 탈북자에 대한 인신매매가 가장 심각하게 이루어졌고, 2000년 중반 이후로 감소했다고 이야기한다.

2 「북한인권법」은 2004년 9월 미국 상원을 통과하고 10월 조지 W. 부시 미국 대통령이 서명하여 즉시 발효된 법으로 북한인권 증진을 그 목적으로 하고 있다. 북한의 민주주의 발전과 인권 신장, 그

발표는 「북한인권법」의 정당성을 부각시켰다. 중국 내 탈북여성에 대한 인권침해의 수준이 극심하고 이들을 위한 국제적 노력이 있어야 함은 분명하다. 하지만 밀러가 발표한 탈북여성 중 인신매매 경험이 있는 여성의 비율은 타 연구에 비해 과도하게 부풀려져 있었다(강차연, 2004).[3] 그럼에도 미국 국무부에서 '인신매매보고서'를 내는 부서의 책임자였기에, 그의 발표는 방법론적 검증 없이 미디어와 인권단체에서 재인용되며 탈북여성에 대한 담론 형성에 크게 기여했다. 앤티슬레이버리 인터내셔널(Anti-Slavery International)에서 발표한 「선택의 부재: 중국 내 북한여성의 성적 착취(An absence of choice: Sexual exploitation of North Korean women in China)」(Muico, 2005), 북한인권위원회(Committee for Human Rights in North Korea, 2009)에서 발표한 「팔리는 삶: 북한을 도망쳐 중국으로 가는 이들의 증언(Lives for sale: Personal accounts of women fleeing North Korea to China)」 등 자극적인 제목의 영문 보고서들이 앞다투어 발표되었고, 탈북여성의 '몸'은 국제정치의 한복판에 위치했다. 그러나 탈북여성을 인신매매와 성착취의 '무력한 피해자(powerless victims)'로 정형화시키는 이러한 담론은 탈북여성들에 대한 동정심을 불러일으키는 동시에, 이들의 주체성(agency)을 무시한다. 또한 이들이 사회에서 성적으로 '타락한' 여성들로 낙인찍혀 재희생(revictimization)될 우려를 불러일으킨다.

이 장에서는 탈북자의 인신매매에 대한 국제사회의 이러한 담론과 중국에 살고 있는 탈북여성들이 서술하는 이주경험을 대조시켜 보고자 한다. 이를 통하여 인신매매에 대한 국제사회에서의 서술과 탈북여성들이 자기 서사를

리고 북한의 시장경제 활성화를 위하여 활동하는 비정부기구들에게 재정적 지원을 해오고 있다. 이 법은 남북정상회담과 북미정상회담을 앞두고 있던 2018년 4월 24일, 재승인 절차가 만장일치로 미 상원에서 가결되어 2023년까지 5년 더 연장되었다.

3 강차연(2004)은 2001년 8월부터 2003년 10월까지 북한 이탈 후 중국 내에서 생활하고 있는 탈북자들 중 동북 3성에 거주하는 성인여성 탈북자 100명을 대상으로 심층질문지와 개별면담을 했다. 응답자 중 24%가 인신매매 경험이 있다고 답했고, 40세 이전의 젊은 응답자들만을 보면 경험 비율이 33.9%였다(강차연, 2004: 12).

통해 표현하는 경험 사이에 상이한 차이가 존재함을 드러내고, 이 차이가 왜, 어떻게 발생하게 되었는지를 설명함으로써 탈북여성 인신매매 담론 형성에 개입한 전략적인 지정학을 밝혀내어 비판하는 것이 이 장의 목적이다. 탈북자 인신매매에 관한 기존의 담론은 서구의 자유주의 사상을 기반으로 한 보편적 인권의 개념을 그 바탕에 두고 있다. 그 결과 인신매매 금지에 관한 담론과 정책에서는 북한여성이 처한 상황을 전 지구적 정치경제 구조의 복잡성과 연관시켜 보지 않기에, 이들의 이주와 생존을 위한 노력은 도외시되는 경향이 있다. 게다가 탈북여성은 일반적으로 스스로의 문제를 해결할 힘이 없는 희생자로 그려지기에 외부 정치세계의 도움이 강조되고, 이는 인권 문제에 대한 국제사회의 외교적 개입을 정당화했다. 하지만 중국과 북한 당국은 탈북자 인권에 대한 국제사회의 관심과 실천을 내정간섭으로 여겨 탈북자 문제를 국가안보의 문제로 간주하고 국경경비를 강화시키고 더 적극적으로 탈북자를 강제송환 했다(Choi, 2011). 그렇기에 국제사회의 관심이 실제로 중국 내에 거주하는 탈북자의 이주환경과 안전에 긍정적인 영향을 미쳤는가에 대해서는 좀 더 비판적으로 분석할 필요가 있다. 이에 이 장에서는 중국 내 탈북여성의 이주와 일상의 삶을 각기 다른 층위의 권력관계와 전 지구적 자본주의의 영향 내에서 살펴봄으로써, 탈북여성 전체를 도덕적이고 계몽적인 외부세계가 협력하여 구출해야 하는 희생자로 통일시켜 규정해 버리는 기존의 헤게모니적이고 전략적인 지정학 담론을 비판적으로 다루고자 한다.

이 연구는 두 가지 방법으로 수행되었다. 담론분석을 위해 국제인권단체들이 발표하는 보고서와 미국 정부가 매년 출판하는 인신매매보고서(Trafficking in Persons Reports)를 검토했다. 또한 연변과 서울에서 탈북자 심층면담과 참여관찰을 통해서 자료를 수집했다. 연변에서 수행된 면담은 2003년 7월에, 2005년 3월부터 12월까지 10개월간, 그리고 2007년 1월에 이루어졌고, 추가적인 인터뷰가 2006년 8월, 2012년 8월, 2016년 7월에 서울에서 시행되었다. 문헌연구를 통해 탈북자에 대한 정책과 국제적 논의들을 조사하고, 이들이 어떻게 중국 내 탈북여성들의 일상과 인신매매 경험에 영향을 미쳤는지를 살폈다. 중국 내 탈북자들은 신변이 불안하기에 숨어서 생활하고 있어, 이들을 찾아 심층면담을 하는 것은 쉽지 않다. 따라서 연변에 사무실을 두고 탈북자들에게 인도적 지원을 하는 NGO에서 10개월간 인턴으로 근무하며 중국 내 탈북자들을 만나 인터뷰하고 그들의 삶을 참여 관찰했다. 그중 인신매매 경험이 있는 14명을 집중면담자로 정하여 시간의 경과를 두고 여러 차례 만나 신뢰를 쌓으며 지속적으로 면담을 했다. 인터뷰 참여자들은 중국 연변의 농촌 지역, 즉 도문, 왕청, 용정, 화룡, 안도, 돈화에서 중국인과 결혼하여 거주하는 이들이거나 종교단체나 인도주의적 단체가 제공한 연길 시내의 임시 보호시설에서 거주하는 이들이었다. 대부분의 경우 이들이 거주하는 집으로 찾아가 면담을 하며 이들의 거주환경 및 가족관계도 함께 살폈다.

북·중 경계지역인 연변에서 인신매매 경험이 있는 탈북여성들의 자기 서사를 통해 대중적인 인신매매에 대한 담론에 도전하고 이들의 목소리가 반영된 새로운 담론 형성의 장을 열고자 한다. 이러한 노력은 중국 내 탈북여성이 겪은 인권침해의 심각성에 대해 의도적으로 눈을 감거나, 반대로 탈북여성을 대상화시킨 채 북한인권 문제를 정치적으로 도구화했던 기존의 이분화된 담론 형성의 장에 대한 비판에서부터 시작할 수 있을 것이다. 이 장은 그중에서도 그동안 논의되지 않았던 제국주의 지정학이 국제사회의 탈북자에 대한 관심에 어떠한 영향을 미쳤으며, 어떻게 탈북여성에 대한 인신매매 금지 캠페인과 정책들을 생산해 내게 했는지에 집중할 것이다. 제국주의 지정학(Imperial geopolitics)이라는 용어를 사용함으로써, 강력한 특정 국가가 행사하는 정치적 지배의 지속적인 실천을 분석한다. 특히, 그 강력한 국가가 타국과 비교해 문화적, 정치적, 도덕적으로 우수하다는 담론을 만들어내고, 이 담론을 종속화된 국가의 자본뿐 아니라 자연 자원, 인간에 대한 통제를 강화시키는 지렛대로 중요하게 활용하는 현대적 제국주의 지정학 전략을 집중하여 살피려 한다. 미국이 그들의 입장에서 "위험(danger)", "위협(threat)", "안전(safety)"의 레벨을 나누고 이를 지리적으로 투영해서 지역을 구분해 내는 방식 때문에, 지리학자들은 미국을 제국화되어가는 국가로 보고 있다(Dalby, 1994, 2008; Coleman,

2007; DeBIX, 2007). 미국의 지리적 상상(geographical imagination)에서 북한은 "악의 축"이고 자유민주주의와 시장경제의 전 지구적 확산에 중요한 장벽이다. 캐서린 문(Moon, 2008)은 이 악의 축이라는 담론을 미국이 자국의 도덕적 우월성을 강조하며 북한 정부의 인권 탄압을 비판하는 장치로 쓰고 있다고 지적한다. 이에 이 장에서는 다분히 제국주의적인 지리적 상상력이 어떻게 북한인권, 그중에서도 인신매매 담론을 형성해 가는 다양한 권력관계와 맞닿아 있는지를 펼쳐 분석하고, 이를 탈북여성들 자신의 이주 이야기와 비교해 봄으로써 그들을 대상화시키는 담론과 정책들을 비판하고자 한다. 이러한 노력을 통해, 이들의 주체성을 인정한 상태에서 이들을 궁극적으로 도울 수 있는 좀 더 정의롭고 탈정치화된 방법을 모색할 수 있는 가능성이 열릴 것이라 기대한다.

2. 여성주의 지정학, 이주, 그리고 인신매매

지리학이 엄격하게 영토화된 시선으로 정치를 바라보는 데서 벗어나 권력의 공간성(spatiality of power)을 좀 더 세밀하게 이해하는 방향으로 연구 방향이 바뀌면서, 연구자들은 공간 정치 내에서 정치적인 논쟁과 실천을 만들어내는 다양한 영역과 주체들에 주목하기 시작했다(Megoran, 2008). 비판지정학과 여성주의 지리학이 공식적인 국가기관과 다양한 범주의 국가 외적인 주체들의 정치적인 영향력 행사에 관심을 두고 분석하는 데 그치지 않고, 공간에 대한 담론적인 구성에 영향을 미치는 지리적 지식의 역할까지도 밝혀내는 데에 기여한 것도 같은 맥락이다(Gilmartin and Kofman, 2004). 비판지정학적접근은 기존의 전통적 지정학이 세계정세를 국가를 기반으로 바라보고 국가의 영토화 충동을 분석하는 데 초점을 맞췄던 것에서 벗어나게 하는 데 중요한 역할을 했다. 그러나 비판지정학은 여전히 서구 중심의 정치적 논리를 연구하는 데 집중한다는 지적을 받고 있다. 또한 비판지정학은 국가 간의 변화하는 공간적 정치와 이들을 지지하는 지정학적 담론이 미국과 유럽이 아닌 타 지역에서, 디양한 징지주체들의 일상에서의 정치적 실천과 어떻게 연관되어 있는지를 밝혀내는 데는 아직 미흡하다. 이 책의 제4장의 연구가 그 미흡함을 메꿔주는 중요한 연구 중 하나이다. 제4장은 한반도 탈냉전의 구도 안에서 다양한 비국가행위자들이 어떻게 국가 주도의 안보, 주권과 전쟁의 담론을 더욱 복잡하게 만들어가는지를 한반도 국경 도시의 일상의 영역에서 이루어지는 갈등과 충돌로 보여준다. 그럼에도 불구하고 한반도 평화와 통일과 관련된 담론은 여전히 남성중심적 시각에서 이루어지고 있으며, 이러한 논의에서 여성들에 대한 이야기는 묻혀 있다.

여성주의 지정학을 연구하는 학자들은 전통적인 지정학에서 논의되지 않았던 이야기나 인정되지 않았던 주체들을 밝혀내 지정학을 일상의 차원에서 고민하고자 노력한다(Hyndman, 2004). 여성주의 접근으로 지정학을 한다는 것이 어떻게 하는 것인가 하는 방법론에 대한 고민과 관련 연구주제에 대한 논의는 2000년대 초반부터 활발히 이루어졌다(Dowler and Sharp, 2001; Sharp, 2004, 2011; Gilmartin and Kofman, 2004; Hyndman, 2004; Dixon and Marston, 2011; Massaro and Eilliams, 2013; Dixon, 2015). 지정학적 권력관계는 국제무역, 외교, 전쟁 같은 거대 사건뿐 아니라 젠더관계 속에서 발생하는 매일의 삶과도 깊은 관련이 있다. 이에 여성주의 지정학자들은 국가의 영향력 있는 정치인이나 엘리트들의 연설, 정치, 정책에 관심을 가지고 거대 담론을 이야기했던 전통적인 지정학의 전략적인 속성을 비판한다. 대신 다양한 스케일을 연결시켜 주변화된 위치에서 일상의 삶을 살아가는 이들의 목소리가 들리게 하고 이들의 몸과 가정, 지역사회에서 이루어지는 지정학적 관계와 국가 및 지구적 차원의 권력관계를 연관시켜 살핌으로써 경계를 가로지르며 이루어지는 일반적인 사람들의 정치적 영향력을 가시화하는 시도들을 했다(Secor, 2001; Gilmartin and Kofman, 2004).

그렇다면 국제인권단체들이 탈북여성을 인터뷰하여 이들의 이야기가 실린 보고서를 내거나 이들을 국제정치의 한복판으로 데리고 와 증언을 하게 하는 방식이 과연 여성주의 지정학적 시도인가라는 질문을 할 수 있다. 여성학자들은 국제정치에 여성들의 목소리가 들리고 이들의 몸이 가시화되는 것만으로는 불충분하다고 이야기한다. 오히려 이들이 비치는 방식이 폭력적이고 제국주의적일 수 있음을 지적한다. 라즈렉(M. Lazreg)은 미국 및 국제사회의 인권단체들이 무슬림 여성의 인권 문제를 다루는 방식은 트로이전쟁에서 헬레네를 구실로 전쟁을 벌인 방식과 비슷하게 여성을 위한 것이 아니라 여성을 도구화한 지극히 제국주의적인 지정학이라고 비판한다(Lazreg, 2015). 즉, 단순한 가시성(visibility)뿐 아니라 목적과 방법의 정의로움에 대한 고민까지도 여성주의 지정학은 담보해야 한다는 주장이다. 샤프(J. Sharp) 또한 여성주의 접근으로 정치지리적 현상을 분석하는 것은 다양한 위치에서 다른 시선으로 현상을 바라보고, 특히 주변화된 여성들의 목소리가 지식생산의 과정에 기여하게끔 하는 방법론적 논의일 뿐 아니라 이들에게 좀 더 많은 권한을 부여하고자 하는 지극히 정치적인 헌신(political commitment)이라고 말한다(Sharp, 2004).

지정학 연구에서 여성주의 방법론에 대한 관심은 이주에 대한 연구 분야에서 특히 활발히 이루어졌다. 하인드먼(J. Hyndman)은 국제적 이주가 근본적으로 지정학적 실천임을 주장한다(Hyndman, 2012). 지정학적 분석틀로 이주를 바라본 최근의 연구로는 국경선을 따라 이주를 조절해 가는 국가의 배타적인 통치권에 대한 연구(Mountz, 2010; Geiger and Pecoud, 2010; Choi, 2011; Torres, 2018)와 이주를 통한 국가권력의 재영토화 과정에 대한 분석(제7장 참조) 등이 대표적이다. 이러한 연구들에서 여성주의적 접근은 이주에 나타난 지정학적 관계를 일상의 영역에서 살피며, 특히 이주민의 몸을 둘러싼 정치권력의 관계를 들여다보게 한다. 무엇보다 이주 연구에서 여성주의 지정학적 접근의 가장 큰 기여는 이주민의 몸을 다양한 권력관계 속에서 보여줌으로써 이들의 인간안보에 대한 국가적 책임과 사회정의의 문제를 화두로 던진 것이라고 여겨진다. 그럼에도 불구하고 국가 경계선을 넘는 이주의 형태 중 가장 폭력적이라 할 수 있는 인신매매와 인신매매에 연루된 여성의 인권은 지리학 내에서 거의 논의되지 않았다.

인신매매에 대한 연구는 수로 여성학과 법학에서 이루어졌고, 2000년대부터 인신매매에 대한 연구는 다른 방향으로 접어들었다. 인권에 초점을 맞춘 연구자들은 인신매매에 연루된 여성을 도움과 보호가 필요한 "초국가적으로 조직된 범죄(transnational organized crime)"의 "무력한 희생자"로 그린다(Kristof, 2004; Landesman, 2004). 반면, 형사 사법적 접근을 지지하는 이들은 인신매매에 연루된 여성들을 국가안보를 위해 통제하고 관리해야 한다고 주장한다(United Nations Conventions against Transnational Organized Crime, 2000; Council of Europe, 2005). 이 여성들은 불법을 저지른 것이고, 그들의 몸은 인간면역결핍바이러스(HIV)나 다른 전염병을 퍼뜨릴 수 있는 위험한 매개체이다(Sharma, 2005). 이러한 접근에서는 관심이 성착취를 위한 인신매매에만 집중되어 있고, 이주와 노동, 그리고 국제관계가 얽혀 있는 다른 종류의 인신매매에는 무관심한 편이다(Chuang, 2006; Zheng, 2010; Bernstein, 2010; Brennan, 2013). 게다가 성착취를 위한 인신매매에 대한 과도한 강조는 힘없는 희생자에 대한 젠더화(gendered)되고 인종화(racialized)된 이미지를 더 강화시키는 경향이 있다.

유엔(United Nations)과 같은 국제기구들은 국가 경계를 넘는 모든 종류의 조직화된 범죄행위들, 예를 들면 무기 밀매 및 마약 밀매, 밀입국 등과 인신매매의 연관성에 주목한다(Kempadoo, 2005: 39). 이들은 물건이나 사람을 합법적이지 않은 방법으로 국경선 너머로 수송하는 것(trafficking)을 국가 경계선을 약화시키고 국가 통치권을 위협하는 대표적인 '세계화의 어두운 면'으로 꼽는다. 그렇기에 국경 통제를 통해 인신매매를 포함한 비공식적인 이민을 막는 것이 이민자들을 받아들이는 국가의 중요한 관심사가 되었다. 반인신매매 프로그램(Anti-human trafficking program)은 국제적인 범죄행위에 대한 전쟁(a war on international criminal activities)과 거의 동의어로 인식되고 있다(Kempadoo, 2005). 번스타인(E. Bernstein)은 여성주의 반인신매매 운동은 국가나 NGO가 개입하여 여성인권 문제를 지지하는 과정에서 군사적 개입을 정당화시키는 계기를 마련해 주기도 한다고 주장한다.

경제적으로 발전된 서양 중심의 여성주의 학문과 운동에 반기를 든 트랜스내셔널 여성주의 학자들은 인신매매의 통제나 근절을 목표로 접근하는 것에 문제점이 있다고 지적한다(Doezema, 2000, 2010; Kempadoo, 2005, 2012; Sharma, 2005; Sudbury, 2005). 예를 들면 켐파두(K. Kempadoo)는 글로벌 사우스(global south)에서부터 글로벌 노스(global north)로의 여성들의 국제적 이주를 통제하기 위한 국가의 노력이 성차별적이고 인종차별적이라고 주장한다(Kempadoo, 2005). 켐파두(Kempadoo, 2005: 39)는 반인신매매 운동은 "지구의 남쪽에서부터 이주해 가는 여성들을 범죄화하고 그들의 이동성과 몸, 그리고 섹슈얼리티를 통제하고 감시하는 것과 깊이 관련되어 있다"고 주장한다. 서드베리(J. Sudbury)도 비슷한 주장을 하는데, 그는 전 지구적 불평등 발전이 어떻게 자메이카 여성들이 몸에 마약을 소지하고 국경선을 넘도록 밀어냈는지, 그리고 이러한 이들의 결정 때문에 이들이 영국에서 가혹하다고 할 처벌을 받아 감옥에 갇혀 있게 만들었는지를 보여준다(Sudbury, 2005).

트랜스내셔널 여성학자들은 국제 인권단체나 서양의 여성학자들이 인신매매당한 여성들을 힘없고 결백한 희생자의 이미지로 획일화하는 것에 문제를 제기한다(Sudbury, 2005; Cheng, 2010; Zheng, 2010; Kempadoo, 2012). 이들은 특히 인신매매를 가부장제와 자본주의의 착취에 의해 발생한 일종의 성착취로 보면서, 인신매매가 얼마나 여성에게 해가 되고 여성의 인권을 위협하는지를 주장하는 폐지론 여성학자(abolitionist feminists)의 연구를 비판적으로 수용한다(Limoncelli, 2009: 261~262). 트랜스내셔널 여성학자들은 폐지론 여성학자들의 주장이 인신매매를 당한 여성들이 겪고 있는 기본적인 경제적 불안정성에 대해서는 눈을 감고, 세계적 자본주의 경제 시스템 내에서 발생한 전 지구적 불평등 발전과 인신매매의 관련성에 대해서는 언급을 회피하고 있다고 주장한다. 폐지론적 여성학자들이 주장하는 인신매매에 대한 헤게모니적이고 지정학적인 담론에 반격하기 위해서, 트랜스내셔널 여성학자들은 인신매매에 대한 현재의 논쟁이나 형상화에 글로벌 사우스의 여성들이 겪은 경험이

나 이들의 관점을 포함시키고자 노력한다(Doezema, 2010; Kempadoo, 2012).

이 글은 위와 같은 나양한 의견들을 바탕으로 하지만, 특히 탈북여성들의 인신매매 경험을 이해하는 데 있어 트랜스내셔널 여성학자들의 비판을 중요하게 다룬다. 탈북자의 인신매매에 대한 국내 연구는 이주라는 주제에서 다루어지기보다 대부분 북한 연구로 행해졌고, 주로 탈북여성들의 인권침해 실태를 알리는 것에 집중되었다(윤여상, 2001; 강차연, 2004; 곽해룡, 2005; 우정, 2005; 임순희, 2005; 정영선, 2018). 인권실태 현황 조사를 넘어 이에 영향을 미치는 다양한 권력관계 및 지구적 상황에 대한 논의가 필요한데, 이러한 연구는 드물다. 이희영(2012)은 남한 사회에 적응한 북한여성의 구술 생애사를 통해 북한여성의 이주경험을 동아시아의 여성이주 연구 지평에서 살폈다. 이를 통해 탈북과 매매혼, 결혼이주, 그리고 노동이주가 어떻게 중층적으로 교차하는지, 또 국제적 이주에 '여성들의 몸'이 어떻게 도구화되는지 고찰했다. 그러나 여성의 구술을 국제적 차원의 인신매매 담론과 연결시켜 분석한 연구는 찾기 어렵다.

1990년대와 2000년대에 북한에서 중국으로 국경을 넘는다는 것은 폐쇄적인 사회주의 국가이자 전체주의 국가에서 전 지구적 자본주의 시스템으로 옮겨오는 것을 의미했고, 그와 동시에 미국, 중국, 대한민국뿐 아니라 UN의 영향을 북한보다 더 직접적으로 받는 지역으로의 이동을 뜻했다. 북한은 세계적 자본주의 시스템에서 고립되어 있고, 국제사회로부터 독재적인 정치 시스템과 핵무기 개발로 지탄을 받고 있다. 이러한 상황에서 한반도, 특히 북한에 관심을 가지고 살피는 지정학적 연구들은 국가 간의 지정학적 권력의 변화 또는 동아시아의 안보 문제를 주로 다뤄왔고(Hogan, 1992; Buchanan, 1999; Christensen, 1999; Ross, 1999; Lee, 2003; Shambaugh, 2005; Beeson, 2007), 이 지역의 지정학적 변화와 북한 주민들의 일상의 삶, 특히 탈북여성들의 이주경험과의 관계에 대한 연구는 매우 제한적이다. 이런 상황에서 이 글은 탈북여성들의 이주를 둘러싼 논쟁과 실천운동들이 동아시아의 지정학적 변화와 미국의 한반도에 대한 영향력을 보여주는 실례로 이해될 수 있을 것이다.

3. 인도주의, 인권, 그리고 인신매매에 대한 제국주의적 대응

인신매매(human trafficking)와 밀입국(human smuggling)의 경계는 매우 모호하다. 그럼에도 불구하고 착취당한 여성을 보호하는 데에 열심을 내는 이들은 밀입국을 목적으로 인신매매에 연루된 여성들을 구출이 필요한 결백하고 힘이 전혀 없는 여성으로 이미지화한다. 다양한 단체들이 탈북여성을 이렇게 형상화했는데, 대표적인 인권단체에는 휴먼라이즈 와치(Human Rights Watch, 2002), 앰네스티 인터내셔널(Amnesty International, 2009), 앤티슬레이버리 인터내셔널(Munico, 2005), 북한인권시민연합 등이 있다. 미국 정부에서 통과시킨 「북한인권법」(2004), 미국 정부의 인신매매보고서(U.S. State Department, 2004)에서도 인신매매를 겪은 탈북여성을 현대판 노예로 설명한다. 어거스틴(L. M. Agustín)에 따르면 이러한 경향은 매춘에 대한 도덕적 공포로 인해 발생하고, 인신매매를 당해서라도 국경선을 넘어 밀입국하고자 하는 여성들이 존재한다는 불편한 진실을 의도적으로 간과한다(Agustín, 2006). 전혀 힘이 없는 성적 노예로 그려진 여성들은 대중적 동정과 지원을 받을 수 있지만, 밀입국을 시도하려는 목적으로 인신매매에 연루된 여성들은 지원은커녕 오히려 성적으로 부도덕한 이들로 비난을 받게 된다(Kempadoo and Doezema, 1998).

인신매매에 대한 제국주의적 접근은 미국 국무부가 발간하는 인신매매보고서에 잘 드러나 있다(U.S. State Department, 2003~2013). 미국 정부는 인신매매를 공중보건, 국가안보, 인간안보에 대한 다차원적인 위협으로 간주한다. 따라서 미국은 이러한 위협과의 전쟁을 선포하고, 외교적 노력으로 이러한 인신매매를 근절하기 위해 전 세계 180여 개국 이상의 국가에 대한 인신매매 정보를 수집하여 매년 보고서로 발간한다. 보고서를 들여다보면, 미국은 전 세계의 국가들을 인신매매 위험 정도에 따라 4개의 범주(1등급, 2등급, 주목해야 할 2등급, 3등급)로 구분한다. 1등급은 가장 좋은 단계이지만 그렇다고 해당 국가에 인신매매가 전혀 없는 것은 아니다. 다만 1등급에 해당하는 국가는 인신매매가 행해지더라도 그 국가가 문제를 정확히 인식하고 인신매매를 막기 위한 적절한 조치를 취하여 인신매매 근절을 위해 노력한다. 3등급은 가장 안 좋은 단계로, 여기에 소속된 국가들은 미국 정부가 여러 가지 제재 조치를 취하여 해당 국가의 인신매매 상황을 개선하도록 압력을 가할 수 있다 (U.S. State Department, 2018).

인신매매보고서는 매우 논쟁적인데, 갤러거(J. Gallagher)는 인신매매보고서에 나타난 자료의 신빙성에 대해 의문을 제기했다(Gallagher, 2010). 2009년 보고서에 따르면 이란을 포함한 여타의 무슬림 국가들은 미얀마, 쿠바, 북한 등의 사회주의권 국가들과 함께 3등급에 위치해 있다. 반면, 호주와 일본 등의 소위 선진국이라 불리는 나라들은 외국인 여성들의 성매매가 이 시기에 크게 공론화되었음에도 불구하고, 1등급 국가로 분류되었다는 점을 지적했다. 그렇기에 인신매매보고서에서의 국가별 등급 구분은 실제적 자료를 기반으로 정확한 인신매매 실태에 대한 보고를 목적으로 했다기보다 정치적인 목적을 염두에 두고 작성되었다는 비판을 받는다(Kempadoo, 2005; Gallagher, 2010).

북한은 2003년 보고서에 등장한 이래로 16년 연속, 인신매매 근절을 위한 국제적 기준에 합당한 최소한의 노력도 하지 않고, 인신매매를 당한 사람들에 대한 어떠한 보호도 이루어지지 않는 최악의 국가로 평가되었다(The U.S. State Department, 2018: 255). 2007년에 발표된 보고서에서도, 북한 정부는 북·중 국경에서 행해지는 인신매매에 대해 인식하고 있지 못하기에 어떠한 조치도 취하지 않고 있다고 적혀 있다. 그러나 중국에서 행해진 탈북자들과의 인터뷰에 따르면, 북한 정부는 인신매매를 비사회주의 활동의 대표적 예로 명시하고 국경 인근의 마을에서 정기적으로 인신매매 예방교육을 실시했고, 인신매매를 조직한 관련자들을 적극적으로 찾아내어 처벌했다. 2005년 회령시에서 북한여성들을 인신매매해 중국으로 넘겼던 북한사람 3명이 공개적으로 처형된 일이 비디오로 은밀하게 녹화되어 같은 해 일본, 영국, 미국 등의 텔레비전에서 방영되면서 국제사회에 파문을 던졌던 사건이 있었다.[4] 미국 상원에서도 이 영상이 방영되었다(KBS World Radio, 2005. 11. 14). 비디오 속에서는 처형낭힌 이들의 제무 음 북한여성을 인신매매해 중국으로 팔아넘긴 범죄자라고 말하는 장면(The Guardian, 2005. 10. 17)이 있는데, 미국 상원에서는 이들이 "북한여성들이 중국으로 탈출하도록 도운 자(KBS World Radio, 2005. 11. 14)"로 소개되었다. 북한은 이주브로커와 인신매매범의 경계가 모호한 상황에서 탈북의 자발성을 가리기 위해 인신매매를 부각하여 탈북자보다 북한여성을 탈북시킨 이들을 더 강력하게 처벌했다. 반면, 미국은 북한식의 반인신매매 정책이 잔인하게 실행되고 있음을 알면서도 처형대상을 이주를 도운 자로 재범주화한 후 국가에 의한 인권침해인 공개처형만을 부각시켜 북한인권 문제를 국제적으로 이슈화시켰다. 이는 인신매매를 둘러싼 상이한 담론 형성을 구체적으로 보여준 사례이다.

인신매매 현황과 인신매매 근절을 위한 노력을 바탕으로 국가들을 단계별로 구분함으로써, 미국은 세계에 대한 새로운 공간적 이미지를 형상화했다. 2018년 인신매매보고서는 지역별로 인신매매 실태를 지도화하여 실었다. 보고서의 "동아시아와 태평양 지역의 인신매매 실태" 지도에는 사회주의 국가인 북한, 중국, 라오스를 포함하는 3등급 국가들은 위험을 뜻하는 빨간색으로 표시되어 있고, 한국과 일본과 호주 등의 1등급 국가들은 초록색으로 표시되어 있다(US State Department, 2018: 56). 테러와의 전쟁이라는 담론을 통해 동양과 서양, 안전한 곳과 위험한 지역, 자유의 공간과 억압의 공간 등으로 세계를 이분법적으로 구분했던 공간에 대한 지정학적 권력(Gregory and Pred, 2006)과, 인신매매보고서에서 세계를 4등급으로 구분하는 공간에 대한 권력은 매우 흡사하다. 다시 말해 미국 정부의 외교에 등장하는 테러와의 전쟁이나 인

---

4 공개처형을 비디오로 비밀스럽게 녹화한 것은 일본 텔레비전(NTV)에서 제일 먼저 방송되었고, 그 후 영국 방송(British Broadcasting Corporation, BBC)에서 다큐멘터리로 2005년 4월 4일 방영되었다. 북한에서는 이 비디오를 촬영하고 외부로 밀반출한 이들을 검거하기 위한 대대적인 수색이 있었다. 이 비디오는 이후 CNN(2005년 11월 13일 방영)뿐 아니라 미국 상원에서도 방영되었고, 외부 세계에 북한이 국가적 차원에서 행한 인권침해의 대표적 자료가 되었다.

신매매와의 전쟁은 모두 정치적 권력이 만들어낸 담론이 공간상에 구현된 예이다. 소지 부시(George W. Bush) 미국 대통령이 2001년에 있었던 9.11 테러이후 '테러와의 전쟁'을 선포하고, 미국이 전 세계를 수호하는 큰형님의 역할을 담당할 것임을 선포하며 미국 중심의 지리적 상상을 구축했던 것에 대해 비판지정학 연구자들은 미국의 제국주의적 공간 형성으로 공격했는데, 인신매매와의 전쟁 선포 역시 같은 맥락으로 비판을 받을 수 있다.

인신매매보고서가 가지는 정치성에서 중요하게 다루어야 할 다른 점은 정치적 목적에 따라 국가별로 미국이 중요하게 부각시키는 인신매매의 종류와 대상이 바뀐다는 것이다. 2003년도부터 2018년도까지 발간된 인권보고서를 면밀히 살피면, 초기 보고서에서는 탈북여성들의 중국으로의 인신매매와 강제결혼이 중요하게 다루어졌지만, 그 비중은 그 후 점차 줄어든다. 북한 내 강제 수용소에서의 강제노동에 대한 언급이 늘고, 2006년도 인신매매보고서에는 북한 내 인신매매의 새로운 유형으로 북한 정부의 해외인력 송출을 실었다. 북한이 국민들을 '저기술 계약 노동자'로 제3국으로 수출하고 있다고 지적하고, 그 수출 대상국으로 몽골, 러시아, 그리고 체코 등이 포함된다고 밝혔다. 이 보고서는 이들이 가난한 북한 노동자들 사이에서는 선망의 대상이 될 수 있으나, 북한 정부에 의해 감시를 받으며 국가가 임금의 상당 부분을 가져가기에 이들은 노동착취의 대상이라고 지적했다(The U.S. State Department, 2007). 그러나 연해주 지역 북한 노동자의 실태를 조사한 이애리아와 이창호 (2015: 54~55)에 따르면, 북한의 노동자들은 해외 파견을 위해 관련 부처에 큰 뇌물을 준다. 이들은 북한의 감시체계와 규율망 속에서도 현지인뿐 아니라 고려인, 조선족 사람들과 사회적 연결망을 형성하여 매달 국가가 정해준 계획분 외에 개별적으로 따로 일감을 찾아 수입을 올리며 해외파견을 개인의 부를 축적할 수 있는 기회로 적극 활용한다.

북한 노동자 해외파견에 대해 미국은 북한뿐 아니라 중국에도 압력을 가하고 있다. 인신매매보고서에 따르면, 중국은 2014~2016년까지 2등급으로 분류되었으나, 2017년부터 다시 2013년 이전 수준인 3등급으로 강등되었다. 미국 국무부는 보고서에서 중국이 국제적인 인신매매 퇴치를 위한 최소한의 기준을 맞추지 못하고 있다며 중국 내에서 탈북여성들의 인신매매뿐 아니라 북한인의 해외 근무에 대해 언급했다. 렉스 틸러슨(Rex Tillerson) 국무장관은 보고서가 발표되던 날 브리핑에서 "인신매매는 미국 안보와 연결되는 문제"라며 "중국과 러시아가 5만~8만 명의 북한 노동자를 받아들여 북한에 핵과 미사일 개발을 위한 불법적인 수익원을 제공했다"고 말했다(≪조선일보≫, 2017. 6. 27). 이는 미국이 대중 무역제재와 함께 중국 내 인권 문제, 특히 북한에 외화 수입원의 역할을 하는 해외 노동자 파견을 국제적 인권 문제로 거론하면서 북한에 대한 국제사회의 제재에 중국이 동참할 것을 압박한 것으로 파악된다.

북한의 인권에 대한 국제사회의 관심이 북한과 중국의 탈북자에 대한 정책에 긍정적인 영향을 끼치지 못했다는 것은 안타까운 일이다. 샤마(N. Sharma)가 주장하듯이 인신매매를 당한 이들을 구출한다는 명목으로 행해지는 반인신매매 정책들은 오히려 국가의 이민정책을 더 까다롭고 강압적으로 만드는 것을 정당화시켰다(Sharma, 2005). 특히 미국 정부가 중국과 북한에서 탈북자가 당하는 처벌과 인권침해를 국제적으로 이슈화시키는 것을 중국과 북한 정부는 미국이 제국주의적 목적으로 보편적 인권개념을 사용하여 미국의 도덕적 우위를 강조하며 다른 국가들의 정치에 개입하는 것으로 간주한다. 탈북자 강제송환은 지속적으로 있었으나, 중국이 이를 대대적으로 시행한 것은 2001년 기획망명[5]으로 중국 내 탈북자 인권상황이 국제적 이슈가 된 후부터이다(강차연, 2004: 14). 북한인권을 위한다는 미명하에 탈북자가 중국 내 외국공관 등에 진입하는 과정을 영상으로 촬영하여 국제사회에 알린 기획망명은, 아이러니하게도 중국 내 탈북자의 인권을 더욱 심각하게 위협했다(정

---

5 2001년 6월 장길수 가족의 유엔 난민 고등판무관실 진입과 3월 탈북자 25명의 북경 주재 스페인 대사관 진입 사건은 인권단체들에 의해 기획된 망명으로, 이는 국제사회에 탈북자 문제를 알리는 계기가 되었다.

병호, 2006: 55). 중국 정부는 기획망명을 시도한 이들에게는 조용히 한국행을 주선했으나 추가적인 탈북을 막기 위해 국경 경비를 강화했고, 이미 중국에 거주하는 탈북자에 대해서는 더 적극적인 강제송환 정책을 폈다(Choi, 2011: 517~518).

중국은 내정불간섭이라는 국제법을 타 국가들이 지켜줄 것을 요구하며, 국제사회의 비판에 대응하여 국민들의 동정을 얻기 위해 내셔널리즘을 고취하고 있다(최의철, 2001: 31). 이는 2008년 북경올림픽을 앞두고 절정에 달했는데, 인권단체들은 중국이 탈북자 강제송환을 멈추기를 바라면서 적극적으로 규탄대회를 가지고 국제사회에 알렸다. 그러나 오히려 이러한 인권단체들의 활동은 올림픽이라는 국가적 이벤트 앞에서 망신주기로 중국인들에게 받아들여져 세계 곳곳에서 인권단체와 중국 유학생들 간의 마찰을 일으켰고(연합뉴스, 2008. 4. 28), 중국 내에서는 탈북자 강제송환이 더 강력하게 행해졌다.

북한인권 상황을 인지하면서도 남북관계 개선을 위해 북한인권 문제에 대해 눈을 감거나, 반대로 이데올로기의 문제와 연결시켜 북한에 압력을 가할 수단으로 북한인권을 정치적으로 이용하는 남북한의 냉전의 지정학은 모두 북한인권 상황 개선에는 큰 도움을 주지 못했다. 게다가 국내 인권단체들이나 국제 NGO들의 북한인권 개선을 위한 노력이 비록 그 일을 했던 수많은 현장 활동가들의 헌신적이고 인류애적인 노력에 의해 이루어졌다고 하더라도, 강력한 국가의 제국주의적 야망을 지원하는 데도 기여하고 실질적으로는 대다수의 중국 내 탈북자들의 신변을 더 위험하게 했음을 인지할 필요가 있다.

4. 탈북여성이 겪은 인신매매의 경험

인신매매보고서에 드러난 여성인권에 대한 주장은 서구 사회의 자유주의적 여성인권에 대한 시각에서 인신매매를 평가했다. 그렇다면 탈북여성들은 자신의 이주경험을 어떻게 이해하고 있는가? 생존을 위하여 비공식적으로 북·중국경을 넘는 북한사람들의 수는 1990년 이래로 급격히 증가했다. 초기 탈북은 극심한 경제난과 식량부족이 주된 원인이었다(Choi, 2011: 519). 중국과 북한 국경 경비가 삼엄해지면서, 전문 브로커들이 군인들을 매수하거나 피하면서 국경을 넘는 것을 도와줬다. 가난해서 전문 브로커를 고용할 수 없는 북한 여성들은 인신매매를 통해 넘기도 한다. 북한여성에 대한 인신매매는 이주의 여성화라는 전 지구적 현상과 연결하여 살필 필요가 있다. 이주의 여성화(feminization of migration)는 국제적 이주에서 여성이 차지하는 비중이 증가하고 있을 뿐 아니라 이주의 양상이 젠더화되고 있음을 의미한다. 정현주(2008)는 이러한 젠더화의 양상으로 국제이주에 있어서 여성이 부양가족으로 동반 이주 하는 것이 아니라 가족 내에서 생계를 책임지는 주체자로 국경을 넘는 경우가 증가하고 있음을 지적했다. 그러나 아시아 지역을 중심으로 두드러지게 나타나는 특징은 이들을 위한 국제이주 통로가 전통적으로 여성의 노동으로 간주되던 가사노동, 성산업, 유흥업, 상업적 매매혼, 인신매매 등으로 집중되면서 젠더 선별적인 국제이주가 크게 증가하고 있다는 것이다(정현주, 2008: 896). 중국과 한국 사이의 여성의 이주화는 중국과 북한 사이의 이주의 여성화에 직접적인 영향을 미쳤다. 1992년 한중 수교 이후, 재중 동포 여성들의 한국으로의 결혼이주와 노동이주로 중국 동북 3성의 농촌 지역에서는 결혼 상대자가 부족한 상황이 발생했고, 신부를 찾고자 하는 결혼 시장은 국제화 되었다. 이에 가난을 벗어나 중국에서 가족을 먹여 살릴 돈을 벌고 싶어 하는 북한여성의 열망, 돌봄노동과 성 파트너를 제공할 배우자를 찾고 싶어 하는 중국남성들의 욕구, 여기에 북한여성의 몸을 거래해 돈을 벌고자 하는 이들의 욕망이 결합하여 탈북여성에 대한 인신매매와 강제결혼이 성행하게 되었다.

북한여성 중 어떤 이들은 북한에서부터 속임을 당하고 중국으로 옮겨진 후 팔리지만, 일부는 적극적으로 인신매매 라인을 찾아 중국으로 건너올 방법을 찾기도 한다. 인신매매 브로커들은 여성들을 속임수, 회유, 납치 등의 방법으로 모은다. 그중 "차이니스 드림(Chinese dream)"을 이야기하면서 굶주린 젊은 여성들을 유인하는 것은 가장 보편적인 방법이다. 2005년도 중국 연변의 안도에서 만난 탈북여성, 김수미[6] 또한 차이니스 드림에 현혹되어 인신매매에 연루된 경우이다. 탈북자의 안전이 보장되지 않는 중국에서 탈북자와의 인터뷰 내용을 녹음하는 것은 면담자를 위험에 빠뜨릴 수 있는 일이기에, 녹취를 하는 대신 김수미의 이야기를 들으며 노트에 기술했는데 그 내용을 재구성하면 다음과 같다. 김수미는 무산역에서 어머니와 같이 여비도 없이 집에 갈 기차를 기다리다 한 노파를 만났다. 그 당시 김수미와 그 모친은 매우 배가 고팠고, 어머니는 아프기까지 했다. 근처에 있던 한 할머니가 이들을 불쌍히 보고 다가와 감자떡을 건넸다. 그러고는 어머니에게 김수미를 중국에 보내는 게 어떻겠냐고 제안했다. 할머니의 딸이 중국에 가서 취직을 해, 매달 북한으로 돈을 보내온다고 했다. 그 딸의 방조(도움) 덕분에 노파네 가족 중에는 아사한 사람이 없다는 이야기를 듣고 김수미는 어머니를 졸라 허락을 받아 그날 밤에 노파와 중국행을 감행했다. 김수미에 따르면 그 노파는 두만강을 건너자마자 아는 집이 있다고 들어가서 쉬었다 가자고 했다. 중국 조선족 부부가 사는 집에 들어가서 저녁 식사를 대접받아 먹는 사이 노파는 사라졌다. 조선족 부부는 공안(중국 경찰)이 언제 들이닥칠지 모르고, 중국에서 여자 혼자 산다는 것은 매우 위험한 일이라며 착한 남자를 골라줄 테니 시집가 살라고 제안을 했다. 조선족 부부는 김수미에게 매우 친절했고 갑자기 사라져 버린 노파를 욕하며 김수미를 진심으로 걱정해 주는 것 같았다. 김수미는 일면식도 없던 중국 조선족 부부네 집에서 계속 신세를 지는 것도 미안하고 중국에서 따로 거처를 구해 혼자 살아갈 방법도 없기에 그 부부가 소개시켜 주는 사람들 중에 한 사람을 골라 결혼을 했다. 나중에 들으니 김수미의 남편이 결혼 소개 조건으로 그 조선족 부부에게 중국돈 4000원을 주었다고 한다. 그 일은 1998년, 김수미가 만으로 16살 때 있었다.

---

6 가명. 이 장에서 실제 이름이라고 밝힌 경우를 제외하고, 등장하는 탈북자들의 이름은 신상 보호를 위해 모두 가명을 사용했다.

그림 5-1 두만강을 건너는 길 안내자와 탈북여성(1999년)
자료: 최순호 제공.

김수미는 지나고 생각해 보니 자신이 인신매매에 걸려들었다고 했다. 하지만 할머니가 인신매매범은 맞는 거 같은데 결혼을 주선해 준 조선족 부부는 인신매매가 아니라 결혼중개인이지 않냐며 필자에게 되물었다. 이처럼 탈북여성에 대한 인신매매는 북한 측과 중국 측으로 나뉘어 여러 단계를 거쳐 이루어지며, 그 과정에서 브로커에 의한 밀입국, 인신매매, 결혼중개가 각기 또는 함께 일어나며 이를 행하는 이들 간의 구분이 모호해지기도 한다. 이렇게 북한여성들을 속여서 중국으로 가게 한 후 매매혼을 시키는 일은 주로 1990년대 후반부터 이루어졌다. 초기에는 인신매매에 대하여 들어본 북한사람들이 거의 없었기에 극심한 경제난에 시달리던 여성들 중에는 인신매매인지도 모르고 가족들을 살리기 위해서 중국으로 국경을 넘어가는 사람들도 있었다. 인신매매 경험이 있는 여성들을 인터뷰해 보면 인신매매를 위해 북한여성을 유인한 이들 중에는 노파나 장애인, 어린 여자들이 꽤 있었다. 노약자나 여성이라는 이미지를 이용해서 북한여성들에게 쉽게 접근하여 꾀어냈다.

면담자 중에는 1990년대에 음식을 주겠다는 또는 일자리를 제공해 주겠다는 낯선 이의 쇼임을 듣고 따라가 강을 건넜는데, 그것이 국경인지도 모르고 중국에 닿았다는 이들도 있었다. **그림 5-1**에서 볼 수 있듯이 1990년대 후반에는 조·중 국경선을 따라 철조망이나 장벽이 없고 수심이 얕고 강폭이 몇 미터도 안 되는 곳에서는 국경을 넘는 것이 수월했다.

인신매매에 연루된 북한 여성들은 대부분 감금되어 있다 결혼 상대자가 나타나면 팔렸다. 윤락업소에서 일하는 북한여성들도 있으나 윤락업소로 바로 팔린 경우는 아직 확인되지 않았다. 미국 북한인권위원회에 따르면(Committee for Human Rights in North Korea, 2009: 25~27), 중국 산동성 청도(青道)의 윤락업소에서 일하는 탈북여성들은 대부분 강제결혼에서 도망친 후, 비교적 높은 수입과 익명으로 숨어 지내기 쉬운 은신처로 성매매업을 선택하게 되었다고 한다. 중국에서 비공식적인 루트로 입국한 북한사람임이 발각되면 강제 추방되고 북한에서 처벌을 받기에 북한여성들은 인신매매 과정에서 경찰의 도움을 요청할 수 없다. 북송에 대한 두려움은 북한여성들을 눈에 띄지 않는 사적인 공간으로 밀어 넣는 결과를 초래했고, 대부분의 여성들은 매매혼을 통하여 집이라는 개인적 공간에 숨어 있다.

다음의 인터뷰는 탈북여성이 인신매매 과정에서 겪는 극심한 고통을 보여준다. 함경북도 출신의 면담자 김선아는 아버지가 대학교수였으며, 면담자 또한 대학에서 도예를 공부하고 졸업했다. 필자는 김선아를 2015년 중국에서 수차례 만났다. 그녀는 북한의 경제난 동안에 대학졸업장은 어떤 것도 보장해 주지 못했고, 대학 교원들도 배급이 나오지 않자 굶어 죽는 이들이 속출했다고 기억했다. 도예 작품을 만드는 대신 식량공급 조건이 낫다는 기업소에 취직하여 용광로에서 내화벽돌과 김칫독을 구웠지만, 식량공급이 원활하지 않아 굶는 날이 늘었다. 그러다 중국행을 결심하게 되었는데 그때의 상황을 다음과 같이 서술한다.

우연히 한 사람의 소개로 중국에 대한 소식을 들었다. 말로는 자기의 고모가

중국에서 혼자 사는데 자식이 없어 (중국에) 들어오면 자식처럼 키워주겠다고
하였다. 절반은 믿지 않았지만 생활의 기둥도 없던 시절이라 생각해 보기로 하
였다. 내가 굶어 죽어도 밥 한 끼 먹여줄 수 없는 야박한 세월을 나는 저주하며
결심했다. '그래, 떠나자! 이렇게 사는 것보다 죽든지 살든지 가보자!' 험악한 세
월에 누가 누구를 믿는다는 것도 아닌 걸 뻔히 알면서도 물에 빠진 사람 지푸라
기 잡는 식으로 무작정 따라 나섰다. …… 모든 것을 버리고 중국행에 올랐다.
그리운 부모형제도 뒤에 남긴 채 서러워서 눈물이 저절로 나왔다.

김선아는 인신매매 브로커의 말을 전부 믿지는 않았지만, 그 말을 믿어주
고 싶을 만큼 북한의 극심한 경제난을 탈출하고 싶었다. 이렇게 중국행을 결
심할 때만 해도 김선아는 중국에서 겪을 상황에 대해 짐작하지 못했다. 김선
아는 인신매매에 연루된 경험을 필자의 얼굴을 대면했을 때는 이야기하기 어
렵다며 꺼려하더니 후에 글로 전달해 왔다. 위의 인용문과 아래 인용문 모두
김선아의 친필 편지의 일부분이다.

가슴을 조이며 두만강을 건넜다. …… (고모라는 사람과) 다음 날 화룡시내에
들어왔다. 아마도 전문적으로 사람을 밀매하는 집단 같았다. 젊은 남자 셋이서
(북조선 사람도 있음) 조선여자들을 두만강에서 데려다 놓고 물건처럼 값을 정
해 팔고 있었다. 그제야 나는 팔려 온 것임을 알았다. 후회해도 소용없고 도망치
려 해도 무서웠다. 내가 팔려가도 내 마음이 아니면 절대 가지 않겠다고 의사를
밝혔다. 그들은 내가 팔려 하루를 살던 1년을 살던 상관없다고 한다. 단지 자기
들 손에서만은 도망을 못 친다는 것이다. 밤이 왔다. 무서웠다. …… 동생뻘 되
는 여자애들도 있으니 안심되긴 했는데 …… 그런데 (인신매매범들이) 제 물건
처럼 그 애들을 하나씩 데리고 이불로 간다. 조선 사람이라고 하는 사람이 남았
다. 같이 자자고 한다. 입이 쓰거워 말도 안 하고 구석에 쪼그리고 앉았다. 오라
고 야단이다. 방 안이 대번에 소란해졌다. 쌍소리가 나온다. 고집 쓰는 나에게
귀빰이 대번 올라가 정신을 차리지 못하게 한다. …… 기회를 보아 달아나고 싶

었지만 변소도 따라다니며 지킨다.

인신매매 범죄자가 강간을 포함한 성폭력으로 북한여성들을 통제하고, 그들이 결혼에 '동의'를 하도록 강요하는 형태는 탈북여성들의 인신매매 경험에서 흔하게 구술된다. 인신매매자가 탈북여성에게 결혼 '동의' 의사를 묻기는 하나 여성은 대부분 강압에 의해 어쩔 수 없는 선택을 한다. 김선아의 경우도 처음 소개받은 남자는 본인보다 12살 많은 한족으로, 도저히 같이 살 엄두가 안 나서 그 남자와 같이 살고 싶지 않다고 반대의사를 표시했다. 한족 남자와 그 남자의 가족 또한 여자가 내켜하지 않으면 바로 도망간다고 없던 일로 했다고 한다. 인신매매자의 손에 들어간 지 5일째 조선족 남자를 소개받았는데 그 남자도 마음에 들지 않았지만, 더 이상 인신매매자와 같이 있는 것보다는 그 조선족 남자를 따라가는 것이 낫다고 생각해 결혼을 승낙했다. 결혼에 '동의'를 하자, 소개받은 남자가 인신매매자에게 중국돈 1000원을 먼저 주고 나중에 1500원을 더 주기로 하고 김선아를 데리고 왔다. 김선아는 강제송환의 두려움 가운데 다른 선택이 없는 상황에서 강압에 의해 결혼을 승낙했다. 그 매매혼의 과정에서 김선아가 돈을 받거나 그 가족이 돈을 받은 것이 아니라, 북한여성들을 거래하는 이들끼리 돈을 주고받았다. 김선아는 누구든 북한여성을 채가는 사람이 소유권을 주장하며 팔고, 팔았던 곳에서 훔쳐내어 되팔기도 했던 일들을 언급하며 "중국에서 북한여성은 사람이 아니라 그냥 몸뚱어리예요. 몸뚱어리로 팔려 다니는 동안 내가 인형이나 그냥 고기 같았어요"라고 언급했다.

5. 탈북여성의 생존전략과 이동성

2000년대 이후로, 북한 정부는 인신매매의 위험을 공개적으로 발표했고, 인신매매범들을 강력하게 처벌했다. 그러한 상황에서 인신매매의 위험성을 알고 있음에도 불구하고, 중국으로 가는 방법으로 인신매매 외에는 길이 없어 이를 선택하는 여성들이 있다. 필자가 만난 대부분의 여성들은 경제난으로 굶주려 죽는 것보다는 차라리 중국으로 가서 결혼하는 것이 낫겠다고 단순히 생각했다고 한다. 그리고 운이 좋으면 착한 남자를 만나 사랑받으며 살 수 있을 거라는 기대도 했다고 한다. 그러나 북한여성들이 탈출할 수밖에 없도록 이들을 밀어냈던 북한의 정치적, 경제적 상황을 감안할 때 온전하게 인신매매에 동의했다고 볼 수 있는 케이스는 드물다. 게다가 중국으로 가서 더 나은 삶을 살고 싶어 인신매매에 동의했어도, 그들이 북한에서 국경을 건너는 과정과 중국에서 겪을 위험에 대해서 충분히 알기는 어렵다.

중국에서 중국인과 미등록탈북자와의 결혼은 합법적으로 인정받지 못한다. 그렇기에 결혼해서 살고 있는 탈북자들도 항상 검거 위기에 놓여 불안하게 생활한다. 아래 인용문은 김선아가 북송 위기에 처했을 때의 경험을 기술한 것이다.

한번은 밤 11시경 잠이 오지 않아 뒤척이는데 밖에서 나는 차 소리에 이어 불빛이 새어 들어왔다. 가뜩이나 밤이면 차 소리에 신경이 쓰이는데 설마 하고 일어나 내다보니 경찰차였다. 남편을 깨웠다. 잠옷 바람으로 무작정 뛰었다. 마을의 맨 뒤 집에 문을 두드리고 들어가 전화를 걸었다. 한발이 늦었다. 먼저 같은 동네에 사는 탈북여성 2명이 붙잡힌 상태였다.

이렇게 중국에서는 탈북자를 검거하는 캠페인이 수시로 벌어졌고, 탈북여성들은 잘 때도 신발을 베개 삼아 자는 것이 습관이 되어 있었다. 북한여성들이 겪은 경험은 처참하다. 그럼에도 그들을 아무 힘이 없는 이들로만 그리는 것에는 한계가 있다. 그들은 제한된 선택 내에서도 협상을 하고 운신의 폭을 넓히기 위하여 다각도의 노력을 한다.

어느 날인가 버스를 타고 가다가 파출소에 고발이 들어가 붙잡히게 되었다.

조선여자가 있다는 소리만 들어도 벌금을 받아내느라 하는 수작이었다. 돈을 못 내면 (북한으로) 붙잡혀 가야 했다. 너무도 놀라서 설음도 제대로 되지 않았다. 시집과 동네에서도 야단이었다. 고발한 사람을 붙들라고 …… 시집에서는 돈을 내고라도 내오라고 나섰다. 촌에서 촌장과 서기가 파출소로 내려왔다. 친척들 도 여기저기에서 전화가 왔다. …… 촌에서 나서고 친척들이 나서서 돈을 조금 면제하고 풀려나왔다. 파출소에서도 촌에서 나오는 태도를 보고는 일을 치지 말 고 잘살라는 말밖에는 다시 하지 않았다.

탈북여성들은 북송시키려는 공권력으로부터 자신을 보호하기 위해 중국 에서 형성한 가족과 마을 사람들에게 도움을 요청한다. 위 인용문에서 김선 아가 서술했듯이, 2000년대 중반까지는 탈북자가 지역 파출소에 검거되어 다 음 단계로 이송되기 전에는 뇌물을 주면 풀려날 가능성이 있었다. 배우자와 시댁 식구들에게 신뢰를 쌓고 그들이 뇌물을 지불할 의지가 있는 경우, 가족 과 마을 지도자들이 나서서 구명 작업을 했다. 지켜보는 눈들로부터 사회적 규범을 잘 지키고 있는지 늘 감시를 받고 그 평가가 본인의 안전과 직결되기 에, 탈북여성들은 꽤 괜찮은 여성으로 자신을 보여주고자 노력을 한다. 이웃 이나 시댁과의 관계에서 억울한 일이 생겨도 직접적으로 분쟁을 벌여 시시비 비를 가리지 않고 참는 경우가 많다. 언쟁이 계기가 되어 고발을 당할 수도 있어 언행을 조심했다. 가족 및 이웃으로부터 기대되는 역할, 즉 전통적으로 가정 내 여성의 일로 간주되는 역할에 최선을 다함으로써 "인정"을 받고자 했 고, 그를 통해 적극적으로 자신의 신변을 보호하고자 애썼다. 즉, 탈북여성은 중국 조선족 또는 한족 남성에게 성적 서비스 및 각종 돌봄노동을 제공하고, 그 대가로 중국에서 관계 맺은 배우자 또는 동거인 남성과 그 가족들로부터 사회적 보호를 얻는다. 그 과정에서 서로에 대한 애정과 신뢰가 쌓인 경우는, 중국인 배우자가 탈북여성의 북한에 있는 집을 방문하여 경제적 도움을 주기 도 하고, 비용을 지불하여 탈북여성의 남한행을 돕기도 한다.

중국에서 형성한 가족들로부터 사회적 보호를 기대할 수 없는 경우, 탈북여성들은 중국인 가정에서 탈출을 택한다.

내 친구가 말해줬는데 중국에서 정착하는 가장 빠른 방법은 결혼하는 거라고 했습니다. 그는 결혼을 먼저 하고 그 결혼을 견디기 힘들면 도망가라고 말해줬어요. 나는 그 말을 듣고 중국으로 가는 것에 동의했고 팔려갔습니다.

위의 글은 2006년 서울에서 진행한 작가 최진이(실명)와의 인터뷰 중 일부이다. 최진이는 "글 쓴다는 사람들마다 문턱을 베고 죽으면 원이 없겠다는" (최진이, 2005: 8) 작가동맹 중앙위원회 시인이었다. 평양출신 엘리트였던 그녀는 식량난에 탈북했다. 중국에서 인신매매로 팔려 다니면서도 글을 썼고, 자존심을 지키고자 애썼다. 팔려간 집에서 안전이 위협받고 상황이 더 나아지기를 기대할 수 없을 때, 그녀가 할 수 있는 것은 팔려간 집을 도망쳐 나와 더 안전한 곳으로 피신하는 것이었다. 많은 탈북여성들의 진술에 따르면 폭력적이고 감시가 심한 매매혼에서는 도망쳐 나오는 것이 어렵기 때문에, 인신매매자들이 팔았던 여성을 찾아와 다른 집으로 다시 시집 보내주겠다고 할 때 따라 나섰다고 한다. 최진이도 도망치기 위한 방법으로 다시 인신매매자들을 따라 나서기로 했는데 그 과정에서 같이 살던 중국인 가정에 발각되어 중국 공안에 체포되었다. 인신매매자들은 같은 여성을 여러 번에 걸쳐 팔아 이윤을 챙기지만, 탈북여성들은 더 안전한 환경으로의 이동을 꿈꾸며 연속되는 인신매매에 합류하나 보장된 것은 없다. 최진이는 필자와의 인터뷰 당시 인신매매에 연루된 여성들에 대한 도덕적 평가를 비판했다. 그녀는 2006년 인터뷰 당시, 북한에 앉아서 굶어 죽을 때를 기다리기보다는 인신매매를 당해서라도 중국으로 더 많은 이들이 넘어왔으면 좋겠다고 말했다.

최진이는 매매혼에 대해서 경험으로 알고 있었고, 팔려가서 각종 폭력을 겪기도 했다. 그럼에도 인신매매를 통한 매매혼이 생존 전략으로 이용될 수 있고 극도로 제한적인 선택권만을 가진 탈북여성들의 이동성(mobility)을 높이는 방안이 되기도 했음을 서술했다. 즉, 북한여성은 "성애화된 몸"으로서 거래와 폭력의 대상이 되기도 하지만, 초국적 이주를 하는 데 그 몸을 이용하기도 한다(이희영, 2012: 35). 중국에서 강제결혼 후 결혼생활을 유지하던 여성들이 북으로 북송된 후, 다시 인신매매의 루트를 통해서라도 대부분 중국으로 되돌아온다는 사실은 최진이의 주장을 뒷받침하는 증거이다(Kim, 2010).

중국 연변에서 비교적 안정적으로 정착했던 김선아는 2007년 한국으로 이주했다. 중국에 남아 있던 배우자를 통해 김선아의 한국 연락처를 알게 되어, 김선아가 한국에 온 후에도 연락을 했다. 김선아는 북경올림픽을 앞두고 "연일 계속되는 탈북자 색출작업에 같은 동네에 살던 탈북자들이 모두 한국행을 하고 마지막으로 떠났다"고 한다. 떠날 때는 만삭의 상태였음에도 불구하고 중국 정부의 탈북자 단속이 극심했기에 한국행을 결정했다. 비용은 재중동포인 남편이 지불했고, 김선아는 한국에 정착한 후 남편을 배우자 자격으로 초청했다. 그 후 남편의 가족들도 초대했다. 김선아처럼 면담자들 중에는 중국 내 배우자의 도움으로 한국행을 한 이들이 많았다. 탈북자가 한국에 도착하자마자 부여받는 대한민국 국민으로서의 지위와 북한이탈주민으로서 받는 재정적 지원은 이들이 중국 내에서 자신의 지위를 향상시키는 조건으로 적극적으로 사용되기도 한다.

중국의 강력한 탈북자 검거 캠페인과 북한과 중국 밖에서 탈북자가 보장받을 수 있는 법적 지위에 대해 알려지면서, 북-중 경계 지역에 거주하며 북한으로의 재귀환에 대한 염원을 놓지 않던 이들까지 한국을 포함한 제3국으로 이주하고 있다. 또한 탈북자에 대한 중국 내 강력한 제재는 중국을 탈북자들의 장기 "거주지"에서 초국적 이동을 위한 "경유지"로 변화시켰다. 북한 측 상황도 바뀌어 김정은 집권 이후, 경제난으로 인한 고난의 행군 시기가 정리되고 북한 측 국경 경비도 더욱 삼엄해져서 북-중 국경에서의 비합법적 방법에 의한 사람의 이동은 크게 줄었다(조정아·최은영, 2017: 127~128). 이러한 상황에서 현재, 북-중 국경 지역에서 인신매매 후 강제결혼의 형태로 중국에 장기체류하던 탈북여성의 수는 현저히 줄었다. 즉, 북한인권에 대한 국제사회의 관심은 중국 내 탈북자들이 안전한 제3국으로 이주하거나 이미 한국에 재정착한 탈북자들이 유럽, 호주, 북미 등으로 망명신청을 해 재이주하는 여건을 만들었지만(제7장 참조), 정작 북한과 중국 경계 지역에서 인신매매의 형태를 통해서라도 중국으로 오던 가난한 탈북여성들의 경계 넘기는 더욱 어렵게 했나.

6. 결론

주민들의 생존을 위협했던 북한의 극심한 경제난, 북한과 중국의 국경 경비 강화, 그리고 결혼과 성노동자에 대한 글로벌 시장의 확대가 복합적으로 작동하여 북한여성에 대한 인신매매를 발생시키고 증가시켰다. 인신매매는 매우 위험하고 북한여성들 중 상당수는 이 과정에서 성적인 폭력을 경험한다. 그럼에도 불구하고 고난의 행군 시기 목숨의 위협을 느낄 정도의 극심한 식량난으로부터 도망치기 위해, 북한여성은 인신매매에 연루되면서까지 탈북을 했다. 중국과 북한의 국경 지역에서의 참여관찰과 심층 인터뷰를 토대로, 이 연구는 북한여성들에 대한 인신매매가 많은 경우 이들을 상품화하여 거래함으로써 이윤을 얻고자 하는 인신매매 브로커, 북한을 벗어나 더 나은 환경으로 이주하고자 하는 북한여성, 돌봄노동을 제공받고 성 파트너를 찾고 싶어 하는 중국 남성들의 열망이 합쳐져 형성되었음을 확인할 수 있다. 하지만 북한여성이 극도로 제한적인 선택권과 정보 부족 상황에서 여성성을 이용하여 국경을 넘는 것을 생존전략으로 채택했다고 하더라도, 이들을 결백한 인신매매의 희생자와 자발적으로 성을 이용하여 국경을 넘는 부도덕한 범죄자로 이분법적으로 구분하는 잣대는 이들에 대한 심층적인 이해 및 지원을 저해한다.

탈북여성의 이주경험을 탈식민화되고 더 민주적인 방식으로 이해하여 이들을 도울 필요성이 시급하다. 인신매매 연루 여성을 어떠한 것도 스스로 헤쳐 나가지 못하는 무력한 희생자로 그리는 식민화된 담론에서 벗어나고, 서양 중심의 도덕적, 문화적, 정치적 우월성을 해체시키는 것이 이 과정의 중요한 초석이다. 그러나 이와 동일하게 중요한 것은 북한여성의 이주와 그들의 생존을 위한 노력을, 북한여성의 인신매내에 대해 미국, 북한, 중국, 대한민국 등 관심 관련국들이 전략적으로 형성해 가는 담론 지형과 연결하여 "지도화(mapping)"하는 과정이다. 이러한 "여성주의 역지도화(countertopographies)"(Katz, 2001)는 국민국가들이 반인신매매 어젠다, 담론, 정책들을 가지고 서로에 대한 경제적, 정치적 통제에 영향을 미치고자 노력하는 과정을 드러내 보일 것이다. 특정 국가의 도덕적, 정치적 우수성을 앞세워 그 국가를 기준으로 하여 세계의 다른 국가들을 평가하고, 평가 결과에 따라 국가를 그룹화하여 공간상에 표현해 내는 제국주의 지정학의 형성과정을 면밀히 살펴 이를 비판하는 노력이 필요하다. 탈북여성들이 그들의 경험을 스스로 서술해 가는 과정이 이 등고선을 추적하고 드러내는 과정에서 가장 중요한 역할을 할 것이다. 이들의 목소리가 북한여성의 인신매매에 관한 담론형성 과정에 들리게 하는 것은 이들을 수동적 존재로 대상화하여 이들이 처한 상황을 국제정치의 수단으로 전략화한 제국주의적 담론이나, 이들의 생존전략을 이들이 처한 상황 안에서 맥락화하지 않아 이들을 부도덕한 이들로 평가하며 재희생화(revictimization)했던 대중적 담론에서 벗어나 새로운 담론 형성의 장을 열 수 있을 것이다.

:: 참고문헌

강차연. 2004. 「재중 탈북여성들의 생활 실태」. ≪여성연구논총≫, 19, 59~78쪽.
곽해룡. 2005. 『북한이탈주민현황과 문제』. 한국학술정보.
김동표. 2018. "미 '인신매매 말라' 북 '흑인사냥 범죄국' … 인신매매 설전." ≪아시아경제≫, 12월 13일.
우정. 2005. "북한인권의 현실성과 문제점." ≪통일전략≫, 5(2), 113~171쪽.
연합뉴스. 2008. 4. 28. "중국인 폭력 시위에 비난 여론 고조."

윤여상. 2001. 「재외 탈북자」. 열린포럼21.

이애리아·이창호. 2015. 「연해주 지역 북한 노동자의 실태와 인권」. 통일연구원.

이희영. 2012. 「탈북-결혼이주-이주노동의 교차적 경험과 정체성의 변위」. ≪현대 사회와 다문화≫, 2(1), 1~45쪽.

임순희. 2005. 「식량난과 북한여성의 삶」. 국가인권위원회 북한인권 관련 연구보고서, 국가인권위원회, 419~438쪽.

정병호. 2006. 「탈북 난민 문제의 탈정치화」. 정병호·전우택·정진경 편. 『웰컴투 코리아 북조선 사람들의 남한살이』. 한양대학교 출판부, 47~63쪽.

정영선. 2018. 「인신매매를 경험한 북한이탈여성의 삶에 대한 질적 연구」. ≪여성연구≫, 98(3), 97~135쪽.

정현주. 2008. 「이주, 젠더, 스케일: 페미니스트 이주 연구의 새로운 지형과 쟁점」. ≪대한지리학회지≫, 43(6), 894~913쪽.

조의준. 2019. "시진핑의 대북 대응에 실망한 미, 중국은 '최악의 인신매매국가' 강등." ≪조선일보≫, 6월 29일.

조정아·최은영. 2017. 『평양과 혜산, 두 도시 이야기: 북한 주민의 삶의 공간』. 통일연구원.

최의철. 2001. 『인권과 국제정치 그리고 북한인권』. 백산자료원.

최진이. 2005. 『국경을 세 번 건넌 여자』. 북하우스.

한동호. 2018. 「미국의 북한인권 문제 접근과 북미관계 전망」. 통일연구원 Online Series CO-18-06.

Agustín, L. M. 2006. "The disappearing of a migration category: Migrants who sell sex." *Journal of Ethnic and Migration Studies*, 32(1), pp. 29~47.

Amnesty International. 2009. "Amnesty International report 2009: State of the world's human rights." London: Amnesty International Publications.

Beeson, M. 2007. *Regionalism and Globalization in East Asia: Politics, security, and economic development.* New York: Palgrave Macmillan.

Bernstein, E. 2010. "Militarized humanitarianism meets carceral feminism: The politics of sex, rights, and freedom in contemporary anti-trafficking campaigns." *Signs: Journal of Women in Culture and Society, special issue on Feminists Theorize International Political Economy*, 36 (1), pp. 45~71.

_____. 2012. "Carceral politics as gender justice? The 'traffic in women' and neoliberal circuits of crime, sex, and rights." *Theory and Society*, 41, pp. 33~259.

Brennan, D. 2013. *Life interrupted: Trafficking into forced labor in the United States.* Durham, NC: Duke University Press.

British Broadcasting Company(BBC). 2004. *Access to Evil, Documentary.* London: BBC.

Buchanan, T. 1999. "The coming decade of change on the Korean peninsula: Implications for Northeast Asia and the United States." *East Asia*, 17(4), pp. 7~29.

Bullock, T. 2005. North Korean refugees frequent victims of human trafficking: State's Miller cites rampant trafficking from North Korea into China, https://reliefweb.int/report/china/

north-korean-refugees-frequent-victims-human-trafficking(최종접속: 2019.3.20)

Committee for Human Rights in North Korea. 2009. Lives for sale: Personal accounts of women fleeing North Korea to China, https://www.hrnk.org/uploads/pdfs/Lives_for_Sale.pdf(최종접속: 2019.3.30)

Chang, Y., S. Haggard and M. Noland. 2008. Migration experiences of North Korean refugees: Survey evidence from China, Working Paper series WP 08-4, Washington, DC: Peterson Institute for International Economics.

Cheng, S.(ed.) 2010. *On the Move for Love: Migrant entertainers and the U.S. military in South Korea*. Philadelphia, PA: University of Pennsylvania Press.

Choi, E. 2011. "Everyday practices of bordering and the threatened bodies of undocumented North Korean-border crossers." Doris Wastl-Walter(ed.). *The Ashgate Companion to Border Studies*. Farnham: Ashgate, pp. 507~528.

Christensen, T. 1999. "China, the U.S.-Japan alliance, and the security dilemma in East Asia." *International Security*, 23(4), pp. 49~80.

Chuang, J. 2006. "Beyond a snapshot: Preventing human trafficking in the global economy." *Indiana Journal of Global Legal Studies*, 13(1), pp. 137~163.

Coleman, M. 2007. "A geopolitics of engagement: Neoliberalism, the war on terrorism, and the reconfiguration of US immigration enforcement." *Geopolitics*, 12(4), pp. 607~634.

Council of Europe. 2005. Council of Europe Convention on action against trafficking in human beings, 16May, CETS 197. http://www.refworld.org/docid/43fded544.html(최종접속: 2014. 6. 5).

Dalby, S. 1994. "Gender and critical geopolitics: Reading security discourse in the new world order." *Environment and Planning D: Society and Space*, 12, pp. 595~612.

_____. 2008. "Imperialism, domination, culture: The continued relevance of critical geopolitics." *Geopolitics*, 2009, 13(3), pp. 413~436.

Debrix F. 2007. "Tabloid imperialism: American geopolitical anxieties and the war on terror." *Geography Compass*, 1(4), pp. 932~945.

Dixon D. 2015. *Feminist Geopolitics*. London: Routledge.

Dixon D., and S. Marston. 2011. "Introduction: Feminist engagements with geopolitics." *Gender, Place and Culture*, 18(4), pp. 445~453.

Doezema, J. 2000. "Loose women or lost women? The reemergence of the myth of white slavery in contemporary discourses of trafficking in women." *Gender Issues*, 18(2), pp. 23~50.

_____. 2010. *Sex Slaves and Discourse Masters: The construction of trafficking*. London: Zed Books/Palgrave Macmillan.

Dowler, L., and J. Sharp. 2001. "A feminist geopolitics?" *Space and Polity*, 5(3), pp. 165~176.

Gallagher, A. 2010. "Improving the effectiveness of the international law of human trafficking: A vision for the future of the US Trafficking in Persons reports." *Human Rights Review*, 12

(1), pp. 381~400.

Geiger, M., and A. Pecoud(eds.). 2010. *The politics of international migration management*. New York: Palgrave Macmillan.

Gilmartin, M., and E. Kofman. 2004. "Critically feminist geopolitics." *Mapping Women, Making Politics: Feminist perspectives on political geography*, L. A. Staeheli, E. Kofman, and L. Peake(ed.). London and New York: Routledge, pp. 113~126.

Government Accounting Office. 2006. *Human Trafficking: Better data, strategy, and reporting needed to enhance U.S. anti-trafficking efforts abroad*. Report to the Chairman, Committee on the Judiciary and the Chairman, Committee on International Relations, House of Representatives, GAO-06-825. Washington, DC: Government Accounting Office.

Gregory, D., and A. Pred(eds.). 2006. *Violent geographies: Fear, terror and political violence*. London and New York: Routledge.

Hogan, M. 1992. *The End of the Cold War: Its meaning and implications*. Cambridge: Cambridge University Press.

Human Rights Watch. 2002. "The invisible exodus: North Koreans in the People's Republic of China." *Human Rights Watch Report*, 14(8), pp. 1~38.

Hyndman, J. 2004. "The (geo)politics of gendered mobility." *Mapping Women, Making Politics: Feminist perspectives on political geography*, L. A. Staeheli, E. Kofman and L. Peake(ed.). London and New York: Routledge, pp. 169~184.

_____. 2012. "The geopolitics of migration and mobility." *Geopolitics*, 17(2), pp. 243~255.

Katz, C. 2001. "On the grounds of engagement: A topography for feminist political engagement." *Signs*, 26(4), pp. 1213~1234.

KBS World Radio. 2005. CNN program shows N. Korea's brutality. November 14th.

Kempadoo, K. 2005. "Victims and agents of crime: The new crusade against trafficking." *Global Lockdown: Race, gender, and the prison-industrial complexes*. J. Sudbury(ed.). London and New York: Routledge, pp. 35~55.

_____. 2012. "Introduction: Abolitionism, criminal justice, and transnational feminism: Twenty first-century perspective on human trafficking." *Trafficking and Prostitution Reconsidered: New perspectives on migration, sex work, and human rights*. K. Kempadoo, J. Sanghera and B. Pattanaik(ed.). vii~xiii. London: Paradigm.

Kempadoo, K., and J. Doezema(eds.). 1998. *Global Sex Workers: Rights, Resistance and Redefinition*. London and New York: Routledge.

Honigsbaum M. 2005. "Killing fields." *The Guardian*, October 17th.

Kim, J. 2010. "Trafficked: Domestic violence, exploitation in marriage, and the foreign-bride industry." *Virginia Journal of International Law*, 51(2), pp. 443~505.

Kristof, N. D. 2004. "Inviting all democrats." *New York Times*, 14 January, http://www.nytimes.com/2004/01/14/opinion/14KRIS.html(최종접속: 2013.7.8).

Landesman, P. 2004. "The girls next door." *New York Times Magazine*, 25 January, http://

www.nytimes.com/2004/01/25/magazine/the-girls-next-door.html(최종접속: 2013.7.8).

Lankov, A. 2004. "North Korean refugees in northeast China." *Asian Survey*, 44(6), pp. 856~873.

Lazreg, M. 2008. "Women: The Trojan Horse of Islam and geopolitics." K. Samman and M. Al-Zo'by(eds). *Islam and the Orientalist World-System.* London: Paradigm Publisher, pp. 55~76.

Lee, K., S. Choi, S. Kim, K. Lee and S. Lim. 2009. *White Paper on Human Rights in North Korea.* Seoul, South Korea: Korea Institute for National Unification.

Lee, S.-H. 2003. "Terrorism and asymmetric war: Is North Korea a threat?" *East Asia*, 20(2), pp. 21~47.

Limoncelli, S. A. 2009. "Human trafficking: Globalization, exploitation, and transnational sociology." *Sociology Compass*, 3(1), pp. 72~91.

Margesson, R., M. Chanlett-Avery and A. Bruno. 2007. North Korean refugees in China and human rights issues: International response and U.S. policy options, CRS Report for Congress RL34189, Congressional Research Service, Washington, DC.

Massaro, V., and J. Williams. "Feminist geopolitics." *Geography Compass*, 7(8).

Megoran, N. 2008. "Militarism, realism, just war, or nonviolence? Critical geopolitics and the problem of normativity." *Geopolitics*, 13(3), pp. 473~497.

Moon, K. H. S. 2008. "Beyond demonization: A new strategy for human rights in North Korea." *Current History*, 107, pp. 263~268.

Mountz, A. 2010. *Seeking Asylum: Human smuggling and bureaucracy at the border.* Minneapolis: University of Minnesota Press.

Muico, N. K. 2005. "An absence of choice: Sexual exploitation of North Korean women in China." London: Anti-Slavery International.

Ó Tuathail, G., and J. Agnew. 1992. "Geopolitics and discourse: Practical geopolitical reasoning in American foreign policy." *Political Geography*, 11(2), pp. 190~204.

Ross, R. 1999. "The geography of the peace: East Asia in the twenty-first century." *International Security*, 23(4), pp. 81~118.

Secor, A. 2001. "Toward a feminist counter-geopolitics: gender, space and Islamist politics in Istanbul." *Space and Polity*, 5(3), pp. 191~211.

Shambaugh, D. 2005. "China engages Asia: Reshaping the regional order." *International Security*, 29(3), pp. 64~99.

Sharma, N. 2005. "Anti-trafficking rhetoric and the making of a global apartheid." *NWSA Journal*, 17(3), pp. 88~111.

Sharp, J. 2004. "Doing feminist political geographies." L. Staeheli, E. Kofman and L. Peake(eds). *Mapping Women, Making Politics: Feminist Perspectives on Political Geography.* New York: Routledge, pp. 87~99.

_____. 2011. "Subaltern geopolitics: introduction." *Geoforum*, 42(3), pp. 271~273.

Sudbury, J. 2005. "'Mules', 'Yardies', and other folk devils' Mapping cross-border imprisonment in Britain." J. Sudbury(ed.). *Global lockdown: Race, gender, and the prison-industrial complex.* London and New York: Routledge, pp. 167~182.

Torres, R. 2018. "A Crisis of rights and responsibility: feminist geopolitical perspectives on Latin American refugees and migrants." *Gender, Place & Culture,* 25(1), pp. 13~36.

United Nations Convention against Transnational Organized Crime(Organized Crime Convention). 2000. G.A. Res. 55/25, Annex I, 55 U.N. GAOR Supp.(No. 49) at 44, U.N. Doc. A/45/49(Vol. I)(2001), adopted 15 November 2000, entered into force 29 September 2003.

U.S. Congress, House. North Korean Human Rights Act of 2004. HR 4011:108. http://www.govtrack.us/congress/bills/108/hr4011(최종접속: 2013.7.8).

U.S. State Department. 2003~2018. Trafficking in persons report, Washington DC: U.S. State Department. http://www.state.gov/j/tip/rls/tiprpt/(최종접속: 2019.3.15).

Zheng, T.(ed.) 2010. *Sex Trafficking, Human Rights, and Social Justice.* New York: Routledge.

제2부

· · · · · ·

통일의 신지정학

· · · · · · · · · · · · · · · ·

제6장

남북한 협력과 통일을 위한 '한반도 자연'의 생산*

황진태

1. 들어가며

2018년 4월 27일 문재인 대통령과 김정은 국무위원장이 판문점 평화의 집에서 정상회담을 했다. 회담 일정에는 군사분계선에서 소나무를 공동으로 식수하는 행사가 있었다. 이 행사는 남측이 제안하고 북측이 수락하여 성사되었다. 식수한 위치는 1998년 정주영 현대그룹 회장이 소떼방북을 할 때 지나간 '소떼 길'이었고, 식수한 수종은 소나무로 정전협정을 맺었던 1953년에 태어났다고 한다. 문재인 대통령은 백두산 흙과 대동강 물을, 김정은 국무위원장은 한라산 흙과 한강 물을 뿌렸다. 표지석에는 두 정상의 이름과 함께 "평화와 번영을 심다"는 글이 새겨졌다. 그로부터 약 5개월 후인 9월 20일, 평양을 방문한 문재인 대통령과 김정숙 여사는 김정은 국무위원장의 제안으로 백

---

* 이 장은 황진태(2018), 「남북한 정치지도자들의 스펙터클 정치와 새로운 '국가-자연'의 생산」, ≪대한지리학회지≫, 53권 5호를 수정한 것이다.

두산을 등정한다. 김정숙 여사가 페트병을 열어서 "한라산에서 물을 갖고 왔다. 천지에 가서 반은 붓고 반은 백두산 물을 담아갈 것"이라면서 문재인 대통령과 함께 물을 담는 장면이 촬영되었고, 리설주 여사는 "우리나라 옛말에 백두에서 해맞이를 하고, 한라에서 통일을 맞이한다는 말이 있"다고 말하면서 통일에 대한 바람을 언급했다.

그동안 남북한은 민족주의를 바탕으로 자국 국민들의 내적 통합성을 유지하고 상대국가에 대한 배타성을 표출했다. 대표적으로 앞서 살펴본 제3장(지상현·장한별)과 제4장(이승욱)은 남한이 어떻게 DMZ 전망대와 대북전단 살포를 통하여 북한에 대한 배타성과 남한 내부의 영역성을 공고히 했는지를 밝혔다. 또한 사회세력들은 국가공간의 영역적 통합성을 유지하려는 수단으로 민족주의가 투영된 '국가-자연(state-nature)'을 물질적, 담론적으로 생산해 왔다(Whitehead et al., 2007; Hwang, 2015). 이 장은 지난 남북한 정치지도자들의 정상회담에서 나타난 한반도 스케일 상의 새로운 국가-자연의 생산과정을 주목함으로써 두 국가 간의 동질성을 강조한 '한반도 자연'의 생산이 상대 국가를 향한 국가 내부의 배타적 영역성을 감소시키고, 점진적 교류로부터 시작하여 두 국가 간 정치적, 경제적, 사회적, 문화적 통합성을 높이면서 궁극적으로 통일을 탐색할 발판이 될 수 있음을 전망한다.

글의 구성은 다음과 같다. 2절에서는 국가-자연에 대한 문화지리학과 정치생태학의 선행연구를 검토하면서 국가-자연의 사회적 구성과정에서 민족주의가 중요하게 동원되었고, 이러한 국가-자연의 생산과정은 주로 국가 스케일과 국가 하위의 지역 스케일 간의 상호작용을 통하여 전개되었음을 확인한다. 또한 기존 연구에서 간과되었던 국가의 상위 스케일인 한반도 스케일 상에서 두 국가 주도의 국가-자연인 '한반도 자연'의 생산이 가능할 수 있다는 분석틀을 제시한다. 3절에서는 앞서 제시한 분석틀을 바탕으로 서두에서 소개한 최근 남북한 정치지도자들의 스펙터클의 정치가 어떻게 국가의 상위 스케일 상에서 새로운 국가-자연을 생산하는지를 면밀히 살펴본다. 4절에서는 본문의 연구내용을 정리하고, 앞으로 한반도 평화의 지도를 그려나가는 데 국가-자연 개념이 어떠한 기여와 한계가 있을시를 간단히 언급하는 것으로 이 장을 마무리한다.

2. 새로운 국가-자연의 생산에 대한 공간적 이해

1) 민족주의와 국가-자연의 관계

네이션(nation)의 번역어가 민족, 국민, 국가가 될 수 있다는 사실은 단순히 번역의 문제가 아니라, 근대국가 만들기 과정은 민족주의와 깊은 관련을 맺고 있음을 시사한다(김인중, 2011). 이미 민족과 민족주의의 기원을 밝히려는 여러 선행연구(앤더슨, 2003; Gellner, 1997; Smith, 2009)가 진행된 상황에서 이 연구는 근대 이전, 민족과 민족주의의 기원을 탐색하는 논의를 재론하기보다는, 사례분석에서 보듯이 남북한 두 국가가 시도하는 자연의 사회적 구성과정에서 민족주의의 역할을 이해하는 데 유용한 근대국가와 민족주의 간의 관계에 보다 주목하고자 한다.

민족주의 연구의 대표 고전이 된 베네딕트 앤더슨의『상상의 공동체』는 민족이 영속적이고 실재적인 공동체가 아니라 근대 민족주의자들에 의하여 만들어진 '상상의 공동체(imagined community)'임을 밝힌다. 책의 부제가 "민족주의의 기원과 전파에 대한 성찰"인 것에서 보듯이, 그는 18세기 후반 민족주의 성향의 지식인들이 발달된 인쇄술을 이용하여 라틴어가 아닌 일반인들이 읽을 수 있는 지방어로 작성된 민족주의 저작들을 '전파'했고, 그 결과로서 그러한 인쇄물을 읽은 일반인들은 민족이 실재적 공동체로서 존재하는 것으로 인식하게 되었다고 분석했다. 한편, 사회학자 신기욱은 한국의 민족주의를 혈연에 기인한 생물학적 특성에 기반한 '종족적 민족주의(ethnic nationalism)'로 규정하면서 해방 전에는 반제국주의/반식민주의 운동의 저항 이데올로기였고, 박정희 정권에서는 국민들을 산업역군으로 통합했고, 앞으로 통일과정에서는 통합의 역할을 수행할 것으로 내다보았다(신기욱, 2009).

민족주의의 구성과정에 있어서 앤더슨은 담론의 역할을 강조했다면, 신기욱의 분석은 혈연이라는 생물학적 특성을 환기시키고 있다. 이 둘의 입장은 상호배타적인가? 필자는 다양한 형태로 나타난 민족주의들은 그 국가, 지역의 특수한 담론적, 물질적 조건(혈연 포함)에 따라서 특정 요인이 다른 요인보다 상대적으로 두드러지게 나타난 결과들로 본다. 후속 연구자들은 어떤 요인이 중요했다는 식의 연구결과에 주목하기보다는 어떻게 상이한 요인들 간의 접합 과정이 있었는지를 연구의 초점으로 두어야 한다. 특히 문화적 전회(cultural turn)와 물질적 전회(material turn)를 겪은 인문지리학자들은 민족주의의 구성과정에서 물질적, 담론적 상호작용의 역동성을 파악하는 데 탁월하다(Hicks, 2010; Jessop and Oosterlynck, 2008).

문화지리학과 정치생태학에서는 특정 민족주의가 구성되는 과정에 있어서 자연이 효과적인 촉매제 역할을 했음을 주목했다. 윌리엄스(R. Williams)는 'nation(민족)'과 'nature(자연)'는 둘 다 토착적이고, 근원적이고, 진정성이 함의된 것으로 인식된다면서 두 용어 간의 친밀성을 주목한다(Williams, 1998). 하지만 이러한 어원적 유사성과 용어 간 친밀성이 높다는 점을 두 용어 간의 필연적 밀접성이 있는 것으로 단정 짓는 것은 경계해야 한다. 여기서 초점은 사회세력이 어떻게 친밀성이 높은 두 용어를 필연적으로 밀접한 것처럼 해석하는지에 대한 과정을 주목할 필요가 있다는 것이다. 기존 선행연구에서 밝혀졌듯이, 민족주의의 형성과정은 자신들의 삶의 터전에서 익숙하게 마주치는 지형, 기후, 경관과 연결되었다(Morris, 1984; Nogué and Vicente, 2004; 진종헌, 2005, 2016; Jin, 2008; Whitehead et al., 2007). 예컨대 웨일스 민족주의는 바위투성이인 웨일스의 자연지형을 강인하고, 결연하고, 근면한 웨일스 민족성으로 해석하는 동시에 '그림처럼 아름다운(picturesque)' 풍경을 영국다움(Britishness)으로 규정하여 웨일스와 영국의 대비되는 자연풍경을 두 민족의 다름으로 연결시켰다(Whitehead et al., 2007: 8~9; Morris, 1984).

이처럼 문화지리학과 정치생태학을 바탕으로 한 선행연구들은 민족/민족주의와 자연 간의 관계는 필연적이지 않으며, 특정 사회세력들에 의하여 상호 연결 짓게 되면서 만들어지는 사회적 구성물임을 밝혔다. 민족과 자연이 상호 연결되는 과정을 강조하는 개념으로서 여기서는 '민족-자연(nation-nature)'으로 부르고자 한다.

민족-자연은 다양한 지리적 스케일에서 존재한다. 국가 상위의 스케일에서 민족-자연이 존재한 예로는 쿠르드족의 민족주의가 내포된 '쿠르드족이 사는 땅'을 의미하는 '쿠르디스탄(Kurdistan)'을 들 수 있다. 쿠르디스탄은 터키, 이란, 이라크 등의 영토적 경계를 넘어서 존재한다. 이것은 동질적인 문화권으로 존재하며 주권을 가진 영토를 의미하지는 않는다. 영토로서 주장될 경우, 쿠르디스탄이 속해 있는 국가들과의 정치적 갈등이 발생했다(Dahlman, 2002). 민족-자연이 형성되는 보다 빈번한 예는 국가 스케일과 지역 스케일 간의 긴장관계에서 비롯된 분리독립운동이다. 가령, 스페인 카탈로니아 지역의 분리독립운동에서 스페인과 프랑스 사이에 자연적으로 만들어진 영토적 경계인 피레네산맥과 카탈로니아의 중심도시인 바르셀로나 북서부에 위치한 몬세라트(Montserrat)산은 민족-자연으로서 카탈로니아 민족주의의 핵심적인 요소이다(Nogué and Vicente, 2004).

이상의 예들에서 보듯이 민족-자연은 근대국가의 영토적 경계(즉, 국경)를 넘어서 존재하거나, 국가 스케일보다 하위의 스케일(즉, 지역)에서 존재할 수 있다. 하지만 20세기 이후, 주권에 근거한 뚜렷한 영역적 통합체인 근대국가 형태가 지배적이게 되면서 근대국가는 다양한 민족들을 국경 안에서 하나의 국민(國民)으로 통합하거나, 쿠르드족에서 보듯이, 국경을 넘어선 민족들을 개별 근대국가의 국경을 기준으로 분할하면서 강력한 존재감을 드러내었다.

즉, 공간적 스케일의 시각에서 보면, 근대국가는 단일한 국민정체성과 역사의식의 통일성을 유지하기 위한 일환으로 국가의 상위/하위 스케일에서 존재하던 민족-자연들 중 일부를 국가 스케일에서 생산되는 '국가-자연(state-nature)'으로 적극적인 전유 및 포섭을 시도했고, 이러한 국가와 국가의 상위/하위 스케일 간 긴장관계에서 갈등, 충돌, 타협이 발생했음을 확인할 수 있다

(Hwang, 2013, 청건대 박배균, 2013). 결과적으로, 지난 20세기 동안 다른 사회세력들에 비하여 막대한 군사적, 행정적, 담론적 권력을 보유한 근대국가는 국가-자연의 위상을 안정적으로 유지할 수 있었고(Mann, 2003), 근대국가를 의문의 여지없이 자연스러운 것으로 국민에게 인식시키는 데 성공적이었다 (Whitehead et al., 2007: 11). 이처럼 복수의 민족-자연들 중에서 단수의 국가-자연으로의 추상화 과정을 통해서도, 근대국가 만들기에 있어서 민족주의는 근대와 대립되는 전근대적인 것으로 일반화될 수 없고 근대국가를 형성하는 '필수조건(sine qua non)'[1]임을 확인할 수 있다. 물론 특정 국가-자연의 지배적 위상은 영속적이지 않으며, 앞서 언급한 카탈로니아 지역의 분리독립운동과 같은 사회세력들의 경합과정에 놓이게 되면 그 위상이 약화되거나 새로운 의미로 재규정될 가능성이 열려 있다.

정리하면, 기존 연구들은 ① 지역 스케일에서 구성되는 복수의 민족-자연들과 ② 이 민족-자연들 중에서 일부가 전유되어 국가 스케일 상의 단일한 국가-자연으로 생산되는 단계를 최종심급으로 보고 있다. **그림 6-1**은 국가-자연을 스케일별로 국가 스케일과 국가의 상위 스케일에서 생산되는 것을 도식화했다. **그림 6-1**에서 보듯이, 선행연구들은 국가 스케일과 지역 스케일 간의 상호작용에 초점을 맞추고, 결과적으로 국가에 의하여 민족-자연들 중에서 단일한 국가-자연(각 국가의 영역 위에 그려진 빗금으로 채워진 타원들)으로 재생산되는 지점을 주목했다는 점에서 국가 스케일과 국가의 상위 스케일을 가르는 굵은 선을 기준으로 하단에 해당된다. 하단의 국가 A와 국가 B 사이에는 영역적 경계가 뚜렷하게 그어진 것을 볼 수 있듯이 국가별 국가-자연의 생산은 영역적 통합체의 경계를 넘어서지 않는다. 만약 국가 A의 국가-자연의 지리적 범위가 영역적 경계를 넘어서 국가 B를 포함하거나 그 역(逆)의 상

---

1 민족주의 연구를 주도하는 대표학자인 앤서니 스미스(Anthony Smith)는 "신화와 기억은 네이션의 필수조건"(Smith, 2009: 110)이라고 말했다.

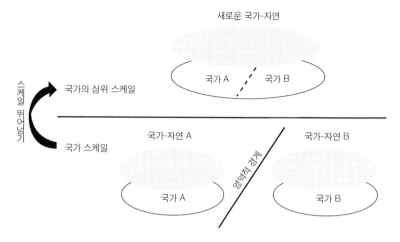

새로운 국가-자연

국가의 상위 스케일

스케일 뛰어넘기

국가 스케일

국가-자연 A

국가-자연 B

영역적 경계

국가 A

국가 B

그림 6-1 국가-자연의 스케일 재편

황이라면, 이는 두 국가 간 영역다툼이 있을 확률이 높다.

이 글은 영역적 경계를 중심으로 개별적인 국가라도 특정한 정치경제적 국면에 직면(가령, 지정학적으로 대립된 두 국가의 화해무드 조성)해서는 국가 A와 국가 B 사이의 영역적 경계가 약화되고(**그림 6-1** 상단의 국가 A와 국가 B 사이의 점선), 두 국가 간 공통의 이해관계에 의하여 두 국가의 상위 스케일 상에서 새로운 국가-자연이 만들어지는 스케일 뛰어넘기(scale jumping)가 발생할 수 있음을 주목한다. 새롭게 생산된 국가-자연은 개별 국가들(즉, 국가 A와 국가 B)의 내적 통합을 목적으로 만들어졌던 국가-자연들(즉, 국가-자연 A와 국가-자연 B)과는 달리, 상대방 국가에 대한 배타적 영역성이 감소하고, 두 국가 간의 내적 통합성을 높이고자 하며, 국가 A와 국가 B 간의 실질적인 정치적 통합을 촉진할 수 있다. 기존 연구에서 이러한 스케일 뛰어넘기의 가능성을 주목하지 않은 이유는 혈연적 동질성, 문화적 동질성(언어 등)을 공유하는 민족이 갈라져 분단된 경우가 드물기 때문이다. 기존의 영역적 경계를 바탕으로 오랜 기간에 걸쳐 국가 A와 국가 B의 개별적인 영역적 통합성을 유지하는 것을 선호하는 국내세력들은 스케일 뛰어넘기에 반발하면서 국가 내부의 영역저 배나싱을 깅화시기는 방향으로 나아갈 수 있다. 이처럼 국가의 상위 스케일에서의 국가-자연의 형성과정을 둘러싼 사회세력들 간의 정치적 경합의 결과에 따라 다양한 미래가 열려 있다.

2) 분석틀: 두 국가 주도의 새로운 국가-자연의 생산조건

여기서는 3절에서 다룰 사례인 두 국가 주도의 새로운 국가-자연의 생산을 살피기에 앞서, 앞에서 제시한 '국가-자연의 스케일 재편(rescaling)'(그림 6-1)을 최근 한반도 정세에 대입하여 어떻게 남북한은 국가 상위 스케일에서 새로운 국가-자연인 '한반도 자연'을 생산할 조건이 형성되는가에 관한 분석틀을 제시하고자 한다.

한국전쟁 이후, 남한과 북한은 민족주의를 내세워 자신들의 내적 통합성을 유지하고자 했다. 각 국가가 주도한 민족주의를 유지, 강화하는 데 있어서 특히 백두산과 금강산은 국가-자연으로서 기능해 왔다. 먼저, 남한을 살펴보자. 남한은 헌법상에 남한의 영토를 "한반도와 그 부속도서"로 명시하여 남한의 영토범위에 북한 영토를 포함하고, 북한 정권을 남한의 영토를 불법적으로 점거한 반국가단체로 간주하고 있다.[2] 애국가 가사에서는 북한 영토에 위치한 백두산을 남한의 국가-자연으로 포함했고, 1990년대 시작된 백두대간에 대한 남한 사회의 높은 관심은 백두산부터 한라산까지 산맥의 유기적 연결성을 곧 민족의 정기로 해석했다(Jin, 2008).[3] 또한 오늘날 '국민가곡'으로 받아들

---

2 최근 헌법재판소의 판결에서는 "북한은 조국의 평화적 통일을 위한 대화와 협력의 동반자임과 동시에 적화통일노선을 고수하면서 우리의 자유민주주의 체제를 전복하고자 획책하는 반국가단체의 성격도 아울러 가지고 있"(대법원 2008.4.17, 선고, 2003도758 전원합의체 판결)다고 판결하여, 적이자 동반자인 남북한 간의 특수한 상황을 고려했다. 이 장에서는 북한과 남한을 각각 국가로 간주한다. 현재 남북한이 UN 회원국이라는 점에서 국제적으로 남북한이 국가로 인정받고 있음을 감안했다.

3 해방 이전에 애국가 가사가 완성되었지만, 남한 정부는 이 가사를 국가(國歌)로 지정하고, 북한 정부는 채택하지 않음으로써 두 정부의 상이한 선택이 있었다. 따라서 해방 이전에 애국가 가사가 만

여지는 〈그리운 금강산〉(한상억 작사, 최영섭 작곡)의 원(原)가사는 북한의 금
강산을 "수수만넌 아름다운 산 더럽힌 지("못 가본"으로 수정) 몇몇 해", "비로봉
그 봉우리 짓밟힌 자리("예대로 있나"로 수정)", "우리 다 맺힌 원한("슬픔"으로 수
정) 풀릴 때까지"라면서 당시 냉전 속에서 북한 정권에 대한 적대적 감정을
드러냈다. 이 가사는 1972년 남북공동성명으로 일시적인 화해무드가 조성되
면서 작사가 한상억이 수정했다. 이처럼 남한에서의 국가-자연의 생산과정
은 북한 정권의 영토를 부정하고, 오직 남한 정권의 합법성과 정통성을 인정
하며, 북한의 영토와 자연들은 남한이 수복해야 할 대상으로 규정했다.

    북한에서도 백두산을 국가-자연으로서의 신성함을 갖고 있는 곳으로 인식
한다는 점에서는 남한과 유사하지만, 남한과는 다른 목적이 들어가 있다. 즉,
일제강점기 김일성의 반일무장항쟁의 근거지였다는 사실이 백두산의 신성한
이미지와 결합하여 사회주의 국가의 뿌리로 상징화하고 있는 것이다. 1987년
출간된 『김일성 전설집』의 1권 제목이 "백두산 전설집 1: 김일성 전설집"이
고, 전국인민회의 회의장을 비롯한 주요 기관에 백두산 천지와 김일성 초상화
가 함께 배치된 점은 '백두산=김일성'이라는 인식을 잘 보여준다(진종헌,
2005; 박계리, 2011; 정교진, 2016). 김정일은 "자연은 어느 것이나 뜻이 깊고 정
서가 차 넘치게 그려야 한다"(박계리, 2011: 53)며 북한 사회에서 자연이 어떻
게 전유되어야 하는지에 대한 의견을 직접 피력할 정도로 국가-자연의 사회
적 구성에 깊이 관여했다. 김정은 또한 백두산을 꾸준히 방문하여 김일성으
로부터 이어지는 북한 최고지도자의 유일한 정치적 정당성을 갖고 있는 혈계
인 '백두혈통'임을 환기시켰다(연합뉴스, 2017. 12. 10). 금강산의 경우, 금강산
곳곳의 바위에 "조선로동당 만세", "영원한 우리 수령 김일성 동지", "천출명
장 김정일 장군"과 같은 선전문구가 새겨졌고, 북한의 정치·외교행사에서는

들어진 사실과 상관없이 해방 이후 남한 정부가 해방 이전 애국가 가사를 국가(國歌)로 전유한 행위
를 통해서 애국가를 남한 정부가 시도한 국가-자연 만들기의 예로 볼 수 있다.

금강산을 배경으로 촬영하면서 정권의 정치적 권위를 금강산의 자연과 연결시켰다(진종헌, 2005: 40~41).

이처럼 분단된 남북한은 각각의 국가-자연을 구성하는 과정에서 민족주의를 적극적으로 활용했다. 특히 자연지형 중에서 산을 대상으로 국가-자연화를 시도했다는 공통점이 있다. 이는 유사한 해외연구(Morris, 1984; Nogué and Vicente, 2004)에서도 확인되듯이, 산지가 많은 자연지리적 특성과 관련된 것으로 볼 수 있다.

냉전 시기의 지정학 구도 속에서 한반도는 공산주의와 자유민주주의 이념 간의 각축장이 되었고, 남북 화해와 협력을 끌어내는 것이 쉽지 않은 상황이 지속되었다(김원배, 2018). 하지만 이러한 대립과 갈등으로 구조화된 역사가 앞으로의 한반도 미래에 영향을 미친다 하더라도 새로운 변화의 가능성을 배제할 수는 없다. 특히 남북한 간 대립의 구도를 형성해 오던 한 축인 민족주의도 어떻게 활용하느냐에 따라서 남북한의 대립을 화해로 이끌어내는 촉매제로 재구성될 수 있다. 사회학자 전재호는 민족주의를 다음과 같이 정의한다.

"민족주의는 민족의 독립, 통합, 발전 또는 민족적 위상의 고양이라는 지향성만을 가지고 있을 뿐, 이를 어떤 수단으로 달성할 것인가라는 전술은 갖고 있지 않다. 따라서 민족주의는 구체적인 전술을 갖고 있는 다른 이데올로기와 결합하여 구체적인 목표를 달성한다"(전재호, 2000: 30).

즉, 그는 사회세력이 지향하는 목표와 목적에 따라서 민족주의는 상이하게 재구성될 수 있다며 민족주의에 내재한 개념적 유연성을 강조하고 있다. 앞서 확인했듯이, 남한의 역대정권들은 백두산이 포함된 애국가 가사를 채택하고, 백두대간 담론을 통하여 한반도 전체를 남한의 영토로서 국가-자연화시키고자 했다. 그런데 권위주의 정권을 비판했던 1980년대 학생운동진영에서도 "통일국토"(진종헌, 2005: 39)를 내세우면서 비판의 대상인 권위주의 정권과 마찬가지로 민족주의를 전유했다. 동일한 지리적 심상인 한반도를 전유하지만 각각 다른 목적(정권은 남한 사회의 내적 통합, 학생운동진영은 남북한 통일)으로 민족주의가 작동한 것이다.

신기욱의 주장처럼, 혈연에 기반한 종족적 민족주의 형태를 띠고 있는 님 북한의 경우 민족주의가 남북한 간 대립의 역사를 거쳐 통합의 역할도 맡을 수 있다면(신기욱, 2009), 이론적으로 민족주의와 친밀성을 띠고 있는 자연을 어떻게 전유하느냐에 따라서 통일 혹은 통일 이전 단계에서 남북 간 협력을 증가시켜 한반도 평화를 조성하는 데 기여할 수 있는 새로운 국가-자연이 생 산될 수 있을 것이다.

남북한은 각각 상호적대의 내러티브에 기반하여 국가-자연으로서 산을 동 원해 왔다. 하지만 첫째, 물질적인 차원에서는 남한과 북한의 영토적 경계를 가로질러 한반도 차원에서 하나의 유기적 공간임을 환기시키는 자연지리적 조건과, 둘째, 국가-자연은 물질성뿐만 아니라 담론성을 띠고 있다는 점에서 두 국가가 하나의 유기적 공간이라는 물질적 특성을 곧 한민족이라는 동족의 내러티브로 연결한다면, 동일한 자연이더라도 대립의 내러티브에서 화해의 내러티브로 재생산되는 것이 가능하다.

일국가를 넘어선 동아시아 지정학 판도의 역동적 변화는 "국가의 공간적 행동과 전략 자체가 새로이 구성되는 과정"(황진태·박배균, 2013: 360)이라는 점에서 새로운 국가-자연의 생산은 실험적이고 불확실하다. 이러한 불확실 성은 새로운 변화보다는 기존 일국가 내부의 영역적 이데올로기(북한의 반미 제국주의, 남한의 반공주의)에 기반한 영역적 통합을 공고히 하여 자신들의 이 해관계를 지켜온 사회세력들에 의하여 조장되어 왔다. 따라서 이러한 불확실 성으로부터 빚어질 국내적 반발을 최소화하면서 남북한 협력의 속도를 낼 수 있는 경우의 수로는 남북한 최고 정치지도자가 한반도 평화라는 공동의 이해 관계를 실현하기 위한 적극적인 실천에 나서는 것을 고려할 수 있다.

남한과 북한의 체제는 다르지만, 공통적으로 해방 후 분단된 각 국가를 효 과적으로 통치하는 데 필요한 자원을 확보하고, 정권의 취약한 정치적 정당 성을 보완할 목적으로 최고 정치지도자는 경제 및 지역개발의 현장을 방문하 여 독려와 진두지휘를 했다. 이러한 정치지도자의 지역방문은 언론을 통하여 국민들에게 알려지는데, 최고지도자 방문이 지역이 안고 있는 문제들을 해결하는 데 실세로 기여했ㄴㅈ지를 검증하기보다는 최고지도자가 '몸소' 지역을 방문했다는 사실을 강조한 이미지들이 압도적으로 확산되는 '스펙터클의 정치'(기 드보르, 2014)를 전개하여 국가공간의 내적 통합성을 높이고자 했다.

먼저, 남한에서는 박정희가 "시찰"이라는 이름으로 "움직이는 청와대", "확인행정", "일하는 대통령"이라는 긍정적 이미지를 형성했고, 군사쿠데타로 집권한 정권이라는 정치적 정당성의 결핍을 보완하고자 했다. 이러한 시찰은 박정희 정권과 마찬가지로 쿠데타로 집권한 전두환 정권에서도 적극적으로 활용된다(김우철, 2015). 다음으로 북한에서도 김일성에서부터 시작된 "현지지도"라는 이름의 순방은 북한 정치지도자의 주요 통치술로서 김정일을 거쳐 현재 김정은까지 이어져 활용되고 있다(Medlicott, 2005; 권헌익·정병호, 2013; 정유석·곽은경, 2015). 북한매체인 ≪로동신문≫(2009년 6월 18일 자)이 현지지도를 설명하기를 "김일성 동지가 발명하신 새로운 방식의 **대중적인 지도력**으로서 **당과 국가의 건설**, 군사력의 양성, 그리고 **사회와 자연과 인간의 개조**를 포함한 모든 영역에서 사회주의 사업을 승리로 이끌고 있다"(권헌익·정병호, 2013: 51, 밑줄은 인용자)고 밝힌 것에서 보듯이, 북한의 최고 정치지도자가 몸소 움직이는 공간적 실천은 국가-자연을 형성하는 데 효과적인 조건이다.

비록 남한은 1980년대 정치적 민주화를 겪으면서 최고 정치지도자가 시도한 스펙터클의 정치의 파급력은 약해졌지만, 서울의 발전과 지방의 저발전이라는 불균등 발전이 심화되고(Park, 2008; 이상호, 2018), 국가원수의 권한과 행정부 수반의 권한을 함께 보유한 대통령 중심제가 유지되는 상황에서 민주화 이전의 과거 정권보다는 시찰의 중요성이 떨어졌다. 하지만 국민들이 최고 정치지도자인 대통령에게 거는 기대감이 사라진 것은 아니다. 역설적으로 남북한 간의 대립의 역사 속에서 형성된 최고 정치지도자의 위상과 그 위상을 지키기 위한 통치술의 일환으로 전개된 최고지도자가 직접 움직이는 스펙터클의 정치를 활용한다면, 한반도 평화 실현에 대한 국민적 지지를 받고, 남한과 북한이라는 개별 국가 스케일을 넘어선 한반도 스케일에서 새로운 국가-자연을 생산할 수 있을 것이다.

3. 남북한 주도의 '한반도 자연'의 생산

이 절에서는 앞에서의 논의를 바탕으로 새로운 국가-자연인 '한반도 자연'의 생산을 2018년 남북한 정상회담을 사례로 구체적으로 살펴보고자 한다.

1) 제1차 남북정상회담에서의 '한반도 자연'의 생산

2018년 2월 평창 동계올림픽에 북한선수단이 참석하면서 그동안 경색되었던 남북한 간 대화가 다시 시작될 수 있는 물꼬가 트였고, 김대중 대통령(2000년), 노무현 대통령(2007년)에 이어서 10여 년 만에 2018년 4월 27일 판문점 남측 평화의 집에서 문재인 대통령과 김정은 국무위원장 간의 남북정상회담이 개최된다. 앞에서 확인했듯이, 남북한은 그동안 국내적 통치전략의 일환으로 국가-자연을 생산해 왔다. 하지만 민족주의 개념의 유연성(전재호, 2000; 신기욱, 2009)을 고려하면, 상대국가에 대한 배타성에 기반한 국가-자연은 상대국가와의 협력이라는 새로운 목표를 담아서 재구성될 수 있다. 그동안 두 국가의 국내정치에서 민족과 자연 간의 관계를 강조한 내러티브가 두국가 국민들에게 친숙하다는 사실은 두 국가 간 협력을 구축하기 위해 국가의 상위 스케일 상에서 만들어지는 새로운 국가-자연을 받아들이는 데 두 사회가 큰 충돌과 갈등이 없을 것으로 예상할 수 있게 한다. 특히 국가-자연으로서 두 국가가 산을 선호했다는 사실은 산을 매개로 새로운 국가-자연을 구성하는 것이 두 국가 국민들에게 다른 자연보다 산을 보다 친숙하게 받아들일 가능성이 높음을 말해준다. 제1차 남북정상회담 행사를 기획한 남한 정부는 남북한 화해와 교류를 이끌어낼 목적으로 다음과 같이 국가-자연의 구성을 시도했다.

그림 6-2는 문재인 대통령 부부와 김정은 국무위원장 부부가 만찬 참석에 앞서 평화의 집 현관 정면에 걸려 있는 그림 앞에서 기념촬영을 한 사진이다. 이들 뒤에 걸려 있는 그림은 민정기 화가의 2007년 작 〈북한산〉이다. 언론

그림 6-2 평화의 집에서 문재인 대통령 부부와 김정은 국무위원장 부부 기념촬영
자료: 청와대 홈페이지.

보도에 따르면, 이 그림을 걸은 의도는 첫째, 남한을 처음 방문하는 북한 지도자에게 서울 명산을 소개한다는 의미와, 둘째, 남한에 위치한 산 이름에 북한이 포함되어 있다는 점을 부각하여 북한 지도자로 하여금 북한과 남한 간의 긴밀한 관계를 환기시키려는 것이었다(≪한겨레≫, 2018. 4. 25). 정상회담을 앞두고 청와대에서 "두 정상은 이 그림 앞에서 처음 기념사진을 찍을 예정이다"(≪한겨레≫, 2018. 4. 25)라고 밝혔듯이 청와대는 이 그림을 회담이 있는 건물 현관의 정면 벽에 배치하여, 김정은 국무위원장이 회담장으로 통과하는 길에 그림을 안 보고는 지나치기 어렵고, 문재인 대통령이 그림에 관한 설명을 김정은 국무위원장에게 안정적으로 할 수 있는 동선임을 고려했다. 2층 회담장 자리에는 신장식 작가의 〈상팔담에서 본 금강산〉(2001년 작)이 걸려 있었고, 이 작품에 대하여 청와대는 "남북 화해와 협력의 상징인 금강산을 회담장 안으로 들여와 대화의 성공을 소망하는 의미"(≪한겨레≫, 2018. 4. 25)로 설치했다고 밝혔듯이, 남한의 북한산과 북한의 금강산 그림들을 남북회담 장소에

그림 6-3 2018년 제1차 남북정상회담에서의 공동식수행사 장면
자료: 청와대 홈페이지.

배치함으로써 남북한 간의 동질성을 환기하려는 의도임을 확인할 수 있다.

다음으로 남한 측이 시도한 국가-자연의 구성은 소나무 공동식수행사였다. 남북정상회담 준비위원장인 임종석 대통령비서실장은 회담 직전 언론브리핑에서 두 정상 간에 공동식수를 할 계획임을 소개하며 "기념식수목은 우리 민족이 가장 좋아하는 '소나무'로 정했다"(≪경향신문≫, 2018. 4. 27)면서 남북한의 영역적 경계를 넘어서 '우리 민족'이라는 동질성을 강조했다. **그림 6-3**에서 보듯이, 행사는 각 정상이 상대방 국가의 물과 흙을 뿌리는 행위가 포함되어 있다. 남한과 북한의 대표적 국가-자연인 한라산과 백두산의 흙을 가져오고, 두 국가의 수도인 서울 한강과 평양 대동강에서 가지고 온 물을 남북교류의 흔적인 '소떼 길' 위에 '우리 민족이 가장 좋아하는 소나무'를 심으면서 함께 섞는 과정은 기존에 두 국가의 개별화되고 배타성을 띤 국가-자연을 넘

그림 6-4 2007년 10월 4일 노무현 대통령 부부와 김영남 북한 최고인민위원회 상임위원장이 남북한 정상회담을 기념하기 위해 평양 중앙식물원에서의 식수를 마친 이후의 기념촬영
자료: e영상역사관.

어서 하나의 국가-자연이 생산되는 것으로 볼 수 있다.

　여기서 주목할 부분은 남북한 최고지도자들의 동시적인 지지가 없었다면, 이 정도 수준의 스펙터클 효과가 발생하기 어렵다는 점이다. 2007년 노무현 대통령이 평양을 방문했을 때도 정상회담을 기념하여 평양 중앙식물원에서 두 국가의 대표적 국가-자연인 백두산 흙과 천지 물, 한라산 흙과 백록담 물을 가지고 오고, "하나된 민족의 염원을 담아"라는 메시지가 들어간 표지석을 설치하는 식수행사를 가졌다는 점에서 2018년 제1차 정상회담에서의 식수행사의 방식과 내용은 새로운 것이 아님을 알 수 있다. 하지만 2018년과 비교하여, 2007년에 진행된 식수행사는 언론의 주목을 끌 만한 스펙터클함이 덜했고 조용하게 치러졌다. 남북정상회담에서 동일한 방식의 행사였음에도 불구하고, 반응이 상이한 원인 중 하나는 남북 최고지도자 중 한 명인 김정일 국방위원장이 불참했기 때문이다. 본래 남한 정부 측은 표지석에 김정일 국방위원장 이름이 새겨진 것을 준비했다는 점에서 김정일 국방위원장의 참석을 예상했지만, 그가 불참하면서 표지석도 노무현 대통령 이름만 단독으로 들어간 표지석을 세우게 된 것이다(≪경향신문≫, 2018. 6. 14). 이러한 예상치 못한 상황이 발생하는 것을 방지하기 위해서였는지는 몰라도 2018년 회담에서는 남측이 북측에 식수행사를 제안하면서 북측에 수종과 표지석에 새겨질 문구에 대한 허락을 사전에 구하는 절차를 거쳤다(연합뉴스, 2018. 4. 27).

다른 한편으로 주목할 부분은 노무현 대통령의 식수행사는 실패한 스펙터클로 규정하기 어렵다는 점이다. 두 국가의 국가-자연을 상징하는 흙과 물을 뿌리면서 식수하는 방식은 노무현 정부가 선도적으로 했던 것을 문재인 정부가 참고했기 때문에 가능했다. 또한 2007년 정상회담에서는 김정일 국방위원장이 참석하지 않았지만 노무현 대통령이 식수했던 소나무는 아직 살아 있다. 제1차 남북회담이 끝나고 6월 14일, 판문점 북측 통일각에서 개최된 제8차 남북장성급군사회담에서 북쪽 수석대표는 회담장에 노무현 대통령이 심었던 소나무의 현재 모습을 촬영한 사진을 남측 대표단에 보여주었다. 이어서 그는 "4.27 북남수뇌상봉과 회담 당시에 우리 김정은 국무위원장 동지와 문재인 대통령이 심은 소나무는 잘 자라나"는지 남측에 물었고, "(오늘) 남쪽에서 회담하면 (우리가) 넘어가서 그 나무에 물도 주고 복토도 하고 김도 매주고, 사진도 찍으려고 계획했다"라며, "(그런데 회담을) 북쪽에서 하다 보니까 그 소원을 이루지 못했는데 수고스럽지만 남측 대표단이 돌아가는 길에 소나무를 돌아보고 우리 마음을 담아서 가꿔주면 고맙겠다"고 부탁했다. 이후, 7월 31일에는 제9차 남북장성급군사회담이 남측 판문점에서 열리면서 북측 대표단은 제1차 정상회담에서 식수했던 소나무를 살펴보고, 표지석 부근의 잡초를 뽑는 모습을 보였다(≪한겨레≫, 2018. 7. 31). 이처럼 북측 대표단은 노무현 대통령이 심은 나무의 사진을 보여주고, 노무현 대통령이 심은 소나무와 문재인 대통령, 김정은 국무위원장이 공동으로 식수한 소나무를 함께 언급함으로써 2018년 제1차 정상회담에서 두 정상이 만들어낸 하나의 국가-자연의 내러티브를 보나 풍부하게 만들었다. 누무현 대통령의 식수 행사에서 심어지고, 현재까지 '살아 있는' 소나무는 십 년 후인 2018년 제1차 정상회담 행사에도 긍정적인 영향을 미친 것이다.

정리하면, 2018년 제1차 정상회담에서 남측이 준비한 '한반도 자연'의 생산은 남측의 기획력만으로는 설명할 수 없다. 분단국가에서 어느 한 국가의 실천만으로는 스펙터클의 정치가 발생하는 것이 제한적이라는 점을 2007년 평양 식수행사에서 김정일 국방위원장의 불참을 통해 확인했다. 반면에 2018년 제1차 정상회담에서 김정은 국무위원장은 남측이 기획한 행사에 미소를 지으면서 적극적인 호응을 했다.[4] 이러한 그의 긍정적인 반응과 태도는 평화의 집에 걸린 〈북한산〉 그림을 바라볼 때(**그림 6-2** 참조)와 소나무 식수행사에서도 확인할 수 있었고, 이러한 그의 모습은 미디어를 통하여 대중에게 전달되었다.

다음 소절에서는 제3차 남북한 정상회담을 통하여 북측에서 기획한 '한반도 자연'의 구성전략과 남측의 반응을 살펴보고자 한다.

2) 제3차 남북정상회담에서의 '한반도 자연'의 생산

4월의 제1차 남북정상회담을 마친 후, 김정은 국무위원장과 트럼프 미국 대통령과의 정상회담 조율이 어려워지자 5월 26일 판문점 북측 통일각에서 제2차 남북정상회담이 열렸다. 이후 6월 12일 트럼프 대통령과 김정은 국무위원장은 싱가포르에서 정상회담을 했다. 하지만 북미 간 비핵화 합의가 난

---

4 김정은 국무위원장이 제1차 정상회담에서 문재인 대통령과의 기념촬영이 끝나고 취재진을 향해 "잘 연출됐습네까?"라고 물어보고, 판문점 선언의 말미에는 "우리의 역사적인 만남에 커다란 관심과 기대를 표시해 준 기자 여러분들께도 사의를 표합니다"라고 말한 것에서 보듯이 그는 미디어를 통하여 자신이 어떻게 비춰질지를 잘 파악하고 있었다. 따라서 남북 정상들의 스펙터클의 정치를 만드는 데 있어서 김정은 본인이 말하듯이 '연출'이 고려되었을 것이다.

그림 6-5 2018년 9월 18일 조선노동당 중앙위원회 본부청사에서 남북회담을 하는 모습
자료: 청와대 홈페이지.

항을 겪게 되면서, 9월 18일부터 20일까지 문재인 대통령이 평양을 방문하여
제3차 남북정상회담을 갖게 된다.

　북측이 준비한 정상회담의 장소에도 산을 중심으로 국가-자연이 배치되었
다. 앞에서 살폈듯이, 백두산은 '김일성의 반일무장항쟁의 근거지', '백두 혈
통'으로 상징되는 대표적인 국가-자연이다. 9월 18일 남북회담을 가졌던, 북
한정치의 최고핵심기관이자 김정은의 집무실이 있는 조선노동당 중앙위원회
본부청사에 걸려 있는 백두산 천지 그림(**그림 6-5**)은 김일성 일가가 북한 내부
에서의 정치적 정당성을 확보하려는 상징정치가 국가-자연의 형성과 긴밀히
연관되어 있음을 잘 보여준다. 하지만 정상회담기간 동안 백두산과 관련하여
북측에서는 기존의 국가-자연의 주요 내러티브인 김일성의 반일무장항쟁 근
거지와 같은 내용들은 발언하지 않았다. 마찬가지로 판문점 통일각에서 개최
된 제2차 남북정상회담의 회담장에서도 백두산 천지 그림이 걸려 있었지만
기존 내러티브를 확인하지 못했다.

　앞서 확인했듯이, "자연은 어느 것이나 뜻이 깊고 정서가 차 넘치게 그려야
한다"며 선전(propaganda)의 일환으로 사회주의 이데올로기에 자연을 적극적
으로 전유할 것을 김정일이 직접 주문했고, 유훈통치에서 보듯이 김일성,
김정일의 발언을 여전히 중요하게 받아들이고 있는 북한체제를 고려한다면,

회남상 곳곳에 백두산 그림이 걸리게 된 핵심 목적과 달리, 김정은은 남북한 간의 동질성을 강조하기 위하여 북한 사회 내부에서 사용된 국가-자연의 내러티브를 발화하지 않은 것으로 추측할 수 있다. 이러한 추측은 문재인 대통령과 백두산을 동반 등정하면서 보다 설득력을 갖게 된다.

한편, 남측 방문단의 행위도 북한의 전략에 조응하고자 했음을 확인할 수 있다. 9월 19일 문재인 대통령은 만수대 창작사를 방문했다. 이곳은 북한의 체제선전을 담당하는 대표기관으로 천리마 동상, 주체사상탑, 개선문 등의 건립을 주도했다. 이곳을 방문한 문재인 대통령이 백두산 천지 그림을 바라보는 모습을 촬영한 사진이 국내 언론에 대대적으로 보도되었다. 일부 보수 언론에서는 만수대 창작사가 유엔의 경제 제재 리스트에 있다는 사실을 강조하면서 문재인 대통령의 방문이 문제의 소지가 있을 수 있다는 기사(≪조선일보≫, 2018. 9. 20)와 "민족의 영산(靈山)인 백두산 관광도 '혁명 성지'를 김 위원장과 함께 등정했다는 정치적 의미가 크다"면서 문재인 대통령의 백두산 등정이 북한 정권의 정치적 정당성을 인정한 것으로 간주하는 기사(≪문화일보≫, 2018. 9. 21)가 있었지만, 대부분의 기사들은 사진에 대한 의견은 내지 않고 "文대통령, 내일 방문할 '백두산 천지' 사진에 관심"(≪머니투데이≫, 2018. 9. 19), "작품으로 백두산 천지 사전답사하는 문 대통령"(≪뉴시스≫, 2018. 9. 19), "내일 백두산 갑니다!"(≪경향신문≫, 2018. 9. 19)라는 제목과 함께 사진을 보여주는 단순한 보도형태를 취했다. 백두산뿐만 아니라 옥류관에는 금강산 그림이 걸렸고, 평양공동선언을 한 백화원 영빈관에는 소나무 그림이 걸려 있었다. 즉, 북측은 정상회담에서 체제선전을 지양하고 조선화로 불리는 전통 산수화나 풍경화를 걸었다는 점에서 민족의 동질성을 강조하는 전략으로 일관했다(SBS 뉴스, 2018. 9. 20).[5] 더구나 북한은 국빈이 방문하면 김일성과 김

---

5 미술평론가 정준모는 SBS 뉴스와의 인터뷰에서 북한이 산수화와 풍경화를 배치한 의도에 대하여 "자연의 웅장함, 호방한 지향, (이런 것이) 우리 민족이 지향해 왔던 것이고, 통일이 됐을 때 같이 해서 나갈 수 있"기 때문인 것으로 분석한다(SBS 뉴스, 2018. 9. 20).

정일의 시신이 안치된 금수산태양궁전을 참배하도록 하여 외부로부터 체제 정통·성을 확인받고자 한다. 지난 2000년 김대중 대통령의 평양 방문에서도 북한 측에서는 참배를 요구했던 것으로 알려져 있다(≪문화일보≫, 2018. 9. 21). 이런 과거의 북측 태도를 상기하면 이번 문재인 대통령의 평양 방문에서는 체제 정통성을 확인받으려 한 정황은 확인하기 어려웠다. 오히려 미디어의 특성을 잘 파악하고 있는 김정은(각주 4 참조)은 '우리 민족'의 프레임 속에서 백두산을 비롯한 국가-자연들을 전면에 배치했음을 북한매체를 통하여 확인할 수 있다.

9월 20일 문재인 부부와 김정은 부부의 전격적인 백두산 방문은 제1차 남북정상회담 환영만찬 건배사에서 문재인 대통령이 백두산과 개마고원 트래킹이 소원이라고 말한 것을 북측에서 긍정적으로 고려한 것으로 보인다. 북한연구에서 조선노동당 기관지인 ≪로동신문≫은 북한 정권의 정책방향을 파악하는 주요 매체이다(이항동, 1997; 정성임, 2009; 김원태, 2010). 따라서 백두산 등정에 관한 ≪로동신문≫ 기사를 살펴보는 것은 북한 정권이 제3차 정상회담과 백두산 등정을 북한 사회에 어떠한 프레임(체제선전 혹은 남북한의 동질성)으로 전달했는가를 알 수 있게 한다.

2018년 9월 21일 자 ≪로동신문≫은 1면을 포함한 총 4면을 백두산 등정을 보도하는 데 할애했다. 1면에는 "민족사에 특기할 력사적 사변. 경애하는 최고령도자 김정은 동지께서 문재인 대통령과 함께 백두산에 오르시었다"는 큰 제목과 함께 천지를 배경으로 김정은 국무위원장과 문재인 대통령이 손을 잡고 리설주, 김정숙 여사와 밝은 표정으로 촬영된 사진이 게재되었다. 또한 이 신문은 "남북 정상이 민족의 상징인 백두산에 올라 남북관계 발전과 평화번영의 새 시대에 뚜렷한 자국을 아로새겼다"고 평했다. 즉, ≪로동신문≫은 남북한 두 정상이 함께 '민족의 상징'인 백두산에 오른 것을 '민족사에 특기할 역사적 사변'으로 보도하며, '남북관계 발전과 평화번영'을 강조했다는 점에서 기존에 북한이 사용했던 백두산에 대한 체제선전용 내러티브보다는 백두산을 남북한을 결집하는 하나의 국가-자연으로 구성했다.

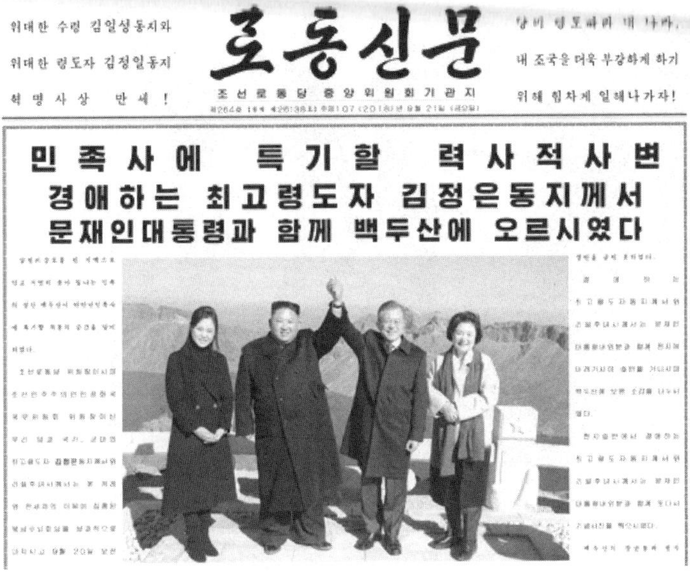

위대한 수령 김일성동지와
위대한 령도자 김정일동지
혁명사상 만세!

로동신문

조선로동당 중앙위원회 기관지

제264호 주체107(2018)년 9월 21일 (금요일)

당의 령도따라 내 나라,
내 조국을 더욱 부강하게 하기
위해 힘차게 일해나가자!

민족사에 특기할 력사적사변
경애하는 최고령도자 김정은동지께서 문재인대통령과 함께 백두산에 오르시였다

그림 6-6 백두산 천지 앞에서 두 정상 부부의 기념촬영을 1면으로 보도한 ≪로동신문≫ 2018년 9월 21일 자

≪로동신문≫ 보도와 유사하게 9월 21일 조선중앙TV도 백두산 천지를 배경으로 아나운서가 ≪로동신문≫의 1면 큰제목을 차용하여, 문재인 부부와 김정은 부부의 백두산 방문을 "민족사에 특기할 역사적 사변. 김정은 동지께서 문재인 대통령과 함께 백두산에 오르시었습니다"라고 평하면서 두 정상이 손을 잡고 있는 모습과 더불어 김정숙 여사와 리설주 여사가 팔짱을 낀 모습, 남북의 군수뇌부인 송영무 국방장관과 노광철 인민무력상이 함께 기념사진을 촬영하는 모습을 방영했다. 두 정상뿐만 아니라 두 정상의 부인들이 팔짱을 끼고 근대국가의 영역적 배타성을 상징하는 군사력의 정점인 군수뇌부가 '민족의 상징'인 백두산 천지에서 함께 사진을 찍는 모습을 보도한 것은, 그러한 배타성을 지양하고 남북 간의 동질성을 강조하는 의도로 읽혀진다.

남북 정상과 더불어 부인들도 '한반도 자연'의 스펙터클을 형성하는 데 기여했다. 백두산을 등반한 자리에서 남측 정부인사들이 김정은 국무위원장이

그림 6-7 백두산 물을 받고 있는 김정숙 여사와 그녀의 옷깃을 들어주는 리설주 여사의 모습
자료: 청와대 홈페이지.

남한을 방문하면 한라산을 갈 수 있도록 준비하겠다는 대화가 오간 것이 언론을 통해 알려지면서 한반도 스케일 상의 국가-자연으로서 백두산과 한라산을 유기적으로 연결시킨 지리적 심상이 언급되었다. 리설주 여사도 "우리나라 옛말에 백두에서 해맞이를 하고, 한라에서 통일을 맞이한다는 말이 있"(노컷뉴스, 2018. 9. 20)다고 발언하면서 백두산과 한라산을 연결한 지리적 심상에 통일담론을 결합했다. 그런데 리설주 여사가 "옛말"이라 하였지만, "백두에서 한라까지"라는 말은 1980년대 남한에서 사용하던 운동권 구호였다.[6] 1989년 6월 임수경이 방북한 이후에 북한에서 출간된 『조국통일촉진 백두-한라 대행진 출정』에는 기존 북한선전의 핵심인 백두산에 통일이라는 새로운 의미가 포함되었고, 백두산과 더불어 한라산이 함께 언급되기 시작했다(박계

---

6 임수경에 앞서 1989년 3월에 방북한 문익환 목사의 붓글씨인 "백두에서 한라까지 조국은 하나다"도 익히 알려진 작품이다.

리, 2011: 55~57). 물론 리설주 발언의 출처가 정확히 어딘지를 파악하는 것은 어렵지만, 북한 최고지도자의 부인이 "백두에서 한라까지"를 발화한 것이 여러 언론을 통하여 확산되면서 제1차 정상회담에서 한라산 흙이 뿌려졌던 소나무 공동식수행사와 더불어 국가-자연으로서 백두산과 한라산을 유기적으로 생각하는 인식을 강화시키는 효과를 낳았다. 남측 지도자의 부인인 김정숙 여사도 한라산 생수를 담은 페트병에 있는 절반의 물을 비우면서 "한라산에서 물을 갖고 왔다. 천지에 가서 반은 붓고 반은 백두산 물을 담아갈 것"이라면서 한라산 물과 백두산 물을 하나의 통에 담아 남북통일의 의미를 부여한 모습을 촬영한 사진(**그림 6-7**)이 미디어를 통하여 확산되었다.

4. 나오며

이 장은 문화지리학과 정치생태학에서의 국가-자연 논의에 기반하여 기존 연구에서 덜 논의된 두 국가의 상위 스케일인 한반도 스케일에서 두 국가 주도의 국가-자연인 '한반도 자연'이 생산될 수 있음을 탐색했다. '한반도 자연'의 생산은 반세기가 넘도록 유지되었던 남북한 간 대립관계 속에서 구조화된 각 국가 내부의 배타적 영역성을 감소시키고, 두 국가 간의 내적 통합성을 높이는 것을 지향한다는 점에서 남북 교류를 시작으로 통일의 첫걸음을 탐색할 발판이 될 수 있을 것이라는 조심스러운 전망을 내리고자 한다. 하지만 두 정상이 주도하여 형성된 강력한 스펙터클인 만큼, 둘 중 누구 하나가 입장을 바꾸게 된다면 두 국가 주도의 국가-자연의 위상은 한반도 스케일로부터 개별 국가 스케일로 내려가면서 약화될 가능성도 상존한다.

여기서 '한반도 자연'에 대한 낭만화는 경계해야지만, 남북한 정치지도자들의 스펙터클의 정치를 통한 새로운 국가-자연의 생산은 그간 경색되었던 남북한 간 교류의 물꼬를 틀 수 있다는 기대감이 생기게 한다. 혹여 동북아 정세의 변화로 남북한 관계가 다시 냉각되더라도, 장기적인 안목에서 한반도 평화를 위하여 심은 꽃씨들이 언젠가 꽃을 피울 날이 올 것으로 기대하며 차분히 대비해야 할 것이다.

이 글은 다음과 같은 한계가 있다. 먼저 공간적 스케일의 차원에서 이 글은 한반도 스케일을 남한과 북한의 합으로 전제했지만, 역사적으로 한반도 정세가 동아시아 지정학의 영향을 받아왔음을 감안하면 중국, 러시아, 일본 등 주변 국가와 미국이 한반도 스케일에 미칠 영향에 대한 섬세한 분석이 필요하다. 더불어 남북한 각각의 영토 내부에서 국가-자연의 형성과정은 국가 스케일과 국가 하위 지역 스케일 간 긴장관계(Hwang, 2015: 1930)가 존재할 수 있지만 여기서는 살피지 못했다. 시간적 스케일의 차원에서는 근대 이전의 민족주의와 민족-자연의 구성과정(예컨대, 분단 이전의 한반도의 민족-자연)에 대한 계보학적 추적이 필요하다는 과제를 남겼다.

끝으로 정치지도자들이 만드는 스펙터클에만 의존할 것이 아니라 시민사회는 국가가 주도한 '한반도 자연' 만들기에 대한 평가를 공론장에 올려놓아야 한다. 공론장에서 치열한 토론으로 도출된 사회적 합의를 바탕으로 정부의 대북정책을 지지하거나 혹은 정부에 다른 대안을 제시하는 능동적인 실천이 동반되어야 한다. 그래야만 남북협력과 통일의 과업이 소수 사회지도층의 전유물이 아니라 지금 한반도를 살아가고 있는 우리 시민들이 고민하고 참여해야 할 실존적 과제임을 인식하고, 나아가 사회학자 김동춘이 제안하듯이 "남북한 주민들의 사회적 시민권 확보, 남한 사회 내 배제된 사람들의 시민성 확보"(김동춘, 2013: 39)로까지 통일의 지평을 확장시킬 수 있을 것이다.

: : **참고문헌**

권헌익·정병호. 2013. 『극장국가 북한: 카리스마 권력은 어떻게 세습되는가』. 파주: 창비.
김동춘. 2013. 「시민권과 시민성」. 《서강인문논총》, 37, 5~46쪽.
김원배. 2018. 『격동하는 동북아 지형: 한반도의 미래를 묻다』. 파주: 나남.

김원태. 2010. 「북한 로동신문의 언론이념과 내용 빈도에 관한 연구」. ≪한국동북아논총≫, 56,
247~270쪽.

김우철. 2015. 「1970년대 대통령 시찰을 통해서 본 국가통치의 공간성 연구」. 서울대학교 석사
학위논문.

김인중. 2011. 「민족과 민족주의: 겔너와 스미스를 중심으로」. ≪숭실사학≫, 26, 359~389.

박계리. 2011. 「백두산: 만들어진 전통과 표상」. ≪미술사학보≫, 36, 43~74쪽.

신기욱(Gi-Wook Shin). 2009. 『한국 민족주의의 계보와 정치』. 이진준 옮김. 파주: 창비.

앤더슨, 베네딕트(Benedict Anderson). 2003. 『상상의 공동체: 민족주의의 기원과 전파에 대한
성찰』. 윤형숙 옮김. 파주: 나남.

이상호. 2018. 「한국의 지방소멸, 고용 동향 브리프 7월호」. 한국고용정보원.

이항동. 1997. 「로동신문 사설분석에 의한 북한정책의 변화: 1987~1996」. ≪한국정치학회보≫,
31(4), 131~160쪽.

전재호. 2000. 『반동적 근대주의자 박정희』. 서울: 책세상.

정교진. 2016. 「북한의 김일성-김정일 우상화 전략 및 특성 비교 연구: 지도자 우상화의 '신화적
사고' 접근 유무 비교분석을 중점으로」. ≪통일인문학≫, 68, 297~335쪽.

정성임. 2009. 「1998~2007년 로동신문 분석을 통해 본 북한의 '선군정치' 논리」. ≪통일문제연
구≫, 21(2), 245~290쪽.

정유석·곽은경. 2015. 「김정은 현지지도에 나타난 북한의 상징정치」. ≪현대북한연구≫, 18(3),
156~224쪽.

진종헌. 2005. 「금강산 관광의 경험과 담론분석: '관광객의 시선'과 자연의 사회적 구성」. ≪문화
역사지리≫, 17(1), 31~46쪽.

_____. 2016. 「발전의 상징경관으로서의 푸른 산: 산림녹화정책에 대한 비판적 연구」. ≪국토지
리학회지≫, 50(4), 539~548쪽.

기 드보르(Guy Debord). 2014. 『스펙타클의 사회』. 서울: 울력.

황진태·박배균. 2013. 「한국의 국가와 자연의 관계에 대한 정치생태학적 연구를 위한 시론」.
≪대한지리학회지≫, 48(3), 348~365쪽.

Dahlman, C. 2002. "The political geography of Kurdistan." *Eurasian Geography and Economics*,
43(4), pp. 271~299.

Gellner, E. 1997. *Nationalism*. London: Weidenfeld and Nicolson.

Hicks, D. 2010. "The material-cultural turn: event and effect." D. Hicks and M. C. Beaudry(eds.).
The Oxford Handbook of Material Culture Studies. Oxford: Oxford University Press, pp.
25~98.

Hwang, J. T. 2015. "A study of state-nature relations in a developmental state: the water
resource policy of the Park Jung-Hee regime, 1961~1979." *Environment and Planning A*,
47(9), pp. 1926~1943.

Jessop, B., and S. Oosterlynck. 2008. "Cultural political economy: on making the cultural turn
without falling into soft economic sociology." *Geoforum*, 39(3), pp. 1155~1169.

Jin, J.-H. 2008. "Paektudaegan: science and colonialism, memory and mapping in Korean high places." D. Cosgrove and V. della Dora(eds.). *High Places: Cultural Geographies of Mountains, Ice and Science.* London: IB Tauris, pp. 196~215.

Williams, R. 1998. *Keywords: A Vocabulary of Culture and Society.* London: Fontana.

Mann, M. 2003. "The autonomous power of the state: its origins, mechanisms and results." N. Brenner., B. Jessop, M. Jones and G. MacLeod(eds.). *State/Space: A Reader.* Malden, MA: Blackwell Publishing, pp. 53~64.

Medlicott, C. 2005. "Symbol and sovereignty in North Korea." *SAIS Review of International Affairs,* 25(2), pp. 69~79.

Morris, J. 1984. *The Matter of Wales.* Oxford: Oxford University Press.

Nogué, J., and J. Vicente. 2004. "Landscape and national identity in Catalonia." *Political Geography,* 23(2), pp. 113~132.

Park, B. G. 2008. "Uneven development, inter-scalar tensions, and the politics of decentralization in South Korea." *International Journal of Urban and Regional Research,* 32(1), pp. 40~59.

Smith, A. D. 2009. *Ethno-symbolism and Nationalism: A Cultural Approach.* London and New York: Routledge.

Whitehead, M., R. A. Jones and M. R. Jones. 2007. *The Nature of the State: Excavating the Political Ecologies of the Modern State.* Oxford: Oxford University Press.

신문기사

≪경향신문≫, 2018. 4. 27. "오후 4시30분 소나무 심는 '공동 식수'로 일정 재개."
≪경향신문≫, 2018. 6. 14. "노무현 대통령의 '평양 소나무' 표지석에 담긴 사연은?"
≪노컷뉴스≫, 2018. 9. 20. "문재인·김정은, 백두산 등반 … 한라산에서도 재현될까."
≪문화일보≫, 2018. 9. 21. "북한 聖地 백두산 vs 민족 靈山 백두산."
연합뉴스, 2017. 12. 10. "고비마다 백두산 찾아가는 김정은."
연합뉴스, 2018. 4. 27. "남북정상, 53년생 소나무 심어 … 평화 염원하며 '합토합수'."
≪조선일보≫, 2018. 9. 20. "만수대창작사와 '빛나는 조국'."
≪한겨레≫, 2018. 4. 25. "평화의 집, 미술관처럼 … 금강산·일출봉이 두 정상 반긴다."
≪한겨레≫, 2018. 7. 31. "'남북정상회담 기념 소나무' 살펴보는 북쪽 대표단."
SBS 뉴스, 2018. 9. 20. "두 정상 뒤 '커다란 그림' … 풍경화 작품에 담긴 의미들."

웹사이트

청와대 홈페이지, http://www.president.go.kr/
e영상역사관, http://www.ehistory.go.kr/

제7장

동화-초국적주의 지정학*

제3국에서 탈북민의 일상과 담론에 나타난 북한 재영토화

신혜란

1. 서론

한반도 통일이나 적어도 지금보다 북한이 개방되고 남북한 교류가 증가하는 상황에서 남북한 사람들이 이동하고 교류하고 협업할 때 그들은 어떤 모습을 하게 될까? 한반도의 분단과 경계의 모습이 크게 달라질 가능성이 제기되면서 그런 큰 사회구조 변화가 사람들의 일상에 어떻게 영향을 끼치고 영향을 받을지에 관한 관심이 높아진다. 이 경우 주로 참고하는 것은 한국 내거주하는 탈북민의 모습이다. 하지만 이렇게 적대적인 분단의 상태에서 한국에 정착한 탈북민들의 모습은 이동과 교류가 자유로울 때 한국에 머물거나한국 사람들과 같이 일을 도모하게 될 경우의 모습과 다르지 않을까. 북한을떠나 한국에 왔다는 것은 북한을 부정하고 한국에 온전히 적응, 동화되어 살겠다는 의지의 표명인 반면, 개방이 진행되면 그런 탈북자의 모습보다 합법

---

* 이 장은 신혜란(2018), 「동화-초국적주의 지정학: 런던 한인타운 내 한국인과의 교류 속 탈북민의 일상과 담론에서 나타난 재영토화」, ≪대한지리학회지≫, 53권 1호, 37~57쪽을 수정한 것이다.

경로를 통해 이주한 이주민의 모습에 가깝게 되기 때문이다. 한때 한 나라에서 다른 나라로 이주한 이주민을 그런 동화의 시각에서 보던 때가 있었지만, 그런 예측과 주장은 대개 어긋났다. 이주민들이 적응하는 노력을 하는 동시에 출신국 정체성과 네트워크를 유지, 발전시켰기 때문이다.

지금보다 경계가 약해진 경우와 비슷한 현존하는 사례는 제3국에서 탈북민과 한국인이 만난 상황에서 찾을 수 있다. 이 장의 목적은 제3국에 정착한 탈북 이주민들의 일상, 단체활동, 담론 속에서 일어나는 그들 출신국의 탈영토화, 재영토화 과정을 보는 것이다. 탈북 이주민들이 언어와 민족이 같으면서 다른 국가 출신인 이주민들, 즉 한국 이주민들과 관계를 맺는 과정에서 "상상적 공동체(Imagined community)"(Anderson, 2006)인 국가의 경계가 해체되고 재구성되는 메커니즘을 이해하는 것이다.

이 장은 다음의 질문을 던지고 답하려고 한다. 물리적 국가영토를 떠난 이주민들의 일상활동과 담론에서 도착국뿐만 아니라 다른 이주민들 출신국과의 지정학적 관계는 어떻게 재구성되는가? 그런 관계 속에서 이주민들 출신국은 어떻게 재영토화되는가?

이 글에서 '국가(이주민 출신국)의 재영토화(re-territorialisation)'는 물리적 점유(이주민이 다른 국가영토로 이주해 점유하는 것)를 바탕으로 일상활동과 담론에서 출신국의 경계에 흐트러지고 다시 생기는 것을 뜻한다. 이 개념화는 이주가 국가권력의 재영토화라고 보는 비판지정학(critical geopolitics)적 접근을 따른 것이다. 여기에서 국가는 물리적 영토와 상징성뿐만 아니라 상식의 창출, 행동양식의 훈육, 조직생활, 제도, 감정적 애착으로 구성되는 존재이다. 이 연구는 이러한 국가, 이주, 영토성에 대한 접근에 이주민 연구의 개념과 방법을 접목시켜 이주민들의 일상과 담론을 심층 분석한다. 재영토화는 다시 되찾거나 돌아가는 의미가 아니라 한 영토를 벗어난 흐름이 다른 영토에 접속되어 재정착하는 것을 뜻한다.[1] 탈영토화는 재영토화로 재빨리 귀결되고, 탈영토화와 재영토화는 서로의 이면을 이룬다.

이 글은 비판지정학과 이주민 연구를 비판적으로 검토하고 그 강점을 결합시켜 이론적 틀을 마련한다. 이주민 및 이동성 연구에서 권력문제에 대한 관심이 높아지고 지정학 연구에서는 일상에 대한 관심이 높아지고 있어, 두 분야의 접목은 시의 적절하다. 동화, 초국적주의를 이주민의 정체성을 넘어선 지정학적 주제, 특히 영토성의 문제로 바라보는 이유는 영토적 접근의 강점 때문이다. 영토적 접근은 공간 창출의 과정이 열려 있고 의미와 결합되어 있으며 관계적이라는 것을 보여준다(Collins, 2012). 비판지정학 연구자들은 국가영토 위주의 영토성 담론을 비판하며 일상과 담론 속에서 형성되는 국가영토성과 세계화 시대의 국가영토를 벗어난 영토성에 대한 주목을 제안해 왔다. 하지만 이 새로운 영토성에 대한 논의는 브레너(N. Brenner)가 이끄는 이론 연구가 다수를 차지하고 있으며, 구체적인 경험연구는 많이 진행되지 않았다. 이 책에서 이승욱이 지적하듯이 냉전의 지정학 문헌은 거시 차원에서 시나리오 위주의 연구가 주를 이루면서 그 구조와 미시적 현상의 상호역동성에 관한 구체적인 분석은 부족했다.

한편, 이주민 연구 분야에서는 이주민 밀집지역(enclaves) 내 이주민의 일상과 정체성에 관한 연구가 깊이 있게 이뤄져 왔다. 그러나 이 분야의 핵심 개념인 이주민 동화(assimilation)[2]와 초국적주의(transnationalism)[3]는 공통적으

---

1 Deleuze and Guattari(1983)에 따르면, 세계에는 차이의 생성과 고착화의 영원한 투쟁이 존재한다. 이 투쟁의 결과가 어떤 방향으로 가는지는 정해져 있지 않다. 탈영토화, 재영토화 개념은 다만 존재의 배치가 끊임없이 탈주하고 다시 고착되는 것을 강조하고 있다.

2 동화는 적응보다 적극적인 개념으로 이주민이 도착한 사회 일원의 생활양식을 배우고 체화하게 된다, 혹은 그래야 한다는 주장을 아우르는 개념이다. 시카고학파의 논의를 중심으로 한 이 개념은, 이주민의 동화가 이루어짐에 따라 그들의 거주지와 일터 등 생활근거지가 선주민들의 공간으로 들어가 이주민 밀집지역이 사라진다는 것을 함의한다. 이주민들의 소속, 정체성, 동화, 적응은 이주 연구에서 핵심적인 주제이며(Nelson and Hiemstra, 2008), 특히 동화 이론은 1920년대부터 1990년대에 걸쳐 이주연구의 지배적인 주장이었다. 이주민의 동화 정도가 그들의 성공 여부를 결정한다는 이 관점은 자연스럽고 당연하게 받아들여졌다(Brubaker, 2001; McPherson, 2010).

3 초국적주의(Basch et al., 1994; Bauböck, 2003; Faist, 2000; Guarnizo et al., 2003; Katila and Wahlbeck, 2012; Portes et al., 1999; Schiller et al., 1992; Smith, 2006; Vertovec, 1999, 2009)는 동화의 강력한 대안으로 등장해 현재 이주연구의 핵심이론으로 존재한다. 초국적주의는 이주민의 이

로 선주민(native speakers)⁴을 향하는, 즉 선주민을 기준으로 삼은, 선주민과 이주민의 관계에 대한 개념이었다. 그러나 최근 들어 이주민들이 선주민과 가지는 관계는 피상적이기 쉬우며 오히려 다른 이주민들과 더 깊은 관계를 맺는다는 비판(예를 들어 Wang et al., 2016: 2)이 제기되었다. 또 다른 비판은 동화와 초국적주의는 대립되는 것이 아니라 복합적으로 얽힌 모습으로 나타난다는 것이다(Shin, 2018).

이 연구에서 동화, 초국적주의는 국가의 영토성이 해당 국가 출신 이주민들의 일상과 담론에서 발현되어 나타나는 생산물이다. 탈영토화, 재영토화하는 주체는 국가-영토, 문화, 국가적 코드를 망라한-이며, 동화와 초국적주의는 탈영토화, 재영토화의 대략적인 방향을 설명한다. 둘 이상의 소속과 문화 경계에 이주민 개인이 놓여 있는(정현주, 2015) 시각을 전환하여, 사회적 존재인 이주민들의 몸을 둘러싸고 둘 이상의 국가 경계가 끊임없이 재협상된다고 보는 것이다. 따라서 '동화-초국적주의 지정학'은 이주민들의 동화와 초국적주의의 역동성 속에 재협상되는 국가영토성에 대한 정치학적 해석을 말한다.

이주민 집단들이 제3의 장소에서 고용, 조직활동, 일상을 통해 만나 형성하는 관계, 담론, 일상실천에는 (선주민과의 관계가 아니라) 그들 사이에서 동화와 초국적주의가 복합적으로 얽혀 나타난다. 그 과정을 이주민들의 출신국이 재영토화되는 것으로 해석한다. 구체적으로는 이주민 밀집지역 내에서 이주민들 사이의 공존, 협력, 갈등, 위계가 발전하고 재편성되는 과정을 분석한다. 이주민이 정착 후 경험하는 이동, 정치적 공간, 일상에서 나타나는 담론,

---

중, 다중으로 존재하는 정체성, 소속감을 인정하고 그것에 초점을 맞춘다. 시간이 지나도 이주민은 도착지 구성원처럼 행동하지 않고 자기 정체성을 어느 정도 유지 및 발전시키며, 동화할 필요도 없다는 개념이다. 초국적 이주민 연구의 대표적인 표현은 "나는 여기(사는 곳)에도 저기(떠나온 곳)에도 있다(I am here and there)"이다. '여기'와 '저기'는 주로 도착한 나라, 떠나온 나라로 두 국가에 정체성을 동시에 두는 이주민 특성을 뜻하는 표현이다.

4 원래 그곳에 살고 있었다는 의미로 원주민이라고 불렸으나, 근래 들어 그들은 먼저 살고 있을 뿐이라는 의식을 반영해 선주민이라고 불린다.

정체성, 애착 속에는 국가의 재영토화가 긴밀히 엮여 있기 때문이다. 국가는 이동에 대한 규제를 통해 통치하고, 이주민은 일상에서 그 통치 논리를 내면화하며, 다시 그들의 이동을 통해 국가는 탈영토화, 재영토화 과정을 겪는다. 그 변화는 관계와 흐름 속에서 이루어지고, 그것이 얽히는 마디가 밀집지역이다.

이 글에서 이주민 밀집지역은 이주민이 다른 이주민을 만나 그들의 일상, 몸, 담론에서 경계가 해체되고 재구성되는 장소이다. 특히 언어와 민족이 같으면서 지정학적 긴장상태에 있는 다른 국가 출신의 이주민들 간 관계에서 국가영토 경계는 역동적인 변화를 겪는다.

사례지역인 뉴몰든(New Malden) 한인타운은 영국 런던 서남쪽 교외지역이다. 영국에 세계에서 가장 많은 탈북난민이 거주하고 있고 그 대다수가 뉴몰든에 집중되어 있다. 이 때문에 언론에 의해 "탈북민 마을"(≪동아일보≫, 2014. 1. 3), "유럽 내 북한", "뉴몰든 인민 공화국(Korean Republic of New Malden)" (The Independent, 2015. 2. 23)이라고도 불리며, 언론과 학계의 관심을 받고 있다. 남북한 간 교류가 거의 허용되지 않는 상황에서 한국인 대 북한인의 비율이 세계적으로 유례를 찾아보기 힘든 수준이다. 자료 출처에 따라 차이는 있지만 30 대 1에서 10 대 1로 추정된다. 이 제3의 장소에서 한국인과 북한인이 일상적으로 마주치고 고용-피고용 관계로 얽혀 있는 것을 두고 통일의 실험장이라고 부르기도 한다. 이 밀집지역이 이 연구에 적합한 이유는 언어와 민족이 같고, 한 이주민 집단(탈북민)이 다른 이주민 집단(한국인)에 의존하거나 동화의 의지가 높은 한편 국가 간 긴장관계가 유지되는 특징 때문이다. 이들의 일상과 관계에서 다양한 방향으로 국가의 재영토화 과정이 선명하게 드러난다.

이 글은 다음과 같이 세 가지 학술적, 정책적 기여를 한다. 첫째, 일상적, 담론적, 관계적 영토성에 관한 구체적인 경험연구로 국가영토성에 대한 논의에 기여한다. 둘째, 이주민 집단들의 관계가 만들어내는 동화, 초국적주의의 역동성을 발견함으로써 관계적 지정학 논의에 기여한다. 그 관계에는 도착국과 출신국의 비자, 노동허가, 난민 복지지원과 같은 지정학적 관계의 제도적 측면도 포함된다. 셋째, 정책적 기여점은 정치적 시나리오 중심의 통일 담론에서 벗어나 통합된 남북한 미래상을 제3국의 민족 집중지에서 엿볼 수 있다는 것이다.

참여관찰, 심층면담 등 현장조사에 기반한 이 글의 주장은 다음과 같다. 첫째, 탈북민들이 고용관계, 단체활동에서 한국인에게 동화되면서 탈북민들의 출신국인 북한의 영토성이 축소되고 권력이 약화되는 재영토화가 일어났다. 뉴몰든의 탈북민들은 생활방식에서 과거 한국 체류 경험, 한국인의 앞선 이주, 한국인과의 사회경제적 격차와 고용–피고용 관계에 기반하여 영국인이 아니라 한국인에게 동화, 흡수되는 모습을 보였다. 한편, 한국 이주민 단체는 탈북민들의 노동력, 높은 행사 참여율에 의존하게 되면서 통합식 멤버십과 행사운영으로의 변화를 보였으며, 그 과정에서 포용, 갈등, 실용적 협력의 다양한 모습이 나타났다.

둘째, 시간이 지나 탈북민들의 초국적주의가 발전하는 과정에서 다소 새로운 버전의 북한이 강화, 발전하는 재영토화가 진행되었다. 동화에 대한 저항, 탈영토화의 형태로 북한인의 초국적주의가 나타나고 이를 둘러싼 통합, 독립의 담론과 갈등이 형성되었다. 이러한 북한인의 초국적주의는 한편으로 영국–한국–북한의 경계가 섞이고 다른 한편으로는 새로운 북한 정체성을 형성하는 모습으로 나타났다.

위의 주장을 위한 이후 구성은 다음과 같다. 2절은 경계로서의 이주민 몸, 동화, 초국적주의 개념을 비판적으로 고찰하고 이 사례의 맥락에 비추어 재개념화하여 '동화–초국적주의 지정학'을 이론틀로 제시한다. 3절은 이 글의 사례지역인 뉴몰든과 연구방법에 대해 설명한다. 4절은 뉴몰든 탈북민이 한국인에게 '동화'하는 모습이 이 사례의 특수한 지정학적 맥락에서 어떻게 나타나는지 논한다. 출신국으로 돌아갈 수 없는 탈북민들은 실용적 이유와 익숙해짐에 기반해 한국인을 향한 동경, 포용, 통합의 모습을 나타냈다. 5절은 한국인과의 교류 속에서 차이와 위계 인식으로 인해 탈북민들의 초국적주의가 오히려 발전한 과정을 논한다. 특히 2세 교육을 위한 한글학교를 둘러싸고 한국 한글학교로 봉합되어야 한다는 시각과 북한인들의 한글학교를 유지해야 한다는 시각의 갈등 속에서 북한인들의 초국적주의가 어떻게 재협상되는지를 본다. 결론에서는 이 글의 학술적, 실천적 함의를 제시한다.

2. 동화-초국적주의 지정학: 동화와 초국적주의 속 국가의 재영토화

국가영토와 영토성에 대한 논의는 지리학과 지정학 연구의 핵심 주제로서 그 의미가 확장되고 발전되어 왔다. 일찍이 애그뉴(J. Agnew)는 국가영토를 고정된 단위로, 국가를 사회의 컨테이너로 보는 접근을 "영토적 덫(territorial trap)"이라고 비판했다(Agnew, 1994). 이 비판은 세계화 시대에 부합하도록 역동적인 이해가 필요하다는 주장이었다. 또한 세계화 흐름에 관련하여 이동, 이주, 국가영토를 벗어난 영토성에 대한 관심도 높아졌다(Cauvet, 2011). 여기에서 지리학자들은 초국적주의 논의, 특히 초국적주의에 내재된 공간성 논의에 관여했다(Collyer and King, 2015). 예를 들어, 콜리어(M. Collyer)와 킹(R. King)은 국가를 물리적일 뿐만 아니라 상상적이고 가치관계적이라 보고 국가의 부분으로서 초국적 공간의 전략에 대해 토론했다(Collyer and King, 2015).

국가영토의 역동성에 관한 논의에서 특히 탈영토화, 재영토화 개념은 광범위하게 사용되었다. 잘 알려진 들뢰즈(G. Deleuze)와 가타리(F. Guattari)의 탈영토화, 재영토화 개념은 지리적 영토에 관한 것이 아니라 추상적, 비유적 의미였다(Deleuze and Guattari, 1983).[5] 이 책에서 정현주(제8장)의 영토성 연구와 같이 지리학에서는 주로 지리적 영토에 가깝게 이용, 이해되었는데, 들뢰

---

5 무언가의 배치가 만들어지는 것이 영토화, 그 배치가 풀리고 다른 삶이 되는 것이 탈영토화이다(Deleuze and Guattari, 1983).

즈, 가타리가 제시한 핵심내용인 끊임없는 역동성은 남아 있다. 탈영토화, 재영토화 개념이 강조한 것은 존재의 본질이란 고정된 실체가 아니라 변화하고 변모하는 '되어감(becoming)'이라는 것이다. 여러 사물이 한 코드에 입각해 배치되면 영토가 성립하지만, 늘 차이가 존재하여 비집고 나오려 해서 탈영토화가 진행된다. 탈영토화는 즉시 다른 영토에 접속되어 재영토화된다.

이러한 이해에 기반하여 지리학자들은 국가영토를 중심으로 탈영토화, 재영토화 개념의 공간적 함의를 발전시켰다. 예를 들어, 브레너(Brenner, 1999a)는 세계화가 이끄는 초국적 현상을 재영토화 개념으로 설명했다. 또한 야마자키(T. Yamazaki)는 영토화가 각각의 방식으로 일어나는 것이 아니라 새로운 방식과 스케일에서 서로 얽힌다는 것을(Yamazaki, 2002), 노박(P. Novak)은 재영토화는 유연하고 권력이 내재된 형태로 일어난다는 것을 강조했다(Novak, 2011). 공간 창출의 과정에 주목하는 과정적, 영토적 접근은 인문지리학 전반에서 장소가 사회적 관계로부터 구성된다는 폭넓은 논의에서 나타났다. 매시(D. Massey)는 현대의 사회적 관계, 사회적 과정, 경험, 이해가 교차하고 분절되는 것에 주목했다(Massey, 1991).

국가영토성 논의가 물리적 국가영토나 전통 지정학의 관심인 국제관계를 넘어서면서, 이주민의 일상과 담론에 관심을 두는 비판지정학의 주장이 이주민 연구와 접목될 가능성이 높아졌다. 미첼(K. Mitchell)은 지리적, 민속지적 접근을 통해 세계화 과정과 초국적 흐름을 구체적으로 따라가야 할 필요를 주장했다(Mitchell, 1997: 110). 국가영토성 구성에는 지정학적 변화와 이주민의 삶의 상호관계가 중요하다는 것을 인식하게 된 것이다. 또한 이주민과 다른 이주민을 지정학적 관계 속에서 보는 관계적, 영토적 접근(Collins, 2012)이 강조되고 있으며, 감성의 중요성도 강조되고 있다(예를 들어 Conradson and McKay, 2007; Faria, 2014b; Ho, 2009; Walsh, 2012).

위의 기존 연구에서 이주민, 초국적 공간, 일상에 대한 지정학적 관심이 높아졌음에도 불구하고 국가 재영토화를 구체적인 이주민 일상의 분석 속에서 설명하는 연구는 다음과 같이 몇몇에 그쳤다. 우선 지리학적으로는 사람(이주민와 선주민)과 장소의 관계 변화를 재영토화로 설명하거나(Brun, 2001) 이주민의 일상 실천을 통해 국가가 끊임없이 변화하는 과정을 설명한(Barabantseva, 2016) 연구들이 있었다. 신명직(2011)은 1987년 이후의 가리봉의 탈영토화, 재영토화를 그 지역에 대한 소설과 영화에 기반하여 분석했다. 이 책에서 최은영은 탈북민 이주여성의 내러티브를 분석하여 담론과 지정학에 관련한 연구를 제시했다. 이주민 연구에서도 최근 이동연구에서 권력에 대한 관심이 증가했다. 하지만 이주민의 일상과 관련해서는 여전히 그들의 초국적 정체성의 역동성에 관한 연구가 주를 이루었다.

이 글은 '동화–초국적주의 지정학' 개념을 통해 구체적인 경험사례에서 국가 간 경계의 역동적인 재협상 과정이 이주민 삶 내에서 일어난다는 것을 주장한다. 이주민이 이동, 정착 과정에서 맺는 관계, 특히 이주민 밀집지역에서 일상적으로 맺는 관계에서 국가의 특성, 제도, 문화, 코드가 재협상되는 것이다. 국제이주가 이주민의 물리적인 이동을 통해 그 이주민의 출신국 권력이 정착국가로 스며드는 재영토화라면, 동화는 다시 이주민의 일상에서 출신국 권력이 약해지고 정착국 권력이 커지는 재영토화를 뜻한다. 또한 초국적주의는 다시 그 출신국의 존재감이 발전하여 정착국과 다른 이주민 출신국의 존재감 못지않게 확대되는 과정이다. 동화–초국적주의 지정학은 이주민의 초국적 정체성을 개인이 소유한 것으로 설명하기보다 국가의 존재가 이주민 몸에 불안하게 머무는 역동성의 결과물로 보며, 이주민들의 사회적, 집단적 정체성의 부분을 국가의 영토성으로 설명한다.

동화–초국적주의 지정학 개념은 이주민 삶의 복잡성과 확장성을 보기 위해 요구되는 융복합적 접근이다. 이 글은 동화–초국적주의 개념에 기반하여 이주민 연구에서 흔히 이주민과 선주민의 관계, 동화와 초국적주의의 대립을 강조하는 것에 대해 다음과 같이 비판과 대안을 제시하고자 한다.

첫째, 이주민의 동화나 초국적주의는 주로 선주민과의 관계에서 논해졌지만 이주민의 현실에서 그런 관계가 주된 것이기는 어렵다(Erdal, 2013). 그것은 '이주민이 실제로 누구를 일상에서 마주치는가?'(Wang et al., 2016: 2)라는 질문에 관한 것이다. 흔히 도착지의 주류와 사회적 상호작용하는 것을 동화의 조건으로 삼지만(Vervoort, 2012), 그 사회적 관계는 얕고 형식적인 정도에서 그치는 경우가 많다(Liu et al., 2012).

그 대신에 다른 이주민 특히 출신국과 지정학적 관계에 있는 국가에서 온 이주민들과 맺는 관계가 큰 비중을 차지한다. 즉, 출신국이 달라도 이주민들끼리 공감대를 형성하고 어울리며 비슷한 직종에 몰려 있게 되는 것이다. 그렇다고 해서 이주민들 사이가 평등하다는 뜻은 아니다. 출신국의 국제적 권력관계는 이주민 밀집지역에서 직장 내 위계관계, 사회적 위계관계를 형성한다(Li, 1998).

따라서 초국적 실천(Basch et al., 1994; Waldinger, 2008)은 도착지 선주민과의 상호작용에서 생기기보다는 다문화 환경에서 생긴다(한인타운의 예를 위해 Lee and Park, 2008 참고). 즉, 특정한 노동시장, 주택시장에 몰리기 쉬운 이주민들 사이에서 나타난다(May et al., 2007). 그리고 이렇게 다양한 이주민들이 모이는 이주민 밀집지역은 지리적으로 영토가 정해진 공간이 아니라 거주, 고용, 소비, 정책, 교육, 일상접촉을 비롯해 물질적, 종교적, 감성적 실천을 망라하는 초국적 실천을 통해 생산되는 공간이다(Carling, 2008; Dahinden, 2009; Levitt, 2001; Levitt and Schiller, 2004; Müller and Wehrhahn, 2013). 일반적인 예상과 달리 이주민들 간 상호작용은 서로 다른 이주민 집단을 통합시키기보다는(Wang et al., 2016) 문화적 차이와 집단들 사이의 위계를 재생산한다(Yoon, 2013). 특히 이주민들의 출신국 간 권력관계가 그들의 삶에 투영되고, 교회나 민족협회와 같은 이주민 조직은 경계를 허물기도 하지만 경계를 재생산하고 더욱 굳게 만들기도 한다(Ehrkamp and Nagel, 2012; Shin, 2018; Western, 2007).

둘째, 동화와 초국적주의는 대립적인 관계가 아니라 공생, 상호규정, 상호 발전하며 복잡하게 나타난다(Erdal and Oeppen, 2013; Vertovec, 2010). 어디에 동화되는지의 문제도 이 주제를 입체적으로 만든다. 예를 들어, 이 연구사례에서 민족주의, 국가주의가 강한 한국인들은 뉴몰든에서 탈북민의 한국인으로의 동화를 당연시했다. 그러나 탈북 이주민들이 다른 이주민들에게 동화되는 것, 특히 언어와 민족이 같은 타국의 이주민들에게 동화되는 것은 영국 사회 입장에서 보면 초국적주의의 모습이다.

동화와 초국적주의가 복잡한 한 가지 이유는 반복되는 이동, 이주이다. 근래에 이주민들은 두 장소가 아니라 여러 곳을 거치는 경향을 보이고 있다 (Abdelhady, 2011; Bashi, 2007; Boswell and Ciobanu, 2009; Lee, 2011; Olwig, 2007; Poros, 2010; Sperling, 2014; Trotz, 2006; Voigt-graf, 2004). 그런 다중의 출발지를 거치면서 이주민들은 적응, 동화되어 단지 출신국뿐만 아니라 한때 거주했던 곳에도 충성심, 선망을 가지는 모습을 보인다(Erdal, 2013). 즉, 자기 출신국 그리고 출신국과 지정학적 관계에 있는 이웃국가의 국가영토성이 탈영토화, 재영토화를 거치며 충돌하는 경계가 층층이 쌓인다(Potter and Phillips, 2006). 동시에 출신국과 이웃국가, 혹은 최종 도착국의 성격이 뒤섞인 특성을 가지는 상상 공동체가 탄생되기도 한다. 언론에 영향을 받은 동경과 지향점, 부러움, 익숙함, 향수와 같은 감성의 영향 아래 출발지와 도착지가 통합되고 협상되는 것이다(Nagel and Staeheli, 2008). 부모세대부터 이주 경험이 반복해 쌓이면서 2세대 이주민들의 '집'은 더욱 복잡하게 형성된다(Faira, 2014a).

선행연구들은 초국적주의의 다양한 모습을 보여주어 왔다. 예컨대 출발지와 도착지의 정체성을 동시에 가지는 경우(Bermudez, 2010; Nagel and Staeheli, 2008; Sperling, 2014), 도착지에 있으나 정체성은 출발지에 있는 경우(Hondagneu-Sotelo and Avila, 1997), 도착지에도 출발지에도 정체성이 근거하지 않고 경계성이 두드러지는 경우(Zavella, 2011), 출발지와 도착지를 다른 형태의 고향 (집)이라고 보는 경우(Lucas and Purkayastha, 2007) 등이 그것이다. 또한 그런 다중 정체성을 형성하는 과정에서 이주민 단체와 조직이 중요한 역할을 한다 (Mazzucato, 2008)는 것도 제시되었다.

이렇게 초국적주의가 국가영토 공간을 넘어서는 현상과 정체성에 대한 논의가 분명 존재했지만, 이 글들 역시 국가주의적 접근이라는 비판을 받기도 했다(이러한 비판 중 대표적인 것은 Erdal, 2013; Fitzgerald, 2006; Halilovich, 2011 참고). 비판에 따르면 '여기'와 '저기'는 단순히 떠난 국가와 정착한 국가가 아니라 일상에서 실제로 벌어지는 활동과 네트워크, 선망하는 이미지에 관한 담론에 따라 재협상된다는 것이다. 이에 초국적주의에 대한 대안으로 "초지역주의(translocalism)"(Fitzgerald, 2006; Halilovich, 2011)가 제시되었는데, 초국적 사회관계는 국가가 아닌 지역사회, 로컬 단위에서 이루어진다는 것이다. 이상의 논의로 볼 때 중요한 것은 이주민 밀집지역 공간에서 이주민이 지정학적 긴장관계에 놓인 국가 출신의 다른 이주민들과 고용, 활동 관계를 통해 발전시키는 지정학적 역동성이다. 지정학적 역동성은 출신지, 살았던 곳, 지금 거주하는 곳, 살고 싶은 곳 사이에서 일어나는 관계이다.

국가 위주의 영토성 논의에서 벗어날 필요가 있다. 그럼에도 불구하고 이글이 국가에 초점을 두는 것은 사례의 특이성 때문이다. 즉, 한국인 이주민과 탈북난민 사례에서 국가는 여전히 핵심적인 역할을 하기 때문에 국가영토성이 중심 연구대상이 된다. 북한과 한국은 강력한 국가 중심 사회인 데다가 두 국가는 군사적 대치, 정치적 긴장 속에 놓여 있다. 또한 국제이주는 상대적으로 국가 단위를 두드러지게 한다. 사람들의 삶에서 이주를 경험하지 않은 경우 보통 지역 단위가 강조되지만, 이주와 함께 뉴몰든이라는 제3의 장소에서 관계가 이루어지면서 출신 국가가 두드러지는 경향이 나타난다. 이 특징은 남북한 인구이동이 활발해질 때 충청도 출신, 함경도 출신, 혹은 서울 출신 출신과 같은 지역, 도시공간에 기반한 정체성보다 일단은 남한, 북한의 정체성이 두드러질 것과 같다. 따라서 이 글의 초점은 탈북난민들이 한국인 이주민과 맺는 관계 속에 일어나는 국가의 탈영토화, 재영토화 과정이다. 특히 시간에 따른 변화와 진화과정을 살피는 것이 일상에서 일어나는 국가 재영토화 과정의 분석에서 핵심적이다.

3. 연구사례와 방법

이 글의 사례인 뉴몰든은 영국 런던 서남쪽에 위치한 교외지역이다. 영국에 있는 한국인 수는 약 5만 8천 명인데, 뉴몰든이 속한 보르우(the Boroughs of Kingston upon Thames)에 그중 2만 명이 살고, 뉴몰든에는 1만에서 1만 2000명 정도의 한국인이 살고 있다. 뉴몰든이 한인타운이 된 계기는 영국과 한국이 1949년에 공식 관계를 맺기 시작하면서 재영 한국 대사가 이 뉴몰든 근처 윔블던(Wimbledon)에 거주한 것이었다. 그 후 부동산 값이 더 저렴한 뉴몰든 지역으로 한국 이주민들이 몰리기 시작했고, 삼성을 비롯한 한국기업이 1950년대부터 들어서면서 1970년대에 한인타운이 형성되었다. 조선족은 공식적으로 영국에서 취업이 불가능하여 대부분 미등록 이주노동자로 한국인에게 고용되어 일한다. 조선족 숫자는 최대치였던 1990년대 후반 만 명 정도가 되었으나 중국 경제의 부상 후 많은 수가 떠났을 것이라고 추정된다. 북한인들은 대체로 금지된 이동으로 통치받지만 점점 더 많은 사람들—2016년 한국에 정착한 북한인 숫자 2만 6124명—이 러시아, 중국, 한국, 유럽 등으로 이동을 감행하고 있다. 영국 내 탈북난민의 수는 공식적으로 630명으로 세계에서 가장 많다.[6] 이미 시민권을 가진 탈북민과 난민 신청 후 기다리고 있는 이들을 포함하면, 뉴몰든에 있는 한국인과 북한인의 숫자는 700명으로 추정된다.

동화와 초국적주의 측면에서 뉴몰든 탈북민들은 다음과 같은 특징을 나타냈다. 우선 그들 중 대다수가 한국에서 살았던 경험을 가지고 있었다. 탈북한 후 한국에서 적응을 못했거나 만족스럽지 않아 탈남한 것이다. 피면담자들 다수는 영국인 난민 인정과 상대적으로 높은 난민복지를 보고 영국을 선택했다고 했다. 그러나 2010년 캐머런(David Cameron) 보수정권이 들어선 후 이 난민복지가 축소되면서 탈북민들의 생활에 다른 변화를 가져왔다.

영국 사회에서 언어, 문화 장벽을 겪는 탈북민들에게 한인타운의 존재는 중요하고 새로운 기회와 어려움을 동시에 안겨주었다. 일단 언어와 민족이

---

6 한국과 중국에 있는 북한인은 난민으로 인정받지 않는다. 이 두 나라를 제외한 나라들 중 영국에 가장 많은 탈북난민(630명)이 산다.

그림 7-1 뉴몰든 하이스트릿의 모습. 이곳에는 한국인 이주민들이 운영하는 식당, 마트, 유학원, 커피숍 등이 있다.

같아 탈북민들은 한국 식당과 마켓에서 한국어를 쓰면 물건을 살 수 있었다. 또한 영국 정부기관에 사무가 있는 경우 한국인들이 가이드 역할을 했고, 일자리가 필요할 때 한국인이 운영하는 식당, 마켓, 건설회사, 이삿짐 회사, 청소회사 등에서 일할 수 있었다. 대부분의 한국인과 탈북민은 직장과 생활에서 위계와 긴장관계에 있었다. 한국과 북한의 경제적 격차가 크고 탈북민들은 자본주의 사회에 익숙하지 않았다. 한국인의 경우 북한인과 연관되는 것에 대한 공포와 거부감을 가지고 살았던 데다가, 두 나라가 적대적인 관계에 있고 북한이 세계안보를 위협하는 존재로 여겨진다는 인식이 남아 있었다. 하지만 한국인 이주민들은 탈북민을 고용할 수밖에 없는 상황에서 일상적인 접촉이 증가하며 점차 익숙해졌다. 또한 탈북민들은 탈북민 연합회 등 이주민 단체를 만들 때 한국 이주민 단체를 벤치마킹했고, 탈북민 교회의 목사와 탈북민 가정 자녀 한글학교의 이사장은 한국인들이었다. 이렇듯 탈북민들에게는 영국인들과의 관계보다 한국 이주민들과의 관계가 일상의 중심에 있었다.

이러한 뉴몰든 한인타운에서의 탈북 이주민들이 보이는 동화와 초국적주의를 분석하기 위해, 여기서 취한 주된 연구방법은 참여관찰, 심층 인터뷰, 포커스 그룹을 포함한 현장조사이다. 현장조사는 2017년 1월부터 6월까지 파일럿 조사를 거친 후 7월부터 12월까지 집중적으로 실시했다. 필자의 핵심적인 참여관찰은 탈북민 자녀 한글학교인 '한거레학교'에서 이루어졌다. 초국적주의의 대표적 사례인 이 한글학교에 대해 연구자는 2017년 9월 9일부터 12월 16일에 이르는 기간 동안 학부모의 일인으로서 가깝게 참여관찰했다. 또한 필자는 매주 토요일에 진행된 북한 한글학교에서 사전 준비, 간식 준비, 수업 후 청소 등의 활동에 다른 학부모들과 같이 참여했다. 오후 1시 30분부터 5시까지 어린이들의 학습시간 중에는 다른 학부모들과 친교모임을 갖거나 그들의 일상활동을 같이 했다. 이 참여관찰을 통해 필자는 탈북민 부모들의 일상생활, 북한에 대한 생각, 아이들 교육에 대한 고민, 단체활동에 대한 논의 등을 자연스럽게 관찰할 수 있었다.

또 다른 핵심 단체들의 행사와 활동―영국 탈북민 협회, (탈북민) 아리랑 무용단, 런던 한국인 협회, 영국 평통, 한국 노인회, 지역축제―에 대한 참여관찰도 이루어졌다. 이런 행사들에서는 한국인들과 탈북민들이 공식적인 행사에서 어떻게 함께 하고 어떤 갈등을 보이는지 볼 수 있었다. 행사 참여 전후로 한국인, 탈북민 주요 관계자들을 심층 인터뷰하여 공식적인 모습이 나타나게 된 과정을 살펴보았다. 참여관찰과 심층 인터뷰의 접근성을 확보하기 위해, 이 글의 선행연구(Shin, 2018)에서 필자가 쌓았던 네트워크와 지식에 부분적으로

의존했다.

　자료 수집 및 분석 시 주안점은 동화와 초국적주의의 발전 양태였다. 뉴몰든 한민족 커뮤니티 내 일상, 단체활동, 담론에서 탈북민들의 동화, 초국적주의가 뒤엉켜 복합적으로 공존, 대립, 경쟁하는 모습을 통해 국가 재영토화를 발견하는 것이 분석의 초점이었다. 논의의 편의를 위해, 그리고 동화, 초국적주의가 복잡하게 얽혀 있음에도 불구하고 시간적 차이를 두고 발전했기 때문에 연구결과는 동화(4절), 초국적주의(5절)로 나누어 논의한다.

4. 탈북민들의 한국으로의 동화 속 국가 탈영토화와 재영토화

　탈북민들은 한국과 뉴몰든의 한국인에게 여러 층위의 모습으로 동화되었다. 그들의 출신국인 북한은 탈북민들의 이동과 정착 속에서 급격하게 경계가 무너지는 탈영토화를 통해 영토가 축소되고 한국으로 편성되는 재영토화 과정을 거쳤다. 또한 탈북민들은 탈남 후 영국에서 살게 된 경우에도 동화의 방향이 여전히 한국인 이주민들이 보여주는 영국 내 한국을 향했다. 탈북민들은 난민, 주민으로서 영국 제도를 가까이 접했다. 하지만 일상생활, 상상, 애착에서 나타나는 동화는 뉴몰든 내 한국 그리고 연락이 수월하고 매체를 통해 뉴스를 접할 수 있는 한국이었다. 한국뿐만 아니라 영국 뉴몰든에서도 한국인들은 한국으로의 동화를 규범으로 제시하고 적극 동원했다. 그런 과정을 통해 그들의 몸에서 한국이 북한을 약한 정도이기는 하나 통합하고 확대하는 재영토화가 이루어졌다.

　탈북민들이 한국에 동화되는 모습은 세 가지 단계에 따라 이루어졌다. 특히 한국으로의 동화는 단지 뉴몰든에서만 이루어진 것이 아니라 탈북 후 한국에 정착하여 몇 달에서 몇 년까지 보냈던 기간에 먼저 진행되었다. 이후 영국으로 이주하여 뉴몰든에서 한국인 이주민을 고용관계로 만나기 시작한 기간, 뉴몰든에서 단체활동이 활발해지고 통합되기 시작한 기간에 따라 다양한 모습으로 이루어졌다. 시간이 지남에 따라 다른 동화의 모습을 보여주는 시간성과 그들이 거쳐온 장소의 맥락이 스며든 장소성이 교차하여 나타났다. 또한 탈북민들의 동화를 통해 일어난 국가의 탈영토화, 재영토화가 뉴몰든 로컬리티를 재구성했다.

탈북민들의 동화에서 귀환 가능성이 차단되어 있는 사실은 핵심적이다. 초국적 이주민은 적어도 출신국을 정기적으로 방문하거나, 돈을 벌거나 경험을 쌓아 영구 귀환하는 목적을 가지는 경우가 많다. 그 귀환은 실제로 이루어지지 않아도 이주민의 상상과 일상 문화 속에서 그 국가, 혹은 다른 스케일의 해당 사회(도, 시, 동네 등)가 몸의 일부, 삶의 일부로 존재한다. 그러나 탈북민의 경우 방문과 영구 귀환의 가능성이 사실상 없다는 점이 한국과 영국에서 그들의 동화 의지를 크게 강화시켰다.

시간과 장소에 따른 세 단계 층위의 동화과정은 구체적으로는 다음과 같이 이루어졌다. 첫 번째 동화는 탈북민들이 한국 국가영토 안에 체류할 당시 국가에 의해 고무, 강제, 관리된 동화이다. 이 동화는 이 연구 현장조사의 시간적 공간적 범위 밖에 있는데도 불구하고 중요하다. 탈북은 다른 국제이주와 비교해서 출신 국가의 성격과 정체성을 지키려는 의지가 적고 그 사회를 탈출하려는 의지가 높다는 것을 전제한다.

하지만 한국으로의 동화 의지의 정도에[7] 상관없이, 뉴몰든 탈북민들은 공통적으로 한국에서의 동화 압력이 너무 컸다고 얘기했다. 대다수 탈북민들이 말하기를, 한국 정부기관을 비롯한 한국 사회는 탈북민들이 단기간에 동화하여 한국사람처럼 행동하기를 기대했다. 북한이탈주민 정착지원 사무소인 하나원에서 기독교 전향의 압력이 컸던 것에 대해 한 탈북민은 "그렇게 무조건 믿으라고 하면 한국이 북한과 다른 것이 무엇이냐"고 물었다. 이 질문은 한국

---

7 뉴몰든 탈북민들은 이 동화 의지, 초국적주의 의지에 따라 두 집단으로 나뉘게 된다. 이에 대해서는 5절에서 자세히 다룬다.

에서 지낼 때의 경험에 대해 탈북민들의 공통된 소감을 반영한다. 이 인식은 뉴몰든에서 동화와 초국적주의에 동시에 기반으로 작용했다. 탈북민들이 한국 사회로 동화되는 과정에는 외부 압력과 내부 동력이 함께 작동했다.

두 번째 동화는 뉴몰든 지역에 정착한 후 노동시장과 일상에서 한국인들과 만남이 거듭되는 과정에서 일어났다. 이는 대부분 한국에서 어느 정도 동화된 것을 기반으로 한 동화였다. 한국에서 한국인들과 많이 어울려 산 것은 아니었지만 많이 익숙해진 한국의 표준은 탈북민들의 영국 삶에도 적용이 되었다. 뉴몰든에서 한국말로도 생활이 가능하고 한국 상품, 뉴스가 일상적으로 소비되었다. 학생들의 학습을 보충하는 사교육 기관들도 있다. 탈북민들은 북한 소식을 잘 접하지 못하기 때문에 대신 한국 미디어에 익숙해졌고 한국 드라마, 가수들을 잘 알고 있었다. 또한 탈북민들은 북한 방문 대신 친척, 친구들이 있는 한국을 가끔 방문하는 것으로 출신지의 개념이 확장된 것을 보여주기도 한다. 젊은 탈북민들은 억양, 머리모양, 옷, 표정 등 외양에 있어서 한국인과 구분되지 않았다. 40대 이후의 탈북민들은 비교적 강한 북한 억양과 북한 단어를 이용하고, 화장법, 옷 스타일이 달라서 한국 이주민들과 쉽게 구별되었다.

많은 탈북민들이 뉴몰든 내 한국인에게 고용되어 일하면서 고용주인 한국인의 방식에 적응을 했다. 탈북민들은 서빙, 요리, 청소, 아이 돌봄, 공사, 이삿짐, 집수리 등의 일을 했다. 뉴몰든에 있는 많은 식당, 마켓, 가게에서는 한국인 고용주-탈북민 피고용인이 전형적인 모습이었다.

이 동화에서 중국의 부상, 영국 국가의 난민정책과 이주민 정책 변화[8]는 큰 역할을 했다. 한국인과 탈북민의 자연스러운 관계에서 동화가 이루어진 것이 아니다. 존재를 알 뿐 일상에서 엮이지 않던 한국인과 탈북민이 고용관

---

8 2009년부터 영국 정부는 탈북난민들에 대한 심사를 강화했다. 그 후 보수당이 이주민, 난민에 대한 지원을 축소하여 매달 받던 복지 혜택이 점점 줄고 없어지기까지 했다. 현장조사에서 만난 탈북민들은 그때 충격을 받고 일자리를 구하기 위해 나섰다고 말했다.

계로 만날 수밖에 없었던 데에는 영국 이민정책의 역할이 컸다. 영국 정착 초기에 정착금과 보조금을 받을 때는 많은 탈북민들은 일을 하지 않았다. 한국인 가게에서 일하는 사람들은 조선족이거나 한국 학생들이었다. 하지만 중국 경제가 부상하여 중국 밖에서 미등록 이주민으로 지내는 비용에 비해 혜택이 상대적으로 크지 않게 되자 많은 수의 조선족이 중국으로 귀환했다. 게다가 영국 보수정권하에 이주민 정책이 변화하여 학생들이 취업을 할 수 없게 되었다. 한국 사업자들은 인력 부족에 시달렸다. 이때, 난민정책도 변화하여 탈북난민에게 제공되는 복지 혜택이 점점 줄어들자 탈북민들은 일자리를 구해야 했다. 그 결과 뉴몰든 한국 가게에서 탈북민들이 피고용인 주류가 된 것이다. 한 탈북민의 다음 표현은 많은 사람들이 공통적으로 한 말이다.

여기 우리[북한인] 다 떠나면 한국 가게 다 문 닫을 거예요. 조선족 있던 자리에 북에서 온 사람들이 다 들어갔으니까(2017. 9. 21 면접, 탈북여성, 식당, 40대).

이 고용관계는 한국인과 탈북민들의 이해관계가 만나 공식적, 비공식적 방법으로 실용적인 이익을 추구한 노력의 산물이다. 여기에서 한국인들과 북한인들의 비공식적 방법은 서로 일종의 편의를 봐주는 것인데, 이는 오히려 서로의 이미지, 평판을 나쁘게 만들고 비판과 갈등을 가져와 한국인과 탈북민 관계에 장벽을 가져왔다. 한국인이 보기에 탈북민들은 북한에서 바로 온 것이 아니라 한국을 거쳤기 때문에 진정한 난민이 아니며 애써서 일하는 한국인들에 비해 편하게 세금을 축내는 사람들이었다. 그것은 한국에서와 달리 뉴몰든에서는 한국인과 탈북민의 경제적 차이가 상대적으로 크지 않다는 데에서 오는 심리적 불편함이 반영된 것으로 보였다. 게다가 피고용인인 북한 사람들은 자본주의를 몰라서 고분고분하지 않고, 그들 사이에 정보유통 속도가 빨라 한 명이 시간당 10파운드를 받기 시작하면 그 소식이 금방 돌아서 다들 10파운드를 요구하는 데서 오는 두려움을 표현하기도 했다. 정보를 맞교환해서 나중에는 탈북민들이 더 잘 알게 되는 것도 많고, 한국에서의 재교육으로 홈페이지도 잘 만들고 인민회의에서 단련되어 말을 잘한다고도 했다.

탈북민들 사이에서 한국인들은 노동법을 지키지 않고 불법, 편법으로 노동을 착취하고 월급을 제대로 주지 않는다는 평판이 있었다. 예를 들어, 한 한국인 고용주 사업장은 난민 지위를 신청한 후 기다리거나 지원 때문에 취업이 제한된 탈북민들을 여러 명 고용하고 있었다. 그런 비공식적 고용에는 현금으로 월급을 지불하는 경우가 많은데, 그 사업장은 탈북민들에게 월급을 그곳 선물권으로 지불했다. 그러면 탈북민들은 그 선물권을 직접 이용하거나 주변 사람들에게 팔아서 그 사업장이 다시 수입을 올리는 방식이었다. 탈북민 피면담자들은 노동시간에 대해서도 영국 노동법을 어기는 한국인 고용주 사업장이 많다고 했다.

탈북민과 중국 조선족 이주민 간 관계는 비중이 크지 않았다. 북한과 중국에 있을 때 탈북민들과 조선족들이 밀접했던 것과 달리 친한 관계의 몇을 제외하고는 뉴몰든에서는 서로에게 무관심했다. 탈북과정, 뉴몰든 정착과정에서 이해관계가 충돌하기도 했다. 조선족이 탈북민 행세를 하여 난민지위를 받았던 사실 때문에 영국 당국의 난민지위 심사가 강화되었다는 인식9과 원망이 탈북민들에게 있었다. 조선족들에게는 자신들과 비슷한 처지의 탈북민이 편하게 복지 혜택을 받고 산다는 의식이 있었다.

한국인과 탈북민은 서로를 직접 경험하여 갈등이 심화된 반면, 영국 사회에 대해서는 전반적으로 우호적이었다. 특히 다수의 탈북민들에게는 막연하지만 유럽식 자본주의가 한국식 자본주의보다 외부인에게 인간적이고 끈기 있게 시간을 주고 기다려 진정한 동화를 이끌어낸다는 인식이 있었다.

세 번째 동화는 한국인 이주민과 탈북민 단체들의 활동을 통해서 나타났

---

9 조선족의 이런 사례가 많았다. 또 다른 이유는 2009년에 영국과 한국 정부가 탈북민 지문조회 서비스에 동의하게 된 것으로, 이후 한국을 경유한 탈북민들에게 난민지위를 주지 않게 되었다. VOA, "영국 내 난민 정착 탈북민 548명 … 2009년부터 신청 급감?" 2017년 2월 24일, https://www.voakorea.com/a/3737152.html, 2018년 1월 16일 확인.

그림 7-2 탈북민 자녀들이 한국 평통 행사에서 공연을 하는 모습

다. 이 동화는 한국 단체활동을 벤치마킹하여 단체를 만들고 한국 단체가 주도하는 활동에 참여하는 북한 영토의 해체와 약화 과정이다. 또 동시에 탈북민 고유의 단체를 만들고 한국 단체활동에 다수의 참여자가 되는 일종의 영토 확장으로서 재영토화 과정이기도 하다. 한국인과 탈북민 단체들의 파트너십과 협력은 지난 몇 년간 큰 진전을 이루었다. 현장조사 기간 중 참여한 한국 단체 행사에서는 탈북민들 모습이 쉽게 보였다. 런던 한인회(이하 한인회) 광복절 행사, 대한노인회 영국지회(이하 노인회) 바자회, 한복 패션쇼, 민주평화통일자문회의 영국 지역협의회(이하 평통) 행사, 런던 한인 합창단의 공연 등에 다수의 탈북민들이 참가했다. 예를 들어, 이 글의 현장조사 시기에 핵심적인 역할을 한 평통 행사 참여자 중 5분의 3 정도가 탈북민들이었다. 북한 한글학교 어린이들이 초청되어 공연을 했고, 공식 행사가 끝난 뒤 뒤풀이 노래방 시간에도 주저하지 않고 가무를 즐기는 탈북민들의 존재감이 두드러졌다. 노인회는 활동이 가장 활발한 편이었는데, 한국인과 북한인 여성들의 협력이 무척 자연스럽게 이루어졌다. 또 노인회의 한복 패션쇼에서 탈북민 가

그림 7-3 탈북민 연합회 송년회 행사. 중간 테이블에는 한인단체 대표들이 앉아 있다

그림 7-4 한국 노인회 한복패션쇼 행사. 탈북민 여성들과 아이들이 많이 참여했다

정 어린이들과 어머니들의 참여가 차지하는 비중이 컸다. 북한 민체 행사에도 한인 단체 대표들이 참여했다. 예를 들면, 탈북민 협회 송년회에 한인회, 평통, 노인회 등의 간부들이 참여했다.

공동행사의 증가가 한국인 이주민과 탈북민 간의 통합을 자연스럽게 유도하지는 않았다. 오히려 탈북민들과 같이 하고 싶지 않다는 한국인 이주민들의 목소리가 커지기도 하고, 북한 단체를 후원하는 한국인에게 다른 한국인들의 비판이 따르기도 했다. 하지만 이런 한국인 이주민들은 행사에 적극적으로 참여하는 사람들이 아니었기 때문에 그 비판이 크게 반영되지 않았다. 이에 대해 노인회 한 관계자는 이렇게 말했다.

> 어떤 행사건 한국인이 하는 행사에 북한인이 없으면 되지가 않아요. 왜냐하면 한국인들이 한국인이 하는 행사에 별로 나타나지 않기 때문이에요(2017. 10. 1, 한국 여성, 60대).

처음에는 노인회, 한인회에서도 탈북민들과 같이 하고 싶어하지 않았다. 하지만 시간이 지나면서 한국인 단체들은 한국인 이주민들의 참여만으로 유지가 힘들어져 탈북민들의 참여를 필요로 하게 되었다. 탈북민들은 우리가 없으면 한국인 단체 행사가 유지되지 않는다고 자부심을 가지는 태도를 보였고 집단적 참여로 그들의 영향력을 보여주고 싶어 했다.

단체 임원 구성에서 동화와 통합은 더 적극적으로 이루어졌다. 대한노인회에는 규정상 한국 국적인 사람들만 참여가 가능하다. 그런데 영국 지회가 한국 본회에 요청하면서 영국 국적, 북한 국적을 가진 사람들도 포함을 시켰다. 이후 한인회는 48명 임원 중에 두 임원(부회장과 자문의원)을 탈북민으로 임명했다. 평통 임원은 44명인데 탈북민 한 명을 포함하도록 시도했다. 그러나 이렇게 임원이 된 탈북민들이 그 속에서 탈북민으로서 핵심적인 역할을 한 것은 아니다.

동화를 통한 국가의 재영토화와 탈북민 사회 내부의 주도권에 영향을 끼친한 요인은 한국 정치지형의 변화이다. 과거 한국 보수정권에서 탈북민들은 국가정보원 활동을 비롯해 정치 행사에 동원되었다. 그런 강력한 동화, 정치적 동원에 응한 탈북민들은 한국으로의 동화에 치중하는 편이었다. 이들은 다음 절에서 설명할 초국적주의 태도를 가진 다른 탈북민들을 종북좌파라고 부르며 비난했다. 반면, 한국의 정권이 교체되어 문재인 정부가 들어서자 평통 구성원의 성격도 바뀌고 그들은 초국적주의 탈북민들을 굳이 비난하지 않고 파트너십을 강화하려고 했다.

여기서 나타나듯이 탈북민들은 한국인 이주자들에게 자발적으로 순순히 동화된 것은 아니다. 상호 실용적인 이유와 정치적 지형, 탈북민들의 저항 속에서 발전했다. 이는 국가의 재영토화가 갈등 속 계속되는 재협상으로 이루어졌다는 것을 뜻한다.

5. 탈북민의 초국적주의 속 재영토화

탈북민들의 북한 출신 정체성을 유지하는 초국적주의가 가시화된 것은 뉴몰든에 탈북민 사회가 형성된 후 약 2014년부터이다. 이 초국적주의는 한인타운에서 한인들과의 통합과 차별화의 관계를 맺으며 로컬리티의 부분을 구성했다. 그들의 일상생활 속에서 북한 국가의 영토가 축소되는 재영토화, 즉 동화가 진행되다가 그 동화의 대상인 한국인과의 관계 속에서 차이를 인식하게 되었다. 이에 따라 초국적주의 활동, 문화를 발전 및 확장시키는 국가 재영토화가 나타났다. 이때 국가는 본래의 출신국에서 수정된 상상 속 공동체이다. 이 상상적 공동체는 탈북민들이 '변화한 북한'을 지향하며 그것을 제3의 장소에서 어느 정도 실현시키는 실천의 산물이다. 이 실천은 한국인, 그들에게 동화하며 나타난 재영토화, 그리고 영국 사회 시스템과의 관계 속에서 이루어졌다. 그 메커니즘은 다음의 세 가지 모습으로 나타났다.

첫째, 탈북민들 중 다수가 한국에서 살다가 다시 탈남한 사실은 이들이 한국 사회에 동화하지 못했거나 하지 않겠다는 의지를 뜻한다. 탈남은 국가 재영토화의 결과이자 원인이었다. 동화에 실패하거나 거부한 특징 때문에, 즉 축소하는 출신국 재영토화에 대한 저항으로 나타난 유지 내지는 확장 재영토화였다. 이들이 탈남한 이유로 가장 크게 꼽는 것은 같은 민족 간의 차별이었다. 특히 자녀들이 계속 그런 차별 속에서 살아서는 안 된다는 의지가 강했다. 영국에서 만난 한국인과 탈북민은 사회경제적 격차, 정치적 위계에서 차이가 적었다. 영국 국가의 난민복지제도로 인해 경제적 격차가 줄어든 것이 하나의 이유였다. 그리고 탈북민들은 두 집단이 제3의 장소에 있기 때문에 다 같은 처지라는 생각이 강했다. 한 탈북민은 이렇게 표현했다.

우리가 조국을 떠난 것처럼 한국사람들도 자기 조국을 버리고 온 것이니 다 같은 처지 아니에요?(2017. 7. 21, 탈북여성, 50대).

이 점은 한국에서 볼 수 없는 중요한 지점이다. 한국을 표준으로 삼는 모습이 여전히 존재했지만 많은 탈북민들은 유럽식 자본주의, 민주주의에 강한 자부심을 느끼고 지향점으로 삼고 있었다. 그들에게 유럽 자본주의는 인간을 존중하고 강제적으로 시키지 않는 시스템을 뜻했다. 이들은 한국에서 흔히 가지는 통일 담론, '통일 한국'이란 표현에 거부감을 드러냈다. 한국식 시스템으로 통일이 되는 것은 바람직하지 않고 그렇게 될 가능성도 없다는 것이었다. 바람직하지 않다는 것은 공격적이고 경쟁 중심인 한국 자본주의에 대한 비판적 시각이었고, 유럽 자본주의가 더 낫다는 전제를 가지고 있었다. 한국식으로 통일이 될 가능성이 없다는 데 대해 이들은 한국인들이 북한을 너무 이해하지 못하고 잃을 것이 없는 북한사람들이 크게 저항할 것이라는 점을 근거로 들었다.

또한 비공식적 방법으로 북한과의 끈을 유지하는 것은 영국으로 이주한 후 결과적으로 초국적주의 효과를 가져왔다. 영국에서는 북한 가족에게 송금, 전화하는 것이 가능했다. 탈북민들은 런던에서 돈을 보내면 그 돈의 30퍼센트가(요즘은 높아져서 40~50퍼센트까지) 브로커 수수료로 나간다고 했다. 이 돈은 런던-런던브로커-중국브로커-북한 정부 간부라는 경로를 통해 들어간다. 2017년에 한 탈북민의 북한가족이 방송에 나왔는데, 그에 대해 뉴몰든 탈북민들은 그 간부가 개인적으로 중개비를 받는 것이 드러나 반성의 의미로 돈을 보낸 런던 탈북민의 북한가족이 방송에 나온 것이라고 설명하기도 했다.

둘째, 시간이 지나면서 탈북민 협회, 종교단체, 한글학교, 문화단체 등 탈북민 고유의 조직이 나타났다. 대부분의 단체 설립과 활동에서 탈북민들은 한국인 이주민 단체를 선례로 삼아 일종의 동화 효과를 가졌다. 그러나 탈북민 단체 설립은 탈북민들 고유의 문화를 유지하고 역량을 강화하며 출신국의 존재를 드러내는 효과 또한 가져왔다. 탈북민 협회는 대표성을 가지고 한인회, 다른 나라 탈북민들과 교류할 수 있었고, 무용단과 같은 문화예술단체는 다양한 행사에서 공연하며 북한의 전통 음악, 무용을 알렸다. 2017년 현재는 없어진 북한교회는 탈북민들이 종교뿐만 아니라 문화, 생활의 필요를 나눌 수 있는 장소였다. 이 교회는 이후 북한협회 내 갈등이 심해질 때 사라져서 탈북민 커뮤니티의 중심역할을 하지 못했다.

많은 탈북민 단체들 중에서도 2세를 위한 한글학교는 중심적인 위치였다. 탈북민 2세를 위한 한글학교인 런던 한겨레학교(London Korean Nationality School)는 학기 중 매주 토요일 뉴몰든 한 교회의 장소를 빌려서 운영되었다.

36명 정도의 어린이들(6~12세)이 한글 능력에 따라 세 반으로 나뉘어 수업을 받았다. 이사장은 한국인, 이사는 북한인, 교장은 북한인, 교사 중 2명이 북한인, 2명이 한국인이었다.

이 한글학교는 그전에 한국인들과 같이 한글학교를 경험한 후 만든 것이라 한국인에 흡수되기보다는 탈북민 정체성을 내세운 특징이 뚜렷하다. 탈북민 가정 어린이들은 원래 뉴몰든에서 차로 15분쯤 걸리는 체싱턴(Chessington) 지역에 위치한 한국인 한글학교를 다녔다. 그 한글학교는 한국교육재단에서 운영하며 한국 정부의 정식 인가를 받은 기관이었다. 450명의 학생 중 많은 수는 주재원 자녀들이었고, 그중 탈북민 가정 어린이들이 50명 있었다. 시간

그림 7-5 한겨레학교가 매주 토요일 장소를 빌리는 교회

이 지나면서 일부 탈북민 부모들은 문제점을 발견했다고 한다. 맞벌이로 힘든 가정들인데 1년에 300파운드가 넘는 돈을 내야 했고 학교에 차로 데려다주는 것도 무리가 있었다. 또 주재원 자녀들은 한국에서 학교를 다니다 왔기 때문에 한국학교 진도를 맞추기 위해 하루 종일 강도 높은 수업이 진행되었다. 하지만 탈북민 2세들은 대부분 영국에서 태어나고 자라서 한국어 구사능력이 상대적으로 많이 떨어졌고, 탈북민 부모들은 그렇게 경쟁적으로 하는 것이 싫었다고 했다. 한국 주재원 자녀들이 중심인 그곳의 문화도 다르고 한국 어린이들과 북한 어린이들이 따로 놀고 북한 어린이들이 무시받는 느낌이 있어 그만두었다고 했다.

위의 실용적인 이유 외에도 2세 학교를 따로 하는 것에는 북한인들의 초국적주의, 즉 영국-북한이 아니라 영국 내 한국-북한 정체성을 둘 다 유지하려는 초국적주의가 있었다. 뉴몰든 한민족이 어울러서 살게 되면서 북한인들이 한국에 완전히 동화되는 것에 대한 경계가 있었다. 한국에서의 경험을 바탕으로 문화적인 동화는 적극적으로 이루어지는 가운데, 국가의 정체성에 대해서는 그 경계가 새로 생긴 것이라 볼 수 있다. 학교가 위기에 처했을 때 학교를 살리기 위해 노력한 한 학부형은 이렇게 이야기했다.

우리 것이 하나는 있어야 한다고 생각했어요(2017. 11. 11, 탈북남성, 40대).

또 다른 학부형은 이렇게 말했다.

이렇게 흩어져서 동화되다가는 북한사람은 없어진다는 위기의식이 있었습니다(2017. 11. 18, 탈북남성, 40대).

북한인들 고유의 것이 의미하는 것은 여느 다른 이주민 집단과 같이 종합적이다. 그것은 북한 영토나 북한성의 영토가 아니라 새로운 버전의 북한이었다. 하지만 다른 이주민 집단들과 달리 북한이 세계 안전의 위협으로 여겨지는 상황에서 탈북민들은 출신국에 대한 뚜렷한 정체성을 드러내기 어렵다는 차이가 있었다. 한글학교가 진행되는 한 토요일 낮에 학부모들과 같이 한자리에서 나온 이야기는 그에 대한 탈북민들의 인식을 잘 나타낸다. 한 집에서 북한 인공기를 구했는데 아이들이 집 밖에 걸어둔 것을 보고 놀라서 미국에서 와서 폭격할 것이라는 농담을 했다는 이야기가 나왔다. 그에 대해 다른 학부모가 자신은 인공기만 보면 고향이 그리워서 눈물이 나온다고 했고, 또다른 학부모는 한국 단체 행사에서 늘 태극기를 걸고 한국 애국가를 부르는데 왜 탈북민들은 못하는가 한탄했다. 북한인들이 자존감이 낮은 것이라고 해석한 그들은 자신들은 북한 정권이 싫어서 탈북을 했지 조국까지 싫어하는 것은 아니라고 했다. 왜 자기 나라를 사랑한다는 얘기를 하면 종북좌파로 몰리냐는 비판을 했다.

그림 7-6 한겨레학교 수업을 준비하는 교사, 학부모, 학생들 모습. 교회 홀 내부공간을 갈라서 세 반을 운영한다.

학교 운영방식에도 탈북민들의 원칙을 반영해서 자립과 무료를 내세웠다. 부모들이 아이들 픽업은 스스로 해야 하며, 북한에서처럼 교육은 누구에게나 무료로 제공되어야 한다는 철학을 강조했다. 하여 월 5~10파운드의 간식비만 받았다. 또한 학부모들이 돌아가면서 자원봉사를 하는데, 이는 한겨레학교의 모체였던 '한민족 플레이 그룹'에서부터 학부모들이 돌아가며 교육에 참여하는 학부모 참여교육제도를 통해 쌓인 경험이 반영된 것이다. 런던의 한인들과 영국인들의 멘토링도 있었다.[10] 오후 3시에 주는 어린이들의 간식도 그전에는 어머니회 회장과 다른 사람이 하다가 돌아가면서 하기로 해, 두 명이 한 조가 되어서 담당했다. 부모들은 카카오톡 단체방에서 간식 담당, 행사 등을 의논했다.

한편, 이 한글학교의 교사들은 이야기책이나 직접 만든 단어카드 등을 교재로 썼고 시간당 10파운드를 받았다. 처음에는 자원봉사자들이 교사를 했으나 장기적으로 책임을 지는 자세가 부족하여 일정 금액을 지불하는 것을 고수하고 있다. 학부모들에 비해 탈북민 교사들은 북한 억양이 거의 없는 것이 특징이었다. 한 교사는 북한에 대한 자부심, 고구려 후손이라는 자부심이 컸지만 롤모델과 절친한 친구로 삼는 사람들은 한국인, 영국인이었다. 다른 교사는 탈북민 자녀들이 언어학적 측면에서 한국 주재원 자녀들과 차이가 있으므로 별도의 한글학교가 필요한데 지금의 방식은 원시적이므로 체계를 잡아야 한다는 데 관심이 많았다. 교사들 모두 2세가 한국말을 알아야 한다는 사명감이 있었다. 수업은 아이들의 한국어 수준에 따라 세 집단으로 나누어서 했다. 2세들은 대부분 영국에서 태어난 어린이들로 한국어 구사능력은 가장 수준 높은 집단이 한국 어린이집 수준(한국어를 단어 중심으로 배우는 중)이었다. 수업 진행은 수업 45분 후 간식, 수업 45분 후 휴식, 수업 45분 후 무용을 배우거나 조금 더 하는 식이었다.

이 2세 한글학교를 둘러싸고 나타나는 기대와 염려는 미래지향적이었다. 그것은 상상의 공동체인 국가 재영토화의 특징을 좀 더 뚜렷하게 나타냈다. 먼저 탈북민 부모들은 공통적으로 2세들이 앞으로 중요한 역할을 할 것이라는 점을 종종 강조했다. 여기에는 탈북민들의 미래, 북한의 미래, 한국의 미래에 대한 염려와 기대가 녹아 있었다. 탈북민들은 종종 2세들이 할 수 있는 역할에 대해서 이야기했는데, 그것은 변화한 북한에 다시 돌아가는 것을 전

---

10 세계한인언론인협회, 2016. 1. 29, "영국 탈북 동포들, 런던 한겨레학교 설립해", http://www.okja.org/index.php?mid=europe_dong&category=6372&document_srl=14762, 2017년 8월 8일 확인.

제로 하기도 했고, 영국 사회의 일원이자 딜북민 커뮤니티의 일원으로 남아 있는 것을 뜻하기도 했다. 바로 이러한 점에서 한글학교가 논쟁의 중심에 서기도 했다. 공통적으로 아이들의 한글교육이 걱정이었기 때문이다. 영국에서 태어나거나 자란 어린이들이 대부분이라 학교에서는 영어를 쓰지 못하게 하는데도 아이들은 곧잘 영어를 썼다.

이러한 배경에서 동화와 초국적주의 태도가 가장 선명하게 나타났던 사례가 한국 한글학교와 북한 한글학교를 두고 존재한 다양한 담론과 갈등이었다. 한국에 동화되는 것에 더욱 적극적인 탈북민 부모들은 한국 한글학교에 아이들을 계속 보내며, 북한 한글학교 부모들이 북한인권 문제에도 불구하고 북한을 옹호한다고 비판하기도 했다. 한국 한글학교를 비롯해서 한국인들과 동화에 적극적인 탈북민들은 북한 한글학교가 한국 한글학교로 통합되어야 한다고 주장하기도 했다. 한 민족인데 학교가 따로 있는 것은 통합을 방해한다는 것이다. 특히 한국 한글학교 사람들은 영국 내 한국 커뮤니티의 통합을 위해 탈북민들은 한국인에게 흡수되어야 한다는 주장을 폈다. 이러한 한국인들의 동화 주장은 미디어에 반영되거나(YTN의 다큐멘터리) 재영 민주 평통에 반영되어 북한학교 어린이들의 초청공연이 갑자기 취소되기도 했다.

이 과정에서 북한 한글학교 학부모들의 초국적주의는 더 강화되었다. 그들은 고향에서 온 사람들이 학교를 운영하는 것에 대해 간섭하고 미디어에 공개적으로 비난하는 것에 충격을 받았다고 말했다. 한국인들이 한국을 '큰집', 북한을 '작은 집'으로 지칭하며 위계를 암시하거나, 뒤풀이를 탈북민들과 함께 하기 싫어하고, 탈북민들을 무시한다는 거부감도 나타냈다. 동화 경향이 짙은 탈북민들은 실제로 한국인 단체를 '큰형님'이라고 칭하며 벤치마킹했다. 한글학교 학부모들은 한국인들과 증가한 교류에서 비판적인 시각을 더욱 가지게 되었다.

셋째, 북한의 특성이 국제사회에서 가지는 지위 때문에 탈북민들의 초국적주의가 고무되고 국제적인 북한 재영토화 과정이 진행되었다. 앞서 언급한 탈북민들의 한국을 상대로 한 초국적주의는 북한 정체성을 드러내지 못하는 상황에서 시간이 지나면서 조심스럽게 발전한 것이었다. 그러나 한편으로 국제사회에서 북한 출신이라는 것은 독특한 지위를 가지고 있어 대중과 미디어의 관심을 받기 때문에, 탈북민들은 종종 북한에 대해 이야기하고 북한 출신인 것을 이용하여 존재감을 드러내기도 했다. 정보 노출이 드물고 국제정치의 관심 대상인 북한 사회를 떠난 탈북민들은 학계, 정계, 미디어의 많은 관심을 받았다. 탈북민들은 정체가 잘 드러나지 않는 북한 사회에 대한 정보원이자 북한인권 문제 등을 비판하는 산증인으로서 역할을 부여받았다. 게다가 북한과 큰 연관이 없는 영국에 많은 탈북민들이 몰려 산다는 사실에도 언론의 관심이 모아졌다. 북한이 2017년 들어 핵무기를 개발하여 국제 지정학적 긴장관계의 중심에 서게 되면서 존재감은 더욱 커졌다.

북한의 존재감이 드러나는 이런 재영토화는 국제정치에 따른 수요에 반응한 것이었다. 특히 서양에게 북한은 신비한 존재이자 다양한 국가들의 국내 정치를 위해 상품화되는 존재였다. 따라서 북한 출신, 특히 탈북한 북한 출신은 여러 가지 호기심의 대상이 되었다. 뉴몰든은 탈북민들의 거주가 집중되고 경제활동이 이뤄지는 지역이기 때문에 한국 미디어와 영국 미디어에 의해 '유럽의 북한'으로 알려지고 조명받았다. 뉴몰든 탈북민들은 미디어뿐만 아니라 교회, 학술행사 등에 초대되기도 하면서 자신의 탈북 경험을 재형성하게 되었다. 한편으로 북한 출신임을 잊고 동화되어야 하는 반면, 또 한편으로는 북한 출신인 것이 시간이 지나면서 더 강조되는 면도 있었다.

뉴몰든 탈북민들은 여자축구팀 교류, 연구소 활동, 탈북민 국제연대 및 유럽연대의 정치적인 활동 계획을 넓혀가고 있다. 영국은 북한을 국가로 인정하며 미국과 한국에 비해 유연한 관계를 가지고 있어서 가끔 북한과의 교류도 있다. 예를 들어, 영국에 본부를 둔 북한 장애인 지원 민간단체가 초청하여 북한 장애인 학생들이 영국을 방문한 사례가 2015년에 이어 2017년에도 있었다. 탈북민 유럽연대 활동에는 영국뿐 아니라 그 외 유럽 국가들에 있는 100명이 되지 않는 탈북민들이 참여했다. 유럽 대륙 국가들의 탈북민들은 일반 공식 행사를 같이 하는 네트워크가 있었다. 이런 활동의 핵심은 새로운 북한, 즉 더 개방적이고 외부세계에 내해 길 이는 북한에 대한 기대감이었다. 이런 북한 재영토화는 실제 활동뿐만 아니라 탈북민들의 계획을 이야기하는 담론 속에서도 이루어지고 있었다.

6. 결론과 함의

이 장의 중심내용은 다음과 같이 요약할 수 있다. 뉴몰든이라는 제3의 장소에서 민족과 언어가 같고 긴장관계에 놓인 두 국가의 에이전트들인 한국인 이주민들과 탈북민들의 관계 속에서 탈북민들의 한국으로의 동화와 북한의 정체성을 유지, 발전시키는 초국적주의가 공생하며 상호발전했다. 그 과정에서 이주민들의 일상과 담론에 있는 그들의 출신국은 다른 출신국과 관계를 맺으며 탈영토화, 재영토화되었다. 그것은 축소되는 재영토화, 확대되는 재영토화, 새로운 형태의 상상 공동체가 되는 재영토화였다.

첫째, 탈북민들의 출신국이 축소되는 재영토화는 동화의 과정에 있었다. 뉴몰든 탈북민들은 영국 사회에 서서히 동화되면서 적극적으로 한국에 동화되었다. 탈북한 사실 자체가 국가의 보호와 정체성을 거부하는 국가축소식 재영토화를 뜻했다. 영국 뉴몰든에 온 후로는 지정학적 변화와 영국 이민법 변화로 인해 한국인과 고용-피고용 관계로 얽히게 되었고, 노동시장에서 한국식으로 운영하는 한국기업에서 탈북민들의 동화는 강화되었다. 또한 한국 이주민 단체들과 탈북민 단체들의 상호 이해관계 일치에 기반해 파트너십이 증가했다. 둘째, 탈북민들의 동화과정은 또한 그들의 초국적주의를 발전시켰다. 이것은 자의, 타의로 지워지고 있었던 북한 국가가 다시 확대되는 재영토화였다. 한국 사회로의 동화가 힘들어서 탈남을 한 행위는 초국적주의의 시작이었다. 탈북민은 독립적인 단체들을 만들고 특히 자신들의 철학에 따라 학교를 운영하기 시작했다. 국제정치의 상품으로서 주목을 받는 북한 존재 때문에 탈북민들의 정체성은 강조되었고 그 속에서 탈북민들은 자신의 경험과 정체성에 대한 재협상을 하게 되었다.

다른 버전의 북한의 모습이 나타나는데 그것을 여전히 북한이라고 볼 수 있는가? 이 글은 재영토화된 북한이라고 본다. 어느 국가의 구성원도 같은 버전의 국가 버전을 가지고 있지 않다. 그런 욕망의 차이, 인식 차이가 생기고 누수가 생긴다는 것이 가타리, 들뢰즈의 탈영토화, 재영토화 개념이다. 동화와 초국적주의에서 얘기되고 상상되는 북한의 정체성은 계속 달라졌는데도 탈북민들은 그 미래의 바뀐 모습을 '달라진 북한'으로 정의하지 '통일 한국'이나 비슷한 것으로 인식하지 않았다.

국가영토는 물리적 영토뿐만 아니라 가치로, 문화로, 훈육으로 존재한다. 이주민은 국가의 에이전트로서 세계화 시대에 한 국가가 다른 국가와 인간의 얼굴로 만나는 역할을 했다. 이주민의 몸 이동이 국가의 물리적인 점유를 통한 영토화 과정이며, 복잡한 지정학적 관계가 이주민들의 일상에서 재구성된다. 국가영토는 이주민들 정체성에서 본인이 느끼는 일상의 느낌과 타인의 시선과 담론 속에서 해체되었다가 다시 구성된다. 정체성을 국가영토의 문제로 보면 개인의 삶이 권력, 특히 지정학적 권력과 밀접한 관계에 놓여 있다는 것이 선명하게 드러난다. 이주민들이 왜 출신국보다 경제적, 문화적 지위가 낮은 곳으로 이주를 가면 동화보다는 출신국의 모습이 강한 초국적주의를 가지는지, 더 선진국으로 가서도 후진국의 다른 이주민을 만나면 자기에게 동화하기를 요구하는지도 지정학적 접근으로 생각할 수 있다. 이 글에서 보이는 지정학과 일상의 결합은 지리학적 상상력이 역동적으로, 권력인식적으로 뻗어 나가도록 해준다.

또한 사람의 이동, 일상, 정치적 공간, 국가 재영토화의 관계 속에서 뉴몰든을 보면, 통일 후 이주와 정착이 증가하는 과정에서 발생할 수 있는 일들을 예상하는 것이 가능하다. 이 책의 제6장에서 볼 수 있었듯이 남북한 국가 간 통합성을 높이면서 민족주의의 재탄생을 위해 국가 스케일에서 요인들의 집합 과정이 있을 것이다. 정책 주체의 담론 활동에서보다 이 장의 사례에서 보이는 개인들의 일상생활과 조직활동에서는 더 많은 구체적인 갈등과 타협의 모습이 보일 것이다. 현재 한국에서 절대적 소수인 탈북민들이 사는 것보다 제3의 장소에서 만난 한국인과 북한인들의 공생, 갈등, 협력의 모습에 더 가까울 것이다. 특히 뉴몰든에서 보여준 동화와 초국적주의의 복잡한 얽힘은 정책적으로 중요한 주제이다. 강렬한 국가 재영토화 프로젝트인 통일은 물리적 영토의 해체와 재구성뿐만 아니라 사람들의 몸에, 일상에 새겨진 국가의 영토성이 다양한 형태로, 다른 것으로 되어가는 것이다.

: : 참고문헌

김현미. 2008. 「중국 조선족의 영국 이주 경험: 한인 타운 거주자의 사례를 중심으로」. ≪한국문화인류학≫, 41(2), 39~77쪽.
신명직. 2011. 「가리봉을 둘러싼 탈영토화와 재영토화」. ≪로컬리티 인문학≫, 6, 47~90쪽.
정현주. 2015. 「다문화경계인으로서 이주여성들의 위치성에 대한 이론적 탐색」. ≪대한지리학회지≫, 50(3), 289~303쪽.

Abdelhady, D. 2011. *The Lebanese Diaspora: The Arab immigrant experience in Montreal*. New York: New York, and Paris NYU Press.

Agnew, J. 1994. "The territorial trap: the geographical assumptions of international relations theory." *Review of International Political Economy*, 1(1), pp. 53~80.

Anderson, B. 2006. *Imagined Communities: Reflections on the origin and spread of nationalism*. Verso Books.

Barabantseva, E. 2016. "Seeing beyond an 'ethnic enclave': the time/space of Manchester Chinatown." *Identities*, 23(1), pp. 99~115.

Basch, L., N. G. Schiller and C. S. Blanc. 2002. *Nations Unbound: Transnational Projects, Postcolonial Predicaments, and Deterritorialized Nation-States Langhorne*. Gordon and Breach.

Basch, L., G. Schiller, N. Chiller and C. Szanton-Blanc. 1994. *Nations Unbound: Transnational Projects, Postcolonial Predicaments, and Deterritorialized Nation-States*. New York: Gordon & Breach.

Bashi, V.(ed.) 2007. *Survival of the Knitted: Immigrant social networks in a stratified world*. Redwood City: Stanford University Press.

Bauböck, R. 2003. "Towards a political theory of migrant transnationalism." *International*

Migration Review, 37(3), pp. 700~723.

Bermudez, A. 2010. "The transnational political practices of Colombians in Spain and the United Kingdom: politics 'here' and 'there'." *Ethnic and Racial Studies*, 33(1), pp. 75~91.

Boswell, C., and O. Ciobanu. 2009. "Culture, utility or social systems? Explaining the cross-national ties of emigrants from Bora, Romania." *Ethnic and Racial Studies*, 32(8), pp. 1346~1364.

Brenner, N. 1999. "Globalisation as reterritorialisation: the re-scaling of urban governance in the European Union." *Urban Studies*, 36(3), pp. 431~451.

Brubaker, R. 2001. "The return of assimilation? Changing perspectives on immigration and its sequels in France, Germany, and the United States." *Ethnic and Racial Studies*, 24(4), pp. 531~548.

Brun, C. 2001. "Reterritorilizing the relationship between people and place in refugee studies." *Geografiska Annaler: Series B, Human Geography*, 83(1), pp. 15~25.

Carling, J. R. 2008. "The human dynamics of migrant transnationalism." *Ethnic and Racial Studies*, 31(8), pp. 1452~1477.

Cauvet, P. 2011. "Deterritorialisation, reterritorialisation, nations and states: Irish nationalist discourses on nation and territory before and after the Good Friday Agreement." *GeoJournal*, 76(1), pp. 77~91.

Choi, E. 2014. "North Korean women's narratives of migration: Challenging hegemonic discourses of trafficking and geopolitics. *Annals of the Association of American Geographers*, 104(2), pp. 271~279.

Collins, F. L. 2012. "Transnational mobilities and urban spatialities: Notes from the Asia-Pacific." *Progress in Human Geography*, 36(3), pp. 316~335.

Collyer, M., and R. King. 2015. "Producing transnational space: International migration and the extra-territorial reach of state power." *Progress in Human Geography*, 39(2), pp. 185~204.

Conradson, D., and D. McKay. 2007. "Translocal subjectivities: mobility, connection, emotion." *Mobilities*, 2(2), pp. 167~174.

Dahinden, J. 2009. "Are we all transnationals now? Network transnationalism and transnational subjectivity: the differing impacts of globalization on the inhabitants of a small Swiss city." *Ethnic and Racial Studies*, 32(8), pp. 1365~1386.

Deleuze, G., and F. Guattari. 1983. *Anti-Oedipus*. Robert Hurley, Mark Seem, and Helen R. Lane(trans.). Minneapolis: University of Minnesota Press, p. 1.

Ehrkamp, P., and C. Nagel. 2012. "Immigration, places of worship and the politics of citizenship in the US South." *Transactions of the Institute of British Geographers*, 37(4), pp. 624~638.

Erdal, M. B. 2013. "Migrant transnationalism and multi-layered integration: Norwegian-Pakistani migrants' own reflections." *Journal of Ethnic and Migration Studies*, 39(6), pp. 983~999.

Faist, T.(ed.). 2000. *The Volume and Dynamics of International Migration and Transnational Social Spaces*. Oxford: Clarendon-Oxford University Press.

Faria, C. 2014a. "I want my children to know Sudan: Narrating the long-distance intimacies of diasporic politics." *Annals of the Association of American Geographers*, 104(5), pp. 1052~1067.

_____. 2014b. "Styling the nation: fear and desire in the South Sudanese beauty trade." *Transactions of the Institute of British Geographers*, 39(2), pp. 318~330.

Fischer, P.(23 February 2015). "Korean Republic of New Malden." *The Independent*, http://www.independent.co.uk/news/uk/home-news/the-korean-republic-of-new-malden-how-surrey-became-home-to-the-70-year-old-conflict-10063055.html(최종접속: 2015.12.20)

Fitzgerald, D. 2006. "Towards a theoretical ethnography of migration." *Qualitative Sociology*, 29(1), pp. 1~24.

Guarnizo, L. E., A. Portes and W. Haller. 2003. "Assimilation and transnationalism: Determinants of transnational political action among contemporary migrants." *American Journal of Sociology*, 108(6), pp. 1211~1248.

Halilovich, H. 2011. "(Per)forming 'trans-local' homes: Bosnian diaspora in Australia" V. Marko and Sabrina P. Ramet(ed.). *The Bosnian Diaspora: Integration in Transnational Communities*. Surrey: Ashgate Publishing Limited, pp. 63~81.

Ho, E. L. E. 2009. "Constituting citizenship through the emotions: Singaporean transmigrants in London." *Annals of the Association of American Geographers*, 99(4), pp. 788~804.

Hondagneu-Sotelo, P., and E. Avila. 1997. "I'm here, but I'm there: the meanings of Latina transnational motherhood." *Gender & Society*, 11(5), pp. 548~571.

Katila, S., and Ö Wahlbeck. 2012. "The role of (transnational) social capital in the start-up processes of immigrant businesses: The case of Chinese and Turkish restaurant businesses in Finland." *International Small Business Journal*, 30(3), pp. 294~309.

Lee, H. 2011. "Rethinking transnationalism through the second generation." *The Australian Journal of Anthropology*, 22(3), pp. 295~313.

Levitt, P., and N. G. Schiller. 2004. "Conceptualizing simultaneity: A transnational social field perspective on society." *International Migration Review*, 38(3), pp. 1002~1039.

Levitt, P. 2001. *The transnational villagers*. Berkeley: University of California Press.

Li, W. 1998. "Anatomy of a new ethnic settlement: The Chinese ethnoburb in Los Angeles." *Urban Studies*, 35(3), pp. 479~501.

Liu, Y., Z. Li and W. Breitung. 2012. "The social networks of new-generation migrants in China's urbanized villages: A case study of Guangzhou." *Habitat International*, 36(1), pp. 192~200.

Lucas, S., and B. Purkayastha. 2007. "Where is home? Here and there: transnational experiences of home among Canadian migrants in the United States." *GeoJournal*, 68(2-3), pp. 243~251.

Massey, D. 1991. "A global sense of place." *Marxism Today*, June, pp. 25~29.

May, J., J. Wills, K. Datta, Y. Evans, J. Herbert and C. McIlwaine. 2007. "Keeping London working: global cities, the British state and London's new migrant division of labour." *Transactions of the Institute of British Geographers*, 32(2), pp. 151~167.

Mazzucato, V. 2008. "The double engagement: Transnationalism and integration. Ghanaian migrants' lives between Ghana and the Netherlands." *Journal of Ethnic and Migration Studies*, 34(2), pp. 199~216.

McPherson, M. 2010. "'I Integrate, Therefore I Am': Contesting the Normalizing Discourse of Integrationism through Conversations with Refugee Women." *Journal of Refugee Studies*, 23(4), pp. 546~570.

Mitchell, K. 1997. "Transnational discourse: bringing geography back in." *Antipode*, 29(2), pp. 101~114.

Müller, A., and R. Wehrhahn. 2013. "Transnational business networks of African intermediaries in China: Practices of networking and the role of experiential knowledge." *DIE ERDE Journal of the Geographical Society of Berlin*, 144(1), pp. 82~97.

Nagel, C. R., and L. A. Staeheli. 2008. "Integration and the negotiation of 'here' and 'there': the case of British Arab activists." *Social & Cultural Geography*, 9(4), pp. 415~430.

Nelson, L., and N. Hiemstra. 2008. "Latino immigrants and the renegotiation of place and belonging in small town America." *Social & Cultural Geography*, 9(3), pp. 319~342.

Novak, P., 2011. "The flexible territoriality of borders." *Geopolitics*, 16(4), pp. 741~767.

Olwig, K. F. 2007. *Caribbean journeys: An ethnography of migration and home in three family networks*. Durham, N. C.: Duke University Press.

Poros, M. 2010. *Modern Migrations: Gujarati Indian Networks in New York and London*. Berkeley: Stanford University Press.

Portes, A., L. E. Guarnizo and P. Landolt. 1999. "The study of transnationalism: pitfalls and promise of an emergent research field." *Ethnic and Racial Studies*, 22(2), pp. 217~237.

Potter, R. B., and J. Phillips. 2006. "Mad Dogs and Transnational Migrants? Bajan-Brit Second-Generation Migrants and Accusations of Madness." *Annals of the Association of American Geographers*, 96(3), pp. 586~600.

Schiller, N. G., L. Basch and C. Blanc-Szanton. 1992. "Towards a definition of transnationalism: Introductory remarks and research questions." *Annals of the New York Academy of Sciences*, 645, ix-xiv.

Shin, H. 2018. "The Territoriality of Ethnic Enclaves: Dynamics of Transnational Practices and Geopolitical Relations within and beyond a Korean Transnational Enclave in New Malden, London." *Annals of the American Association of Geographers*, Vol. 108(3), pp. 756~772.

Smith, R. 2006. *Mexican New York: Transnational lives of new immigrants*. Berkeley: University of California Press.

Sperling, J. 2014. "Conceptualising 'inter-destination transnationalism': The presence and implication of coethnic ties between destination societies." *Journal of Ethnic and Migration*

Studies, 40(7), pp. 1097~1115.

Trotz, D. A. 2006. "Rethinking Caribbean transnational connections: Conceptual itineraries." Global Networks, 6(1), pp. 41~59.

Vertovec, S. 1999. "Conceiving and researching transnationalism." Ethnic and Racial Studies, 22(2), pp. 447~462.

_____. 2009. Transnationalism. London: Routledge.

_____. 2010. "Towards post-multiculturalism? Changing communities, conditions and contexts of diversity." International Social Science Journal, 61(199), pp. 83~95.

Vervoort, M. 2012. "Ethnic concentration in the neighbourhood and ethnic minorities' social integration: Weak and strong social ties examined." Urban Studies, 49(4), pp. 897~915.

Voigt-Graf, C. 2004. "Towards a geography of transnational spaces: Indian transnational communities in Australia." Global Networks, 4(1), pp. 25~49.

Waldinger, R. 2008. "Between here and there: Immigrant Cross-Border Activities and Loyalties." International Migration Review, 42(1), pp. 3~29.

Walsh, K. 2012. "Emotion and migration: British transnationals in Dubai." Environment and Planning D: Society and Space, 30(1), pp. 43~59.

Wang, Z., F. Zhang and F. Wu. 2016. "Intergroup neighbouring in urban China: Implications for the social integration of migrants." Urban Studies, 53(4), pp. 651~668.

Western, J. 2007. "Neighbors or strangers? Binational and transnational identities in Strasbourg." Annals of the Association of American Geographers, 97(1), pp. 158~181.

Yamazaki, T. 2002. "Is Japan Leaking? globalisation, reterritorialisation and identity in the Asia-Pacific context." Geopolitics, 7(1), pp. 165~192.

Yoon, S. J. 2013. "Mobilizing ethnic resources in the transnational enclave: Ethnic solidarity as a mechanism for mobility in the Korean church in Beijing." International Journal of Sociology, 43(3), pp. 29~54.

Lee, Y., & K. Park. 2008. "Negotiating hybridity: Transnational reconstruction of migrant subjectivity in Koreatown, Los Angeles." Journal of Cultural Geography, 25(3), pp. 245~262.

Zavella, P. 2011. I'm Neither Here nor There: Mexicans' Quotidian Struggles with Migration and Poverty. Duke University Press.

제8장

공간적 프로젝트로서 통일*
개성공단을 통해 본 통일시대 영토성에 대한 관계적 이해

정현주

1. 통일담론에서 영토성 논의의 부재

최근 남북관계와 북미관계의 해빙무드에 힘입어 통일 논의가 중요한 국가의제로 등장하고 있다. 사실 통일은 분단 이후 대한민국의 근대민족국가 건설을 위한 정치적 수사로서 '민족'을 구성하는 데 효과적인 장치로 동원되어왔다. 분단 70년간 일부 시기를 제외하고 대부분은 반목을 거듭하거나 복잡한 국제지정학적 관계 속에서 한반도가 갈등상황에 갇혀 있었던 점을 인정한다면 '우리의 소원은 통일'이라는 정치적 수사는 그야말로 요원한 소원에 불과한 듯한 아이러니를 노정했다. 그간 학계와 시민사회를 중심으로 통일방안이 무성하게 논의되었지만 1994년 김영삼 정부가 최종적으로 확립한 대한민국 공식 통일방안인 '민족공동체 통일방안'은 거의 답보상태로 머물러 있다. 그러나 새로운 남북관계 및 동북아 평화구축의 전기를 맞이하고 있는 이제는

* 이 장은 정현주(2018), 「공간적 프로젝트로서 통일: 개성공단을 통해 본 통일시대 영토성에 대한 관계적 이해」, ≪한국도시지리학회지≫, 21(1), 1~17쪽을 수정·보완한 것이다.

그간의 무성했던 '론'들에 대한 재검토를 통해 통일한반도에 대한 새로운 구상과 비전에 대한 국민적 합의를 도출할 때가 되었다. 이를 위해 새로운 상상력이 그 어느 때보다 필요하다.

그간 통일 논의는 일부 전문가 집단과 관료, 또는 정치인들의 전유물처럼 인식되어 왔고 몇몇 학문 분과가 이를 선도해 온 것이 사실이다. 그러나 융복합 학문으로서 통일학이 새롭게 조명받기 시작했고(가령 '통일인문학'의 등장) 이제는 모든 학문과 분야에서 통일에 대한 담론을 만들어야 하는 시대적 공감대가 형성되고 있다. 통일은 그저 정치적 수사가 아니라 한반도와 동북아 주민들의 삶과 직결된 문제이며, 남북의 최고지도자들이 선언한다고 이루어질 일회성 사건이 아니라 정치, 경제, 사회, 문화 등의 전면적인 통합을 지향하는 지난하고 복잡한 '과정'이 될 것이기 때문이다. 어쩌면 영원히 '과정'으로 끝날지도 모르고 언젠가는 그 과정 자체를 통일이라고 부를지도 모른다.

이 글을 통해 필자는 공간적 상상력과 공간이론을 통일 논의의 장으로 끌어들이고자 한다. 통일에 공간적 상상력과 공간이론이 필요한 것은 어찌 보면 너무나 당연한 일이다. 통일이라는 것이 바로 '영토적 경계를 넘어선 통합을 지향하는 지정학적 프로젝트'(이상근, 2016: 170)이기 때문이다. 그런데 아이러니하게도 숱한 통일담론들은 영토에 대한 논의를 결핍하고 있다. 그간의 통일론은 정치적·제도적 통합론에 다름 아니며, 대부분 통일을 누가, 왜 해야 하는가에 대한 원론에서 크게 벗어나지 못했다. 이질적인 영토의 결합 내지는 운영에 대한 시론적 논의조차 거의 다루어지지 않았다. 근대국가 성립의 3대 요건 중에 하나인 '영토'가 새로운 통일국가 수립 논의에서 빠져 있는 이유는 무엇일까? 결론부터 이야기하자면 영토는 통일의 결과로서 너무 당연하게 주어지는 것으로 생각되거나, 이음새도 없이 두 천조각을 이어붙이는 과정처럼 통일을 상상하는 것이 만연해 있기 때문이 아닐까 한다. 이는 주권과 영토가 일대일로 조응하는 근대국가적 영토성에 대한 관념의 결과물이며, 영토가 명확한 경계선으로 매끈하게 나뉘어 있는 일종의 2차원적 폐곡선이라는 상상의 지리가 작동한 결과이다. 무엇보다 근본적으로는 공간(영토)이

사회적 과정(통일)의 수동적 반영(일종의 무대)에 불과하며 공간 그 자체는 과정과 별개로 분리되어 있다는 공간관이 은연중에 확립되어 있기 때문이기도 하다. 이러한 고정관념은 통일문제뿐만 아니라 사회 전반적으로 모든 주제에 관통하고 있는 것이 현실이지만 통일과 관련해서는 특별히 (바람직한 방식의) 통일을 저해하는 걸림돌로 작용하며 이에 대한 상상을 제약할 수가 있다.

영토는 과연 논쟁의 여지없이 통일의 결과물로 한꺼번에 주어지는 것일까? 통일의 과정에 따라, 개입하고 주도하는 주체에 따라, 주변국과의 관계 및 지정학적 정세에 따라 가변적이고 협상될 여지는 없는 것일까? 우리가 국경이라고 생각하고 있는 그 경계는 과연 단단하고 불변한 것일까? 그런데 그 영토는 도대체 언제쯤 확립되는 것일까? 통일이 '과정'이라면(백낙청, 2006) 영토도 과정이어야 할 텐데 과도기적 영토성은 과연 어떤 것일까? 우리는 '어디'에서부터 처음 통일을 시작해야 하는가? 해외 디아스포라와 외국인도 아우르는 다문화국가를 통일 공동체로 지향한다면(백낙청, 2006; 박명규 외, 2012) 이들에 대한 시민권과 영토성은 어떻게 규정되어야 할 것인가? 주권과 통치성이 행사되는 공간을 영토라고 한다면 영내에 존재하는 이질적 공간들, 또는 영외에 존재하는 연계된 공간들은 어떻게 규정될 것인가? 이렇게 통일과 영토에 대한 질문은 끝없이 제기될 수 있지만 공식적인 통일담론들에서는 이를 다루지 않는다.

필자는 중요한 모든 일들이 해결되고 나서야 영토와 공간의 문제를 논할 것이 아니라 중요한 모든 의제에 영토에 대한 문제제기가 이미 깃들어 있어야 한다고 주장한다. 그 이유는 그러한 관점과 문제의식이 결국 어떤 총론을 도출할 것인가에 영향을 미치기 때문이다. 이는 공간과 사회적 과정이 분리되지 않고 상호 관계적으로 구성된다는 공간적 인식에 기초한다. 즉, 어떤 영토성을 지니느냐에 따라서 누가 국민이 되며, 누가(어떤 지역이) 통일의 편익을 누리며, 어떤 제도가 용이할 것인지 등 통일 공동체의 근간이 이에 기초해서 만들어질 것이라는 의미이다.

현재 대한민국의 공식적인 통일방안은 1989년 노태우 정부 때 정초되고

1994년 김영삼 정부 때 보완된 '민족공동체 통일방안'이다(고유환, 2013: 242). 남북관계는 부침이 있었지만 이 방안은 통일의 로드맵으로서 공식적으로 계승되어 왔다. 3단계 로드맵을 제시하는 이 방안은 화해협력-남북연합-통일국가라는 큰 틀을 지니고 있으나(김병로, 2014: 26) 그간 남북은 1단계 화해협력에서 2단계 남북연합 단계로 이행하지 못한 채 화해와 반목을 반복해 왔다. 탈냉전과 지구화, 다문화주의, 정보통신기술의 발달 등 그동안 한반도 정치공동체가 마주해야 할 도전과 시대적 맥락이 계속 변화해 왔기 때문에 이 기본 로드맵에 대한 보완이 시민사회와 학계를 중심으로 상당히 진행되어 왔다.

이상근(2016)에 의하면 그중 대표적인 논의는 다음의 다섯 가지로 요약된다. ① 흡수통일을 전제로 하는 선진화통일론(한반도선진화재단), ② 민족 중심에서 국가 중심으로 옮겨 잠정적 2국가 존재를 인정하자는 남북공동체 통일방안(한반도포럼), ③ 다문화 자유민주주의적 가치를 지향하는 화해/상생 통일론(평화재단), ④ 과정으로서의 통일을 천명하고 분단체제 극복의 가치를 지향하는 다민족개방형 국가건설을 내건 분단체제극복론(백낙청), ⑤ 유연하고 다원적인 네트워크적 주권과 거버넌스를 지향하는 다문화적이고 개방적인 열린 공동체로서의 남북연합을 통일의 과정이자 목표로 인정하자는 연성복합통일론(서울대통일평화연구원). 전자로 갈수록 전통적인 지정학적 입장을 고수하며 전통적인 근대국가의 전면적인 통합을 통일로 본 반면, 후자로 갈수록 신지정학적(비판지정학적) 입장에서 민족·국가·영토가 일치하지 않는 다원화된 개방적 국가를 지향하고 있다고 보았다(이상근, 2016).

이 중 연성복합통일론만이 과정 그 자체를 통일의 종착지로 볼 수도 있다는 유연한 입장을 취하는 반면(박명규 외, 2012) 나머지는 전면적인 영토의 결합을 최종 목표로 추구한다는 공통점이 있다. 결국 이러한 입장의 차이는 남북연합이라는 과도기적 상태가 어떠해야 하는가에 대한 입장 차이에 해당되며 그 차이는 대동소이하다. 구체적인 각론이 없기 때문이다. '연합'이라는 느슨한 형태로 결합된 정치공동체를 만든다는 합의만 있을 뿐 연성복합통일론을 제외하고는 그 연합의 정도와 성격, 또는 방법론에 대해 명확한 로드맵을 제시하지 못하고 있다.

명확한 로드맵을 제시할 수 없는 이유가 한 번도 그 단계 근처까지 가본 적이 없기 때문이다. 최근까지 지속된 불안정한 남북경색 국면에서는 먼 미래의 로드맵을 짜기보다는 당장 교류부터 어떻게 재개해야 할지가 더 시급한 과제였다. 연합에 이르기 위해서 반드시 요구되는 작은 단위에서의 교류가 왕성해지면 저절로 연합의 형태와 시기 등에 대한 합의가 도출될 것이라는 것이 전문가들의 중론이었다(이종석, 2014). 역으로 생각해 보면 이 작은 단위에서의 교류, 또는 채널 구축이 누적되어 연합이라는 동맹의 강도와 성격, 시기 등을 규정한다고도 볼 수 있다. 즉, 작은 단위의 창발적 개척과 조합이 예상치 못했던 열린 미래를 가져올 수 있다는 발상의 전환이 가능하다. 북한이라는 예측하기 어려운 변수가 존재하고 특히 북미·남북을 포함한 다양한 이해당사자들 간의 복잡한 관계라는 거시적 차원에서의 닫힌 기회구조가 상존할 수 있는 한반도 문제에서는 이처럼 아래로부터의 루트 개척이 통일로 가는 길을 앞당길 수도 있을 것이다.

이 글은 과정으로서의 통일을 상정하고 그 과정을 개척해 나가는 데에 공간적 상상과 실천이 유용성을 지닌다는 가정에서 출발한다. 한 번도 가보지 못했던 미래인 '남북연합'으로 가는 첫발을 디디기 위해서는 아래로부터의 루트 개척부터 이루어져야 하며, 그것은 바로 새로운 공간, 새로운 종류의 영토를 만드는 작업이 될 것이라는 점에서 통일을 공간적 프로젝트로서 이해해 볼 것을 제안한다. 공간이 주어지거나 현실의 수동적인 반영물에 불과한 것이 아니라면 경험해 보지 못한 새로운 상태의 과도기적 국토공간에 대한 상상의 여지는 열려 있다. 이 장은 통일을 공간적 프로젝트로서 사유하는 데에 기여할 수 있는 이론적 자원으로서 관계적 접근에 기초한 공간론을 소개하고 그것이 통일연구에 어떤 통찰을 주는지 함의를 이끌어내고자 한다. 특히 개성공단을 사례로 하여 관계적 공간론이 이를 어떻게 설명할 수 있는지 기존 연구를 중심으로 검토하고 그 이론적, 실천적 함의를 성찰하고자 한다. 개성공단이 사례로 선택된 이유는 작은 단위에서의 창발적 통일 루트 개척이라는 취지에 잘 부합하는 내교적인 사례이며 무엇보다 주권과 영토가 일치하지 않는 새로운 영토성을 만들어낸 사례이기 때문이다. 또한 기존 연구가 어느 정도 축적되어 자료 접근이 용이하기에 이를 사례로 선정했다.

2. 통일연구에서 관계적 공간론의 적용

1) 관계적 공간론

대부분의 통일 논의에서 공간은 매우 제한적인 방식으로 개입해 왔다. 이해를 돕는 지도나 모식도, 도시 이름, 또는 통일 이후 여러 방식으로 개척되거나 분할될 부동산이나 자원으로 치환되어 왔다. 이는 주류 사회와 학문세계에서 공간이 소환되는 방식과 대동소이하다. 즉, 공간은 어떤 사회현상을 담는 그릇이거나 무대로서 존재하는 것이다. 통일담론에서 영토성 논의가 부재한 이유는 공간을 이처럼 사회현상과 괴리된 그릇이나 무대로 가정하기 때문이다. 중요한 사회현상을 먼저 결정하면 그에 대한 공간은 저절로 수반된다는 가정이 이러한 지리적 상상 이면에 숨어 있다. 즉, 통일을 하면 그에 부합하는 공간(가령 영토)은 저절로 따라온다는 것이다. 이러한 지리적 상상에서 상정하는 공간을 '절대적 공간'이라고 부른다. 공간은 보편적이고 등질적이며 어디에나 늘 존재하고 사회현상(법, 경제, 문화, 정치 등)은 그 위에서 펼쳐지는 것으로, 둘은 존재론적으로 분리되어 있을 뿐 아니라 공간은 사회현상에 의해 바뀌지 않는 비가역적 존재인 것이다.

공간을 용기(container)로서 규정하는 시도는 고대 아리스토텔레스[1]에게도

---

1 아리스토텔레스는 자연학(Physics)에서 다음과 같은 사유를 통해 장소를 '물체의 경계'로 결론짓는다. "(1) …… 그 어떤 것의 장소란, 그 어떤 것을 직접적으로 포괄하는 것 …… (2) 장소는 대상물의 조각이 아니며 …… (3) 장소는 그 사물보다 더 작지도, 크지도 않으며, (4) 나아가 장소는 …… 그

발견되는 오래된 사상이다. 그는 공간을 물체를 둘러싸고 있지만 물체와는 전혀 다른 독립적 존재로서 규정한다(이현재, 2012: 227). 이를 근대 물리학의 아버지 아이작 뉴턴(Issac Newton)이 '절대적 공간'으로 명명함으로써 수천 년에 걸친 공간에 대한 고정된 관념의 계보를 완성하게 되었다. 그러나 뉴턴의 절대적 공간은 오늘날 현대 물리학에서는 더 이상 받아들여지지 않고 있다. 현대 물리학의 아버지인 아인슈타인(Albert Einstein)의 상대성이론에 의하면 공간은 속력과 질량에 따라 변화하고 짧아지거나 심지어 휘어지기도 한다(이현재, 2012). 아인슈타인은 "공간과 물질적 대상들의 세계는 서로 얽혀 있으며 …… 공간은 더 이상 모든 물리적 대상을 담는 용기가 아니라 …… 물리적 대상들의 관계적 질서"(슈뢰르, 2010: 48)라고 했다. 즉 물체가 없는, 사물에 선행하여 존재하는 텅 빈 공간이란 존재하지 않는다는 것이다.

공간의 상대적인 속성에 대한 철학적 사유는 이보다 앞서 시작되었다. 뉴턴의 절대적 공간에 대해 비판적이었던 당대의 철학자 라이프니츠(Gottfried W. Leibniz)는 "모든 사물의 위치관계는 다른 사물과의 관계로부터 상대적으로 도출된다"는 상대적 공간론을 발전시켰다(이현재, 2012: 228). 현대 물리학의 공간이 주로 시간에 대한 상대성에 한정된 것이라면, 따라서 아인슈타인의 용어를 따라서 '상대적 공간'으로 명명될 수 있다면, 철학과 사회과학에서는 이를 '관계적 공간'으로 설명해 왔다. 물리학 이론상에서는 시간에 대한 공간의 상대성이 성립될 수 있지만(즉 시-공간) 실제 사회 분석에서는 시간뿐 아니라 무수한 요인에 의한 무한한 상대적 공간을 동시에 분석해야 하는 딜레

사물로부터 분리될 수 있다. …… (5) 모든 장소는 위나 아래를 가지고 있고, (6) 모든 물체는 …… 운동하여 자기가 원래 생겨난 장소로 움직이고 거기에 머문다"(슈뢰르, 2010: 35). 이러한 장소론은 장소를 경계지어진 공간으로, 존재의 본질과 정체성을 결정하는 원형 같은 것으로 인식하는 사유의 원류가 되었다. 지리학에서 이러한 장소론은 오랫동안 공유되었으며 보편성을 지향하는 '공간'에 비해 특수하고 작은 것(지엽적인 것)으로 치부되는 원인이 되었다. 매시(D. Massey)는 "지구적 장소감(global sense of place)"이라는 에세이를 통해 이러한 장소론을 전면 비판했고 관계적인 방식으로 장소를 재이론화하고자 했다(매시, 2015).

마가 발생할 수밖에 없다. 이현재(2012: 236)는 "나양하고 복잡한 관계 항들을 동시에 고려하는 공간 개념"으로서 하비(David Harvey)가 라이프니츠로부터 발전시킨 '관계적 공간'의 유용성을 주장했다. 그러나 라이프니츠는 공간을 현상으로 보았을 뿐 실체로 보지 않았다. 이에 라이프니츠와 함께 관계적 공간을 정초한 대표적인 철학자인 화이트헤드(Alfred N. Whitehead)는 공간을 실재적 가능태, 즉 현실적으로 존재하는 실체로 간주했다(임진아, 2014: 187).

관계적 공간은 대상으로부터 분리될 수 없는, 즉 대상과의 상대적 관계 속에서만 인식될 수 있는 공간이다. 따라서 공간은 대상과 존재론적으로 분리되지 않는다. 라이프니츠는 모나드라는 개념을 통해 존재 안에 내재하고 있는 가장 근원적인 단위가 있음을 주장했고, 화이트헤드는 유기체 철학을 통해 현실적 존재들이 연속적으로 하나의 전체를 이루고 있는 세계관을 제시했다(임진아, 2014: 180~181).[2] 이는 "자기 안에 다른 대상들과의 관계를 이미 포함하고 있음"(이현재, 2012: 235)을 가정하는 것이며, 존재는 관계 속에 착근(embedded)되어 있음을 내포한다.

2) 관계적 전환과 비판지정학

'관계적 전환'[3]은 '공간적 전환'과 더불어 1990년대 이후 도시·공간이론에서 가장 논쟁적이고 뜨거운 이슈로 부상했다. 그것이 공간 이론가들에게 특히 논쟁적인 이유는, 공간성의 핵심이 경계와 고정성(fixity)에 있다는 전통적인 공간론이 암묵적으로 받아들여져 왔기 때문에 이를 관계적으로 재사유하

---

2 모나드는 물질을 구성하는 기초단위인 원소와 비슷한 개념으로 실제 물리적인 부피를 차지하고 있
  는 실체가 아니라 신의 창조물로서, 인간의 감각이 아닌 형이상학적으로 인식될 수밖에 없다. 따라
  서 모나드 간의 상대성이나 연계는 성립되지 않는 모순적 논리를 낳았다는 것이 라이프니츠에 대한
  비판의 핵심이다(임진아, 2014). 이런 점에서 라이프니츠의 공간은 온전히 관계적이지는 않다는 한
  계를 지닌다.

3 이에 대한 자세한 배경과 이론적 맥락은 박경환(2014)을 참고할 것.

는 것은 상당한 이론적 도전을 던지는 것이기 때문이다. 실제로 지리학의 기의 모든 분야에서 비슷하면서도 다양한 방식으로 '관계성'을 탐색했다. 대표적인 것이 정치지리학에서 경계와 영역(territory)에 대한 재사유이다(Jones and Merriman, 2012; Painter, 2010; Passi, 2012). 지리학에서 영역은 오랫동안 "특정한 경계로 이루어진 공간"(Gottmann, 1973)으로 특정한 권력관계가 작동하는 단위를 의미해 왔으나 이제 그 경계가 과연 단단하고 불변한 것인지, 주어지는 것인지에 대한 문제가 제기된 것이다. 대표적인 경계이론가인 파시(A. Passi)는 영역적인 것과 관계적인 것이 상호대립할 필요가 없음을 주장하면서 영역을 이루는 경계를 사회문화적 실천과 상징, 제도, 네트워크 등에 의해 생산되고 재생산되며 초월하는 것으로 재개념화했다(Passi, 2012). 경계를 관계적으로 본다는 것은 경계의 실체 자체를 부정하는 것이 아니다. 경계를 주어진 것으로 단정하지 않고 '경계지어짐의 맥락'을 비판적으로 보게 해준다는 데서 정치적, 실천적 함의를 지닌다(Passi, 2012: 2304).

(1) 비판지정학과 통일연구

통일연구에 관계적 공간론을 접목시키려는 입장은 지정학 및 이를 극복하려는 비판지정학적 접근을 통해 살펴볼 수 있다. "영토적 경계를 넘어선 통합을 지향하는 통일은 지정학적 프로젝트일 수밖에 없다"는 이상근(2017: 54)의 주장처럼 통일과 관련된 공간연구가들의 입장은 주로 지정학과 이에 대한 대안인 비판지정학적 접근을 취하고 있다(이상근, 2016; 남종우, 2017; 박배균, 2017a, 2017b; 신범식, 2017; 이승욱, 2017; 지상현·콜린 플린트, 2009; 줄레조, 2014 등 참고). 고전지정학은 한마디로 "자리가 운명을 결정"(지상현, 2017: 172)한다는 표현에서 잘 드러난다. 근대 이후 제국주의의 이론적 토대를 제공하기도 했던 고전지정학은 국가를 기본적인 단위로 하여 국제사회에서 권력을 갖기 위하여 어떤 지리적 조건(해양인지 대륙인지 등)이 필요하며 각 정치체가 공간을 어떻게 전략적으로 활용해야 하는지에 대한 이론을 제시했다. 비판지정학은 이러한 고전지정학에 대한 대안으로 등장한 접근으로, 고전지정학이 기본적으로 설성론에 입식해 있으며(남종우, 2017: 67) 공간에 대한 절대적 관점을 고수하고 있다고 비판한다. 이 입장에 의하면 무조건 유리한 또는 불리한 지리란 존재하지 않으며 그것은 사회적으로 구성, 재현되는 '담론'(Ó Tuathail and Agnew, 1992)이 된다. 그러나 비판지정학은 지정학에 대한 비판으로서 대체로 활용되었을 뿐 비서구권에서 미시스케일에서의 다양한 권력의 경합과 장소의 재구성을 간과했다(남종우, 2017: 70)는 서구중심적 비판지리학에 대한 비판적 성찰이 국내 연구가들 사이에서 제기되면서, 동아시아와 한반도를 분석의 중심에 놓고 다양한 스케일의 공간을 탐색하는 비판지정학적 연구들이 최근 등장하게 되었다.[4]

(2) 한반도 '예외공간'으로서 개성공단

비판지정학적 입장을 취하는 연구 중 개성공단에 주목하는 연구들도 등장했는데(박배균, 2017a; 이승욱, 2017; Doucette and Lee, 2015 참고), 이들은 개성공단을 한반도 "예외공간(spaces of exception)"인 특구로서 설명하고 있다. 오늘날 사회과학 연구에서 다양하게 차용되는 '예외공간'은 주권 권력의 과잉이 용인된 (예외적인 상태의) 전통적인 국가영토 바깥의 영역을 주로 일컫는다.[5] 이를 차용한 대부분의 연구들은 예외공간이 생산해 내는 시민으로서의 권리가 침탈당한 헐벗은 생명(bare life)을 조명하는 데 집중되어 있지만 박배균, 이승욱, 듀셋(J. Doucette) 등은 이러한 예외공간이 오늘날 발생하게 된 지정학적 메커니즘에 주목하고 있다(박배균, 2017a; 이승욱, 2017; Doucette and Lee, 2015). 이들은 조르주 아감벤(Georgio Agamben)의 "예외(exception)" 개념을 신

---

4 한반도 통일담론의 맥락에서 비판지정학적 접근을 탐색한 대표적인 연구물로는 서울대학교-연세대학교 통일대비국가전략연구팀(2017)을 참고할 것. 개성공단을 체제전환형 특구로 분류하면서 특구의 예외적 영토성을 검토한 박배균·이승욱·조성찬(2017)도 참고할 것.

5 가령 Gregory(2006)는 9.11 테러 이후 미국이 쿠바에 설치한 관타나모 해군기지 수용소를 대표적인 예외공간으로 보았고, Pratt(2005)은 젠더와 인종차별이 오늘날 도시의 헐벗은 생명을 만들어낸다는 취지에서 성매매여성과 입주가사노동자의 살해가 일어나는 서구 도시의 예외공간을 조명했다.

자유주의 작동에 적용시켜 신자유주의 자체가 특구라는 예외공간을 통해 작동하고 있음을, 다시 말해 특구는 신자유주의 작동의 공간적 조절 기제임을 논증한 옹(Aihwa Ong)의 연구에서 논의를 출발시킨다(Ong, 2006). 옹에 의하면 동아시아 포스트 발전국가들은 신자유주의적 축적을 촉진하기 위해 선택적으로 국가영토를 재분할, 구획하여 주권이 예외적인 방식으로 작동하고 차등적인 시민의 권리가 부여되는 공간을 창출해 내는데 이것이 바로 경제특구이다(Ong, 2006). 그러나 박배균(2017a)은 옹의 논의를 수용하면서도 두 가지 측면에서 비판적으로 수용할 것을 주문한다. 하나는 과연 특구가 '예외'공간인가 하는 칼(R. E. Karl)의 문제제기(Karl, 2007)를 일부 수용하면서 불균등 발전과 차별이 자본주의에 내재된 보편성임에는 틀림없지만 서구 정치경제 발전에서 발생한 특수한 맥락이 이를 '예외'적으로도 볼 수 있음을 지적했다(박배균, 2017a: 21). 따라서 서구와 동아시아의 차별화된 맥락에 대한 해석이 필요한데 두 번째 지적이 바로 그것이다. 즉, 동아시아 발전주의-포스트 발전주의 국가들의 궤적은 서구의 그것과 다르기 때문에 동아시아에서는 특구 전략이 포스트 발전주의 국가의 신자유주의적 전환에 대한 대응으로서만 이해되기 어렵다는 것이다(박배균, 2017a: 21~24). 동아시아에서는 포스트 발전주의 국가 이전 시절부터 이미 특구 전략을 축적의 주요한 공간 전략으로 활용해 왔다는 사실이 이를 입증한다(박배균, 2017a: 23).

이러한 비판적 수용을 통해 박배균(2017a)이 주장하는 것은 특구를 지정학적 개념, 특히 국가의 영토성에 대한 이해를 결합하여 해석하자는 것이다. 배타적 영토에서 작동하는 주권을 기반으로 하는 근대국가의 영토성은 오늘날 이론적으로도 실질적으로도 설명력을 잃어가고 있다. 국경을 가로지르는 다양한 정치공동체가 등장하고 주권 역시 배타적 영토성에 기반하는 것이 아니라 다층적이고 복수적으로 작동하는 오늘날의 "메타-거버넌스"(Jessop, 2016) 체제에서 주권과 영토는 다양하고 다층적인 방식으로 결합한다. 따라서 근대적 영토성을 벗어난 다양한 영토적 상상과 사고, 즉 포스트 영토주의적 접근을 주장한다(박배균, 2017a: 24).

3) 위상학적 공간개념과 행위자-네트워크 이론

이상의 비판지정학적 입장이 경계와 영토의 관계적 생성과 작동에 대한 일반론적 해석을 제시했다면 관계적 공간의 복잡성과 창발적인 작동양상을 살펴보는 데 유용한 시각을 제공하는 접근은 네트워크적인 접근이다. 관계성 자체가 이미 네트워크를 내포하고 있는 개념이기 때문이다. 그러나 전지적 시점에서 네트워크를 (네트워크를 만들어낸) 현상과 분리시켜 물신화하는 경향을 보이는 경제학 등에서의 네트워크 이론보다는 존재들의 상대적 위치와 관계를 위상학적으로 보는 접근이 주목을 받고 있다. 그중 행위자-네트워크 이론에 대한 탐색이 증가하고 있으며 통일연구에서도 행위자-네트워크 이론을 접목한 실험적인 연구가 등장하고 있다.

행위자-네트워크 이론은 1980년대 과학기술사와 과학기술학을 연구하던 일군의 학자들을 중심으로 시작되어 오늘날 인문/사회과학과 과학기술학 등 광범위한 분야에서 급증하는 관심을 받게 되었다. 이에 의하면 세계는 고유의 고정된 본질이 있는 실재들로 구성된 것이 아니라 고정되지 않은 수많은 '관계'를 통해 끊임없이 변화하고 유동하는 다중적 실재들로 구성되어 있다 (홍민, 2013). 그러나 네트워크를 구성하는 이 관계는 인간뿐 아니라 비인간의 결합을 포함한다는 점이 기존의 사회과학 이론과 차별성을 보인다. 사회와 모든 존재는 인간과 비인간 행위자들의 동맹으로 구성된 혼성물이며 이것이 따로 분리될 수 없는 행위자-네트워크이다(홍성욱, 2010). 행위자가 다른 행위자와 동맹을 맺기 위해 어필될 수 있는 프레임을 만들어내는 과정, 즉 '번역' (홍성욱, 2010)을 통해 새로운 동맹이 만들어지면서 네트워크가 생성되고 교란되고 끊임없이 변화한다.

행위자-네트워크 접근이 공간연구에서 주목을 받게 된 것은 행위자-네트워크 이론에 내재된 위상학적 공간인식 및 관계적 복합체로서 네트워크 개념 때문일 것이다. 공간을 상호연결된 관계적인 총체로 인식하는 이러한 공간인식은 권력의 작동과 인간-비인간의 이동, 상호관계 등을 역동적이고 복합적으로 이해하는 데에 유용한 틀을 제공한다. 특히 지구지방화 논쟁에서 불거져 나온 공간적 규모(scale)와 영역 간의 분리 문제를 연속된 네트워크상의 다양한 위상학적 관계로 치환하여 해소할 여지를 제공한다(최병두, 2015). 박경환(2014)은 행위자-네트워크 이론의 위상학적 관점을 세계도시 및 도시 네트워크 연구로 확장할 가능성을 제시하기도 했다.

행위자-네트워크 이론 주창자는 아니지만 도린 매시(Doreen Massey)도 권력의 기하학(power geometry) 개념이나 세계도시 런던 분석(Massey, 2003)을 통해 위상학적 지리학이 지구지방화 시대의 정치적 실천에 함의하는 바를 역설하기도 했으며, 이는 위상학적 관점을 공유한 행위자-네트워크 이론의 실천적 함의와도 비슷하다고 볼 수 있다. 즉, 모든 인간과 비인간(가령 장소)은 상호 연결되어 있으며 권력의 작동은 시공간을 압축하여 공간적인 불균등을 심화시키기 때문에 결국 이러한 권력게임의 수혜자와 피해자는 지리적으로는 멀리 떨어져 있을지라도 상호 연관되어 있다는 것이다. 즉, '책임의 지리학'은 지구화 시대에 더욱 필요한 윤리이자 학문적 실천이 된다(Massey, 2004).

매시는 지리학에서 위상학적 인식론과 관계적 공간·장소에 대한 사유를 독자적으로 펼침으로써 다른 연구에 많은 영감을 준 것으로 유명하다. 그녀는 공간과 장소, 공간과 시간 등의 이분법을 해체하고 공간뿐만 아니라 장소도 관계적으로 구성된다고 주장했다(매시, 2015). 장소는 흔히 경계지어진 작은 공간, 혹은 개인적이고 주관화된 경험의 영역, 그 특징과 정체성은 내부로부터 기원하는 특수하고 우연적인 로케일(locale), 따라서 공적 정치의 대상이 되기에는 이론적으로나 실천적으로 약한 존재로 인식되어 왔다. 그러나 '지구적 장소감'이라는 위상학적 장소인식을 제안하면서, 장소를 그것을 가로지르는 사회적 관계들로 구성되는 다양하고 우연한 조합으로 재개념화했다(매시, 2015: 12). 이러한 장소관에 입각하면 장소란 다공적 경계를 지니며, 그 정체성은 내부에서 기원하는 것이 아니라 외부와의 상호작용으로 끊임없이 다양하게 만들어지고, 다양한 규모의 공간들과 복잡하게 접속되어 있다. 이런 점에서 장소는 지구화 시대의 중요한 전략적 거점이 될 수도 있으며, 그 형성과 변화, 장소 간의 관계맺음의 양상, 그리고 이를 해석하고 전유하는 정치 그 자체가 재해석되고 확산되고 비판적으로 전유될 수 있는 하나의 모듈이 될 수 있을 것이다. 매시는 기존의 저작들에서 소개한 사유와 사례들을 집대 성하여『공간을 위하여』라는 공간에 대한 이론서를 출판했다. 그 첫 장에서 매시는 관계적으로 공간을 인식한다는 것을 다음의 세 가지로 정리했다. 첫째, 공간을 상호관계의 산물로서 인식하고, 둘째, 다중성이 존재하는 영역으로 이해하며, 셋째, 끊임없이 재구성되는 것으로 인식한다는 것이다(매시, 2016: 35~36).

4) 관계적 공간과 통일연구

이상에서 말한 매시의 관계적 공간에 대한 세 가지 차원의 정리는 북한과 통일을 연구하는 데 유용하게 활용될 수 있다. 첫째, 사회적 상호관계물로서 공간을 인식한다는 것은 북한을, 또는 통일시대 국토공간을 어떻게 바라보고 상상하느냐와 직결되어 있다. 이는 비판지정학적 접근에서 이야기하듯이 영토와 경계는 고정되어 있지 않으며 지정-지경학적 관계에 따라 협상되고 변화할 수 있음을 시사한다.

둘째, 공간을 다중성을 포함한 영역으로 탈중심화하여 인식한다는 것은 내적 다양성과 궤적들이 동시적으로 공존하는 것으로 북한과 한반도를 상상하는 것이다. 대부분의 통일 논의가 북한과 영토를 하나의 균질한 덩어리로(더구나 북한이라는 국가와 동일시하여) 전제하는 경향성을 보여왔다. 특히 베일에 싸인 북한의 영토와 인민들은 그야말로 '블랙박스'처럼 특정한 이미지로 고정되어 있다. 통일시대 영토성을 이야기하기 위해서는 남한과 마찬가지로 북한 '내부' 역시 균질하지 않다는 것을 의식적으로 가정하고 상상할 필요가 있다. 가령 북한의 특구에 대한 연구는 북한에서 외부와 연계되어 있으며 다른 종류의 통치성이 작동하는 '예외공간'으로서 특구라는 공간을 주목한다. 개성공단 역시 북한 영내에 있지만 외부와의 관계 속에서 생성되고 작동되는 특구로서 북한이 하나의 균질한 영토가 아님을 보여준다. 영토 내부의 이질성은 행위자–네트워크 이론을 통해 더욱 분명하게 드러날 수 있다. 하나의 단일한 구성체인 것으로 상정되는 대상(가령 북한이라는 국가권력) 역시 행위자–네트워크의 복합체로 이해될 수 있으며, 이는 그 작동이 늘 동일하거나 일정한 방향성을 지니지 않을 것임을 시사한다. 즉, 동아시아 (포스트)발전주의 축적양식에 내재된 특구도 그 구체적인 행위자들의 결합 양상과 맥락에 따라 반드시 경로의존적인 발전 양상을 나타내지 않을 수도 있으며 다양한 관계들의 조합에 의해 내적 다양성을 지닐 수 있다는 의미이다. 개성공단을 둘러싼 담론분석을 통해 행위자들의 '번역'의 차이가 예상치 못한 급작스러운 결과(공단 폐쇄)를 가져왔음을 분석한 김슬기(2013)의 연구가 대표적인 사례가 될 수 있다.

셋째, 공간을 끊임없이 재구성되는 것으로 인식하는 것은 공간을 구성하는 다양한 조합(동맹)이 우연적으로 세팅됨을 의미하며, 따라서 개방적인 방식으로 통일시대 국토공간을 상상하는 전략이 필요함을 시사한다. 이는 창발적 통일 루트로서 공간 전략의 가능성을 엿보게 해준다. 김병로 등은 "공간평화의 기획과 한반도형 통일 프로젝트"로서 개성공단을 재해석하는 연구에서 개성공단이라는 "통일의 실험장"(김병로 외, 2015)을 통해 한반도 평화와 통일을 구상하는 제안을 했다. 통일의 실험장으로서 개성공단에 대한 대부분의 논의는 학계에서보다는 시민단체와 관계자, 언론을 통해 쏟아져 나왔다. 이들이 구호처럼 외치는 "통일의 실험장"이 구호에 그치지 않으려면 보다 정교한 이론적 토대가 필요하다. 그 하나의 대안으로서 관계적 공간론을 제안하고자 한다. 즉, 현상과 분리되어 존재하는 공간이 아닌(그리하여 통일의 결과로서 주어지는 영토가 아닌) 애초부터 사회적 과정(통일)을 조율해 나가는 행위소이자 매개체로서 전략적 공간과 장소(개성공단)의 필요성을 역설하는 관계적 공간을 관련 연구의 이론적 토대로서 제안한다.

필자는 이상의 관계적 공간론을 바탕으로 과정으로서의 통일이 바로 공간을 관계적으로 창출하는 과정임을 이해하고자 한다. 통일을 과정으로서 이해

한다는 것은 통일을 결과론적 미래나 현재와는 무관한 미래의 특정한 순간으로 이해하는 것이 아니라 지금부터 준비하고 이루어가는 연속적인 과정으로 이해한다는 뜻이다. 관계적 공간은 이러한 과정으로서의 통일이 구체적으로 실현되는 양상을 드러냄으로써 창발적인 통일 전략을 모색하는 데 실천적인 함의를 주는 이론적 도구가 될 수 있다. 이를 위해 다음 절에서는 개성공단에 대한 담론을 사례로 하여 이상의 관계적 통찰을 적용해 보고자 한다.

3. 관계적 공간으로서 개성공단

1) 개성공단의 역사와 이를 둘러싼 논쟁

개성공업지구(이하 개성공단)는 한반도형 통일프로젝트로서 획기적인 남북 경협의 모델을 제시한 것으로 평가받고 있다(김병로 외, 2015). 2004년 최초 가동 이후 수많은 정치적 부침 속에서도 실험적으로 운영되어 오다 결국 2016년 2월 북한의 4차 핵실험을 이유로 중단되어 현재까지 이르고 있다. 그러나 최근 극적으로 조성되고 있는 남북 및 북미 간 평화무드와 몇 차례의 남북정상회담과 북미정상회담이 국제사회의 초미의 관심사로 등장하면서 여전히 논란 중에 있지만 '폐쇄'된 개성공단의 재개 가능성이 조심스럽게 제기되고 있는 실정이다(≪중앙일보≫, 2018. 3. 6).

2000년 6월 역사적인 남북정상회담으로 급물살을 타게 된 개성공단 사업은 그해 8월 베이징에서 공단조성의 남북 시행주체인 ㈜현대아산과 조선아시아태평양평화위원회 및 민족경제협력연합회 등 3자 간에 "공업지구개발에 관한 합의서"를 체결하면서 본격화되었고 실제 착공은 2003년 6월에 시작되었다(김진향 외, 2015: 6). 합의의 주요 골자는 북한 당국이 개성직할시 및 판문군 평화리 일대에 총 2000만 평(65.7km²) 규모의 토지를 50년간 임차해 주고 현대아산이 3단계에 걸쳐 공단조성공사를 하여 한국토지주택공사를 통해 국

표 8-1 개성공단 단계별 개발계획(안)

구분	1단계	2단계	3단계
공단 규모 (총 800만 평)	100만 평	150만 평	350만 평 (+확장구역 200만 평)
배후도시 (총 1200만 평)		100만 평	200만 평(+확장구역 500만 평+개성시가지 400만 평)
유치기업 수	300개	700개	1000개
주력업종 및 형태	경공업형 중소기업(섬유, 의류, 전자조립)	경공업형 중소기업과 기술집약형 IT 공장	기술집약형 및 대기업형 종합공장
개발 목표	남북경협 기반구축	수도권 연계 산업단지 조성, 서울(금융)-인천(물류) 연계 세계적 수출기지 육성	다국적기업 유치하여 동북아 거점 개발, 중화학과 첨단산업이 복합된 공업단지로 발전
추진일정	2003~2007년	2006~2009년	2008~2012년
효과 (한국은행 추산)	남한 경제에 연간 부가가치 24.4조 원, 일자리 10.4만 개 창출 북한 경제에 연간 총수입 6억 달러, 일자리 72.5만 개 창출		

자료: 김병로 외(2015: 22); 김진향 외(2015: 46); 임을출(2005: 41); 양문수(2014: 52)를 종합하여 재구성.

내 기업에게 분양한 뒤 남북 합의에 의한 법, 제도를 통해 공단을 운영하는 것이다. 현재의 개성공단은 3단계 중 1단계(100만 평)의 절반에 불과한 채 멈추어 있는 미완의 프로젝트라고 할 수 있다(표 8-1).

원래의 계획대로라면 흔히 우리가 알고 있는 중소기업형 산업단지를 넘어 첨단산업과 물류시스템을 갖춘 한반도 및 동북아의 거점이자 개성시가지 전체(400만 평)를 훨씬 초과하는 대규모 배후지를 거느린 광역도시권을 조성하는 야심찬 사업이었다. 2015년 11월 기준으로 개성공단에는 총 124개의 남측 기업이 입주하고 있었으며 북측 노동자 5만 4763명과 남측 노동자 803명이 함께 일하며 생산라인 가동 11년간 누적생산액 31억 8523억 달러를 기록했다(이승욱, 2017: 241).

많은 정치적 논란과 남북경색 국면에도 불구하고 개성공단이 십여 년간 유지된 이유는 그만큼 그 의의에 대한 사회적 공감과 남북 간 합의가 존재했기 때문이다. 전문가들이 제시하는 개성공단의 긍정적 효과는 크게 안보적(지정학적), 경제적, 사회문화적 효과로 나뉜다. 첫째, 남북이 협력하여 군사분계선 부근에서 공단을 운영하는 사실 자체가 국제사회에서 소위 '한반도 리스크'를 크게 완화시키는 효과가 있다. 실제로 개성공단이 입지해 있는 지점은 군사분계선으로부터 불과 5~6km 떨어져 있으며 한국전쟁 당시 남침의 2대 루트 중 하나였을 정도로 전략적 군사요충지로서 북한의 군사력이 밀집된 지역이었다(김진향 외, 2015: 63). 이 국경선 일대에 개성공단이 조성됨으로써 인민군을 비롯한 각종 군사시설이 후퇴했고 이로써 군사분계선이 10km 이상 북상한 효과를 가져왔다(이승욱, 2017; 임을출, 2005). 또한 공단 운영을 위해 남측 사람과 물자, 차량이 군사분계선과 비무장지대를 관통하여 매일 오가야 했으므로 이러한 이동과 접촉은 군사적 긴장을 완화시키는 데 큰 역할을 했다.

경제적 효과는 다각적인 측면에서 조명될 수 있다. 우선 남과 북이 상호보완적인 역할분담을 통해 상생적 한반도 경협모델을 만들어냈다는 것이 가장 큰 의의라고 볼 수 있다. 국내 노동시장의 고임금으로 인해 해외진출을 할 수밖에 없었던 국내 중소기업에게 개성공단은 불과 두 시간 거리에 있는 공단에서 언어적 소통이 원활한 노동자를 베트남보다 더 저렴한 비용으로 고용할 수 있다는 의미가 된다. 특히 다른 해외공장과 달리 FTA를 통해 개성공단 제품은 국내산으로 인정받을 수 있는 활로가 열려 있다. 북한에게는 당장 일자리 창출과 외화벌이, 기술습득 등의 효과를 가져다준다.

그 밖에 개성공단의 절묘한 지리적 입지를 통해 얻을 수 있는 즉각적·잠재적 효과도 무시할 수 없는 요인이다. 판문점에서 불과 8km밖에 안 떨어져 있는 개성공단은 국내 여타 공단보다 수도권 접근성이 뛰어나 시장접근과 신속한 대응이 특히 요구되는 업종(가령 섬유 및 패션)에게는 최적의 입지를 제공하며 이는 1단계 입주기업의 다수가 중소규모의 섬유·의류 업종이라는 사실에서도 확인된다. 또한 선적과 하역, 보관 절차가 필요 없이 생산과 동시에 육상교통(트럭)을 통해 시장으로 생산품 조달이 가능하므로 물류비용과 시간 절감 효과가 매우 크다. 잠재적으로는 한반도 내에서 개성의 입지로 인해 얻을 수 있는 부가 효과도 고려해 볼 필요가 있다. 500년 고려의 수도였고 벽란노라는 당시 동아시아 국제물류의 허브를 배후항구로 끼고 있었던 개성은 예성강, 한강 등 풍부한 수운교통을 이용할 수 있는 최적의 도시 중 하나이다. 연륙교만 놓이면 인천항과 인천공항으로 1시간 이내에 도착할 수 있으니 서울보다 환서해권 접근성이 더 높은 편이다. 개성공단 2단계 계획안이 서울과 인천을 연계하는 물류 시스템을 구축하는 것을 포함하고 있는 것은 개성의 이러한 입지적 장점을 살리기 위함이다. 또한 개성은 북한 역내에서 경의선을 통해 사리원-평양-신의주와 연결되어 있고 중국의 TCR과 러시아 TSR을 통해 대륙으로 연결되는 시발점 역할을 하는 곳이다(김연철, 2004: 181). 개성공단 조성을 위해 남한 일부 지역까지 연결된 경의선을 향후 연장하면 한반도를 관통하여 유라시아 대륙으로 연결되는 교통로 상의 중심이 바로 개성이된다. 최근 문재인 정부가 제안한 한반도 신경제지도 속에서도 개성은 유라시아 대륙으로 향하는 교통로의 중심지 역할을 하며, 양국 간의 수도권을 연결하면서 동시에 한반도 동서 연결의 허브 역할을 하는 것으로 설정되어 있다. 통일한반도의 수도를 개성으로 하자는 주장(김진향 외, 2015)까지 등장하는 이유는 한반도 이동과 물류 네트워크의 허브이자 역사적 상징성과 문화적 유산을 고루 갖춘 개성의 다면적인 입지적 잠재성 때문일 것이다.

마지막으로 사회문화적 효과는 정치적 상황과 자료의 한계로 인해 아직 충분히 탐색되지 못한 영역임에도 불구하고 그 파급력은 통일담론에서 매우 강력하게 작동한다. "통일의 실험장"(김병로 외, 2015), "날마다 통일이 이루어지는 기적의 공간"(김진향 외, 2015), 남북의 두 체제와 문화의 "접촉지대"(강미연, 2013; 양문수 외, 2013) 등 개성공단을 묘사하는 은유는 "초코파이제이션"(정근식·김윤애, 2015)만큼이나 상징적으로 남북관계에서 개성공단의 역할을 대변한다. 개성공단에 대한 질적·문화적 연구를 종합해 보면, 남한 자본주의 전파의 공간인 개성공단은 남북 주민들 간에 르페브르(H. Lefebvre)가 말한 "사회적 공간(social space)"을 조성하는 역설적 장이 된다. 자본주의적 생산시스템과 노사관계를 통한 자본주의 학습이 일방향으로 일어나기보다는 상호소

통과 이해, 새로운 의미화, 언어의 상호동화 능 분화심측을 퉁힌 쌍반향적 번역이 일어나고, 개성공단이라는 특수한 장소성에 기반한 연대의식과 공간적 루틴을 공유함으로써 구성되는 일상의 실천과 수행이 만들어지는 현장이 된다는 것이다. 여기에서 말하는 '통일'은 주류담론과 언론이 이야기하는 제도적, 정치적 통일이 아니라 제도적 통일 이후 최대 목표가 될 사회문화적 통합, 즉 통일의 궁극적 가치를 의미한다는 점에서 향후 통일연구에서 주목해야 할 주제이다.

대부분의 개성공단 관련 국내문헌들은 이상의 세 가지 영역에서의 효과를 역설하거나 개성공단의 역사와 현황을 점검하고 정책적 제안을 하는 것에 집중되어 있다. 개성공단의 역사적, 정치적, 경제적 특성상 당연히 이러한 연구가 시급하지만 이 연구들에서 대체로 간과하거나 충분히 드러나지 않는 지점은 바로 '통일의 실험장'에서 나아가 통일의 공간 전략으로서 개성공단이 지니는 '보편성'이다. 개성공단이 역사적으로 너무 특수한 사례라면 이는 재생산이 어려운 일회성 사건에 그칠 수 있다. 개성공단이 만들어지고 운영된 과정에는 한반도의 정치지형이라는 특수성이 작동하지만 그 이면에는 냉전과 탈냉전의 지정학(이승욱, 2017), 특구라는 "예외공간"을 만들어내는 "포스트 영토주의(post territorialization)"(박배균, 2017a), 공간의 네트워크적 작동 등의 보편성이 작동하고 있다는 것이다.

2) '다중스케일적' 예외공간으로서 개성공단

앞 항에서 소개한 한반도 예외공간으로서 개성공단을 재개념화하려는 비판지정학적 접근은 개성공단이 단순히 탈냉전 시대의 지정학적 산물일 뿐만 아니라 지경학적(geo-economic) 이해관계에 의해 구성되고 작동되는 것으로 보았다. 즉, 개성공단은 포스트 발전주의 국가의 축적기제로서, 마치 예외적인 영토처럼 보이지만(그래서 '특구'라는 이름을 지닌다) 사실은 이러한 축적양식에 내재된 보편적 공간이다. 이러한 입장은 개성공단이라는 특구가 생성되는 구조적 원인, 또는 거시적 배경을 설명한다는 점에서 개성공단을 한반도의 특수한 통일 실험장으로 이해하려는 기존의 담론들과 차별성을 보인다.

이러한 접근에 입각하여 박배균 등은 개성공단을 동아시아 발전주의 국가가 만들어낸 다양한 예외공간 중 "체제전환형 특구"로 유형화한다(박배균 외, 2017a: 45). 체제전환을 '실험'하는 공간으로서 개성공단에 대한 비판지정학적인 경험연구는 이승욱(2017)과 듀셋·이승욱(Doucette and Lee, 2015)에서 본격적으로 다루어진다. 듀셋·이승욱(Doucette and Lee, 2015)은 개성공단을 불안정한 "실험적 영토성"을 지닌 예외공간으로 규정한다. 이들은 신자유주의 체제하에서 지구적 노동분업을 공간적으로 구획한 해외의 일반적 특구들과는 달리 개성공단은 한반도를 둘러싼 지정학적-지경학적 힘의 결합으로 보아야 함을 주장했다. "손기술이 뛰어난" 여성노동자 이미지를 전면에 내세운 개성공단(Doucette and Lee, 2015: 61)은 여성의 유순한 신체를 길러내고 통치하는 젠더정치가 작동하는 보편적인 산업특구의 특성을 지니고 있다. 그러나 이윤극대화가 아닌 정치적 부침에 의해 그 존폐양상이 결정되는 한계는 불안정한 실험공간으로서 개성공단을 남겨둔다(이승욱, 2017). 듀셋·이승욱(Doucette and Lee, 2015)이 지적한 것처럼 "실험적 영토"로서 개성공단은 아래로부터 북한 체제에 대한 도전이라는 잠재성을 지니지만 2013년과 2016년의 급작스러운 폐쇄결정에서도 드러나듯이 그 운영에서 불안정성을 보인다는 점에서 여전히 가변적이고 잠정적인 공간이다.

예외공간의 이러한 불안정성은 주권과 영토가 매끄러운 조응을 이루지 못하는 과도기적 영토성과 통치기술의 부조화에서 기인한다. 신자유주의 예외공간으로서 특구가 자본축적의 매개 역할을 하기 위해서는 국가권력과 자본, 초국가적 행위자들이 결탁하여 특구를 영내 영토처럼 원격조종할 수 있는 다양한 통치기술을 개발할 필요가 있다. 그중 대표적인 것이 FTA에서 특구를 역외가공지역(outward processing zone, OPZ)으로 인정하여 국가의 주권이 행사되도록 만드는 것이다. 개성공단의 사례에서는 이 문제가 특히 민감한 이슈로 제기되는데, 그 이유는 북한이 WTO 가입국이 아니므로 국제무역에서 높은 관세를 적용받기 때문에 개성공단 입주기업들이 생산품을 한국산이 아닌 북한산으로 표기하면 수출에 큰 지장을 초래할 수 있기 때문이다. 국제 관례상 원산지는 현지 생산지를 기준으로 표시해야 하므로 대부분의 개성공단 생산품은 북한산이 되어야 하는 것이 원칙일 것이다. 그러나 FTA의 다양한 하위조항들을 활용하여 예외규정을 만들 수도 있다.

흥미로운 것은 FTA 당사국과의 국제정치적 역학관계 및 상대국의 국제 분업상에서의 위치(개성공단과 경쟁적 생산자인지 등)에 따라서 개성공단은 역외가공지역, 즉 예외적인 한국 영토로 인정되기도 하고 불인정되기도 하며, 또는 그 중간적인 모호한 위치를 점하기도 한다는 것이다. 즉, 예외공간에 대한 인정은 관계적이고 가변적이며 전략적으로 협상된다는 의미이다. 개성공단 가동 이후 정부가 맺은 FTA는 약 10여 개 정도 되는데, 크게 세 가지 방식에 의해 역외가공지역이 규정된다(표 8-2).

자국의 산업구조상 개성공단 수출품과 충돌이 거의 없는 싱가포르나 유럽자유무역연합(EFTA)은 포괄적이거나(싱가포르) 많은 수의 품목을 역내산으로 인정(EFTA)함으로써 사실상 개성공단을 역내 영토로 인정한 효과를 나타냈다. 그러나 개성공단과 경쟁관계에 있는 인도와 동남아시아, 페루, 콜롬비아는 제한적인 품목만을 역내산으로 인정함으로써 국제사회에서 한국과의 향후 우호적 관계를 도모하면서도 자국의 실리도 취하는 절충적 전략을 선택했다. 반면, 미국은 '한반도역외가공지역인정위원회'라는 초유의 초국가적 거버넌스 기구를 만들면서 가장 엄격한 역외가공지역 인정 기준을 제시했다. 이는 한미 간, 북미 간 지정학적 관계를 고려해 볼 때 어느 지역보다 특별히 엄격하게 제시된 '예외' 상황이라고 볼 수 있다. 향후 역외가공지역 인정을 위해 충족시켜야 할 아래의 단서조항을 보면 미국이 대북제재의 수단으로 개성공단을 활용하는 예외적 상황이 분명하게 드러난다.

한반도 비핵화를 향한 진전, 역외가공지역들이 남북한 관계에 미치는 영향, 그리고 그 역외가공지역에서 일반적인 환경 기준, 노동 기준 및 관행, 임금 관행

표 8-2 FTA 내 역외가공지역 규정방식에 따른 개성공단 생산품의 원산지 인정방식

구분	통합인정방식(ISI)	역외가공방식(OP)	OPZ 위원회 방식
특징	원산지 불문하고 상대국에서 수출되는 일정 제품에 대해 역내산으로 인정	역외가공 이전과 역외가공 이후 단계까지도 포함시켜서 전체적인 원산지 산출 %에 따라 인정	전문위원회를 설치하여 적절성 검토
적용조건 예	거의 모든 북한산을 한국산으로 인정하는 개방형	역외부가가치 40% 미만, 역내산 재료비 60% 이상	발효 1년 후 '한반도역외가공지역위원회' 설치
대상국 (적용 품목 수)	싱가포르(4625개)	EFTA(267개), ASEAN(100개), 인도(108개), 페루(100개), 콜롬비아(100개)	미국, EU, 터키(OPZ 인정), 호주(OPZ 인정), 중국(OPZ 인정, 310개)
참고사항	개성공단 물품의 한국산 인정 규정 최초 도입. 싱가포르는 이미 북한산에 대한 무관세를 실시	절충적 인정방식이지만 개성공단을 OPZ로 인정받는 법적 근거를 마련	북한과 긴장관계에 있는 미국이 최초로 제안한 방식으로 이후 체결된 FTA에 영향을 줌

자료: 김현정(2015), 이혜정(2013) 종합.

과 영업 및 경영 관행. ······ 이 경우 ······ 관련 국제규범을 적절하게 참고한다(대한민국정부, 2011, 532; 김현정, 2015, 190에서 재인용).

즉, 개성공단의 역외가공지역 인정 유무는 한반도의 비핵화 정도와 북한의 (미국이 주로 주창하는) 국제규준 준수 여부에 따라 결정된다는 뜻이다. 국제통상 및 경제논리를 따르는 다른 인정방식에 비해 전면적으로 정치적인 입장을 취하고 있다. 심지어 계약 당사자인 한국이 아닌 북한 정권의 태도와 의지를 더욱 중요한 조건으로 내걸었다는 점에서 개성공단의 영토성은 단지 남북 간에 협상되는 것이 아니라 미국 등 국제사회에서의 지정학적 관계에 의해 규정됨을 드러낸다. 2016년 2월 전격적으로 폐쇄된 공단의 재가동 여부는 남북 간의 합의보다는 "북미 간 비핵화회담 결과에 달렸다"(연합뉴스, 2018. 2. 6)는 지적은 개성공단의 '다중스케일적 영토성'을 상징적으로 웅변하고 있다. 즉, 개성공단을 남한의 영토로 볼 것인지, 북한의 영토로 볼 것인지를 둘러싼 논

란은 남북 간에 결정되는 것이 아니라 남북을 둘러싸고 있는 다양한 스케일의 권력관계에 의해 복잡하게, 때로는 일관되지 못한 방식으로 협상된다는 뜻이다. 영토와 주권이 일대일로 조응하지 않고 일국의 주권이 절대적인 영향력을 행사하지 못한 채 국제관계 속에서 협상을 통해 그 거버넌스가 결정되는 개성공단이야말로 근대국가 영토성을 벗어난 포스트 영토주의적 이해를 통해 이해될 수 있다. 그리고 그 생성과 작동에 개입하는 관계들은 다자적이고 초지역적인 동시에 초국가적이다.

3) 네트워크로서 개성공단

개성공단을 관계적으로 이해하는 또 다른 입장은 네트워크로서 이를 바라보는 것이다. 네트워크적 접근은 오늘날 너무 광범위하게 수용되어서 사실 네트워크가 아닌 것이 없을 정도이다. 네트워크 수사의 과잉에도 불구하고 개성공단을 네트워크로서 바라보는 것은 여전히 장점이 있다. 우선 네트워크 접근은 개성공단이라는 복합체가 구체적으로 어떻게 작동하는지를 보여주는 데 매우 유용한 설명틀과 개념을 제공한다. 앞의 비판지정학적 접근이 거시적인 차원에서 개성공단의 생성원인과 배경을 설명하는 데 유리한 논리구조를 지니고 있다면 네트워크적 접근은 중범위적 차원에서 분석적 유용성을 제시한다. 둘째, 네트워크야말로 관계적 공간을 보여주는 데 가장 효과적인 장치이다. 네트워크는 그 개념에서부터 다공적 경계를 전제로 한다. 네트워크로 연결되기 위해서는 구멍 뚫린 경계가 필시 전제되어야 하며 네트워크의 강도 또는 응집력에 따라서 그 경계가 변화하고 협상된다. 이는 미완의 프로젝트인 개성공단의 향후 발전가능성을 제시하는 데에도 유용하게 사용될 수 있는 개념이다.

현재까지 네트워크적인 접근으로 개성공단을 설명하는 시도는 상대적으로 소수이다. 소수이지만 그 안에서도 확연히 다른 네트워크 이론을 바탕으로 하므로 이들을 분리해서 설명하는 것이 필요할 것 같다. 첫 번째 경향은 흔히 말하는 경제학적 네트워크 개념을 차용하여 '공단'을 넘어 도시 네트워크로서 개성공단을 육성함으로써 아래로부터의 통일(즉 작은 규모에서부터의 통일)의 청사진을 제시하자는 주장이다. 이러한 입장의 대표적인 연구로는 이일영(2016)과 민경태(2013, 2014)가 있다.

(1) 도시 네트워크

이일영(2016)은 개성공단의 불안정성을 제거하는 방안으로서 다자적인 연계와 남북한 도시 네트워크에 편입시키는 방안을 제시했다. 이일영(2016)은 개성공단 리스크는 결국 북핵 문제와 직결되어 있으므로 개성공단에 대한 학술적, 정책적 논의는 우선 북핵문제를 둘러싼 국제사회의 갈등 해결과 함께 이야기되어야 한다고 주장하면서도 이를 위해서는 다중스케일적 접근이 필요하다고 주장한다. 즉, 국제적 논의와 함께 동북아 지역 및 한반도 역내 지역(남북 도시 네트워크) 등 초국경적이고 초지역적인 차원에서 실천이 필요하다는 것이다. 그것은 동아시아-한반도의 다자주의적 협력체제의 구축과 함께 남북 도시 네트워크를 진전시키자는 것이다.[6] 도시 네트워크의 운영을 위하여 시민사회와 지방정부가 함께 참여하는 새로운 분권형 거버넌스가 필요한데 이러한 의사결정체제야말로 사회통합의 또 다른 정치문화적 실험이 될 수 있을 것이다. 즉, 통일을 이루어가는 과도기적 기간(남북 교류와 연합 단계)에 남북의 국가적 통합을 대체할 대안적 거버넌스 스케일로서 도시 네트워크를 주장한 것이라고 볼 수 있다.

이보다 앞서 민경태(2013, 2014)는 서울-평양 네트워크 경제권 구성을 한반도의 새로운 성장전략으로 제시한 바 있다. 개성을 포함하는 개성공단은 이

---

6 도시 네트워크의 잠정적 후보지로는 한강-임진강 수변지역과 서남권 광역 해안지역, 두만강 하구 지역을 들었는데 개성공단은 첫 번째 네트워크에 편입될 수 있으며, 나진-선봉 특구와 부산항을 연결하는 환동해권 네트워크를 만들어 두만강 하구의 초국경적 네트워크를 구축하자는 것이 이일영 (2016)의 제안이다.

러한 '메가-시티 지역(mega-city region)'에 히위 견전로 편입된다. 네트워크 경제권의 성장 원리는 외부성 효과에 기반한 것으로 각 지역이 생산요소를 소유하지 않더라도 접속을 통해서 이를 공유하며 규모의 경제효과를 가져올 것이라는 것이다. 결국 평양-서울 구간으로 거대하게 확대된 수도권을 중심으로 최근 문재인 정부가 주창한 한반도신경제지도 또는 H형 발전축을 지지하는 입장이라고 볼 수 있다. 그러나 선택적 거점을 중심으로 국토의 효율성을 극대화하려는 이러한 입장은 과거 불균등발전에 입각한 성장거점(growth pole) 국토개발 방식과 다름없다. 다만 그 거점의 위치와 규모가 한반도 전체로 확장되었을 따름이다. 이러한 성장모델은 결국 투자의 주도권을 쥘 남한으로 개발의 이익이 집중되어 남북 간의 불균등발전을 심화시킬 우려가 있으므로 그 방식과 시행주체(주권 권력)에 대한 한반도 성원들의 합의가 필요할 것이다.

이상의 접근은 개성공단을 초지역적인 관계망 속에 위치지운다는 점에서 위상학적 관점을 취하고 있다. 아래로부터는 도시 네트워크 체제를 구축하고 위로부터는 다자간 북핵협상 등 초국가적 스케일에서의 협의체제 구축이라는 다중스케일적 거버넌스 체제 구축을 통해 통일시대 국토의 네트워크적 운영방식을 제안한 이일영(2016)에 비해 민경태(2013, 2014)의 논의는 다소 단순한 입장에서 네트워크로서 통일국토를 상정하고 있다. 이들의 논의에서 개성공단은 네트워크상의 하나의 결절로 축소된다는 점에서 개성공단 자체의 네트워크적 작동을 세밀하게 논의하지 못한다는 한계가 있다.

이에 반해 두 번째 접근은 관계적인 접근의 대표적인 이론인 행위자-네트워크 이론으로 개성공단의 작동과 존재양상을 설명하려는 것인데 최근 이러한 접근이 증가하고 있다.[7]

---

[7] 이에 대해 최근 신진 연구자들이 증가하는 이유로는 북한연구를 선도하는 기관 중 하나인 동국대학교에 "분단/탈분단 행위자-네트워크 연구팀"(SSK 사업단)이 설립되었기 때문일 것으로 추정된다. 북한/통일 연구의 저변 확대뿐 아니라 내용의 심화 및 다원화를 위해 정부지원의 중요성이 다시 한번 확인되는 지점이다.

(2) 행위자-네트워크

관계적 공산에 대한 관심의 증가로 최근 지리학에서도 큰 관심을 얻고 있는 행위자-네트워크 이론은 북한 연구 및 개성공단 연구에도 적용될 수 있다. 실제로 인간-비인간의 다중적 결합을 통해 개성공단의 네트워크 구조를 설명하려 한 김치욱(2014)은 이러한 네트워크적 작동을 밝힘으로써 그간 정치적 변화 속에서도 명맥을 이어왔던 개성공단의 복원력(resilience)을 설명할 수 있으며 그뿐 아니라 부진한 틈새를 보완할 수 있는 통찰을 제공해 준다고 했다. 김치욱(2014)은 개성공단은 인간뿐 아니라 수많은 비인간 행위자들이 결합된 네트워크로서, 후자의 역할을 재조명할 필요가 있음을 역설했다. 개성공단의 입지, 자금, 교통통신 등의 인프라, 최초의 남북합작품인 법 규정 등이 대표적인 비인간 요소의 행위자들이다. 가령 개성공단의 지정학적 입지는 앞에서 기술한 것처럼 표면적인 평화정착 효과만 가져온 것이 아니라 남북 당국자 모두에게 접경지역에서 역사를 이루어가고 있다는 큰 사명감을 주었으며 군 핵심전력을 이동하면서까지 창출한 이 공간의 지구력을 높이는 데 유무형의 일조를 했다. 개성공단에 투자된 자금과 창출된 수입, 그뿐 아니라 폐쇄 이후 입주기업과 협력기업들이 지게 된 피해액[8] 역시 개성공단을 통한 자본의 순환과 네트워크에 긴밀히 통합되어 있다. 5만여 북측 근로자들이 받아간 수입은 연간 9천만 달러였는데 이는 북한 국내총생산의 8%에 달하는 규모로서 북한 입장에서는 쉽게 포기하기 어려운 '톱니바퀴' 효과를 발휘했다(김치욱, 2014: 110). 또한 개성공단 가동 10년 만에 남북한에게 총 36.4억 달러의 경제적 효과를 제공했다고 한다(홍순직, 2014: 11). 남한에게는 매출액과 건설 및 설비투자 등을 통해 약 32.6억 달러의 내수 진작 효과를, 그리고 49.4억

---

8 신한용 개성공단기업협회장은 124개 입주기업이 지난 2년간 1조 5000억 원의 누적 피해액을 입었다고 주장했다. 실제 피해상황은 이러한 금전적 피해에 국한되는 것이 아니라 거래처 연결망의 붕괴, 기회비용의 상실, 대금 미납으로 소송에 휘말리면서 입게 된 정신적, 물질적 피해, 개성공단 임금의 북핵 개발 전용에 대한 국민적 의혹으로 인한 정신적 피해 등 광범위하다(≪서울신문≫, 2018. 3. 11).

달러의 인건비 절감 효과 및 기타 기대효과를 발생시켰으며, 북한에게는 10년 간 3억 달러의 임금 수입을 비롯하여 토지임대료 등 총 3.8억 달러의 외화수 입을 발생시켰다(홍순직, 2014: 12). 개성공단을 통한 자본의 축적을 원활히 하 는 데에 방해로 제기된 가장 큰 민원사항이었던 3통 문제(통신, 통행, 통관 시 스템 개선) 역시 네트워크로서 개성공단을 구성하는 대표적인 비인간 요소이 다. 앞의 항에서 언급한 개성공단의 역외가공지역 인정을 둘러싼 국제 조약 및 협상 역시 국제적인 스케일에서 작동하는 인간-비인간 네트워크 속성을 드러내는 사례이다. 3통 문제가 한반도 내에서의 기술적 조정을 필요로 한다 면 FTA는 국제사회에서의 외교적 조정을 필요로 하는 사안으로, 다양한 네트 워크들이 개성공단을 가로지르고 있음을 보여준다.

비인간 행위자 이외에도 인간 행위자 네트워크는 개성공단에 대한 경험연 구에서 여전히 미진한 부분이다. 인프라, 자금, 제도 등에 비해 정성적 데이 터가 필요하고 북한관계자 인터뷰 등 접근이 제한된 정성적 데이터가 요구되 기 때문에 그간 개성공단의 비인간 행위자를 중심으로 한 데이터를 통해 개 성공단의 행위자-네트워크를 이해하려는 시도가 대부분이었다. 김치욱(2014) 은 5만 3000여 명의 개성공단 북측 노동자들을 인근 지역과 개성공단과의 연 계를 보여주는 사례로 제시했으며(김치욱, 2014: 111), 개성공단의 정책결정기 구 역시 북한 법인(개성공업지구관리위원회)에 남측의 위원장 및 남측의 노하 우가 주로 반영된 법규 등이 결합된 것으로, 이를 남북의 인적-제도적-물적 연계성을 보여주는 사례로 지목했다(김치욱, 2014: 112). 이러한 인간-비인간 행위자 네트워크는 개성공단과 입주기업 연계뿐만 아니라 입주기업의 협력 사들을 통해 남한 내의 수많은 네트워크로 분화되며(입주기업의 협력사는 평균 13개이며 평균 거래규모는 연간 33억 원) 수출과 외국인 투자 등을 통해 국제적 네트워크로도 진화한다(김치욱, 2014).

개성공단이 정치적 부침 속에서도 복원력을 지녔던 이유나 의도대로 발전 하지 않고 예상치 못했던 결과를 가져오기도 했던 이유는 이러한 촘촘하고 복잡한 네트워크 구조 때문이라는 것이 행위자-네트워크 이론이 개성공단에 주는 이론적 함의이다. 비슷한 맥락에서 김슬기(2013)는 행위자들의 네트워크 만들기 과정에 해당되는 '번역' 개념을 차용하여 개성공단을 둘러싼 동상이몽(이해관계자들의 서로 다른 해석)을 2013년 잠정폐쇄 전후의 담론분석을 통해 살펴보았다. 결론적으로 각 정권들의 서로 다른 이해관계로 인해 개성공단에 대한 '공동의 번역'이 부재했기 때문에 하루아침에 폐쇄되는 결과가 빚어졌다는 것이다. 보이지 않는 손에 의해 모든 것이 (인과적으로 또는 합리적으로) 조절되는 세계가 아닌 행위자-네트워크의 세계에서는 이러한 의도되지 않은 결과도 발생할 수 있다. 그러나 이러한 우연성과 잠정성은 새로운 가지치기 또는 '공동의 번역'을 통해 새로운 통일의 루트를 개척할 수도 있음을 의미한다.

행위자-네트워크 이론의 주창자들이 말한 것처럼 이 접근은 자기완결적이고 체계적인 이론이나 방법론적 도구를 지향하는 것이 아니라(Law, 2009) 그야말로 "순전히 사용자의 손에 달린 것"(Latour, 1987: 259)이기 때문에 그 어떤 서사나 논리구조를 제시하지 않는다. 따라서 세련된 현상기술에 다름 아니라는 비판에 직면할 수 있다. 그렇다면 행위자-네트워크 이론이 개성공단 연구에 던지는 진정한 가치는 무엇일까? 행위자-네트워크 이론은 개성공단의 구체적인 작동을 단편적이 아닌 관계적이고 복합적으로 조망하는 데에 유용한 사고틀과 개념을 제공해 준다는 데서 이 이론의 장점을 찾을 수 있다고 본다. 네트워크의 구체적인 양상을 나열하거나 몇몇 개념을 적용하는 데에서 끝난다면 기존의 네트워크 이론과 다를 바가 없어진다. 그러한 연계가 가지는 함의가 무엇이며 그것이 구성된 복잡한 '맥락'이 무엇인지를 해체하는 작업이야말로 행위자-네트워크 이론의 문제의식에 부합하는 적용이 될 것이다.

4. 나가며: 관계적 공간에 입각한 통일론의 함의

이 장은 통일담론에서 공간과 영토에 대한 논의가 결핍되어 있음을 지적하고 이를 보완하기 위하여 관계적 공간론을 통일담론에 접목시키고자 했다. 공간은 사회적·기술적·자연적 과정들과 분리되어 이를 반영하는 수동적 용기가 아니라 이러한 과정들과 상호관계적으로 구성된다는 것이 관계적 공간 인식의 핵심이다. 즉, 공간은 관계에 선행하지도 그것 없이 인식될 수도 없다는 것이다. 도린 매시에 의하면 이러한 인식은 공간의 내적 불균등성(다중성, 다양한 궤적의 공존)과 끊임없이 만들어지는 가변성을 상정한다. 이 글은 이러한 관계적 공간 인식론을 개성공단에 적용하여 관계적인 방식으로 개성공단을 재해석하는 연구들과 아이디어들을 제시했다. 그중 대표적으로 소개된 접근이 비판지정학의 '예외적 공간'으로 개성공단을 해석하는 접근과 네트워크로서 개성공단을 개념화하는 접근들(도시 네트워크와 행위자 네트워크)이었다. 비판지정학적 접근에 의하면 개성공단은 포스트 영토주의적인 특구로 해석될 수 있으며, 이는 한반도 예외공간으로서 국제지정학적 권력관계 속에서 불안정한 위치를 지니는 한편 체제전환의 트리거로서 양면성을 지니는 역설적 공간이라고 볼 수 있다. 개성공단의 이면에 작동하는 권력관계, 즉 국제지정학적 관계 속에서 주권과 영토의 불일치로 개성공단의 성격을 규정하는 이러한 접근은 공간에 대한 관계적 이해에 기초하고 있다. 한편, 개성공단을 도시 네트워크의 결절로 보는 관점과 더 미시적으로는 행위자-네트워크로서 보는 관점이 있다. 특히 행위자-네트워크로서 개성공단을 설명하는 후자의 접근은 개성공단을 구성하는 다양한 인간-비인간 행위자들의 작동과 이들의 동맹을 다양한 측면에서 조망하게 해준다는 분석적 유용성을 제시했다. 또한 하나의 단일체로 인식되기 쉬운 대상(국가, 공단, 기업주, 노동자, 상품 등등)의 수행성을 살핌으로써 그 다중성과 복합성을 드러내는 이론적 장치로서 향후 유용하게 활용될 여지가 있다고 본다.

그렇다면 통일담론에서 공간을 고려해야 하는 이유는 대체 무엇일까라는 근본적인 질문이 남는다. 그 이론적, 정책적, 실천적 이유는 다음과 같다. 첫째, 통일은 국경을 가로지르는 정치, 사회, 문화, 경제의 통합을 추구한다는 점에서 주권이 행사되는 영역, 즉 영토성의 문제를 수반할 수밖에 없다. 서론에서 통일담론에서의 영토성 논의의 부재를 지적한 이유도 이 때문이다. 그러나 시수지방화, 정보화, 다문화주의 등 새로운 의제와 그것이 수반하는 문제들을 해결하는 방식으로 통일공동체를 구상해야 하는 21세기 한반도는 근대민족국가가 형성되던 19세기 유럽이나 동아시아의 발전주의 국가의 전철을 답습하는 것이 아닌 새로운 경로를 개척할 필요가 있다. 이에 주권과 주체, 영토성의 결합을 새롭게 구상하는 상상력이 요구된다. 관계적 공간론에 기반한 비판지정학적 접근과 네트워크 접근은 이러한 의제를 새로운 방식으로 사유하는 데에 도움을 줄 수 있다. 둘째, 현재의 통일담론은 모두 남북연합이라는 과도기적 통일과정을 전제로 하고 있는데 개방과 연합의 정도와 방식은 영토성에 대한 방침과 불가분의 관계가 있으므로 과정으로서의 통일에 부합하는 영토성에 대한 정책적 논의가 당연히 필요하다. 셋째, 통일이 한반도 전역에서 균질한 효과를 내며 하루아침에 이루어지지 않을 것이라는 데에는 이견이 없다. 남한에서도 북한에서도 통일의 효과는 지역, 계급, 연령, 젠더 등에 따라서 차별적으로 미칠 전망이다(이상근, 2016: 171). 누가(어디가) 수혜자가 되고 누가(어디가) 피해를 볼 것이며 그것을 최소화하는 방안은 무엇인가라는 각론적 고려가 통일담론에 반영되어야 한다. 따라서 이러한 차별과 차이를 배태하는 공간에 대한 민감한 감수성이 통일담론의 구상에서부터 반영될 필요가 있다.

개성공단의 재개 여부는 여전히 진행 중인 정치적 과정이고 그 미래는 불투명하다. 2016년 2월 8일 통일부의 발표로 이루어진 전격적이고 급작스러운 공단 폐쇄 결정을 둘러싸고 여전히 많은 비판과 논란이 진행 중이다. 박근혜 정권하에서 이루어진 국정농단사건의 진상조사 과정에서 국익에 대한 고려 없이 개인의 이해관계에 입각하여 독단적이고 우발적으로 공단을 폐쇄한 것이 아니냐는 의혹이 제기되면서 사회적 논란이 불거지기도 했다. 그러나 어떤 경로로 폐쇄결정이 내려졌든, 즉 통수권자의 우발적 통치행위였든 아니면 미국의 대북제재 압력에 대한 공조차원에서 결정된 것이었든 한번 폐쇄된 공단을 재가동하는 것은 그다지 쉬운 일은 아니며 개성공단의 안정성을 더욱 높이기 위한 보완책이 시급하다. 많은 이들은 개성공단의 국제화를 통해 급작스러운 가동중단과 같은 사태는 피해야 한다고 지적한다(이혜정, 2013: 임을출, 2014). 행위자-네트워크적인 관점에서 보자면 네트워크를 두껍고 강하게 만듦으로써 복원력을 높이는 작업이 필요하다는 뜻이다. 이런 점에서 개성공단에 대한 관계적 이해는 유용한 이론적 토양을 제공해 준다고 본다.

: : 참고문헌

강미연. 2013. 「개성공단 경제특구의 작업장 문화」. ≪북한학연구≫, 9(2), 113~137쪽.
고유환. 2013. 「민족공동체 통일방안의 이행과정과 추진전략 재검토」. ≪통일인문학≫, 60, 241~276쪽.
김병로. 2015a. 「개성공단 스케치」, 김병로·김병연·박명규 편. 『개성공단: 공간평화의 기획과 한반도형 통일프로젝트』. 과천: 진인진, 19~59쪽.
_____. 2015b. 「통일환경과 통일담론의 지형 변화: 정부통일방안을 중심으로」. ≪통일문제연구≫, 26(1), 1~33쪽.
김병로·김병연·박명규 편. 2015. 「개성공단: 공간평화의 기획과 한반도형 통일프로젝트」. 과천: 진인진.
김슬기. 2013. 「개성공단을 둘러싼 남북한 번역의 '차이': 동상이몽에서 새로운 공동이익의 번역 가능성」. 2013 북한연구학회 '정전체제 60주년 기념' 하계학술대회.
김연철. 2004. 「개성 공단: 탈분단의 상상력」. ≪황해문화≫, 봄, 177~191쪽.
김진향·강승환·이용구·김세라, 2015. 『개성공단 사람들: 날마다 작은 통일이 이루어지는 기적의 공간』. 장수: 내일을 여는 책.
김치욱. 2014. 「남북 경제협력의 네트워크 구조와 시사점: 개성공단을 중심으로」. ≪평화연구≫, 봄호, 93~130쪽.
김현정. 2015. 「한중 FTA 체결에 따른 북한의 역외가공지역 활성화 방안」. ≪분쟁해결연구≫, 13(1), 183~210쪽.
남종우. 2017. 「북한의 지정학적 담론과 그 변화: 북한의 국가정체성과 국가이익의 영토적 구성」. 서울대학교-연세대학교 통일대비국가전략연구팀 편. 『통일의 신지정학』. 서울: 박영사, 63~89쪽.
매시, 도린(Doreen Massey). 2015. 『공간, 장소, 젠더』. 정현주 옮김. 서울: 서울대학교출판문화원.
_____. 2016. 『공간을 위하여』. 박경환·이영민·이용균 옮김. 서울: 심산.
민경태. 2013. 「서울-평양 네트워크 경제권 성장전략 구상」. ≪북한연구학회보≫, 17(2), 203~236쪽.

_____. 2014. 『서울평양 메가시티』. 서울: 미래의 창.

빅경환. 2014. 「글로벌 시대 인문지리학에 있어서 행위자-네트워크 이론(ANT)의 적용 가능성」. ≪한국도시지리학회지≫, 17(1), 57~78쪽.

_____. 2016. 「대안 정치를 위한 공간적 상상의 재고: Doreen Massey(1944-2016)의 "공간을 위하여"(2005)에 대한 논평」. ≪대한지리학회지≫, 19(1), 105~121쪽.

박명규·이근관·전재성·김병로·김병연·박정란·정은미·황지환. 2012. 『21세기 통일방안구상, 연성복합통일론』. 서울: 서울대학교 통일평화연구원.

박배균. 2017a. 「동아시아에서 국가의 영토성과 예외공간: 동아시아 특구의 보편성과 특수성」. 박배균·이승욱·조성찬 편. 『특구: 국가의 영토성과 동아시아의 예외공간』. 서울: 알트, 16~52쪽.

_____. 2017b. 「접경지대 경제특구와 통일의 신지정학: 대만의 금문과 한국의 '서해평화협력지대' 사업에서 나타나는 영토화와 탈영토화의 공간정치」. 서울대학교-연세대학교 통일대비국가전략연구팀 편. 『통일의 신지정학』. 서울: 박영사, 193~227쪽.

박배균·이승욱·조성찬 편. 2017. 『특구: 국가의 영토성과 동아시아의 예외공간』. 서울: 알트.

백낙청. 2006. 「한반도식 통일, 현재진행형」. 파주: 창비.

서울대학교-연세대학교 통일대비국가전략연구팀 편. 2017. 『통일의 신지정학』. 서울: 박영사.

슈뢰르, 마르쿠스(Markus Schroer). 2010. 『공간, 장소, 경계』. 정인모·배정희 옮김. 서울: 에코리브르.

신대원. 2013. 「개성공단의 또 하나의 Black-Box, '초코파이': 행위자-네트워크 이론(ANT)을 통해 본 개성공단에서의 초코파이의 의미」. 광주: 2013 북한연구학회 '정전체제 60주년 기념' 하계학술대회.

신범식. 2017. 「초국경 소지역협력과 소다자주의 그리고 동북아 지역정치 변동」. 서울대학교-연세대학교 통일대비국가전략연구팀 편. 『통일의 신지정학』. 서울: 박영사, 228~255쪽.

양문수. 2014. 「개성공단 산업도시, 개성」. ≪환경논총≫, 54, 51~59쪽.

양문수·이우영·윤철기. 2013. 「개성공단에서의 남북한 접촉이 북한 근로자에 미친 영향에 관한 연구: 남한 주민에 대한 북한 근로자의 태도 변화를 중심으로」. ≪통일연구≫, 17(2), 131~158쪽.

이상근. 2016. 「한국 사회의 통일론과 신지정학적 인식」. ≪동서연구≫, 28(3), 149~175쪽.

이승욱. 2017. 「개성공단의 지정학: 예외공간, 보편공간 또는 인질공간?」. 박배균·이승욱·조성찬 편. 『특구: 국가의 영토성과 동아시아의 예외공간』, 서울: 알트, 240~263쪽.

이일영. 2016. 「개성공단 폐쇄 이후의 한반도경제」. ≪민주사회와 정책연구≫, 30, 49~73쪽.

이종석. 2014. 「한반도를 둘러싼 두 개의 경계」. 서울대학교 인문학연구원 통일초청강연회 발표문(2014. 11. 4).

이현재. 2012. 「다양한 공간 개념과 공간 읽기의 가능성: 절대적, 상대적, 관계적 공간개념을 중심으로」. ≪시대와 철학≫, 23(4), 221~248쪽.

이혜정. 2013. 「개성공단 국제화의 효과와 과제」. ≪통일경제≫, 1, 64~74쪽.

임을출. 2005. 『웰컴 투 개성공단: 역사, 쟁점 및 과제』. 서울: 해남.

_____. 2014. 「개성공단의 국제화 추진 방안과 향후 과제」. ≪통일경제≫, 2, 18~24쪽.

임진아. 2014. 「화이트헤드의 관계적 공간개념에 대한 비판적 분석」. ≪화이트헤드연구≫, 28,

155~193쪽.

정근식·김윤애. 2015. 「공단 밖의 변화: 개성주민과 북한 사회」. 김병로·김병연·박명규 편. 『개성공단: 공간평화의 기획과 한반도형 통일프로젝트』. 과천: 진인진, 311~361쪽.

줄레조, 발레리(Valérie Gelézeau). 2014. 「햇볕정책(1998~2008)이 남북한 접경지역 변화에 미친 영향: 문화지리학적 관점에서」. ≪민족문화연구≫, 63, 247~278쪽.

지상현. 2017. 「신지정학 논쟁과 통일」. 서울대학교-연세대학교 통일대비국가전략연구팀 편. 『통일의 신지정학』. 서울: 박영사, 171~191쪽.

지상현·콜린 플린트(Colin Flint). 2009. 「지정학의 재발견과 비판적 재구성」. ≪공간과 사회≫, 31, 160~199쪽.

최병두. 2015. 「행위자-네트워크이론과 위상학적 공간 개념」. ≪공간과 사회≫, 25(3), 125~172쪽.

홍민. 2013. 「행위자-네트워크 이론과 북한 연구」. ≪현대북한연구≫, 16(1), 106~170쪽.

홍성욱 편. 2010. 『인간·사물·동맹: 행위자네트워크 이론과 테크노사이언스』. 서울: 이음.

홍순직. 2014. 「개성공단 사업 10년 평가와 발전 방안」. ≪통일경제≫, 2, 10~17쪽.

Doucette, J., and S-O. Lee. 2015. "Experimental territoriality: assembling the Kaesong Industrial Complex in North Korea." *Political Geography*, 47, pp. 53~63.

Gottmann, J. 1973. *The Significance of Territory.* Charlottesville, VA: The University of Virginia Press.

Gregory, D. 2006. "The black flag: Guantánamo Bay and the space of exception." *Geografiska Annaler: Series B, Human Geography*, 88(4), pp. 405~427.

Jessop, B. 2016. "Territory, politics, governance and multispatial metagovernance." *Territory, Politics, and Governance*, 4(1), pp. 8~32.

Jones, R., and P. Merriman. 2012. "Network nation." *Environment and Planning A*, 44, pp. 937~953.

Karl, R. E. 2007. "Reviewed work: Neoliberalism as Exception: Mutations in Citizenship and Soverignty by Aihwa Ong." *The China Quarterly*, 189, pp. 188~190.

Latour, B. 1987. *Science in Action.* Open University Press, Milton Keynes.

Law, J. 2009. "Actor network theory and material semiotics." B. Turner(ed.). *The New Blackwell Companion to Social Theory.* Malden, MA: Wiley-Blackwell, pp. 141~158.

Massey, D. 2004. "Geographies of responsibility." *Geografiska Annaler: Series B, Human Geography*, 86(1), pp. 5~18.

_____. 2007. *World City.* Cambridge: Polity Press.

Ong, A. 2006. *Neoliberalism as Exception: Mutations in Citizenship and Soverignty.* Durham, NC.: Duke University Press.

Ó Tuathail, G., and J. Agnew. 1992. "Geopolitics and discourse: practical geopolitical reasoning in American foreign policy." *Political Geography Quarterly*, 11(2), pp. 190~204.

Painter, J. 2010. "Rethinking territory." *Antipode*, 42(5), pp. 1090~1118.

Passi, A. 2012. "Commentary." *Environment and Planning A*, 44, pp. 2303~2309.

Pratt, G. 2005. "Abandoned women and spaces of the exception." *Antipode*, 37(5), pp. 1052~1078.

≪매일경제≫, 2018. 4. 30. "文 '남북경협, 할 수 있는 건 당장 시작' … 전력지원 계획도 담겨", https://www.mk.co.kr/news/politics/view/2018/04/276276/
≪서울신문≫, 2018. 3. 11. "2년간 개성 보며 한숨 … 이젠 희망 되찾은 것 같아", http://www.seoul.co.kr/news/newsView.php?id=20180312023009
연합뉴스, 2018. 2. 6. "개성공단 폐쇄 2년 … 재개 여부는 북미 비핵화 회담에 달려", http://www.yonhapnews.co.kr/bulletin/2018/02/06/0200000000AKR20180206131400030.HTML
≪중앙일보≫, 2018. 3. 6. "대북 특사 뜬 날 … 개성공단 기업 주가 들썩들썩", http://news.joins.com/ article/22415658

나가며: 분단과 경계 뛰어넘기

한반도의 새로운 지정학 가능성 엿보기

이승욱·지상현·박배균

1. 하노이 북미정상회담 결렬과 한반도 지정학의 미래

2019년 1월 포린어페어즈(Foreign Affairs) 웹사이트에는 미국의 대표적 싱크탱크인 브루킹스 연구소의 토머스 라이트(Thomas Wright)가 쓴 "Trump's foreign policy is no longer unpredictable"이란 글이 실렸다. 트럼프 행정부의 대외정책에 대해 "예측불가능하다"라는 주장이 정권 출범 이후 내내 지속되었으나, 라이트에 따르면 이제 더 이상 그렇지 않다는 것이다. 그는 트럼프 정부 대외정책의 예측불가능성은 트럼프 견해 그 자체의 문제라기보다는, 한편으로는 트럼프와 그의 보좌진 간의 갈등에서, 다른 한편으로는 트럼프와 국가안보 관련 주류세력(national security establishment)과의 갈등에서 비롯된 것으로, 집권 2년을 지나면서 대통령이 이런 갈등들을 주도하면서 트럼프 대외정책의 일관적 방향성을 확인할 수 있다고 주장했다. 그러나 라이트가 2019년 2월 하노이 북미정상회담 결과를 지켜봤다면 이러한 주장을 펼친 것에 대해 후회했을지도 모르겠다. 어느 전문가도 아무런 합의도 도출하지 못한 채 예정보다 서둘러 종결된 하노이 정상회담 결과도, 그리고 다시금 혼란

속으로 빠져들고 있는 한반도를 둘러싼 새로운 지정학적 구도도 예측하지 못했다.

돌이켜보면 2010년대 중반 이래 남북관계는 최악으로 치달았고, 2017년 1월 트럼프가 미국 대통령으로 취임하면서 한반도 지정학의 미래를 둘러싸고 암울한 전망만이 가득했다. 특히 2018년 연초 신년사에서 김정은 위원장이 사무실 책상 위에 핵단추가 항상 놓여 있다고 선언한 것에 대해, 트럼프 대통령은 백악관 자기 책상에는 더 큰 핵 버튼이 있다고 맞받아치는 등 한반도의 전쟁 위기는 1994년 전쟁 위기 이후 가장 심각한 상황으로 치달았다. 이 시점에서 어느 누구도 2018년 한 해 한반도를 둘러싼 새로운 변화를 예측하지 못했을 것이다. 2018년 2월 평창올림픽을 계기로 남북관계가 개선되면서 이후 남북정상회담, 북미정상회담, 북중정상회담 등이 다투어 개최되었고, 그 결과 한반도의 냉전과 분단질서의 해체와 더불어 화해와 협력의 새로운 지정학적 질서가 만들어질 것이라는 희망이 고조되었다. 심지어 미 국무부 대북정책 특별대표인 스티븐 비건(Stephen Biegun)은 2019년 1월 스탠퍼드 대학 연설에서 트럼프 대통령이 지난 70년간 한반도에서의 전쟁과 대립을 끝낼 때가 왔으며 더 이상 갈등이 지속될 이유가 없음을 확신하고 있다고 전하기도 했다. 그러나 이러한 낙관적 전망도 잠시, 2019년 2월 하노이 북미정상회담 이후 이러한 기대는 급속도로 냉각되고 있으며 대결과 갈등의 냉전 지정학이 다시금 한반도를 지배할 것이라는 우려의 목소리가 높아지고 있다. 이처럼 지난 2년여 기간 동안 우리는 한반도 지정학을 둘러싼 우려와 기대, 그리고 다시금 좌절을 숨 가쁘게 경험하고 있다.

그러나 이 책에서 우리는 한반도 지정학의 미래를 전망하는 데 있어 성급한 일희일비를 경계할 필요가 있음을 주장한다. 오랜 기간 공간적, 제도적으로 고착화된 분단과 냉전의 지정학 질서는 국가 간의 정치적 관계를 넘어 다양한 공간적 스케일에 걸쳐 냉전적 대립과 갈등의 정치를 깊이 구조화했다. 따라서 이러한 구조가 몇 차례의 정상회담과 정치적 이벤트로 손쉽게 바뀔 것이라 기대하는 것 자체가 비현실적인 기대일 수밖에 없다. 하지만 그렇다고 구조화된 분단과 냉전 시정회자 질서의 건고함을 무기력하게 인정하자는 이야기는 아니다. 냉전적 분단체제의 고착화와 동시에 분단과 경계를 뛰어넘고 한반도의 새로운 연결과 통일을 지향하는 다양한 공간적 상상과 이에 기반한 실험과 실천들이 다양한 장소와 공간적 스케일에서 활발하게 현재 진행 중이다. 이 책에서 담고자 했던 다양한 논의들은 한반도의 분단과 냉전의 질서가 다양한 경계의 형성과 작동을 통해 영역적으로 고착화되는 양상을 보여주지만, 동시에 끊임없이 경계를 초월하여 연결하려는 탈영토화와 재영토화의 힘들과 연결되면서 유동하고 균열되는 양상을 보여주고 있음을 지적하고 있다. 따라서 한반도 지정학의 미래를 전망하는 데 있어 이러한 한반도 지정학의 역동성, 즉 고착화된 냉전질서의 '구조'와 새로운 초경계적 실천에 의해 야기되는 '균열' 사이의 변증법적 상호작용을 세밀하게 관찰할 필요가 있다. 이를 위해 이 책에서 다루었던 분단과 경계에 관한 새로운 지정학적 접근들은 현재 한반도를 둘러싼 지정학을 국가 스케일에만 갇혀 해석할 것이 아니라, 접경지역의 안보-경제 연계, DMZ 전망대, 접경도시의 지정학적 갈등에서부터 경계를 넘는 탈북여성에 이르기까지 광범위한 지정학 현장에서의 변화를 통해 탐색할 수 있음을 보여주었다. 이를 통해 분단된 한반도와 그 분단 속에서 형성된 경계와 접경은 고정불변한 것이 아니라 물질적, 상징적으로 끊임없이 변화하고 새롭게 생성되는 공간인 동시에, 다양한 스케일에서의 권력의 작동에 의해 영향을 받고 또한 그 권력관계의 작동과정에 영향을 주는 역동적 장소임을 강조했다.

한편, 한반도 지정학 차원에서 냉전적 경계의 구축과 강화는 단지 갈등과 대립의 질서가 지속됨을 의미하는 것을 넘어 소통과 연결을 통한 새로운 관계의 구축을 가로막는 장애물로 작동했다. 이는 물리적인 경계만을 의미하는 것이 아니라, 경계에 대한 인식과 가치부여와도 관련된 문제이다. 즉, 영토성의 문제는 주권이 미치는 공간의 문제를 넘어 교류와 협력, 평화와 화해를 그려내는 상상력과도 연결되어 있다. 그렇기 때문에 단절되고 끊어진 공간을 회복하는 것은 반세기 이상 적대적 관계로 공고화된 한반도의 냉전과 분단질서를 변화시키는 동시에, 새로운 사회와 세계에 대한 가능성과 상상력을 확장할 수 있는 기회를 제공하는 것이다. 이런 의미에서 이 책에서는 분단과 경계를 둘러싼 지정학적 공간의 변화와 더불어, 통일의 새로운 지정학적 가능성과 한계를 보여주는 영국 런던 한인 커뮤니티에서의 한인과 탈북민 간의 공존과 교류, 남북정상회담을 통한 '국가-자연' 생산이 가지는 함의, 그리고 통일의 과정으로서 개성공단이라는 공간적 실천과 상상이 가지는 의의 등에 대해서도 주목했다. 정리하면 이 책에서 다루었던 한반도 분단, 경계 그리고 통일을 둘러싼 다양한 지정학적 논의는, 국가와 국가를 완벽하게 구분하며 국가의 영역 내에서는 해당 국가의 주권질서가 일관적이고 균질하게 적용되는 근대주의적 영토관이 아닌, 다양한 행위자에 의해 영토와 경계가 작동하는 방식이 영향을 받으며 또한 역으로 이러한 영역적 실천과 담론이 행위자 간의 권력관계에 영향을 미친다는 포스트 영토주의적 시각을 기반으로 하고 있다. 이러한 영토에 대한 새로운 시각을 바탕으로 한반도 경계와 영토와 관련하여 다양한 공간성의 형성 및 변화에 주목하고, 이에 따른 새로운 질서의 구축 가능성과 잠재력에 대해 탐색했다.

2. 접경지역에서 분단과 경계를 뛰어넘는 새로운 지정학적 가능성 모색

최근 들어 미국과 서유럽을 비롯해 전 세계 많은 지역에서 경계에 관해 영토주의적 사고로 회귀하는 경향을 보이면서 극심한 정치사회적 혼란을 경험하고 있다. 특히, 미국의 경우 트럼프 대통령이 멕시코와의 국경장벽 예산과 관련하여 연방정부 폐쇄를 거쳐 국가비상사태를 선포하기에 이르렀고, 영국의 경우 브렉시트 합의안들이 줄줄이 의회에서 부결되면서 정치적 교착상태에 빠져 있을 뿐만 아니라 경제적 혼란 또한 커지고 있다. 이러한 혼란은 트럼프와 같은 우파 정치인과 언론들이 중심이 되어 난민과 이민자의 문제를 지정학적 안보의 위협(그리고 지경학적 기회의 탈취)이라 집중적으로 왜곡하여

그림 1 접경지역인 파주 곳곳에 아직까지 남아 있는 분단과 냉전지정학의 유산인 탱크 저지 시설, 용치
자료: 이승욱 촬영.

조명하고, 더 나아가 이러한 안보의 위협으로부터 본토를 지켜주는 지정학적 경계를 설치하고 강화하는 것이 필요함을 강조하면서 이러한 상황을 적극적으로 정치적 기회로 활용한 것에서 비롯되었다. 그 결과, 경계문제를 둘러싼 사회의 혼란과 대립은 더욱 심각해지고 있다. 그러나 앞서 이 책의 저자들이 논의했듯이 이러한 경계지대는 단지 외부로부터 우리를 지키는 변방, 변경, 경계, 완충지대의 의미 이상으로 두 가지 이상의 다른 문화, 경제, 사회가 서로 접촉하고 교류하며 새로운 가능성을 열어나갈 수 있는 공간으로서의 잠재력 또한 가지고 있다. 그렇기 때문에 경계 또는 접경지역을 어떤 공간으로 만들어나갈 것인가는 단지 국가 차원의 정책, 전략의 문제만으로 국한할 수 없다. 기존의 주류 지정학에서는 경계의 문제를 국가의 전략과 지리적 요인의

측면에서 해석하고 예측하는 데 초점을 두었으나, 최근의 지정학 연구들은 국가뿐만 아니라 무수한 비국가행위자들의 경계화, 탈경계화, 초경계화 등 경계를 둘러싼 다양한 실천과 담론에 대해 주목할 필요가 있음을 강조했다. 특히 분단과 경계를 얘기할 때 우리는 자연스레 남과 북을 가로지르는 군사분계선, DMZ 등을 떠올리지만, 냉전과 분단체제는 이러한 가시적인 물리적 경계 외에도 다양한 형태의 상징적, 제도적, 이데올로기적 경계화를 함께 동반하여 작동한 결과라는 점을 보여주고자 했다. 이를 토대로 다양한 경계를 유지하고 고착화하려는 힘에 대항해 경계를 허물고 뛰어넘으려는 다양한 시도들이 한반도의 분단과 냉전질서를 해체하고 새롭게 구성할 수 있는 의의와 가능성 그리고 한계에 대해서도 함께 모색했다.

이 책을 마무리하면서 접경지역이 가지는 가능성과 잠재력 그리고 한반도의 새로운 지정학적 전망에 대해 짧게 언급하고자 한다. 역사적으로 경계, 변방 그리고 접경지역은 지정학적 대치와 충돌의 공간으로 인식되었으나, 1990년대 초반 이후 '경계 없는 세계(borderless world)' 담론으로 상징되는 세계화의 확산으로 새로운 지경학적 기회와 희망의 공간으로 주목을 받았다. 그러나 21세기 들어 이민자, 테러리즘 등의 문제의 대두로 경계 구축의 움직임이 다시금 나타나면서 경계는 정치적 갈등과 지정학적 대립의 현장으로 회귀하고 있다. 하지만 이러한 인식과 더불어 접경지역을 새로운 대안적 질서를 창출할 수 있는 가능성의 공간으로 보는 시각들 또한 다시금 주목받고 있다. 사샤 데이비스(Sasha Davis)는 제국의 질서와 전 세계적 자본주의 경제에 도전할 수 있는 새로운 사고와 실천을 발견할 수 있는 역동적인 공간으로서 접경지역의 중요성을 강조했다(Davis, 2015). 김동현(2019)은 변방에 대해 자본주의적 근대를 성찰할 수 있는 공간이자 이를 극복하는 새로운 창조의 공간으로서의 가능성에 주목했고, 신영복(2012: 27)은 "변방의식은 세계와 주체에 대한 통찰이며, 그렇기 때문에 변방의식은 우리가 갇혀 있는 틀을 깨뜨리는 탈문맥이며, 새로운 영토를 찾아가는 탈주(脫走) 그 자체다"라고 주장했다.

한반도의 접경지역은 북한과의 대치와 대규모 군대의 주둔에 따른 지정학적 질곡과 모순이 집약된 공간인 동시에 정세적 소외와 낙후가 지속된 공간이었다. 2000년대 초반 한반도 지정학 질서의 변화는 접경지역에 새로운 지경학적 기회를 만들어냈으나, 북핵 문제와 남측 보수정부의 대북 강경정책으로 개성공단 등 접경지역에서의 새로운 공간적 실험은 모두 중단되고 말았다. 2018년 들어 한반도를 둘러싼 지정학 질서의 새로운 변화는 접경지역을 중심으로 가장 뚜렷하게 나타났는데, 이는 DMZ 내 GP 철수, 지뢰 제거, 공동 유해발굴을 위한 도로 연결 등 군부 주도의 비무장지대에서의 다양한 지정학적 실천들에서 확인할 수 있다. 하노이 북미정상회담 이후 한반도 정세를 둘러싼 낙관론과 비관론이 여전히 엇갈리고 있지만, 이러한 접경지역의 변화는 한반도 분단구조의 모순과 질곡을 수동적으로 반영하는 공간에서 새로운 관계 변화를 이끌어낼 수 있는 가능성의 공간으로 전환될 수 있는 잠재력을 보여주고 있다.

그러나 지정학적 희망의 공간이 열리는 만큼 접경지역이 자본의 욕망에 의해 새롭게 포획될 수 있는 가능성 또한 경계할 필요가 있다. 남북화해무드가 조성될 때마다 접경지역의 부동산 가격이 들썩거린다는 언론 기사들에서 쉽게 확인할 수 있듯이, 지정학적 갈등과 대립의 자리를 지경학적 개발논리가 전유하게 된다면, 접경지역이 현재 사회와 기존 체제로부터 탈주하여 대안적 가능성의 공간을 열어나갈 수 있는 여지는 지워져 버리고 말 것이다. 따라서 자본과 국가권력의 비전과 상상력에 기대어 접경지역의 변화를 수동적으로 받아들이기보다, 접경지역을 둘러싼 다양한 주체들의 상상력과 실천을 추동하여 새로운 상상과 실천을 적극 장려하고 구성해낼 때만이 기존의 모순과 질곡을 넘어서서 새로운 대안적 공간으로 접경지역을 만들어낼 수 있는 가능성이 열릴 것이다. 그리고 이는 한반도의 새로운 지정학적 질서를 구축하는 데 유의미한 영향을 미칠 수 있을 것이다.

그리고 마지막으로 이 책에서는 깊게 다루지 못했지만, 한반도의 분단과 경계 연구에서 제국이라는 문제 또한 결코 간과해서는 안 된다. 제임스 시더웨이(James Sidaway)는 경계연구를 탈식민화해야 할 필요성을 강조하면서, 이를 위해 우선적으로 경계의 형성과 역사적 변화에서 식민주의와 제국 프로젝트의 역할을 인정하는 경계연구의 (재)식민화(re)colonize] 필요성을 강조했다 (Sidaway, 2019). 이러한 문제의식은 분단질서의 구축 과정에서부터 한국전쟁을 거쳐 분단·냉전체제의 공고화 과정에서 미국이라는 제국의 역할을 배제할 수 없는 한반도의 지정학적 현실에서 더욱 중요하다고 할 수 있다. 이는 합의 도출에 실패한 하노이 북미정상회담의 결과로 개성공단, 금강산 사업 등 남북 간 경제협력사업의 재개 여부가 불투명해진 현실만 보아도 쉽게 확인할 수 있다. 따라서 종전선언과 평화체제 구축 등 한반도 분단체제의 극복에서 남북 간의 영토성의 회복을 넘어 제국의 역할과 지위에 대한 비판적 성찰 또한 간과해서는 안 될 것이다.

: : 참고문헌

김동현. 2019. 『욕망의 섬, 비통의 언어』. 한그루.
남정호. 2019. "하노이 정상회담 성패 감별법." ≪중앙일보≫, 2019년 2월 19일, https://news. joins.com/article/23381171?cloc=joongang|home|opinion.
신영복. 2012. 『변방을 찾아서』. 돌베개.

Davis, S. 2015. *The Empires' Edge: Militarization, Resistance, and Transcending Hegemony in the Pacific.*" Athens and London: The University of Georgia Press.
Sidaway, J. D. 2019. "Decolonizing border studies?" *Geopolitics*, 24(1), pp. 270~275.
Wright, T. 2019. "Trump's foreign policy is no longer unpredictable." *Foreign Affairs*, 18, January, https://www.foreignaffairs.com/articles/world/2019-01-18/trumps-foreign-policy-no-longer-unpredictable?cid=int-flb&pgtype=hpg

찾아보기

박배균

서울대학교 지리교육과 교수이다. '한국의 개발주의 공간정치', '국가의 공간성', '동아시아의 발전주의 도시화' 등의 주제로 연구 활동을 하고 있다. 공저로 *Locating Neoliberalism in East Asia*, 『국가와 지역』, 『산업경관의 탄생』, 『강남 만들기, 강남 따라하기』, 『특구』 등이 있다.

백일순

서울대학교 아시아연구소 선임연구원이다. 경계를 넘나드는 행위자와 경계가 만들어내는 공간에 관한 연구를 수행 중이다.

신혜란

서울대학교 지리학과 교수이다. 이동과 이주자 연구를 위해 이주자(조선족, 탈북자, 스리랑카, 베트남 등) 밀집지역 장소 만들기, 초국적 이주자 네트워크 주제를 연구한다. 또한 정치지리학자로서 기억공간과 도시개발, 도시 거버넌스 내 협상을 연구한다. 저서로 『우리는 모두 조선족이다』, 공저로 *International Perspectives on Suburbanisation, The Network Society: The New Context for Planning* 등이 있다.

이승욱

카이스트 인문사회과학부 조교수이다. 동아시아 지정-지경학에 대한 연구를 진행하고 있으며, 최근에는 접경지역 등 도시스케일에서의 지정학적 동학에 대해 주목하고 있다. 공저로 『특구: 국가의 영토성과 동아시아의 예외공간』, 『인문지리학개론』, 『통일의 신지정학』, 『도시로 읽는 현대중국 2』 등이 있다.

장한별

경희대학교 지리학과 석사 졸업, 템플대학교(Temple University) 박사과정 재학 중이다. 환경과 사회의 관계에 관심이 많다. 석사 논문에서, 연어축제의 기획과 진행에 개입되어 있는 여러 행위자들에 의해 자연환경이 어떻게 변화하는지 구체적으로 살펴보았다.

정현주

서울대학교 환경대학원 교수이다. 여성주의 관점에서 도시와 공간의 문제를 연구하고 있다. 최근에는 접경지대와 다문화공간에 착안하여 공간의 경계를 넘나드는 초국적 이주자와 초국가적인 공간의 생산에 대해 연구를 진행해 왔다. 대표적인 공저로는 『희망의 도시』, 『디아스포라 지형학』, 『현대문화지리의 이해』 등이 있으며, 역서로는 『공간, 장소, 젠더』, 『페미니즘과 지리학』 등이 있다.

지상현

경희대학교 지리학과 교수이다. "공간은 왜 분쟁의 원인이 되며, 분쟁은 공간을 어떻게 변화시키는가?"라는 질문에 답하기 위해 지정학, 접경지역 관련 연구를 이어나가고 있다. 최근 몇 년간 '한반도 지정학의 성격과 비판적 해석', '한반도 접경지역', '지정학 주체들의 형성과 담론' 등의 주제와 관련한 논문을 발표하였다. 공저로 『통일의 신지정학』, 『도시 아틀라스』, 『인문지리학개론』 등이 있다.

최은영

한양대학교 글로벌다문화연구원 연구위원이다. '난민의 인권과 사회 정의', '동아시아 지정학', '북한의 도시', '참여적 실천 연구' 등에 관심을 가지고 연구자와 활동가의 경계를 넘나들었다. 공저로 *The Ashugate Research Companion to Border Studies*, 『새로운 세대의 탄생: 북한 청소년의 세대경험과 특성』, 『평양과 혜산, 두 도시 이야기』, 『아름다웠던 가게』가 있다.

황진태

서울대학교 아시아연구소 선임연구원이다. 국내외 저명학술지에 동아시아 발전주의 국가성과 도시성에 관한 30여 편의 논문을 게재했다.

한울아카데미 2000

한반도의 신지정학

경계, 분단, 통일에 대한 새로운 상상력

ⓒ 서울대학교 아시아도시사회센터, 2019

기 획 | 서울대학교 아시아도시사회센터
엮은이 | 박배균·이승욱·지상현
지은이 | 박배균·백일순·신혜란·이승욱·장한별·정현주·지상현·최은영·황진태
펴낸이 | 김종수
펴낸곳 | 한울엠플러스(주)
편집책임 | 최진희

초판 1쇄 인쇄 | 2019년 6월 4일
초판 1쇄 발행 | 2019년 6월 13일

주소 | 10881 경기도 파주시 광인사길 153 한울시소빌딩 3층
전화 | 031-955-0655
팩스 | 031-955-0656
홈페이지 | www.hanulmplus.kr
등록번호 | 제406-2015-000143호

Printed in Korea.
ISBN 978-89-460-7000-4 93340 (양장)
     978-89-460-6673-1 93340 (무선)

* 책값은 겉표지에 표시되어 있습니다.

• 이 저서는 2017년도 정부재원(교육부)으로 한국연구재단 한국사회과학연구사업
  (SSK)의 지원을 받아 연구되었음(NRF-2017S1A3A2066514).

• 이 저서는 서울대학교 서울대-연세대 협력연구 프로그램 지원사업의 후원을 받아 수
  행된 연구 결과물임.